# ENCUENTROS 2

## COMUNICACIÓN Y CULTURA

VISTA HIGHER LEARNING

Boston, Massachusetts

**On the cover:** Ceramic balustrade, Seville, Andalusia, Spain

**Creative Director:** José A. Blanco
**Chief Content and Innovation Officer:** Rafael de Cárdenas López
**Editorial Director:** Harold Swearingen
**Editorial Development:** Jhonny Calle Orozco, Natalia Castaño, Anne Silva, Stefanía Zapata López
**Project Management:** Rosemary Jaffe, Adriana Lavergne
**Rights Management:** Jorgensen Fernandez, Annie Pickert Fuller
**Technology Production:** Sergio Arias, Mónica Candelas, Jamie Kostecki, Lauren Krolick, Sebastián Zapata
**Design:** Paula Díaz, Daniela Hoyos, Radoslav Mateev, Gabriel Noreña, Andrés Vanegas
**Production:** Oscar Díez, Sebastián Díez, Andrés Escobar, Adriana Jaramillo, Daniel Lopera, Daniela Peláez



Student Text (Casebound SIMRA) ISBN: 978-1-54333-495-1

Teacher's Edition ISBN: 978-1-54333-500-2

Library of Congress Control Number: 2020941609

6 7 8 9 TC 25 24 23 22

Printed in Canada.

# ENCUENTROS 2

COMUNICACIÓN Y CULTURA

# Follow Our Adventures!

## We are fans of the Spanish language and Hispanic cultures.

We've set out to explore the Spanish-speaking world: its people, landscapes, cities, customs, foods, and traditions. We call ourselves *Fans del español.*

To reach our goal, we are going to travel to different Spanish-speaking countries, taking on exciting cultural challenges—called *Desafíos*—along the way.

## The Teams

Nosotros somos fans del español por la música. La música latina es muy divertida.

**Andy Douglas y Janet Douglas**
**Edades:** 17 y 25
**Ciudad:** Atlanta, GA
**Relación:** hermano y hermana

Hay lugares fantásticos en el mundo hispano.

**Tess Williams y Patricia Williams**
**Edades:** 16 y 47
**Ciudad:** San Antonio, TX
**Relación:** hija y madre

## Won't you join us?

You can follow the teams' adventures in graphic novel segments throughout each unit. At first, you may see words that are unfamiliar. Don't worry! Use the images, cognates, and the words you *do* know to piece together the new language. The new vocabulary and grammar structures will be presented clearly on subsequent pages.

### Using critical thinking to explore new language is an important skill!

**Tim Taylor y Mack Taylor**
**Edades:** 15 y 62
**Ciudad:** San Francisco, CA
**Relación:** nieto y abuelo

**Diana Robles y Rita Delgado**
**Edades:** 15 y 29
**Ciudad:** Lawrenceville, NJ
**Relación:** sobrina y tía

# Regions and Cultures

In this level, the pairs of *Fans del español* take on challenges in eight regions around the Spanish-speaking world.

## Do you know where these regions are located?

Centroamérica

Las Antillas

Andes centrales

Norteamérica

España

Caribe continental

Río de la Plata

La Panamericana

## What do you already know about each of these geographic areas?

You will get to know some of the products, practices, and perspectives of each region, especially as they relate to the theme of the unit. You will also learn more about each geographic region.

Canadá
Estados Unidos
México
Bahamas
Cuba
Haití
República Dominicana
Jamaica
Belice
Honduras
Puerto Rico
Guatemala
El Salvador
Nicaragua
Costa Rica
Panamá
Venezuela
Guyana
Surinam
Guayana Francesa
Colombia
Ecuador
Perú
Brasil
Bolivia
Paraguay
Chile
Argentina
Uruguay
OCÉANO ATLÁNTICO
OCÉANO PACÍFICO
0 500 1.000 millas
0 500 1.000 kilómetros
OCÉANO ATLÁNTICO
España
0 375 750 millas
0 375 750 kilómetros

UNIT 1

# Centroamérica

## Las relaciones personales

### La llegada



### DESAFÍO 1



### DESAFÍO 2



### DESAFÍO 3



### DESAFÍO 4

# Las Antillas

## La vivienda

# Andes centrales

## La moda

# Norteamérica

## La comida

UNIT 5

# España

## El bienestar y la salud

### La llegada



### Enfoque lingüístico



### DESAFÍO 1



### DESAFÍO 2



### DESAFÍO 3



### DESAFÍO 4

# Caribe continental

## De viaje

UNIT 7

# Río de la Plata

## El ocio, la escuela y el trabajo

# La Panamericana

## La naturaleza y la geografía

# Vamos a recordar

**¡¡Hola, fan del español!! ¡¡Bienvenido(a) a segundo!!**

Tú ya eres un(a) experto(a) y sabes expresar muchas cosas en español: sabes presentarte, decir cómo te sientes, hablar de lo que haces habitualmente, decir qué cosas te gustan... Y puedes usar el español para comunicarte en una tienda, en un restaurante, en un hotel...

Este año vas a aprender a hacer muchas cosas más en español: contar recuerdos, narrar anécdotas, expresar deseos y sentimientos, hablar del futuro, describir lugares... Y vas a recorrer muchos países siguiendo los desafíos de Andy, Tess, Diana, Tim y todos nuestros(as) fans del español.

¿Estás preparado(a) para el viaje? Pues antes de empezar, vamos a recordar lo que sabes.

### 1. Puedo describir e identificar.

**Vocabulario**

Saludos y despedidas

Objetos del aula

Características físicas y rasgos de personalidad

Estados de ánimo

**Gramática**

Los verbos *ser* y *estar*

Los adjetivos

Los nombres

Los artículos

### 2. Puedo expresar gustos y acciones habituales.

**Vocabulario**

La casa

Comidas y bebidas

Ropa

Colores

**Gramática**

El verbo *gustar*

Adverbios de cantidad

Verbos regulares. Presente

### 3. Puedo expresar acciones habituales.

**Vocabulario**

Partes del cuerpo

Síntomas y enfermedades

Hábitos saludables

Deportes y actividades de ocio y tiempo libre

**Gramática**

Los verbos reflexivos

Adverbios de frecuencia

Verbos con raíz irregular. Presente

### 4. Puedo expresar lugar y existencia.

**Vocabulario**

Viajes

Medios de transporte

Lugares en la ciudad

Naturaleza

**Gramática**

La construcción *estar en*

Adverbios y expresiones de lugar

El verbo *haber*

Verbos irregulares en la primera persona. Presente

El verbo *ir*

## Vocabulario

### Las personas

**Las despedidas**

¡Adiós!
Hasta mañana.
Hasta luego.
Hasta la vista.
Hasta pronto.

## 1. Presentaciones y despedidas

▶ **Une.** Match the two columns to complete the dialogues.

| (A) | (B) |
|---|---|
| **1.** Te presento a mi amigo Luis. | **a.** Tengo quince años. |
| **2.** ¿Cuántos años tienes? | **b.** Elena. ¿Y tú? |
| **3.** ¡Adiós! | **c.** Mucho gusto. |
| **4.** ¿Cómo te llamas? | **d.** Hasta luego. |

## 2. ¿Qué hay en el salón de clase?

▶ **Escucha e identifica.** Listen and identify the item being mentioned.

(A)

(B)

(C)

(D)

(E)
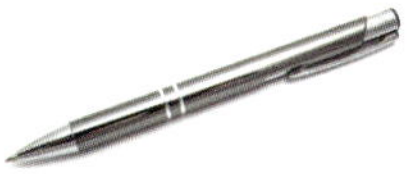

▶ **Habla.** With a partner, identify ten more items in your classroom.

## 3. Descripciones

▶ **Escribe.** Look at the image and write a detailed description of two people. Then read your description to your partner and have him or her guess which two people you are describing.

Modelo *Es alta, morena y delgada. También es muy simpática.*

▶ **Habla.** Discuss with your partner how each person in the picture might be feeling. Use appropriate words from the boxes.

| estar… | |
|---|---|
| emocionado(a) | contento(a) |
| nervioso(a) | enojado(a) |
| cansado(a) | triste |

| tener… | |
|---|---|
| calor | hambre |
| sed | frío |
| miedo | sueño |

## Gramática

### Describir personas y estados de ánimo

#### Los verbos *ser* y *estar*

VERBO SER (TO BE). PRESENTE

| Singular | | Plural | |
|---|---|---|---|
| yo | soy | nosotros<br>nosotras | somos |
| tú | eres | vosotros<br>vosotras | sois |
| usted<br>él<br>ella | es | ustedes<br>ellos<br>ellas | son |

VERBO ESTAR (TO BE). PRESENTE

| Singular | | Plural | |
|---|---|---|---|
| yo | estoy | nosotros<br>nosotras | estamos |
| tú | estás | vosotros<br>vosotras | estáis |
| usted<br>él<br>ella | está | ustedes<br>ellos<br>ellas | están |

- The verb **ser** is used mainly to identify people, places, and things, and to describe physical characteristics and personality traits.

  La señora Flores **es** mi profesora de Español. Ella **es** joven y muy inteligente.

- The verb **estar** is used to express feelings and conditions.

  Ellos **están** tristes porque **están** enfermos.

#### Los adjetivos

- Spanish adjectives can be masculine or feminine, singular or plural.
- The **feminine** form is developed from the masculine form:

| Masculine form | Feminine form | Examples |
|---|---|---|
| Ends in -o. | Changes -o to -a. | El niño es rubi**o**. → La niña es rubi**a**. |
| Ends in -e or in a consonant. | Does not change. | Mi tío es mayor. → Mi tía es mayor. |

- The **plural** form is developed from the singular form:

| Singular form | Plural form | Examples |
|---|---|---|
| Ends in a vowel. | Adds -s. | Ella es simpátic**a**. → Ellas son simpátic**as**. |
| Ends in a consonant. | Adds -es. | Mi tío es jove**n**. → Mis tíos son jóven**es**. |

### 4. Mi familia

▶ **Escucha y elige.** Choose the adjective that corresponds to each description you hear.

**1.** pelirroja / pelirrojo
**2.** antipáticos / antipáticas
**3.** mayores / mayor
**4.** bonito / bonita

## 5. Personas diferentes

▶ **Escribe.** Describe the following people, referring to their physical characteristics and personalities. Use some of the words in the box.

| | | | | | |
|---|---|---|---|---|---|
| atlético | delgado | serio | moreno | alto | joven |
| tímido | gracioso | rubio | mayor | bajo | estudioso |

Modelo 1. la niña → *La niña es baja, delgada y tímida.*

1

la niña

2

el chico

3

la chica

4

la mujer

5

las estudiantes

## 6. ¿Un día difícil?

▶ **Habla.** Talk to a partner about how each of you is feeling today.

Modelo A. *¿Cómo estás, Paula?*
B. *Estoy emocionada y muy contenta. ¿Y tú?*
A. *Estoy cansado.*

## 7. Mi nueva amiga

▶ **Escribe.** Patricia wrote a message describing her new friend at school. Read her message and answer by describing your new friend.

Hola. ¿Qué tal? Hoy es mi primer día en la escuela. Estoy emocionada porque tengo una nueva amiga. Se llama Jennifer y es muy simpática. Es baja y pelirroja. Siempre está contenta y es muy graciosa.

¿Y tú? ¿Tienes un nuevo amigo o amiga?

4:10 p.m.

## Gramática

### Identificar personas y cosas

#### Los nombres

- Nouns are words for people, animals, places, and things. Spanish nouns can be **masculine** or **feminine**. Almost all nouns that end in -o are masculine, and those that end in -a are usually feminine.
- Nouns that refer to people usually have a masculine and a feminine form. The feminine is formed this way:

| Masculine form | Feminine form | Examples |
|---|---|---|
| Ends in -o. | Changes -o to -a. | **el** niñ**o** → **la** niñ**a** |
| Ends in a consonant. | Adds -a. | **el** profesor → **la** profesor**a** |

- Most Spanish nouns can be **singular** (one) or **plural** (more than one). The plural is formed this way:

| Singular form | Plural form | Examples |
|---|---|---|
| Ends in a vowel. | Adds -s. | **el** primo → **los** primo**s** |
| Ends in a consonant. | Adds -es. | **el** director → **los** director**es** |

#### Los artículos

- Spanish nouns are usually used with a **definite** (el) or **indefinite** (un) article.

ARTÍCULOS DEFINIDOS E INDEFINIDOS

| | Singular | | Plural | |
|---|---|---|---|---|
| | Masculine | Feminine | Masculine | Feminine |
| Definite articles | el | la | los | las |
| Indefinite articles | un | una | unos | unas |

- Articles, like adjectives, agree in **gender** and **number** with the noun they accompany. That is, they show the same gender and number as the noun.

**El** chic**o** es delgad**o**.
**Los** chic**os** son delgad**os**.

Es **una** señor**a** muy creativ**a**.
Son **unas** señor**as** muy creativ**as**.

### 8. En el salón de clase

▶ **Escucha y elige.** Choose the noun that agrees with the article you hear.

**1.** reloj / computadora **2.** cuaderno / libros **3.** pizarra / libro **4.** borradores / bandera

## 9. Mi escuela

▶ **Une y escribe.** Complete the sentences using each article in the box once. Then match the columns and write the completed sentences.

| |
|---|
| un |
| unas |
| la |
| una ✓ |
| los |

**A**

1. El salón de clase tiene
2. Los profesores hablan con
3. En la cafetería trabajan
4. Los estudiantes leen
5. Esa mujer es

**B**

**a.** ______ señoras de Honduras.
**b.** ______ libro.
**c.** ______ profesora de Música.
**d.** *una* bandera.
**e.** ______ estudiantes.

Modelo 1. *El salón de clase tiene una bandera.*

## 10. Primeras impresiones

▶ **Lee y completa.** Use the words in the box to complete this description, changing the words as needed for gender and number agreement.

| |
|---|
| computadora |
| estudiante |
| profesor |
| salón |
| amigo |
| escuela |

Estoy contento. La __1__ es grande y mis __2__ son muy simpáticos. Tenemos varias __3__ en todos los __4__ de clase. Los __5__ son muy inteligentes. Tengo una nueva __6__; se llama Laura.

▶ **Escribe y habla.** Write a similar paragraph with a description of your school and share it with a classmate. Are your descriptions and first impressions similar?

## 11. Descripciones de fotos

▶ **Escribe.** Write the captions for these photos using the appropriate form of the indefinite article (*un, una, unos, unas*).

Modelo *Un hombre y una niña.*

1

2

3

▶ **Habla.** With a partner, describe the people in the photos using the appropriate definite articles (*el, la, los, las*).

Modelo *El hombre es alto y simpático. Está emocionado.*

## Vocabulario

### Un sábado típico

Tess visita por primera vez a su amigo Dani. Él vive en una casa de dos **plantas**.

**La sala y el comedor**

**El dormitorio y el baño**

Tess y Dani pasan a la **cocina** para preparar el **almuerzo**.

Después de comer, Tess y Dani **van de compras** al **centro comercial**. Tess mira la **ropa** y Dani unos **zapatos**.

## 12. Decoración de interiores

▶ **Une.** Match each item with the room in the house where it belongs.

| A | B |
|---|---|
| **1.** la estantería | **a.** el dormitorio |
| **2.** la mesa y las sillas | **b.** la cocina |
| **3.** el inodoro | **c.** la sala |
| **4.** la estufa | **d.** el baño |
| **5.** la mesita de noche | **e.** el comedor |

## 13. ¡Me gustan las ensaladas!

▶ **Escucha y escribe.** Liz is sharing the recipes for two of her favorite dishes with her friend Paul. Listen and write the list of ingredients for each dish.

| Ensaladilla de verano | | Macedonia de frutas | |
|---|---|---|---|
| guisantes | 2 | 3 | 5 |
| 1 | mayonesa | 4 | 6 |
| cebolla | | kiwi | |

▶ **Habla.** Share one of your favorite recipes with a partner.

## 14. ¡Señores, aquí tienen la carta!

▶ **Escribe.** Students have been asked to suggest a breakfast and a lunch menu for the school cafeteria. What would you like them to serve?

▶ **Lee, habla y compara.** Exchange your menu with a partner. Read each other's menus and compare them. Whose menu do you think will be more popular?

**Almuerzo**
12:00 – 2:00 p.m.
Sándwich de pollo.
Pescado con papas.

## 15. ¿Qué lleva?

▶ **Habla.** Choose a classmmate and describe what he or she is wearing. Your partner guesses who the person is.

## Gramática

### Expresar gustos en distinto grado

#### El verbo *gustar*

- To express likes or dislikes, use the verb **gustar**.
- The verb **gustar** is a regular verb, but usually only two of its forms are used:
  1. To speak about one thing or an action, use the **singular form** gusta.

     A Marta le **gusta** la fruta. A Carlos no le **gusta** cocinar.
  2. To speak about two or more things, use the **plural form** gustan.

     A mí me **gustan** los jugos de frutas.
- The verb **gustar** does not require a subject pronoun. Instead, these object pronouns are used: **me**, **te**, **le**, **nos**, **os**, **les**.

VERBO GUSTAR (TO LIKE). PRESENTE

| | Singular | Plural | |
|---|---|---|---|
| (A mí) | me gusta | me gustan | *I like* |
| (A ti) | te gusta | te gustan | *you like* |
| (A usted)<br>(A él / a ella) | le gusta | le gustan | *you like*<br>*he/she likes* |
| (A nosotros/as) | nos gusta | nos gustan | *we like* |
| (A vosotros/as) | os gusta | os gustan | *you like* |
| (A ustedes)<br>(A ellos / a ellas) | les gusta | les gustan | *you like*<br>*they like* |

**Note:** The meaning of the pronouns can be clarified with the prepositional phrases **a mí**, **a ti**, **a usted**, **a él**, **a ella**, **a nosotros**, **a nosotras**, **a vosotros**, **a vosotras**, **a ustedes**, **a ellos**, **a ellas**.

#### Adverbios de cantidad

- Some verbs can be modified by a word that expresses quantity. These words are called adverbs of quantity.

nada poco bastante mucho

No me gustan **nada** las verduras, pero me gusta **mucho** el pollo.

### 16. Los gustos de mi familia

▶ **Une y escribe.** Match the two columns. Then write the sentences.

| A | B |
|---|---|
| **1.** A mi hermano y a mí | **a.** les gusta desayunar un café con leche. |
| **2.** A mis padres | **b.** no le gustan nada los frijoles. |
| **3.** A mi prima Lupe | **c.** nos gustan mucho las papas fritas. |

## 17. ¿Qué alimentos les gustan?

▶ **Escucha y completa.** Two friends are trying to decide what to eat. Listen and complete the Venn diagram by writing the foods they like.

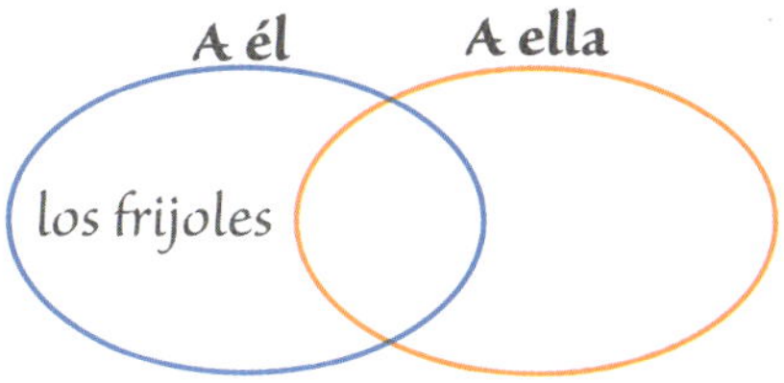


▶ **Escribe.** Write five sentences using the information above and the correct form of the verb *gustar*.

Modelo *A él le gustan los frijoles.*

## 18. Cuestión de gustos

▶ **Escribe.** Use the correct form of the verb *gustar* and the adverbs to say what the people in the photos like or dislike, and how much they like or dislike it.

Modelo 1. *A ellos les gusta bastante la casa.*

1 

ellos – bastante

2 

ella – nada

3 

él – mucho

4 

nosotros – poco

## 19. ¿Tenemos hábitos saludables?

▶ **Habla.** Do students in your class have healthy eating habits? Ask four classmates how much they like or dislike the foods below and tally their responses in a chart.

Modelo

A. *¿Te gustan los refrescos?*

B. *No, no me gustan nada.*

| | nada | poco | bastante | mucho |
|---|---|---|---|---|
| refrescos | ✓ | | | ✓✓✓ |

▶ **Escribe.** Summarize the results and draw a conclusion about your classmates' eating habits.

Modelo *A tres estudiantes les gustan mucho los refrescos y a uno no le gustan nada.*

## Gramática

### Expresar acciones habituales en el presente

#### Verbos regulares. Presente

- In English, an infinitive is the verb form that uses the word *to*: *to buy, to sell, to open*. In Spanish, the infinitive always ends in **-ar**, **-er**, or **-ir**:

  -AR comprar -ER vender -IR abrir

- Regular verbs in Spanish have a stem that is used with all subjects. They also have a set of endings that are added to the stem to identify the subject. To find the stem of a verb, remove the **-ar**, **-er**, or **-ir** ending.

  compr ~~-ar~~ vend ~~-er~~ abr ~~-ir~~

- Regular **-ar**, **-er**, and **-ir** verbs are conjugated in the following ways:

VERBOS COMPRAR (TO BUY), VENDER (TO SELL) Y ABRIR (TO OPEN). PRESENTE

| | | Comprar | Vender | Abrir |
|---|---|---|---|---|
| Singular | yo<br>tú<br>usted, él, ella | compr**o**<br>compr**as**<br>compr**a** | vend**o**<br>vend**es**<br>vend**e** | abr**o**<br>abr**es**<br>abr**e** |
| Plural | nosotros, nosotras<br>vosotros, vosotras<br>ustedes, ellos, ellas | compr**amos**<br>compr**áis**<br>compr**an** | vend**emos**<br>vend**éis**<br>vend**en** | abr**imos**<br>abr**ís**<br>abr**en** |

### 20. En la tienda de ropa

▶ **Une y escribe.** Match the two columns and write the sentences.

Modelo 1. *El vendedor recibe el dinero de la clienta.*

| A | B |
|---|---|
| **1.** El vendedor | **a.** compramos ropa. |
| **2.** Un cliente | **b.** corre por la tienda. |
| **3.** Dos chicas | **c.** miro un vestido. |
| **4.** Todos nosotros | **d.** paga con tarjeta de crédito. |
| **5.** Un niño | **e.** leen los carteles de las ofertas. |
| **6.** Yo | **f.** recibe el dinero de la clienta. |

▶ **Habla.** Talk with a partner to find out whether he or she does some of these things when he or she is at a store.

Modelo A. *¿Tú pagas con tarjeta de crédito?*
B. *No, yo pago en efectivo.*

## 21. ¿Qué hacen?

▶ **Completa y escucha.** Complete these sentences with the correct form of the verbs. Then listen and check your answers.

1. Elisa ______________ (beber) un vaso de leche.
2. Yo ______________ (subir) las escaleras.
3. Nosotros ______________ (abrir) la puerta.
4. Ellos ______________ (hablar) mucho.
5. Tú ______________ (comer) a la una.
6. Ustedes ______________ (llamar) por teléfono.

## 22. Todos trabajan

▶ **Lee y completa.** Sally and her family have a busy weekend at home. She wrote what they are doing each day and posted the notes on the refrigerator. Complete her notes using the correct form of the verbs in the box.

sacudir
preparar
escribir
ordenar
barrer
lavar

**Sábado**

- Mi padre y yo ___1___ el suelo de la casa.
- Mi madre ___2___ en su blog.
- Mis padres ___3___ el carro.

**Domingo**

- Yo ___4___ el desayuno.
- Mi hermano ___5___ los muebles.
- Mi hermano y yo ___6___ el garaje.

## 23. Descripciones

▶ **Escribe.** Write a sentence to describe what each person is doing.

Modelo 1. *Los jóvenes ven la televisión.*

1

2

3

4

▶ **Habla.** Talk with two classmates to find out if they do the activities above and what they think about them.

Modelo A. *¿Ves la televisión?*
B. *Sí, veo la televisión. ¡Me gusta mucho!*
C. *No, no veo la televisión. Es aburrido.*

## Vocabulario

### Ausente por enfermedad

Hoy el profesor de Ciencias habla del **cuerpo** humano: del **cuello**, la **espalda**... Tim escucha a su profesor, pero **se siente mal**, ¡muy mal! Tiene que ir a la **enfermería**.

Recomendaciones para Tim:

- ***Tomar medicamentos*** *para la fiebre.*
- ***Descansar.***
- ***Comer*** *bien.*
- ***Beber*** *mucha agua.*

Al día siguiente, Tim no va a la escuela. Tiene que seguir los consejos de la **enfermera** y **cuidarse**. ¿Qué puede hacer en casa?

Dos días después, Tim vuelve a la escuela. Ya no **está enfermo**, pero **se siente** un poco **débil**.

## 24. Todo tiene una función

▶ **Corrige y escribe.** Answer the questions, correcting the mistakes. Use each word in the boxes once.

Modelo ¿Caminas con **los ojos**? ⟶ *No, camino con los pies.*

1. ¿Ves con **la cabeza**?
2. ¿Hueles con **los dientes**?
3. ¿Tocas con **las orejas**?
4. ¿Saboreas con **el pelo**?

| | |
|---|---|
| los dedos | la boca |
| la nariz | los ojos |

## 25. No me siento bien

▶ **Escucha y elige.** Listen to the conversation between a doctor and two patients. Select the problems each patient has.

**Paciente 1**

1. Tiene fiebre.
2. Le duelen los oídos.
3. Tiene tos.
4. Le duele la espalda.
5. Le duele la garganta.

**Paciente 2**

1. Le duele el estómago.
2. Le duele la cabeza.
3. Le duelen los brazos.
4. Le duele la espalda.
5. Le duelen las piernas.

▶ **Habla.** In small groups, discuss what the doctor recommended for each patient and say whether you agree or disagree with her. What else would you recommend?

## 26. Unos niños muy activos

▶ **Escribe.** This Saturday you are babysitting your neighbor's very active children, Ted and Jenny. Your neighbor has asked you for a schedule of activities you plan to do with them. Complete the table below using the expressions in the box.

| | | | |
|---|---|---|---|
| montar en bicicleta | nadar en la piscina | leer un libro | jugar al béisbol |
| tomar fotos | usar la computadora | pintar | bailar |
| jugar al fútbol | ver una película | escuchar música | cantar |

| Hora | Ted | Jenny | Los dos |
|---|---|---|---|
| 3:00 p.m. | | | *leer un libro* |
| 4:00 p.m. | | | |
| 5:00 p.m. | | | |
| 6:00 p.m. | | | |

▶ **Habla.** Now share your schedule with a partner. Are the activities your partner chose suitable? What would you change?

# 3. EXPRESAR ACCIONES HABITUALES

## Gramática

### Expresar las rutinas diarias

#### Los verbos reflexivos

- Sometimes an action is reflected back onto the subject. In Spanish, this idea is expressed with a reflexive verb.

  Rocío **se peina**. (Rocío performs the action, and she receives the effects of the action.)

  The verbs **afeitarse**, **bañarse**, **ducharse**, **lavarse**, **maquillarse**, and **vestirse** are reflexive verbs.

- Reflexive verbs are conjugated with a reflexive pronoun: **me**, **te**, **se**, **nos**, **os**, **se**. The pronoun is placed as follows:
  - In front of the conjugated verb: Yo **me peino**.
  - Attached to the end of the infinitive or commands: Quiero **peinarme**. **Péiname**.

VERBO PEINARSE (TO COMB ONE'S HAIR). PRESENTE

| Singular | | Plural | |
|---|---|---|---|
| yo | me peino | nosotros nosotras | nos peinamos |
| tú | te peinas | vosotros vosotras | os peináis |
| usted él ella | se peina | ustedes ellos ellas | se peinan |

- Many verbs related to habits are reflexive verbs.

  despertarse (ie) *(to wake up)* → Yo **me despierto** a las siete de la mañana.
  levantarse *(to get up)* → Yo **me levanto** a las siete y media.
  acostarse (ue) *(to go to bed)* → Ellos **se acuestan** a las once.
  dormirse (ue) *(to fall asleep)* → Tú **te duermes** pronto.

#### Adverbios de frecuencia

- These adverbs and adverbial phrases express how often something is done.

**nunca** — **casi nunca / rara vez** — **a veces** — **muchas veces** — **casi siempre** — **siempre / todos los días**

Ella se peina **a veces.** Yo me acuesto **siempre** a las once.

## 27. La rutina de Michelle

▶ **Ordena y escribe.** Put Michelle's routine in chronological order and write a brief paragraph to summarize what she does.

_____ **a.** Me levanto.
_____ **b.** Me visto.
_____ **c.** Me baño.
__1__ **d.** Me despierto temprano.
_____ **e.** Me acuesto tarde.
_____ **f.** Me maquillo.

Modelo *Michelle se despierta temprano. Después…*

## 28. ¿Qué hacen?

▶ **Escucha y clasifica.** Listen to Beatriz and Raúl's routines when they feel sick and stay home. Then organize their routines in a Venn diagram.

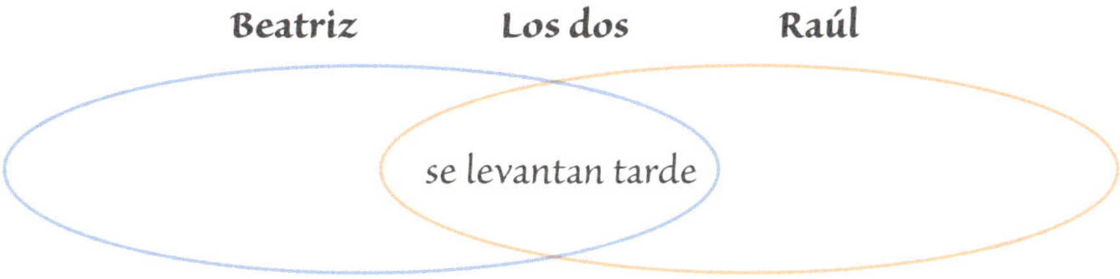


## 29. La rutina del fin de semana

▶ **Escribe.** Describe your weekend routine. Indicate the frequency of each activity. Use a chart like the one below to organize your ideas before you write.

| | Yo | Mi compañero(a) |
|---|---|---|
| nunca | | |
| casi nunca / rara vez | | |
| a veces | | |
| muchas veces | | |
| casi siempre | *Me despierto temprano.* | *Se despierta muy tarde.* |
| siempre / todos los días | | |

▶ **Habla.** Compare your routine with a partner's and report your findings to the class.

Modelo *Casi siempre me despierto temprano pero [mi compañera] casi siempre se despierta muy tarde…*

## Gramática

### Expresar acciones habituales en el presente

#### Verbos irregulares

- The e > ie, o > ue, and e > i stem changes affect all the present tense forms except nosotros(as) and vosotros(as).

#### Verbos con raíz irregular: *e* > *ie*

VERBO QUERER (TO WANT). PRESENTE

| Singular | | Plural | |
|---|---|---|---|
| yo | **quiero** | nosotros<br>nosotras | **queremos** |
| tú | **quieres** | vosotros<br>vosotras | **queréis** |
| usted<br>él<br>ella | **quiere** | ustedes<br>ellos<br>ellas | **quieren** |

- Other e > ie verbs:
  - cerrar (*to close*) → yo cierro
  - empezar (*to begin*) → yo empiezo
  - entender (*to understand*) → yo entiendo
  - pensar (*to think*) → yo pienso
  - preferir (*to prefer*) → yo prefiero

#### Verbos con raíz irregular: *o* > *ue*

VERBO PODER (TO BE ABLE). PRESENTE

| Singular | | Plural | |
|---|---|---|---|
| yo | **puedo** | nosotros<br>nosotras | **podemos** |
| tú | **puedes** | vosotros<br>vosotras | **podéis** |
| usted<br>él<br>ella | **puede** | ustedes<br>ellos<br>ellas | **pueden** |

- Other o > ue verbs:
  - contar (*to count*) → yo cuento
  - costar (*to cost*) → cuesta(n)
  - recordar (*to remember*) → yo recuerdo
  - volar (*to fly*) → yo vuelo
  - volver (*to return*) → yo vuelvo

#### Verbos con raíz irregular: *e* > *i*

VERBO PEDIR (TO ASK FOR). PRESENTE

| Singular | | Plural | |
|---|---|---|---|
| yo | **pido** | nosotros<br>nosotras | **pedimos** |
| tú | **pides** | vosotros<br>vosotras | **pedís** |
| usted<br>él<br>ella | **pide** | ustedes<br>ellos<br>ellas | **piden** |

- Other e > i verbs:
  - competir (*to compete*) → yo compito
  - medir (*to measure*) → yo mido
  - repetir (*to repeat*) → yo repito
  - servir (*to serve*) → yo sirvo
  - vestir (*to dress*) → yo visto

## 30. ¿Quién habla?

▶ **Escucha y relaciona.** Listen and match each sentence with the corresponding picture.

A

B

C

D

E

## 31. Este trabajo es para mí

▶ **Lee y completa.** Lorena sent her résumé and a cover letter for a job at a restaurant. Read her letter and complete it with the appropriate form of the verbs.

| | |
|---|---|
| empezar | pensar |
| servir | volver |
| poder | pedir |

Estimada Sra. García:

¡Soy la candidata ideal! Cuando los clientes me *piden* algo, yo les __1__ con una sonrisa. Por eso, ellos siempre __2__. Mis amigos __3__ que soy muy simpática y una buena vendedora. Yo __4__ las clases esta semana, pero __5__ trabajar los fines de semana.

Atentamente,
Lorena Suárez

## 32. Te recomiendo...

▶ **Habla.** You are a camp counselor and need to plan free-time activities for a group of students. Interview four classmates to find out their preferences. Use the verbs *querer, preferir, poder, competir*, and *pensar*.

**Modelo** A. *¿Compites en deportes de equipo?*
B. *No. Prefiero hacer ejercicio solo.*

▶ **Completa y habla.** Organize the results of your survey in a table, write recommendations for your classmates, and present them to the people you interviewed.

| Nombre | Preferencias | Recomendación |
|---|---|---|
| *John* | *Prefiere hacer ejercicio solo.* | *Puede nadar en la piscina.* |

## Vocabulario

### Un viaje de fin de semana

**Andyviajero**

Hoy decidimos adónde vamos este fin de semana. Yo quiero **viajar** en **avión**, ir a una gran **ciudad**, salir del **campo**. Pero Janet nunca me escucha.

**Andyviajero**

¡Increíble! Estoy en el **aeropuerto**. Por una vez hacemos lo que yo quiero.

**Andyviajero**

Hoy nos espera un gran día de **turismo a pie** por la ciudad. Hay una buena **guía turística** en línea con recomendaciones de **cafés**, **museos**…

**Andyviajero**

Mi hermana insiste en ver **naturaleza**: **lagos**, **ríos**, **bosques**, **aire** puro… Es un poco aburrido, pero hoy es su día, así que vamos a ir a un **parque**.

## 33. Hay muchas maneras de viajar

▶ **Lee y decide.** Read what each person says and decide which mode of transportation he or she is referring to.

| (A) | (B) |
|---|---|
| **1.** Cuando voy a Nueva York siempre lo uso. | **a.** el avión |
| **2.** Es la mejor opción para los viajes largos. | **b.** el barco |
| **3.** Es necesario para visitar la isla. | **c.** a pie |
| **4.** Es una buena forma de viajar por todo el estado. | **d.** el metro |
| **5.** No es rápido, pero a mí me gusta caminar. | **e.** el coche |

▶ **Habla.** Tell a classmate which modes of transportation you use and when you use them.

Modelo *Yo uso el autobús para venir a la escuela.*

## 34. ¿Dónde está?

▶ **Escucha y elige.** These people have lost something right before leaving on vacation. Listen and select the items they are looking for.

**1. a.** la maleta
**b.** la guía turística

**2. a.** el equipaje
**b.** el pasaporte

**3. a.** la guía turística
**b.** la bolsa

**4. a.** el boleto
**b.** el recuerdo

## 35. Direcciones para no perderse

▶ **Escribe.** Write instructions telling how to get from one place to another in this city. Specify the starting point.

Modelo *Estás en el banco. Para llegar a tu destino tienes que seguir recto por la Avenida…*

▶ **Lee y habla.** Now, read your instructions to a partner. If necessary, help him or her along the way.

Did your partner arrive at the right place?

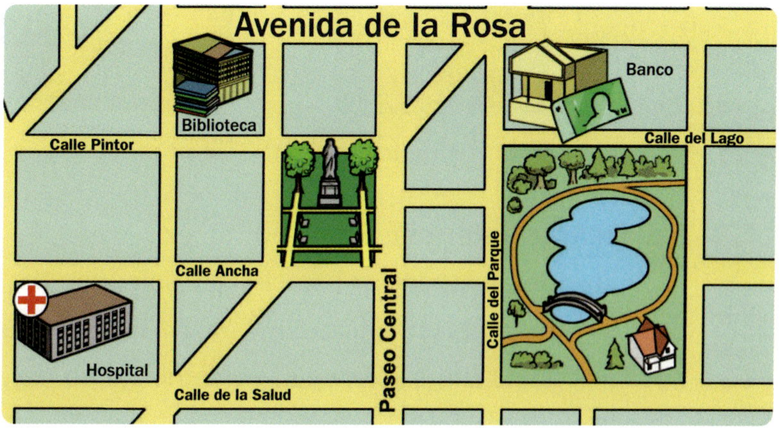

# 4. EXPRESAR LUGAR Y EXISTENCIA

## Gramática

### Expresar lugar y existencia

#### La construcción *estar en*

- To say where things are, use the verb **estar** followed by words that express place. The preposition **en** expresses location, as do the English words *at*, *in*, *on*, and *inside*.

    La rana **está en el bosque.**

#### Adverbios y expresiones de lugar

- Many other words and phrases are used to show position or location.

**¿Dónde está la rana?**

#### Expresar existencia. El verbo *haber*

- To say that someone or something exists, use the form **hay** (*there is, there are*).

    **Hay** una rana en la flor. **Hay** muchas ranas en la flor.

- To ask about the existence of something, use **hay**.

    ¿**Hay** un río en el bosque? ¿**Hay** pájaros en el árbol?

- The Spanish phrase equivalent to *there isn't* or *there aren't* is **no hay**.

    **No hay** un río en el bosque. **No hay** pájaros en el árbol.

### 36. ¿Dondé está la bolsa?

▶ **Escucha y elige.** Choose the image that describes each location you hear about.

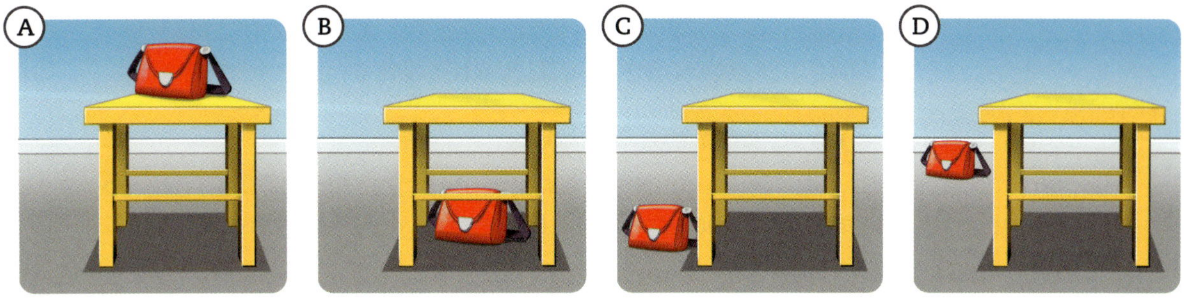


### 37. ¿Qué lugar es?

▶ **Escribe.** Choose five places or items from this picture and write sentences telling where each one is.

Modelo *La plaza está delante del café.*

▶ **Habla.** Tell a partner the location of each building or place. Your partner will guess what building or place it is.

Modelo A. *Está delante del café.*
B. *Es la plaza.*

### 38. Lo que hay a tu alrededor

▶ **Habla.** Tell a partner how many of a certain item there is in your classroom. Your partner will try to guess the item by saying where he or she thinks it is located.

Modelo A. *Hay veinte.*
B. [Looks around.] *¿Están encima de las mesas?*
A. *Sí.*
B. *Son los libros de Español.*
A. *¡Sí! ¡Muy bien!*

## Gramática

### Expresar acciones habituales en el presente

#### Verbos irregulares en la primera persona

- Some verbs are irregular in the present tense only in the first person (the **yo** form). The rest of the forms follow the same pattern as the regular verbs.

VERBOS HACER (TO MAKE, TO DO), PONER (TO PUT), TRAER (TO BRING) Y SALIR (TO LEAVE). PRESENTE

| | | Hacer | Poner | Traer | Salir |
|---|---|---|---|---|---|
| Singular | yo<br>tú<br>usted, él, ella | **hago**<br>**haces**<br>**hace** | **pongo**<br>**pones**<br>**pone** | **traigo**<br>**traes**<br>**trae** | **salgo**<br>**sales**<br>**sale** |
| Plural | nosotros, nosotras<br>vosotros, vosotras<br>ustedes, ellos, ellas | **hacemos**<br>**hacéis**<br>**hacen** | **ponemos**<br>**ponéis**<br>**ponen** | **traemos**<br>**traéis**<br>**traen** | **salimos**<br>**salís**<br>**salen** |

- These verbs are also irregular only in the first person:

  conocer *(to be acquainted with)* → yo **conozco**, tú conoces, él conoce…

  saber *(to know)* → yo **sé**, tú sabes, él sabe…

  ver *(to see)* → yo **veo**, tú ves, él ve…

### Expresar movimiento

#### El verbo *ir*

- Ir is an irregular verb.
- To say where someone is going, use the verb ir (*to go*) and this formula:

  *ir a* + place → **Voy al** lago.

- The verb ir is commonly used in combination with other verbs.

  **Tengo que ir** a la biblioteca.

  **Quiero ir** al campo.

VERBO IR (TO GO). PRESENTE

| Singular | | Plural | |
|---|---|---|---|
| yo | **voy** | nosotros<br>nosotras | **vamos** |
| tú | **vas** | vosotros<br>vosotras | **vais** |
| usted<br>él<br>ella | **va** | ustedes<br>ellos<br>ellas | **van** |

### 39. ¡Llegamos tarde!

▶ **Escucha.** Listen as Carlos and Rosie rush to get ready for a trip, and write the name of the person who does each of the following actions.

**1.** salir → *Carlos*
**2.** hacer
**3.** poner
**4.** traer
**5.** ver
**6.** ir a

## 40. Cuando estoy de vacaciones

▶ **Completa.** Isabel describes her routine when she is on vacation at the beach. Complete her description with the appropriate verbs from the box.

ver
saber
salir ✓
conocer
poner
traer
ir

**Un día en la playa**

Cuando estoy de vacaciones en la costa, yo ___salgo___ temprano del hotel y ___1___ a la playa. Miro a mi alrededor y ___2___ a muchas personas que no se cuidan la piel. No lo entiendo. Yo me ___3___ crema con filtro solar porque yo ___4___ que tomar mucho el sol es peligroso.

Yo no ___5___ a nadie en la playa, así que ___6___ un libro en mi bolsa para leer. A veces también paseo por la playa.

▶ **Habla.** Ask two classmates whether they do some of these things when they are on their summer vacation.

**Modelo** A. *¿Sales temprano del hotel cuando estás de vacaciones?*
B. *No, yo salgo tarde.*
C. *Yo también salgo tarde. ¡Me gusta dormir!*

## 41. Viajes de fin de semana

▶ **Escribe.** Answer the following questions in writing regarding your most recent weekend trips.

1. ¿A qué lugares vas?
2. ¿Cómo vas?
3. ¿Haces turismo por el lugar?
4. ¿Conoces gente nueva?
5. ¿Traes recuerdos del lugar?

## 42. En mi tiempo libre

▶ **Habla.** Which of these things do you do when you have a few days off? And your partner? Tell each other what you do and when you do it.

1. hacer camping
2. salir de la ciudad
3. ir de excursión
4. conocer lugares nuevos

**1. Completa.** Complete these dialogues with appropriate words from the box.

| | | | | | | |
|---|---|---|---|---|---|---|
| gusto | llamas | tengo | presento | llamo | años | días |

**1.** –Buenos ___1___.
–¡Hola!

**2.** –Te ___2___ a Carlos.
–Mucho ___3___.

**3.** –¿Cómo te ___4___?
–Me ___5___ Paula.

**4.** –¿Cuántos ___6___ tienes?
–___7___ catorce años.

**2. Une.** Match each action with the appropriate item.

Ⓐ

**1.** Te presento a mi amigo Luis.
**2.** ¿Cuántos años tienes?
**3.** ¡Adiós!
**4.** ¿Cómo te llamas?

Ⓑ

**a.** Tengo quince años.
**b.** Elena. ¿Y tú?
**c.** Mucho gusto.
**d.** Hasta luego.

**3. Escribe.** Look at the picture and write a description of each person, referring to their physical characteristics and how you think they are feeling in the picture.

**4. Escribe y ordena.** Express how much you like or dislike each of these foods. Then organize them from the least to the most liked.

① 

② 

③ 

④ 

⑤ 

⑥ 

## IPA Goal

By the end of this unit, you will be able to present a figure from Nicaraguan folklore, describe it, and compare it to a figure from your own culture.

**DESAFÍO 1: I can identify myself and others appropriately in my own and other cultures.**

**Vocabulario**
Relaciones familiares y personales

**Gramática**
Expresar posesión. Adjetivos y pronombres posesivos

**DESAFÍO 2: I can describe people in culturally appropriate ways.**

**Vocabulario**
Características físicas y rasgos de personalidad

**Gramática**
Describir. Los adjetivos

**DESAFÍO 3: I can express states and feelings in my own and other cultures.**

**Vocabulario**
Estados de ánimo y sentimientos

**Gramática**
Comparar. Comparativos y superlativos

**DESAFÍO 4: I can ask and answer questions in my own and other cultures.**

**Vocabulario**
Información personal

**Gramática**
Hacer preguntas. Los interrogativos

# En Managua

The teams gather at *Parque Rubén Darío*, in Managua, the capital city of Nicaragua. The park is named after a famous Nicaraguan poet who lived in the early twentieth century. Their host, Felipe Santos, is a poet himself.

**Estrategia:** Even if you don't know every word, can you identify the main idea of the dialogue?

## 1. ¿Comprendes?

▶ **Elige** la palabra correcta.

1. Managua es la capital de **Nicaragua / Honduras.**
2. El **nombre / apellido** de dos personajes es Douglas.
3. Mack está **emocionado / frustrado.**
4. El músico garífuna es **moreno / rubio** y lleva gafas.
5. Tess y Patricia tienen que encontrar a una mujer muy **alta / morena.**
6. La misión de Mack y Tim es en **Costa Rica / Nicaragua.**

## EXPRESIONES ÚTILES

To introduce oneself:

Yo soy... | Mi nombre es...
Nosotros somos... | Nuestro apellido es...

To express admiration of someone:

¡Qué guapo(a)! | ¡Qué inteligente!
¡Qué alta(o)! | ¡Qué simpático(a)!

To express joy and fun:

¡Qué bien! | ¡Qué emocionante!
¡Qué maravilla! | ¡Qué divertido(a)!

### 2. Conversaciones

▶ **Escucha** y decide. ¿Qué respuesta (*answer*) es más apropiada en cada caso?

**a.** ¡Qué maravilla! **b.** Sí. Mi apellido es Brown. **c.** ¡Qué inteligente! **d.** ¡Qué guapo!

### 3. ¿Qué dicen?

▶ **Relaciona** las expresiones con las fotografías.

**a.** ¡Qué divertido! **b.** ¡Qué estudioso! **c.** ¡Qué guapo!

1

2

3

## PRONUNCIACIÓN

### La entonación

**Intonation** (*la entonación*) is the rise and fall of the pitch in your voice when you speak. Intonation is the way a speaker and a listener can distinguish a statement from a question or an exclamation.

- **Statements.** In Spanish, statements tend to have a steady intonation until the voice drops toward the last syllable of the sentence.

  Él es Pablo. ↘ Elena trabaja los viernes. ↘ Haces la tarea hoy. ↘

- **Information questions.** Like statements, information questions—those that begin with a question word—also have a falling intonation.

  ¿Quién es Pablo? ↘ ¿Cuándo trabaja Elena? ↘ ¿Qué haces hoy? ↘

- ***Yes* or *no* questions.** In questions that require a yes or no (*sí* o *no*) answer, the voice rises slightly at the end of the last word.

  Él es Pablo, ¿verdad? ↗ ¿Elena trabaja los viernes? ↗ ¿Haces la tarea hoy? ↗

- **Exclamations.** Exclamations usually have a rising and falling intonation because the speaker stresses different words depending on his or her meaning. Thus, an exclamation can have several rises and falls.

  ¡Él es guapo! ¡Qué inteligente! ¡Ay, no sé qué hacer! ¡Estoy muy emocionada!

### 4. Práctica

▶ **Di** en voz alta cada oración o pregunta prestando atención a tu entonación. Tu compañero(a) va a reaccionar leyendo la segunda línea.

1. —¿Adónde van Janet y Andy?
   —Van a Guatemala.
2. —¿A qué hora es la clase de historia?
   —Es a las doce y veinte.
3. —¿Conoces a Juan Diego?
   —Es el hermano de Mónica, ¿verdad?
4. —¿Quieres almorzar conmigo?
   —Almuerzas en la cafetería, ¿no?
5. —Sabes, ¡Lucía ganó la lotería!
   —¡No lo creo!
6. —No puedo ir a la graduación de mi prima.
   —¡Qué triste!

### 5. Refrán

▶ **Lee** el refrán en voz alta prestando atención a tu entonación. ¿Qué crees que significa?

# El gigante maya de Atitlán

## Punto de partida

▶ **Observa.** Andy and Janet are in San Pedro de Atitlán, a village in Guatemala on the shores of the deepest lake in Central America. They must walk along the shore of the lake and find a Mayan giant.

Continuará...

### 6. Recordar

▶ **Completa** estas oraciones con palabras del diálogo.

**1.** Los __________ mayas hablan de una serpiente enorme.
**2.** Los __________ mayas escuchan leyendas (*legends*) sobre el lago.
**3.** La señora del hotel y su __________ dicen que el lago es mágico.
**4.** Al __________ de Janet no le gusta discutir.

### 7. Identificar

▶ **Escucha** y decide. ¿Quién está hablando?

A

B

C

D

### 8. Comprender

▶ **Responde** a estas preguntas.

1. ¿A quiénes les cuentan historias sobre el lago los padres mayas?
2. ¿Quién dice que el lago es mágico?
3. ¿Qué dice Andy sobre su desafío?
4. ¿Qué quiere fotografiar Janet?

## CULTURA

### El lago de Atitlán

El lago de Atitlán está en Guatemala, en una zona donde viven muchos mayas. Es un lago muy profundo de origen volcánico.

Hay muchos cuentos y leyendas antiguas sobre la historia y el origen de este lago.

**9. Piensa y explica.** ¿Por qué crees que el lago de Atitlán y otros lugares similares son el origen de tantas leyendas?

**I CAN** understand conversations about a Guatemalan legend and conversations relating to personal and family relationships.

## Vocabulario

### Relaciones familiares y personales

**Estado civil**

estar **soltero**
estar **casado**

### 10. La familia de Andy

▶ **Escucha** y decide si estas oraciones sobre la familia de Andy son ciertas (*true*) o falsas (*false*). Si son falsas, corrígelas.

**1.** Andy es el hermano de Janet.
**2.** Janet está soltera.
**3.** Alison es la sobrina de Janet.
**4.** La esposa de Gary se llama Marcela.
**5.** La madre de Andy y Janet es profesora de matemáticas.

## 11. Relaciones

▶ **Completa** estas oraciones.

**1.** Andy y Janet son *hermanos*. Se llevan ___1___.
**2.** Patricia es la ___2___ de Tess.
**3.** El señor Santos no está soltero, está ___3___.
**4.** Tim es el ___4___ de Mack.
**5.** Diana es la ___5___ de Rita.
**6.** El ___6___ de Patricia está en San Antonio.

▶ **Escribe** oraciones similares sobre tu familia.

Modelo *Mi hermano se llama Frank. Nos llevamos mal.*

## 12. Encuesta familiar

▶ **Pregunta** a tu compañero(a) sobre su familia. Toma notas para presentar la información a tus compañeros(as).

Modelo

¿Cuántos hermanos tienes?

Tres: dos hermanas y un hermano.

- número de hermanos
- nombre de los abuelos
- número de primos
- lugar donde viven los tíos favoritos
- número de sobrinos
- nombre del familiar favorito
- nombre del familiar con quien discutes más

### CULTURA

## Los padrinos

En los países hispanos las familias cristianas celebran el bautizo (*baptism*) de los bebés.

Para la ceremonia los padres eligen a dos familiares o dos buenos amigos como padrinos del bebé.

Los padrinos actúan como «padres simbólicos» y son una parte importante en la vida del niño.

**13. Piensa y explica.** ¿Tienes padrinos? ¿A quiénes elegirías (*would you choose*) tú como padrinos? ¿Por qué?

**I CAN** talk with a partner about personal and family relationships.

## Gramática

### Expresar posesión. Adjetivos y pronombres posesivos

#### Los adjetivos posesivos

- Possessive adjectives can be placed before or after the noun they accompany, but some forms change depending on their position.

Carlos es **mi** primo. Carlos es un primo **mío**.

ADJETIVOS POSESIVOS

| | ANTES DEL NOMBRE (mi tío) | | | | DESPUÉS DEL NOMBRE (un tío mío) | | | |
|---|---|---|---|---|---|---|---|---|
| | Singular | | Plural | | Singular | | Plural | |
| | Masculino | Femenino | Masculino | Femenino | Masculino | Femenino | Masculino | Femenino |
| *my* | mi | | mis | | mío | mía | míos | mías |
| *your (inf.)* | tu | | tus | | tuyo | tuya | tuyos | tuyas |
| *his, her, your* | su | | sus | | suyo | suya | suyos | suyas |
| *our* | nuestro | nuestra | nuestros | nuestras | nuestro | nuestra | nuestros | nuestras |
| *your (inf.)* | vuestro | vuestra | vuestros | vuestras | vuestro | vuestra | vuestros | vuestras |
| *their, your* | su | | sus | | suyo | suya | suyos | suyas |

- Possessive adjectives agree in number and gender with the noun they accompany. They agree with the thing possessed, not with the owner.

Estas son nuestr**as** prim**as**, Ana y Lucía.

#### Los pronombres posesivos

- Possessive pronouns are used instead of a noun. The forms are the same as those of the possessive adjectives after the noun.

Ese libro es mi libro. ⟶ Ese libro es **mío**.

- When the possessive pronoun is used to identify, it is preceded by an article.

Su casa es grande, **la nuestra** es pequeña.

**14. Compara.** ¿Qué semejanzas y diferencias hay entre los posesivos en inglés y en español?

### 15. Comparar familias

▶ **Completa** estas oraciones sobre las familias de Tess y de Janet.

1. __1__ (Mi/Mía) mamá se llama Patricia y la __2__ (su/suya) se llama Marcela.
2. __3__ (Sus/Suyos) abuelos son de California, pero los __4__ (mis/míos) son de Connecticut.

## 16. Los preparativos

▶ **Escucha** y relaciona los personajes con las fotografías correspondientes.

| Andy | Mack | Tess y Patricia | Rita | Tim |
|---|---|---|---|---|

Ⓐ 

Ⓑ 

Ⓒ 

Ⓓ 

Ⓔ 

▶ **Escucha** de nuevo y completa las respuestas con el posesivo correcto.

**1.** No, la ________ es roja. Esa mochila es de Andy.
**2.** Sí, ese es ________ pasaporte.
**3.** Sí, son las ________, gracias.
**4.** No, no es ________.
**5.** Los ________ están en la maleta y los ________ son estos.

## 17. Fotos de familia

▶ **Imagina** que estas son tu familia y la de tu compañero(a). Explícale quiénes son y cómo se llevan.

Modelo A. *Estos son mis tíos. Tienen dos hijos. Ellos se llevan bien.*
B. *Los míos...*

Ⓐ 

Mi familia

Ⓑ 

La familia de mi compañero(a)

**I CAN** refer to my own family members and other people's family relationships.

## Comunicación

### 18. Relaciones familiares

▶ **Escucha** y decide si estas personas se llevan bien o mal con su familia.

A. Se lleva bien.    B. Se lleva mal.

### 19. Familias diferentes

▶ **Lee** el blog de Andy y clasifica la información en dos columnas.

Nuestras familias

Publicado por Andy, 24 de septiembre

La familia de Roberto y la mía son muy diferentes, pero se llevan muy bien. A nuestras familias les gusta hacer cosas juntas, como ir de excursión los fines de semana.

Mi familia es pequeña, la suya es grande. Yo tengo una hermana, pero él tiene siete. Un hermano suyo vive en los Estados Unidos. Yo solo tengo dos primas, Alison y Eloísa, pero él tiene... ¡veinte primos y cinco sobrinos! Un sobrino suyo está casado con nuestra amiga Ana.

COMENTARIOS (0)   ENVIAR UN COMENTARIO

| La familia de Andy | La familia de Roberto |
|---|---|
| *Es pequeña.* | |

▶ **Responde** a las siguientes preguntas.

1. ¿Cómo se llevan las dos familias?
2. ¿Cómo es la familia de Andy?
3. ¿Cuántos hermanos tiene Roberto?
4. ¿Dónde vive un hermano de Roberto?
5. ¿Con quién está casada Ana?
6. ¿Qué hacen las familias los fines de semana?

▶ **Escribe.** ¿Cuál de estas familias es más parecida a la tuya: la de Andy o la de Roberto? Escribe un resumen breve y preséntalo a la clase.

# Final del desafío

## 20. ¿Qué dicen?

▶ **Completa** los diálogos (*speech bubbles*) con las palabras que faltan.

esposa gigante padre nariz hermano

**a. Janet:** Sí, aquí está su ______.

**b. Janet:** ¡Mira, ______! ¿Qué ves aquí?

**c. Andy:** Claro. ¡El ______ maya de Atitlán es una montaña!

**d. Andy:** ¡Parece la silueta de nuestro ______!

**e. Janet:** Ayer la ______ de Felipe y su madrina me hablaron del Rostro Maya.

▶ **Ordena.** Ahora pon en orden los diálogos del final del desafío. Representa con tu compañero(a) la conversación de Andy y Janet. Recuerda que la entonación es muy importante.

▶ **Habla.** Personas de otras culturas tendrán (*will have*) respuestas diferentes a la siguiente pregunta. Con tu compañero(a), explica las razones de estas diferencias y responde a la pregunta.

¿Qué es familia?

**I CAN** identify my family members and members of a typical Central American family.

# Un garífuna peculiar

## Punto de partida

▶ **Observa.** Diana and her aunt are going to Travesía, a Garifuna community on the Honduran coast. They must find a musician who will give them a special gift—a traditional Garifuna instrument made out of a turtle shell.

Continuará...

### 21. Recordar

▶ **Completa** estas oraciones con palabras del diálogo.

1. Rita es ________.
2. Los garífunas son ________.
3. El músico es moreno y lleva ________.
4. Marcos Esteban tiene barba y ________.
5. Marcos Esteban es espontáneo y muy ________.

### 22. Identificar

▶ **Escucha.** Rita nos presenta a algunas personas que conoce en Honduras. Elige la oración relacionada con cada persona o grupo de personas.

**a.** Es profesora. **b.** Es un músico garífuna. **c.** Son jóvenes y bonitas. **d.** Son mayores.

### 23. Aplicar

▶ **Describe** a las tres personas usando la forma apropiada de las palabras.

| | | | | | |
|---|---|---|---|---|---|
| tiene el pelo largo | tiene los ojos color café | moreno | rubio | alto | mayor |
| tiene bigote | tiene los ojos azules | lleva gafas | bajo | joven | |

**1.** La señora...

**2.** Diana...

**3.** El hombre...

## CULTURA

## Los garífunas

Los garífunas son un grupo étnico que vive en varias regiones de Centroamérica, el Caribe y los Estados Unidos. Descienden de los africanos que fueron llevados (*were taken*) a la zona como esclavos (*slaves*) entre los siglos XVI y XVII, escaparon y fueron a vivir con los pueblos indígenas.

Los garífunas de Centroamérica hablan garífuna y español. Tienen una cultura muy rica en música y baile.

**24. Piensa y explica.** ¿Qué ocurre cuando dos culturas totalmente diferentes se encuentran (*meet*)? ¿Qué elementos culturales se comparten (*share*) primero?

**TU DESAFÍO** Busca tres datos (*facts*) más sobre los garífunas para compartirlos con la clase.

**I CAN** understand a dialogue about a Garifuna musician in Honduras.

## Vocabulario

### Características físicas y rasgos de personalidad

**¿Cómo son físicamente?**

**¿Cómo es su personalidad?**

| | | | | |
|---|---|---|---|---|
| creativo(a) | espontáneo(a) | estudioso(a) | sincero(a) | tímido(a) |
| inteligente | paciente | impaciente | optimista | pesimista |

### 25. Descripciones

▶ **Escucha** las descripciones y ordena las fotografías.

A

B

C

D

E

### 26. Dos columnas

▶ **Relaciona** cada oración de la columna A con otra apropiada de la columna B.

| Ⓐ | Ⓑ |
|---|---|
| **1.** Ana es graciosa. | **a.** Siempre dice la verdad. |
| **2.** Luis es estudioso. | **b.** Sus amigos se ríen. |
| **3.** María es impaciente. | **c.** Va mucho a la biblioteca. |
| **4.** Fernando es sincero. | **d.** No le gusta esperar. |

### 27. Un fan de Honduras

▶ **Responde** a estas preguntas sobre la carta de un fan hondureño de Diana.

**1.** ¿Cómo es Héctor?
**2.** ¿Cómo es su esposa?
**3.** ¿Cómo es el hijo de Héctor?

Hola, Diana:

Me llamo Héctor y soy de Honduras. ¡Bienvenida a mi país! Tengo treinta y cuatro años y estoy casado. Mi esposa se llama Luisa. Yo soy sincero y optimista y ella es fuerte y muy trabajadora. Tenemos un hijo, Julián. Él es moreno y lleva gafas. También es fan de ustedes.

Los hondureños son generosos y espontáneos. Bueno, eso pienso yo... ¿Te gusta mi país? ¿Y la gente?

Un saludo.

Héctor

### 28. ¿Es bueno o malo?

▶ **Habla** con tu compañero(a) para clasificar los adjetivos del Vocabulario (p. 44) en un diagrama Venn.

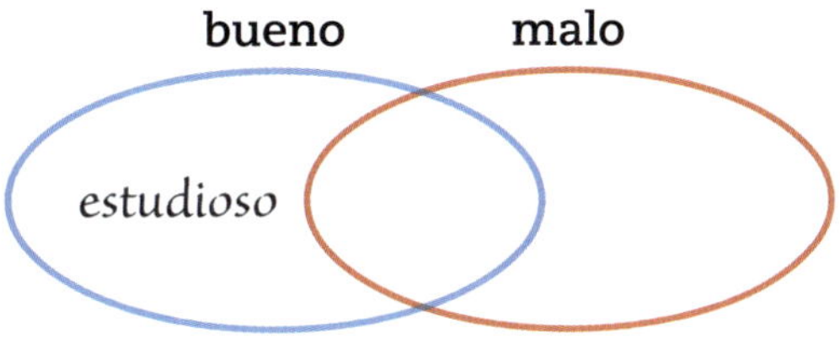


## CONEXIONES: MATEMÁTICAS

# El Sistema Internacional de Unidades

En la mayoría de los países del mundo se usa el Sistema Internacional de Unidades o sistema métrico. Estas son algunas conversiones muy comunes:

1 kilogramo (kg) = 2,21 libras (lbs)
1 metro (m) = 3,28 pies (ft) o 39,37 pulgadas (in)
1 kilómetro (km) = 0,62 millas (mi)

**29. Calcula.** ¿Cuánto pesa (*weighs*) en libras y cuánto mide (*measures*) en pies el futbolista hondureño Wilson Palacios?

Altura: 1,76 metros     Peso: 71 kilos

**I CAN** understand short descriptions of people's physical and personality traits.

## Gramática

### Describir. Los adjetivos

#### La posición del adjetivo

- Adjectives in Spanish usually follow the noun.

el músico calvo          la cantante morena

#### Concordancia del adjetivo

- In Spanish, adjectives reflect the gender and number of the noun they refer to.

| | Singular form | Plural form |
|---|---|---|
| Adjetivos que terminan en -o: tienen 4 formas | el chico simpátic**o**<br>la chica simpátic**a** | los chicos simpátic**os**<br>las chicas simpátic**as** |
| Adjetivos que terminan en -e: tienen 2 formas | el niño inteligent**e**<br>la niña inteligent**e** | los niños inteligent**es**<br>las niñas inteligent**es** |
| Adjetivos que terminan en consonante: tienen generalmente 2 formas | el señor débil<br>la señora débil | los señores débil**es**<br>las señoras débil**es** |

#### Los adjetivos de nacionalidad

- Adjectives that express nationality also have variation of gender and number.

| | Singular form | Plural form |
|---|---|---|
| Adjetivos que terminan en -o o en consonante: tienen 4 formas | el chico hondureñ**o**<br>la chica hondureñ**a** | los chicos hondureñ**os**<br>las chicas hondureñ**as** |
| | el niño españo**l**<br>la niña españo**la** | los niños españo**les**<br>las niñas españo**las** |
| Adjetivos que terminan en -e: tienen 2 formas | el señor canadiens**e**<br>la señora canadiens**e** | los señores canadiens**es**<br>las señoras canadiens**es** |

**30. Compara.** ¿Qué posición tienen los adjetivos en español y en inglés? ¿Hay diferencias?

### 31. Ustedes también

▶ **Completa** estas oraciones.

1. Yo soy tímido. Clara también es ________.
2. Elena es inteligente. Su hermano también es muy ________.
3. Nosotras somos mexicanas. Ustedes también son ________.
4. Ellos son alemanes. Las chicas también son ________.
5. Ese chico es popular. Esas chicas también son ________.

### 32. Mujeres hondureñas

▶ **Describe** a estas mujeres hondureñas. Incluye rasgos físicos y de personalidad.

Modelo *Una es morena y…*

### 33. ¡Somos iguales!

▶ **Lee** el texto y describe a la hermana melliza (*twin*) de Antonio. Recuerda: Antonio y su hermana son muy parecidos (*similar*).

*¡Hola! Me llamo Antonio. Tengo dieciséis años y soy hondureño, de Tegucigalpa. Tengo una hermana melliza. Se llama Lula.*

*Yo soy un chico joven, alto, delgado y moreno. Llevo gafas. Mido 1,75 metros y peso 70 kilos. Soy un chico inteligente y serio. Además, soy estudioso y trabajador. Soy muy generoso y me gusta pasar tiempo con mis mejores amigos.*

*¿Cómo es mi hermana Lula?*

▶ **Habla** con tu compañero(a). ¿Son ustedes dos como Antonio y Lula?

Modelo A. *Ellos son altos y morenos. Nosotras dos somos altas.*
B. *Sí, pero tú no eres morena. Eres rubia.*

## COMUNIDADES

## Diversidad lingüística

En Honduras viven casi diez millones de personas. La mayoría de sus habitantes son mestizos (*of mixed ancestry*) descendientes de europeos e indígenas. La mayor parte habla español, pero algunos hablan también garífuna, misquito u otras lenguas nativas.

**34. Piensa y explica.** ¿Qué lenguas se hablan en tu estado? ¿Sabes por qué y desde cuándo?

**I CAN** describe a variety of people or groups of people in a conversation with a partner.

## Comunicación

### 35. Gente de Honduras

▶ **Escucha** y relaciona cada oración con la fotografía correspondiente.

A

B

C

D

### 36. «10 preguntas»

▶ **Juega** con tu compañero(a). Escribe el nombre de una persona famosa. Él o ella tiene que adivinar (*must guess*) la identidad de esa persona.

Modelo A. *¿Es un atleta profesional?*
B. *Sí, es un atleta profesional.*
A. *¿Es norteamericano?*
B. *No, no es norteamericano.*

### 37. El mejor presidente

▶ **Escribe** una lista de rasgos de personalidad que debe tener un(a) buen(a) presidente de curso (*class president*).

▶ **Compara** tu lista con la de tu compañero(a). ¿Son similares? Combinen sus listas y decidan cuáles son los siete rasgos más importantes. Luego escribe un artículo breve que describa a tu presidente ideal.

Modelo *Vamos a elegir a una nueva presidenta de curso. Pero ¿qué tipo de persona es ideal para este cargo* (post)*? La presidenta ideal debe ser muy inteligente…*

**EL PRESIDENTE / LA PRESIDENTA DE CURSO**

*Debe ser...*
*inteligente*
*optimista*
*...*

# Final del desafío

## 38. ¿Quién es Marcos Esteban?

▶ **Elige** la palabra adecuada entre paréntesis para completar el diálogo.

**RITA:** ¿Crees que este (1. esposo / músico) es Marcos Esteban?
**DIANA:** No, Marcos Esteban tiene (2. rubio / barba) y bigote.

**DIANA:** Mira, este músico es (3. pelirrojo / moreno) y tiene barba y bigote.
**RITA:** Sí, pero no lleva (4. bien / gafas). Además es muy serio, y Marcos Esteban es espontáneo y (5. gracioso / triste).
**DIANA:** Sí, es cierto. Y él no tiene (6. nuestro / nuestra) regalo.

▶ **Mira** con atención la imagen de los cuatro músicos garífunas. Escribe una lista de los adjetivos que se podrían usar (*could be used*) para describirlos.

▶ **Decide.** Según la conversación de Rita y Diana, ¿sabes cuál de los músicos es Marcos Esteban?

▶ **Crea** un collage de cuatro imágenes de personas con rasgos similares. Luego, usando la conversación de Rita y Diana como modelo, escribe un breve diálogo entre dos amigos(as) que buscan a una persona específica.

Modelo A. *Mira, esa mujer debe ser Carmen Santiago.*
B. *No puede ser. Carmen es baja y esa chica es bastante alta.*

**I CAN** describe people in culturally appropriate ways using simple sentences.

**Goal:** to express states and feelings

# La mujer más alta de León

## Punto de partida

▶ **Observa.** Tess and Patricia are in León, on the Pacific coast of Nicaragua. In a city of over 165,000 people, they must find the tallest woman and dress like her!

### 39. Recordar

▶ **Completa** estas oraciones con palabras del diálogo.

1. León es una ciudad muy ___1___.
2. Estas mujeres no son ___2___ ___3___.
3. Allí hay una mujer ___4___ ___5___ que estas.
4. Tiene que ser una mujer ___6___.
5. Tess está ___7___ ___8___.

Continuará...

### 40. Pensar

▶ **Responde** a estas preguntas.

1. ¿Dónde están Tess y Patricia?
2. ¿Cómo es la mujer que buscan?
3. ¿Por qué crees que Tess está frustrada?
4. ¿Qué piensas que es una *gigantona*?

### 41. Interpretar

▶ **Escucha** la descripción de Tess y Patricia y completa una tabla como esta.

| | Tess | Patricia |
|---|---|---|
| **¿Quién es más rubia?** | ✓ | |
| **¿Quién es más alta?** | | |
| **¿Quién está más contenta?** | | |
| **¿Quién está más frustrada?** | | |
| **¿Quién está más nerviosa?** | | |

## CULTURA

# La gigantona y el enano cabezón

La gigantona y el enano cabezón son dos personajes típicos del folklore nicaragüense. Los dos personajes intervienen en muchas fiestas populares.

La gigantona es un muñeco de tres metros de altura. Representa a una mujer española y lleva vestidos y joyas (*jewelry*) antiguos. El enano cabezón acompaña a la gigantona. Es bajo e inteligente y canta canciones criticando los problemas sociales. El enano cabezón representa al indígena. Los dos personajes bailan por las calles y alegran las fiestas.

En León hay un concurso (*contest*) todos los años para premiar las mejores figuras callejeras (*street puppets*).

**42. Compara.** ¿Conoces alguna fiesta en tu región con figuras callejeras? ¿Qué representan?

**TU DESAFÍO** Busca en Internet más información sobre otros personajes del folklore centroamericano.

**I CAN** understand a dialogue about feelings set at a Nicaraguan festival.

## Vocabulario

### Estados de ánimo y sentimientos

aburrido(a) | contento(a) | emocionado(a) | enojado(a) | frustrado(a) | triste

### 43. Estados de ánimo

▶ **Representa** dos estados de ánimo (*emotions*). Tus compañeros(as) tienen que adivinar (*must guess*) cómo te sientes.

### 44. ¿Cómo están hoy?

▶ **Escucha** los diálogos. ¿Cómo se sienten los amigos de Tess? ¿Por qué?

**Modelo** Samantha → *Samantha está triste porque su gato está enfermo.*

**1.** Nico **2.** Ana **3.** Luis **4.** María

## 45. Emociones

▶ **Escribe.** ¿Cómo están estas personas? ¿Por qué se sienten así (*like that*)?

Modelo 1. *Los chicos están tristes y frustrados.*

1

2

3

4

## 46. ¿Cómo estás?

▶ **Dibuja** tres emojis que representan tres emociones muy diferentes. Luego, habla con un(a) compañero(a).

Modelo A. *¿Cómo estás? (holds up annoyed emoji)*
B. *Estoy enojada.*
A. *¿Enojada? Pero, ¿por qué? ¿Qué pasa?*

## CULTURA

### *Popol Vuh*

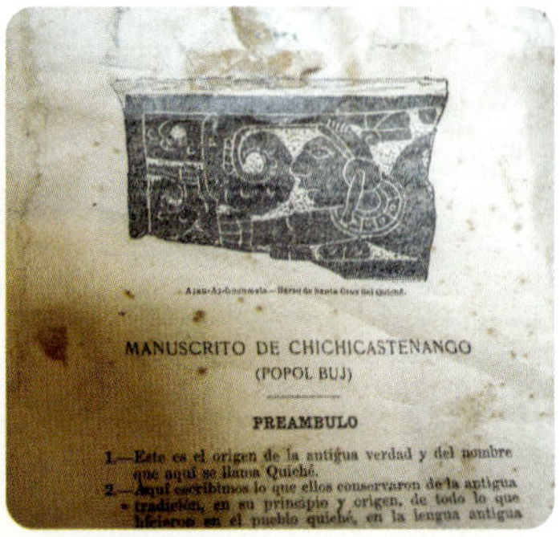


Los mayas crearon muchas leyendas sobre el mundo, la naturaleza y los dioses. Estas leyendas están recogidas en un libro muy antiguo: el *Popol Vuh*.

Según los mayas, los dioses crearon primero hombres de barro (*mud*) y después hombres de madera (*wood*). Por fin crearon hombres de maíz (*corn*), el alimento principal de los mayas, y les dieron sentimientos.

**47. Compara.** ¿Conoces otras teorías sobre el origen del mundo? Compara y contrasta esas ideas con las de los mayas.

**I CAN** ask and answer questions about states and feelings with a partner.

## Gramática

### Comparar. Comparativos y superlativos

#### Las comparaciones

- Things and people may be compared with respect to their characteristics and feelings.
- To express equality, use:

| | | |
|---|---|---|
| **tan** + *adjective* + **como** | *as … as* | Pedro está **tan** aburrido **como** Luis. |
| *verb* + **tanto como …** | *as much as …* | Yo estudio **tanto como** tú. |

- To express inequality, use:

| | | |
|---|---|---|
| **más** / **menos** + *adjective* + **que** | *more / less … than* | Antonia está **más** triste **que** Lola. Roberto está **menos** contento **que** Carlos. |
| *verb* + **más que** / **menos que** | *… more / less than* | Ellos discuten **más que** nosotros. Elena habla **menos que** yo. |

#### El superlativo

- The superlative is used to express an extreme degree of an adjective.
- When the adjective ends in a consonant, add **-ísimo**, **-ísima**, **-ísimos**, **-ísimas** to form the superlative.

  popular + ísimo    Carlos es popular**ísimo**.
- If the adjective ends in a vowel, drop the vowel before adding the superlative ending.

  trist~~e~~ + ísimo    Pablo está trist**ísimo**.
- You can also use adverbs like **muy** before the adjective to express the same idea.

  Estamos **muy** tristes.

**48. Compara.** En español algunos adjetivos tienen formas de comparación irregulares, como **mejor** y **peor**. ¿Qué adjetivos tienen en inglés formas de comparación irregulares?

### 49. Muy cansadas

▶ **Escucha** a Tess y Patricia, y completa el diálogo.

**PATRICIA:** Tú estás ___1___ cansada ___2___ yo.
**TESS:** No, mamá. Yo estoy ___3___ cansada ___4___ tú.
**PATRICIA:** ¡Las dos estamos ___5___!

## 50. ¿Más o menos?

▶ **Escribe** oraciones comparando el estado de ánimo de los personajes.

Modelo 1. *Patricia está más cansada que Tess.*

**1.** Patricia - (+ cansada) - Tess
**2.** Diana - (– tranquila) - Rita
**3.** Janet - (– contenta) - Diana
**4.** Andy - (+ aburrido) - Janet
**5.** Tim - (= emocionado) - Mack
**6.** Patricia - (= sorprendida) - Andy

## 51. ¿Quién es?

▶ **Escribe** oraciones sobre los personajes. Utiliza el superlativo. Tu compañero(a) tiene que adivinar (*must guess*) a quién te refieres.

Modelo A. *Está contentísima.*
B. *¿Es Belén?*

Alberto

Belén

Martín

# CONEXIONES: LITERATURA

## Rubén Darío

Uno de los principales poetas en español es el nicaragüense Rubén Darío (1867–1916). A Darío le llaman «el padre del Modernismo» porque fue uno de los máximos representantes de este movimiento literario.

A los poetas modernistas les gusta describir los estados de ánimo, los sentimientos y el amor.

### Sonatina

La princesa está triste... ¿qué tendrá la princesa?
Los suspiros se escapan de su boca de fresa,
Que ha perdido la risa, que ha perdido el color.
[...]
La princesa no ríe, la princesa no siente;
La princesa persigue por el cielo de Oriente
La libélula vaga de una vaga ilusión.

RUBÉN DARÍO

**52. Piensa y explica.** ¿Puede un poema afectar tu estado de ánimo o solo lo puede describir?

**TU DESAFÍO** Busca otro poema de Rubén Darío. ¿Qué sentimientos describe?

**I CAN** make comparisons between people's states and feelings using phrases and simple sentences.

## Comunicación

### 53. El día de Tess

▶ **Escucha** y decide. ¿Cómo se siente hoy Tess?

cansada contenta aburrida enferma triste

### 54. ¿Cómo estamos?

▶ **Completa** esta encuesta (*survey*) sobre tu estado de ánimo.

**¿Cómo te sientes hoy?**

| | | | | |
|---|---|---|---|---|
| cansado(a) | 0 | 1 | 2 | 3 |
| contento(a) | 0 | 1 | 2 | 3 |
| celoso(a) | 0 | 1 | 2 | 3 |
| furioso(a) | 0 | 1 | 2 | 3 |
| confundido(a) | 0 | 1 | 2 | 3 |
| tranquilo(a) | 0 | 1 | 2 | 3 |

0 = nada
1 = un poco
2 = bastante
3 = mucho

▶ **Pregunta** a tres compañeros(as) cómo se sienten hoy. Toma nota de sus respuestas.

**Modelo**

¿Estás cansado hoy, Juan?

Sí, bastante.

▶ **Escribe** seis comparaciones entre tu estado de ánimo y el de tus compañeros(as).

**Modelo** *Hoy yo estoy más cansado que Amy y Marta, pero estoy menos cansado que Juan.*

### 55. Conversaciones breves

▶ **Escribe** dos diálogos expresando los siguientes estados de ánimo.

**1.** frustradísimo(a)
**2.** nerviosísimo(a)
**3.** tranquilísimo(a)
**4.** aburridísimo(a)
**5.** tristísimo(a)
**6.** cansadísimo(a)

*—¿Qué te pasa?*
*—Estoy aburridísimo.*
*—¿Por qué? ¿No te gusta la película?*
*—No, no me gustan nada las películas de amor.*

▶ **Representa.** Comparte tus diálogos con tu compañero(a). Elijan el diálogo que más les guste y represéntenlo delante de la clase. Recuerden usar la entonación apropiada.

# Final del desafío

### 56. ¡Tantas gigantonas!

▶ **Habla.** Con tu compañero(a), improvisen el diálogo entre Tess y Patricia. Describan sus emociones e incluyan comparaciones o superlativos.

▶ **Lee** la conversación entre Tess y su amiga Lucía y decide si las siguientes afirmaciones son ciertas o falsas. Corrige las falsas.

**Tess:**
Hola, Lucía. ¿Cómo estás? Mi madre y yo estamos en León, una ciudad muy linda de Nicaragua. Estamos bastante cansadas, pero contentísimas. Nuestro desafío es muy divertido… ¡un abrazo!

**Lucía:**
Hola, Tess. ¿Qué tal? Yo también tengo vacaciones, pero estoy bastante triste porque mis amigos no están aquí. ¡Estoy muy aburrida! ¿Cuándo vuelves? Un beso.

1. Tess está más cansada que Lucía.
2. Lucía está tan contenta como Tess.
3. Tess está más aburrida que Lucía.
4. Lucía está menos triste que Tess.

▶ **Escribe.** Ahora reacciona a los mensajes de Tess y Lucía y comenta sobre tu propio estado actual.

**I CAN** express how people feel in my own and other cultures.

**Goal:** to ask questions

# Un viaje arbóreo

## Punto de partida

▶ **Observa.** Tim and Mack are at the *Parque Nacional Rincón de la Vieja*, in the Costa Rican rainforest. They must put on a harness and glide through the top of the jungle attached to a cable. But first, they must register.

Continuará...

### 57. Recordar

▶ **Completa** las oraciones con palabras del diálogo.

1. La ________ es solo un número.
2. ¿Me dicen su ________ y sus apellidos?
3. El ________ de Tim también es Taylor.
4. Tim tiene dieciséis ________.
5. ¿De ________ son?

## 58. Identificar

▶ **Escucha** el diálogo entre Mack y un oficinista. Selecciona cuáles de estos datos le pide.

| | |
|---|---|
| Nombre | Fecha de nacimiento |
| Apellidos | Edad |
| Domicilio | Lugar de nacimiento |

▶ **Escucha** otra vez y escribe la información que da Mack.

▶ **Escribe** tu propia información para los datos que pide la agencia.

**Modelo** *Nombre: Me llamo Carla.*

## 59. Planes de viaje

▶ **Habla** con tu compañero(a) para planear (*to plan*) un viaje. Hazle preguntas sobre los detalles del viaje con estos interrogativos.

¿Quién? ¿Qué? ¿Dónde? ¿Cuándo? ¿Cómo?

**Modelo** *¿Quién va con nosotros?*

## CONEXIONES: CIENCIAS

# Rincón de la Vieja

En Costa Rica hay muchos parques naturales. Uno de ellos es el Parque Nacional Rincón de la Vieja, en el norte del país. Este parque es un gran destino para practicar el ecoturismo. Allí hay selva, volcanes, ríos, lagos y aguas termales (*hot springs*).

La mejor forma de admirar la gran variedad de plantas y animales es a caballo o montando en tirolina (*zip line*).

**60. Compara.** ¿Conoces parques o reservas naturales para hacer ecoturismo? ¿Cuáles son las ventajas (*advantages*) y desventajas (*disadvantages*) del ecoturismo?

**I CAN** understand a dialogue in which people ask and answer questions about personal information in Costa Rica.

## Vocabulario

### Información personal

**HOJA DE INSCRIPCIÓN**

**NOMBRE:** Peter
**APELLIDOS:** Wolcott
**FECHA DE NACIMIENTO:** 4/5/95
**LUGAR DE NACIMIENTO:** Estados Unidos
**DOMICILIO ACTUAL:** c/ Zola, 35. San José
**ESTADO CIVIL:** soltero
**Nº DE IDENTIDAD O PASAPORTE:** 1367890

### 61. Datos personales

▶ **Une** la información con la pregunta correspondiente.

| (A) | (B) |
|---|---|
| **1.** Domicilio actual | **a.** ¿Cómo te llamas? |
| **2.** Nombre | **b.** ¿Cuál es tu número de pasaporte? |
| **3.** Lugar de origen | **c.** ¿De dónde eres? |
| **4.** Número de pasaporte | **d.** ¿Cuándo es tu cumpleaños? |
| **5.** Fecha de nacimiento | **e.** ¿Dónde vives ahora? |

▶ **Completa** la hoja de inscripción con tus datos.

## 62. Una hoja de inscripción

▶ **Completa** los datos de la hoja de inscripción (*registration form*) con la información de Carlos.

**HOJA DE INSCRIPCIÓN**

Nombre:

Apellidos:

Domicilio:

Lugar de nacimiento:

## 63. Preguntas y respuestas

▶ **Escribe** la pregunta apropiada para pedir los siguientes datos.

1. Nombre
2. Apellidos
3. Domicilio
4. Lugar de nacimiento
5. Fecha de nacimiento

▶ **Preguntar.** Hazles preguntas a dos compañeros(as) para obtener (*to obtain*) información.

Modelo 1. Nombre: *¿Cómo te llamas?*

## CULTURA

### Los apellidos

En los países hispanos se usan dos apellidos. Normalmente el primer apellido es el apellido del padre y el segundo es el apellido de la madre. En general, las mujeres no cambian su apellido cuando se casan.

| | | |
|---|---|---|
| Ejemplo: Carlos | López (apellido del padre) | Sánchez (apellido de la madre) |

**64. Piensa.** Imagina que vives en un país hispano. ¿Cuáles son tus apellidos?

**I CAN** exchange basic personal information with a partner.

## Gramática

### Hacer preguntas. Los interrogativos

#### Hacer preguntas

- Interrogatives are words that are used to ask questions. Normally, interrogatives go at the beginning of a sentence.

  ¿**Cómo** te llamas? ¿**Dónde** vives?

  PRINCIPALES INTERROGATIVOS

| | | | |
|---|---|---|---|
| **¿Qué?** | *What?* | **¿Cuándo?** | *When?* |
| **¿Cuál(es)?** | *Which?* | **¿Cómo?** | *How?* |
| **¿Quién(es)?** | *Who?* | **¿Por qué?** | *Why?* |
| **¿Cuánto(a)?** | *How much?* | **¿Para qué?** | *What for?* |
| **¿Cuántos(as)?** | *How many?* | **¿Adónde?** | *Where to?* |
| **¿Dónde?** | *Where?* | **¿De dónde?** | *Where from?* |

- **Cuál**, **cuáles** are used to ask about one or more elements in a group. They are always followed by a verb, never by a noun.

  Aquí hay muchos libros. ¿**Cuál** es el tuyo?

- To ask where someone is from, use **de dónde**. Use **adónde** to ask where someone is going.

  ¿**De dónde** eres? ¿**Adónde** va Juan?

- Questions that can be answered with *sí* or *no* do not use interrogatives. Instead, use a rising intonation or place the subject after the verb to indicate that it is a question.

  ¿Es tu mamá? ¿Viene Juan a la fiesta?

#### Responder preguntas

- To answer a yes-or-no (*sí o no*) question in the negative form, use double negation—once to answer, and once before the verb.

  –¿Eres española?
  –**Sí**. soy española / **No, no** soy española. Soy hondureña.

**65. Compara.** En español no se usa un verbo auxiliar para hacer preguntas. ¿Qué verbo se usa en inglés?

### 66. ¿Cuál o cuáles?

▶ **Completa** estas oraciones con *cuál* o *cuáles*.

1. ¿_______ es tu clase favorita?
2. ¿_______ son tus mejores amigos?
3. ¿_______ es tu país de origen?
4. ¿_______ es tu número de teléfono?
5. ¿_______ son los libros para la clase de Español?
6. ¿_______ son tus profesores?

## 67. Preguntas y respuestas

▶ **Escucha y ordena** las preguntas de Tim para corresponder a las respuestas de su nueva amiga.

## 68. Formas negativas

▶ **Responde** a estas preguntas en forma negativa.

Modelo ¿Estudias español?
→ *No, no estudio español.*

1. ¿Vives en El Salvador?
2. ¿Eres de Costa Rica?
3. ¿Te llamas Pedro?
4. ¿Tienes hermanos?
5. ¿Estás casado(a)?
6. ¿Eres perezoso(a)?

## 69. Interrogaciones

▶ **Completa** estas oraciones con un interrogativo. Hay varias respuestas posibles.

1. ¿______ estudias español?
2. ¿______ es tu programa favorito?
3. ¿______ vives?
4. ¿______ lenguas hablas?
5. ¿______ están tus padres hoy?
6. ¿______ vas por la tarde?
7. ¿______ celebras tu cumpleaños?

▶ **Habla.** Haz estas preguntas a tu compañero(a) y responde a las suyas. Anota sus respuestas.

Modelo A. *¿Cuándo almuerzas?*
B. *Almuerzo a las once y veinte. Y tú, ¿dónde almuerzas?*
A. *Almuerzo en el patio de la escuela.*

**I CAN** use appropriate question words to ask basic questions about personal information.

## Comunicación

### 70. Una entrevista por televisión

▶ **Escucha** la entrevista de la televisión local a Mack y decide si responde de forma afirmativa o negativa a estas preguntas.

1. ¿Es la primera vez que viene usted a Costa Rica?
2. ¿Le gusta Costa Rica?
3. Ustedes están aquí para completar un desafío para Fans del español, ¿no es cierto?
4. ¿Es un desafío difícil?
5. ¿No tiene usted miedo?
6. ¿Participa su nieto también en el desafío?

### 71. Presentaciones

▶ **Escribe** las preguntas que corresponden a la información de Sara y Alberto, dos amigos de Mack y Tim.

Modelo 1. *¿Cómo te llamas?*

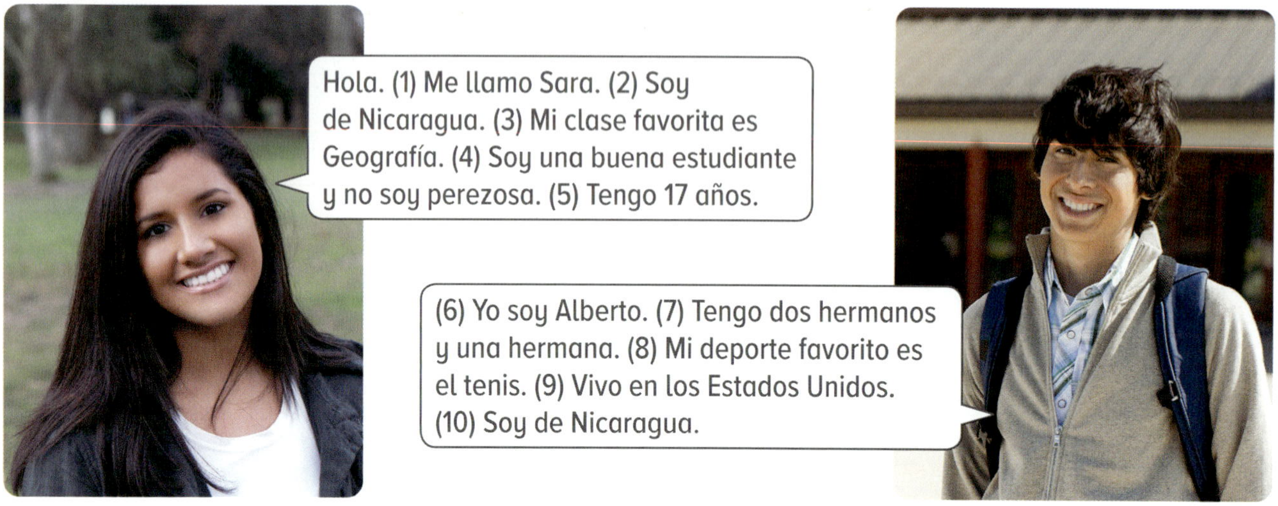


### 72. La solicitud

▶ **Crea** una solicitud (*application*) de empleo o para unirse (*join*) a un club social. La solicitud tiene nueve preguntas que piden información importante sobre el/la solicitante. Decide qué información es la más importante y escribe la lista de preguntas.

▶ **Habla.** Ahora hazle las preguntas de tu solicitud a tu compañero(a) y anota sus respuestas. Luego presenta la solicitud de tu compañero(a) a la clase.

Modelo *El solicitante se llama Jorge Zulano. Vive en la calle Olivares, número ciento treinta...*

# Final del desafío

## 73. ¿Qué pasa en la historia?

▶ **Completa** el diálogo con las palabras interrogativas que faltan.

▶ **Representa** el diálogo en grupos de tres.

▶ **Imagina** ahora que el desafío tiene otro final. Haz un diagrama para organizar tus ideas. Después, utilízalo para escribir un final diferente.

**I CAN** ask questions and present personal information in my own and other cultures.

## 74. Una experiencia inolvidable

▶ **Lee** este anuncio y decide si las oraciones son ciertas o falsas. Corrige las falsas.

# Tour de Canopy
## *sobre Cataratas*

### *¡El tour más increíble de todo el país, 11 cataratas reales con más de 25 líneas!*

- ¡Somos el único tour de Canopy de Costa Rica que pasa sobre cataratas! Además de vivir la experiencia de estas 11 cataratas, podrás hacer rapel (descenso con cuerdas), atravesar un puente colgante y disfrutar de una piscina natural de agua manantial.
- Nuestro tour también cuenta con un recorrido especial por el bosque, lo que hace de este paseo una experiencia completamente inolvidable. El tour se encuentra cerca al parque Aventura y Hotel Vista Golfo, es un destino ideal para exploradores y amantes de la naturaleza porque cuenta con una ubicación privilegiada entre las montañas del cantón de Montes de Oro.
- Con el Tour de Canopy de Costa Rica podrás vivir de una forma única e inolvidable la belleza de los bosques costarricenses.

**Duración:**
4 horas

**Horarios:**
08:00 AM, 1:00 PM

**¿Qué debes traer?**
- Ropa cómoda, un traje de baño (que puedes llevar bajo tu ropa) y ropa adicional.
- Zapatos cerrados y adecuados para largas caminatas. (Evita traer sandalias).
- Una cámara, repelente contra insectos y bloqueador solar.

1. Este anuncio promociona caminatas (*hikes*) guiadas por los bosques tropicales de Costa Rica.
2. Contamos con tres caminatas diarias, una en la mañana, otra en la tarde y otra en la noche.
3. Además de hacer canopy, los visitantes podrán nadar.
4. Solo los exploradores más intrépidos pueden hacer esta excursión.
5. Recomendamos calzar sandalias muy cómodas.
6. Te recomendamos traer una cámara de fotos para el recorrido.

## 75. Perfil personal

▶ **Habla** con tu compañero(a) de la información que se necesita para crear un perfil *online* en un sitio de estudiantes que buscan amigos por correspondencia (*penpals*). Después, intercambia información para crear un perfil ficticio.

**Modelo** A. *¿Qué datos crees que necesitamos incluir?*
B. *Bueno, la edad, una descripción física y…*

Anita Márquez

Nacionalidad: nicaragüense
Edad: 16
Dirección:
Estado civil:
Personalidad:
Actividad favorita:

### 76. Retrato de familia

▶ **Escucha** las dos descripciones y decide cuál corresponde a esta foto.

▶ **Habla.** Ahora presenta a la clase una foto o un dibujo de tu familia (u otra familia que conozcas).

- Explica la relación entre las personas en la foto.
- Describe los rasgos de personalidad y las características físicas de cada persona.
- Incluye una comparación entre dos de las personas.

## UN CHIN DE...

### 77. Un chin de entrevista

▶ **Ve** el video y decide si cada afirmación es cierta o falsa. Corrige las falsas.

1. Ana, la abuela de Jaime, es estudiosa.
2. Los abuelos de Jaime no se llevan bien.
3. Antonio, el abuelo de Jaime, es optimista.
4. Ana es impaciente y seria.
5. Elena, la hermana de Jaime, está enamorada de un chico moreno que no tiene barba.

▶ **Organiza.** ¿En qué orden suceden estos eventos en el video?

**a.** Ana, la abuela de Jaime, presenta a su esposo.
**b.** Elena confiesa que está enamorada.
**c.** Jaime presenta a su abuela Ana.
**d.** Ana habla sobre Jaime.
**e.** Elena se presenta de manera seria y militar.

▶ **Escribe.** Describe a los miembros de la familia de Jaime que ves en el video. Incluye rasgos físicos y algunas descripciones de su personalidad.

# En el Palacio Nacional de Cultura

The participants meet in front of the National Palace of Culture in Managua. The four teams have all completed their tasks, and they have written poems to document their experience.

## 78. Al llegar

▶ **Escribe** un resumen (*summary*) sobre el desafío de uno de los cuatro equipos. Incluye esta información:

- Quiénes son y qué relación hay entre ellos.
- Cómo son (aspecto físico y personalidad).
- Dónde están y qué tienen que hacer allí.
- Cómo se sienten.
- Cómo resuelven su desafío. ¿Tienen éxito?

# Anunciode Banco Ficensa

## 79. Preparar

▶ **Habla.** Contesta estas preguntas. Discute tus repuestas con tu compañero(a).

1. ¿Quién eligió tu nombre? ¿Te gusta tu nombre, o prefieres otro? ¿Cuál?
2. ¿Crees que el nombre que escogen los padres puede afectar la vida de su hijo(a)? ¿Cómo?

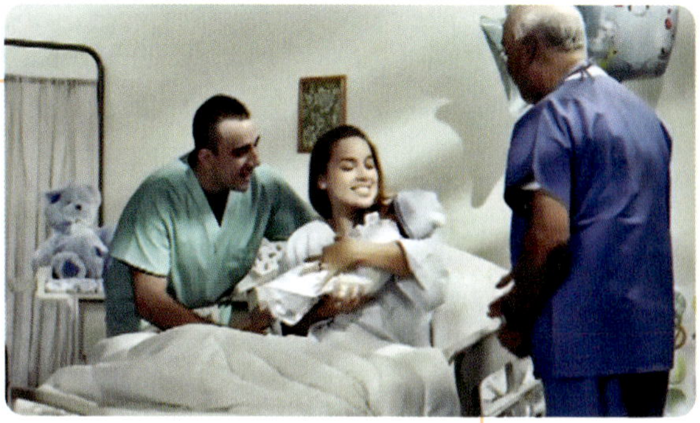

### El voseo

En algunas partes de Centroamérica, Bolivia, Chile, Colombia, Ecuador y Perú y en la mayor parte de Argentina, Uruguay y Paraguay, las personas tienen la costumbre (*custom*) de usar **vos** en lugar de **tú** al hablar o escribir. Este uso es conocido como **el voseo** y se refleja también en la manera de conjugar los verbos. Por ejemplo, el presente del indicativo de los verbos regulares se conjuga con las terminaciones **-ás (vos hablás)**, **-és (vos comés)** e **-ís (vos vivís)**.

### Vocabulario útil

| | |
|---|---|
| cargar | *to carry* |
| parecerse a | *to look like* |
| el / la peluquero(a) | *hairdresser* |
| ponerle | *name him* |
| el segundo nombre | *middle name* |
| el trato | *treatment* |

## 80. Comprender

▶ **Elige** la opción correcta.

1. El peluquero de la mamá del bebé se llama ________.
   **a.** José **b.** Tomás
2. Al papá del bebé le gustan las películas de ________.
   **a.** Harry Potter **b.** Sylvester Stallone
3. Tomás es el nombre del ________ de la mamá del bebé.
   **a.** abuelo **b.** hermano
4. El regalo para el bebé está ________.
   **a.** en el banco **b.** personalizado

## 81. Aplicar

▶ **Habla y escribe.** Con tu compañero(a), describe cinco pasos para abrir una cuenta de ahorros. Si no saben, investíguenlo. Luego, imagina que abriste una cuenta el martes pasado y escribe la conversación que tuviste con el / la empleado(a).

**Nacionalidades**
Guatemala → guatemalteco(a)
Honduras → hondureño(a)
El Salvador → salvadoreño(a)
Panamá → panameño(a)
Belice → beliceño(a)
Nicaragua → nicaragüense
Costa Rica → costarricense

# Centroamérica

Centroamérica es una región estrecha y montañosa que conecta América del Norte y América del Sur. Está situada entre el océano Pacífico y el mar Caribe.

En Centroamérica hay siete países y en seis de ellos se habla español: Guatemala, El Salvador, Honduras, Nicaragua, Costa Rica y Panamá. El séptimo país es Belice, una antigua colonia británica donde se habla inglés.

## 82. Un juego

▶ **Observa** y responde a las siguientes preguntas.

1. ¿Qué país es el único sin costa en el mar Caribe?
2. ¿En qué país se habla inglés?
3. ¿Qué país es el más largo y estrecho?
4. ¿Con qué país de Suramérica limita Panamá?

▶ **Escribe** el nombre de los países de Centroamérica y de sus capitales.

(1) Músicos tocando la marimba

## 1. Mestizaje y cultura

La palabra *mestizaje* se refiere a la mezcla o fusión de razas. Centroamérica es una región con mezcla de indígenas, europeos y africanos. Algunos grupos étnicos que proceden de esta fusión son los *garífunas* (Guatemala y Honduras) y los *misquitos* (Nicaragua y Honduras).

El mestizaje tiene una importante influencia en la cultura de Centroamérica. Los ritmos africanos, por ejemplo, son la base de la música y las danzas populares centroamericanas. Entre los instrumentos musicales, los tambores y la marimba (muy popular en Guatemala) son también de origen africano; la guitarra, el violín y el acordeón proceden de Europa; y las flautas de caña tienen origen indígena.

## 2. Riqueza natural

*Guatemala* significa en lengua náhuatl «tierra de muchos árboles». Realmente, esa descripción es común a toda Centroamérica. Se trata de un territorio montañoso, atravesado por la Cordillera Centroamericana, donde abundan los grandes ríos, los lagos, los volcanes y la vegetación. Además, hay selvas y manglares propios del clima tropical.

En estos entornos la fauna y la flora son muy ricas. En Costa Rica, por ejemplo, viven más de 500.000 especies de animales y de plantas, el 4,5 % de las que hay en todo el mundo. A causa de esta riqueza, varias zonas de Centroamérica están declaradas Reserva de la Biosfera.

(2) Volcán de Santa Ana (El Salvador)

## 83. Centroamérica: rica en cultura y naturaleza

▶ **Investiga y escribe.** Busca información sobre uno de estos temas:

- Influencia del mestizaje en la cocina de Centroamérica.
- Influencia del mestizaje en la ropa de Centroamérica.
- Los volcanes activos de Centroamérica.
- Reservas de la Biosfera en Centroamérica.

**I CAN** investigate and identify cultural influences and natural resources in Central America.

Ruinas mayas de Copán (Honduras)

# El blog de Ixchel

**READING STRATEGY**

## Identify the global idea of a text

When you read a text it is important to understand ideas instead of isolated words. Using **familiar words** and identifying **cognates** helps you understand the global idea of the text. **Titles, visuals,** and **text structure** will also help you understand the main idea. Likewise, it is important to recall **what you know** about the topic and your personal experiences.

Desde un rincón de Centroamérica

*Publicado por Ixchel Reyes 28/10/2020*

**Mi familia es maya**

Me llamo Ixchel, como la diosa maya de la Luna. Tengo dieciséis años y soy de Honduras. ¿Conoces mi país? Es una tierra muy rica por su naturaleza y su cultura. Tiene playas muy lindas, montañas, volcanes, bosques tropicales y paisajes maravillosos. ¡Y su gente es amable y generosa!

Mi familia y yo vivimos en Tegucigalpa, la capital. Mis hermanos se llaman Balam y Zak. Sus nombres también son mayas porque mi familia es maya. Nuestra cultura es muy antigua y está muy extendida. Hoy somos seis millones de mayas en Centroamérica y México.

Mis abuelos viven en Santa Rosa de Copán, cerca de las ruinas mayas de Copán. Mi abuela siempre lleva ropa tradicional. Mi abuelo nos cuenta las tradiciones de los mayas. ¡Qué interesante! Para los mayas el hombre viene del maíz; por eso el maíz es un alimento sagrado. ¡A mí me gustan mucho las historias de los dioses mayas! ¡Y me gusta mucho el maíz!

COMENTARIOS (0) ENVIAR UN COMENTARIO

## ESTRATEGIA Identificar la idea global de un texto

### 84. De las palabras a las ideas

▶ **Completa** una tabla como esta con palabras del texto.

| Words I know | Words I can decipher |
| --- | --- |
| | |

### 85. La estructura del texto

▶ **Copia** este gráfico con el esquema del texto y complétalo con las ideas del cuadro.

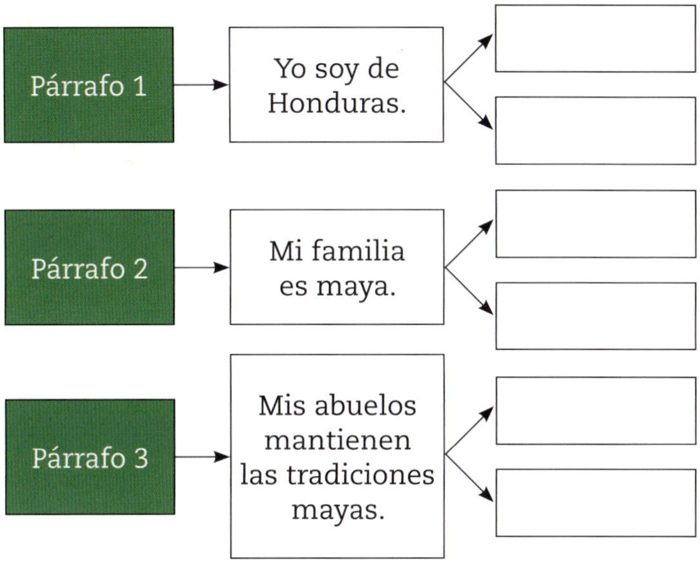

**a.** Las mujeres llevan ropa tradicional.
**b.** Honduras es un país muy rico por su naturaleza y su cultura.
**c.** Hoy hay mayas en Centroamérica y México.
**d.** La cultura maya es muy antigua.
**e.** El maíz es un alimento sagrado.
**f.** La gente hondureña es amable y generosa.

### 86. La idea global

▶ **Elige.** ¿Cuál es la idea global del texto?

**a.** La gente de Honduras es muy amable.
**b.** Honduras tiene un paisaje maravilloso.
**c.** La cultura maya está muy extendida.
**d.** Ixchel tiene una familia grande.

## COMPRENSIÓN

### 87. El blog de Ixchel

▶ **Responde** a las siguientes preguntas.

**1.** ¿Cómo se llama la diosa maya de la Luna?
**2.** ¿Por qué es sagrado el maíz para los mayas?
**3.** ¿Dónde viven los mayas hoy?
**4.** ¿Dónde hay ruinas mayas?

**I CAN** understand the main idea and some important information in a blog post by a Central American teen.

## Relaciones familiares y personales

**La familia**

| | |
|---|---|
| el padre | *father* |
| la madre | *mother* |
| los padres | *parents* |
| el hijo | *son* |
| la hija | *daughter* |
| los hijos | *children* |
| el hermano | *brother* |
| la hermana | *sister* |
| los hermanos | *siblings* |
| el abuelo | *grandfather* |
| la abuela | *grandmother* |
| los abuelos | *grandparents* |
| el nieto | *grandson* |
| la nieta | *granddaughter* |
| el tío | *uncle* |
| la tía | *aunt* |
| el sobrino | *nephew* |
| la sobrina | *niece* |
| el / la primo(a) | *cousin* |
| el padrino | *godfather* |
| la madrina | *godmother* |
| el / la bebé | *baby* |

**Estado civil**

| | |
|---|---|
| estar soltero(a) | *to be single* |
| estar casado(a) | *to be married* |
| el esposo | *husband* |
| la esposa | *wife* |

**Relaciones personales**

| | |
|---|---|
| discutir | *to argue* |
| llevarse bien | *to get along well* |
| llevarse mal | *to get along badly* |

## Características físicas

**Aspecto**

| | |
|---|---|
| alto(a) | *tall* |
| bajo(a) | *short* |
| calvo(a) | *bald* |
| delgado(a) | *thin* |
| fuerte | *strong* |
| gordo(a) | *fat* |
| llevar gafas | *to wear glasses* |
| tener barba | *to have a beard* |
| tener bigote | *to have a moustache* |
| medir | *to measure* |
| pesar | *to weigh* |

**Color de pelo**

| | |
|---|---|
| moreno(a) | *brunet(te)* |
| pelirrojo(a) | *red-haired* |
| rubio(a) | *blond(e)* |

## Rasgos de personalidad

| | |
|---|---|
| trabajador(a) | *hard-working* |
| perezoso(a) | *lazy* |
| generoso(a) | *generous* |
| tacaño(a) | *stingy* |
| serio(a) | *serious* |
| gracioso(a) | *funny* |
| optimista | *optimistic* |
| pesimista | *pessimistic* |
| paciente | *patient* |
| impaciente | *impatient* |
| creativo(a) | *creative* |
| espontáneo(a) | *spontaneous* |
| estudioso(a) | *studious* |
| inteligente | *intelligent* |
| sincero(a) | *sincere* |
| tímido(a) | *shy* |

## Estados de ánimo y sentimientos

| | |
|---|---|
| aburrido(a) | *bored* |
| celoso(a) | *jealous* |
| confundido(a) | *confused* |
| contento(a) | *happy* |
| emocionado(a) | *excited* |
| enamorado(a) | *in love* |
| enojado(a) | *angry* |
| frustrado(a) | *frustrated* |
| furioso(a) | *furious* |
| nervioso(a) | *nervous* |
| sorprendido(a) | *surprised* |
| tranquilo(a) | *calm* |
| triste | *sad* |

## Información personal

| | |
|---|---|
| nombre | *first name* |
| apellido(s) | *last name(s)* |
| fecha de nacimiento | *date of birth* |
| lugar de nacimiento | *birthplace* |
| domicilio actual | *present address* |
| estado civil | *marital status* |
| número de identidad | *ID number* |
| número de pasaporte | *passport number* |

# DESAFÍO 1

**1. Mi familia.** Escribe las relaciones familiares de estas personas.

Modelo Leo y Adam → *Leo es el abuelo de Adam.*

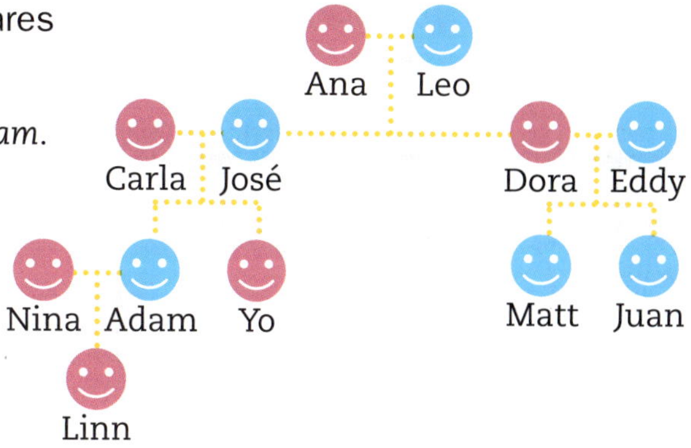


1. Ana y Juan
2. Carla y José
3. Juan y yo
4. Dora y yo
5. Linn y Nina

# DESAFÍO 2

**2. ¿Cómo es?** Decide si estas oraciones son ciertas (C) o falsas (F). Después, corrige las falsas.

1

Pedro es moreno y tiene bigote. Su hijo César es calvo y es muy creativo. Los dos llevan gafas.

2

Ann y Kate estudian juntas. Ann es rubia y Kate es morena. Son muy trabajadoras.

# DESAFÍO 3

**3. Detective.** Lee estas oraciones y escribe cómo se siente cada persona.

1. Alberto solo piensa en Valeria y quiere verla todos los días. → *Está enamorado.*
2. Mariana tiene una entrevista de trabajo hoy y no está tranquila.
3. A Laura no le gusta cuando su novio habla con otras chicas.
4. Gabriel no está contento porque su equipo pierde el partido.
5. Elena ve un programa de televisión poco interesante.

# DESAFÍO 4

**4. Inscríbete.** Imagina que te inscribes en un programa bilingüe extracurricular. Copia y completa la hoja de inscripción con tus datos.

**HOJA DE INSCRIPCIÓN**

| | |
|---|---|
| Nombre: | Domicilio actual: |
| Apellidos: | |
| Fecha de nacimiento: | Estado civil: |
| Lugar de nacimiento: | N.° de identidad estudiantil: |

## Adjetivos y pronombres posesivos (pág. 38)

**ADJETIVOS POSESIVOS**

| | ANTES del nombre (mi tío) | | | | DESPUÉS del nombre (un tío mío) | | | |
|---|---|---|---|---|---|---|---|---|
| | Singular | | Plural | | Singular | | Plural | |
| | Masculino | Femenino | Masculino | Femenino | Masculino | Femenino | Masculino | Femenino |
| *my* | mi | | mis | | mío | mía | míos | mías |
| *your (inf.)* | tu | | tus | | tuyo | tuya | tuyos | tuyas |
| *his, her, your* | su | | sus | | suyo | suya | suyos | suyas |
| *our* | nuestro | nuestra | nuestros | nuestras | nuestro | nuestra | nuestros | nuestras |
| *your (inf.)* | vuestro | vuestra | vuestros | vuestras | vuestro | vuestra | vuestros | vuestras |
| *their, your* | su | | sus | | suyo | suya | suyos | suyas |

Possessive pronouns have the same form as the possessive adjectives after the noun.

## Los adjetivos (pág. 46)

▶ In Spanish, adjectives reflect the gender and number of the noun they refer to.

| | | |
|---|---|---|
| End in -o: 4 forms | simpático<br>simpática | simpáticos<br>simpáticas |
| End in -e: 2 forms | inteligente | inteligentes |
| End in a consonant: usually, 2 forms | débil | débiles |

▶ Adjectives that express nationality also have variation of gender and number.

| | | |
|---|---|---|
| End in -o or in a consonant: 4 forms | español<br>española | españoles<br>españolas |
| End in -e: 2 forms | canadiense | canadienses |

## Los comparativos (pág. 54)

▶ To express equality, use:

| | |
|---|---|
| tan + adj. + como | *as ... as* |
| verb + tanto como | *... as much as ...* |

▶ To express inequality, use:

| | |
|---|---|
| más / menos + adj. + que | *more / less ... than* |
| verb + más / menos que | *... more / less than ...* |

## Los superlativos (pág. 54)

| | |
|---|---|
| Adjectives ending in a consonant | Add -ísimo, -ísima, -ísimos, -ísimas.<br>popular → popularísimo |
| Adjectives ending in a vowel | Drop the vowel and add the superlative ending.<br>triste → tristísimo |

## Los interrogativos (pág. 62)

| | | | | | |
|---|---|---|---|---|---|
| ¿Qué? | *What?* | ¿Cuántos(as)? | *How many?* | ¿Por qué? | *Why?* |
| ¿Cuál(es)? | *Which?* | ¿Dónde? | *Where?* | ¿Para qué? | *What for?* |
| ¿Quién(es)? | *Who?* | ¿Cuándo? | *When?* | ¿Adónde? | *Where to?* |
| ¿Cuánto(a)? | *How much?* | ¿Cómo? | *How?* | ¿De dónde? | *Where from?* |

# DESAFÍO 1

**5. Alicia y el orden.** Completa el texto con las formas correctas de los posesivos.

Alicia es mi única hermana. Ella no es muy organizada. ____________ (Su / Sus) lápices siempre están debajo del sofá. Los ____________ (míos / mis) están en ____________ (mi / mía) mochila. ____________ (Nuestra / Nuestro) madre se enoja un poco, pero ____________ (nuestro / nuestros) abuelos siempre la ayudan a buscar ____________ (su / sus) cosas.

# DESAFÍO 2

**6. ¡Son iguales!** Completa estas oraciones con el adjetivo correspondiente.

**1.** Vero es muy paciente. Luis también es muy ____________.
**2.** Braulio y Saúl son generosos. Su hermana también es ____________.
**3.** Cecilia es tacaña. Antonio y su padre también son ____________.
**4.** Nuestro tío es optimista. Mi hermano y yo también somos ____________.

# DESAFÍO 3

**7. ¿Es lógica?** ¿Son lógicas estas oraciones? Si no, corrígelas.

**1.** Juan es altísimo. Él es más bajo que sus compañeros.
**2.** Glenda es perezosa. Es menos estudiosa que sus hermanas.
**3.** Amparo y Clara son muy graciosas. Ellas son aburridísimas.
**4.** A Pablo no le gusta nada el regalo de Paula. Está emocionadísimo.

# DESAFÍO 4

**8. Preguntas.** Completa estas oraciones y une las dos columnas.

| | |
|---|---|
| **1.** ¿ *Cuándo* es tu cumpleaños? | **a.** Están en mi mochila. |
| **2.** ¿____________ están tus libros? | **b.** Es el 2 de agosto. |
| **3.** ¿____________ es la chica rubia? | **c.** Es el tenis. |
| **4.** ¿____________ es tu deporte favorito? | **d.** Es Patricia, la hija de mi madrina. |

# CULTURA

**9. ¡En Centroamérica!** Responde a estas preguntas.

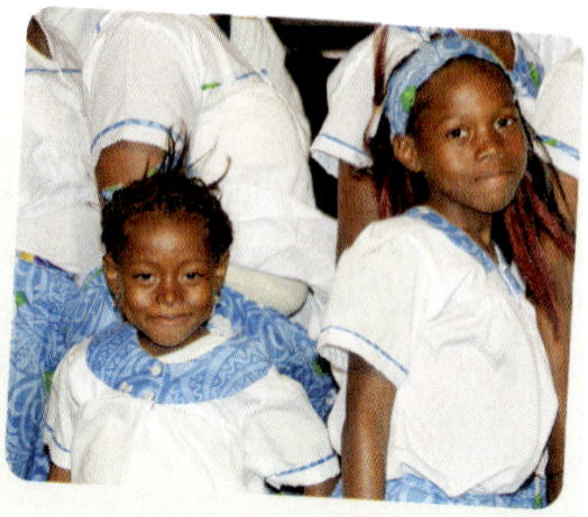

**1.** ¿Qué sabes de los garífunas?
**2.** ¿Qué es el *Popol Vuh*?
**3.** ¿Quién es Rubén Darío?

Una historia sobre

# personajes de Guatemala

You will write a short story based on a painting by famous Guatemalan artist Juan Sisay. In this project, you will need to pick a main character from the painting and bring him or her to life. Invent the reasons why he or she is in this setting, what is his or her relationship with other characters, and what is happening in the painting.

## PASO 1 **Decide quiénes van a ser los personajes de tu historia**

- Look at the painting and choose a main character that will be the focus of your story. Then answer the following questions to develop your character's profile.

Juan Sisay. *Vendedoras de fruta*

- ¿Es hombre o mujer? ¿Cómo se llama?
- ¿Cuántos años tiene?
- ¿De dónde es?
- ¿Cuáles son sus rasgos físicos y personales?
- ¿Cómo es su familia?
- ¿Dónde vive?
- ¿Cuál es su estado civil?
- ¿Cuál es su profesión?

- Choose a secondary character. These questions will help you create his or her profile.

- ¿Quién es?
- ¿Cuál es su profesión?
- ¿Cómo es?
- ¿Ese personaje conoce al personaje principal?

### PASO 2 **Cuenta qué pasa en el cuadro**

- Focus your attention on the characters that you chose and the things that are happening right now. Ask yourself questions like these to help you focus your comments.
  - ¿Qué hacen los personajes?
  - ¿Por qué están allí?
  - ¿De qué hablan? ¿Cómo se sienten?
  - ¿Qué ocurre? ¿Qué van a hacer?
- Prepare a card for each character using the information that you developed.

| | |
|---|---|
| Personaje | María |
| ¿Qué hace? | Habla con su hermana. |
| ¿Por qué está allí? | Quiere vender fruta. |
| ¿Cómo se siente? | Está contenta. |

### PASO 3 **Escribe la historia**

- Organize all your information and write a short story. Your main character will tell the story, therefore, use his or her point of view. Develop your story in three or four paragraphs.

**Modelo** Me llamo María. Tengo 20 años y soy de Guatemala. Soy morena, delgada y trabajadora. Hoy estoy en...

### PASO 4 **Corrige tu historia**

- Read your story and proofread your work.
  - ¿Las frases son claras y están escritas correctamente?
  - ¿La ortografía y la puntuación son correctas?
  - ¿La información está bien organizada?

### PASO 5 **Presenta tu trabajo**

- Present your story to the class. When you have finished, ask your classmates if they can guess who is your main character.

# Unidad 1

## Autoevaluación

Do the following activities to reflect on your progress toward this unit's goals.

### Communication

**a.** I can identify myself and others appropriately in my own and other cultures.

▶ Tell a classmate your name and something about yourself. Also talk about your family relationships.

**b.** I can describe people in culturally appropriate ways.

▶ Look at images of different people and describe each person, both physical characteristics and personality.

**c.** I can express states and feelings in my own and other cultures.

▶ Tell a classmate how you are feeling at the moment and ask how he or she is feeling.

**d.** I can ask and answer questions in my own and other cultures.

▶ Take turns asking your classmates questions to find out more about them.

### Intercultural Communication

**a.** I can identify and compare family structures in various cultures and explain the way culture may influence our traits and identity.

**b.** I can interact with others in culturally appropriate ways in familiar, everyday settings.

**I CAN** interpret a scene based on a painting of daily life in a Guatemalan community.

**I CAN** narrate a short story based on a painting of daily life in Guatemala using simple sentences and demonstrating basic cultural awareness.

# Las Antillas

## La vivienda

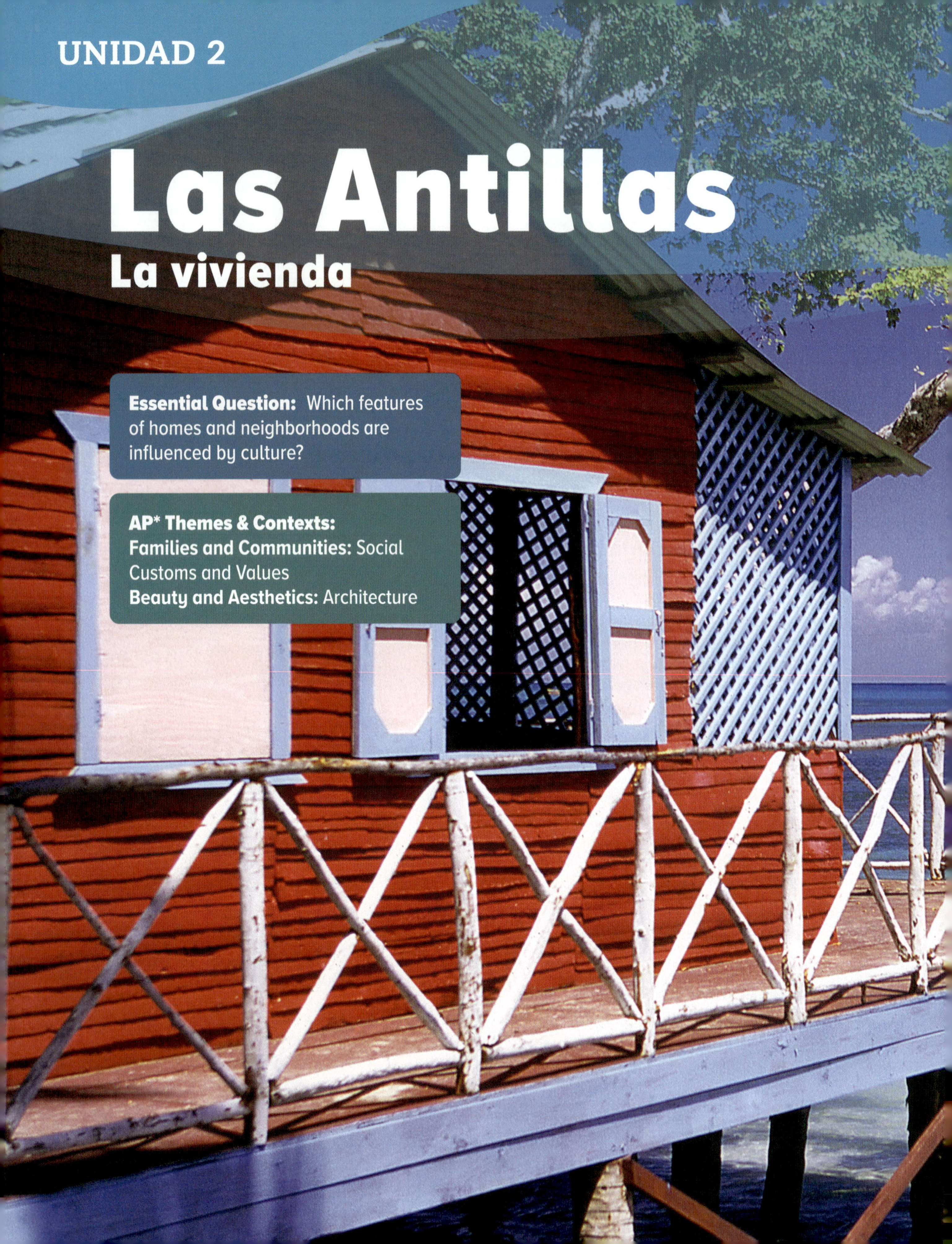

**Essential Question:** Which features of homes and neighborhoods are influenced by culture?

**AP* Themes & Contexts:**
**Families and Communities:** Social Customs and Values
**Beauty and Aesthetics:** Architecture

## IPA Goal

By the end of this unit, you will be able to talk about the features of an ideal and eco-friendly home, and then design a "dream home" for your partner.

**DESAFÍO 1: I can express the progress of common household actions in my own and other cultures.**

**Vocabulario**
La vivienda

**Gramática**
El presente continuo

**DESAFÍO 2: I can identify and describe homes and places in my own and other cultures.**

**Vocabulario**
Muebles y accesorios para la casa

**Gramática**
Los pronombres de objeto directo

**DESAFÍO 3: I can express household actions done for others in my own and other cultures.**

**Vocabulario**
Los electrodomésticos

**Gramática**
Los pronombres de objeto indirecto

**DESAFÍO 4: I can describe neighborhoods in my own and other cultures.**

**Vocabulario**
El barrio. Lugares y servicios

**Gramática**
Los demostrativos

# En Santo Domingo

The teams gather in Santo Domingo, Dominican Republic, in front of the *Alcázar de don Diego Colón*. The *Alcázar* was the palace of Christopher Columbus's son, who was the first European ruler of the Dominican Republic. Dolores Santiago greets the participants and hands them their challenges in the Caribbean islands.

**Estrategia:** As you read, can you identify a few important details? How can this help you understand the dialogue?

## 1. ¿Comprendes?

▶ **Une** cada pregunta con la respuesta adecuada.

| Ⓐ | Ⓑ |
|---|---|
| **1.** ¿Quién fundó Santo Domingo? | **a.** Doscientos millones. |
| **2.** ¿Qué pirata famoso estuvo en Santo Domingo? | **b.** En Aibonito. |
| **3.** ¿Qué es una serenata? | **c.** Una canción de amor. |
| **4.** ¿Cuántos años tiene el mosquito? | **d.** Bartolomé Colón. |
| **5.** ¿Dónde se celebra el Festival de las flores? | **e.** Francis Drake. |

## EXPRESIONES ÚTILES

To ask for confirmation of information:

- … ¿no? … ¿verdad?

To express surprise and astonishment:

- ¿En serio? ¿De verdad?

To ask someone's opinion:

- ¿Qué te parece? ¿Qué opinas?

To express approval and disapproval:

- Me parece (muy) bien. Me parece (muy) mal.
- ¡Qué bien! ¡Qué mal!
- ¡Qué buena idea! ¡Qué mala idea!

### 2. ¿Qué expresión usas?

▶ **Completa** estos diálogos con una de las expresiones útiles.

### 3. Diálogos

▶ **Escribe** dos diálogos utilizando expresiones útiles. Después, representa uno con tu compañero(a).

## PRONUNCIACIÓN Y ORTOGRAFÍA

**Las consonantes *ll*, *y* y *h***

The digraph ll and the letter y have the same or similar pronunciations. In many parts of the Spanish-speaking world, they both sound like the English y in *you*. Additionally, the letter h is silent in Spanish. These two facts can lead to misspelling even frequently used words. The following spelling tips will help in many cases.

- The digraph ll is used in these endings: -allo/a, -ello/a, -illo/a.

  talla sello botella amarillo

- The digraph ll is used at the beginning of words in these combinations: lla-, lle-, llo-, llu-.

  llave llega llorar lluvia

- The letter y is used in some forms of the verbs caer, leer, and oír and in verbs ending in -uir.

  cayendo leyeron oye incluye

- The letter h is used at the beginning of words in these combinations: hiper-, hosp-, hidr-, hipo-, hum-.

  hiperactivo hospital hipopótamo humor

- The letter h is also used in words that begin with these combinations: hia-, hie-, hue-, hui-.

  hiato hierba hueso huir

### 4. ¿Cómo se escribe?

▶ **Escoge** la palabra de ortografía correcta.

1. Víctor [yegó / llegó] anoche a las [once / honce].
2. [Oye / Olle], creo que Alberto vive en la [caye / calle] Independencia.
3. Prefiero beber té frío con [ielo / hielo].
4. La capital de Cuba es La [Abana / Habana], ¿no?
5. Los [siyones / sillones] del [hotel / otel] son muy cómodos.
6. El clima de las [Antillas / Antiyas] es muy [ermoso / hermoso].

### 5. Pronunciar

▶ **Lee** cada oración de la actividad 4 en voz alta, prestando atención a la pronunciación de la **y**, la **ll** y la **h**. Luego lee la adivinanza (*riddle*) e intenta resolverla.

1 *El huevo*

**Goal:** to express the progress of an action

# La balanza del pirata Drake

## Punto de partida

▶ **Observa.** Andy and Janet are in the colonial area of Santo Domingo. They know that the English pirate Sir Francis Drake took the city by storm in 1586. They must find out information about the pirate and bring proof of his presence in the city—the scale he used to weigh the gold he demanded in order to spare the town from destruction.

**Continuará...**

### 6. Identificar

▶ **Completa** estas oraciones.

| | | | |
|---|---|---|---|
| **1.** En Santo Domingo hay ________ antiguas. | **a.** edificios | **b.** piratas | **c.** casas |
| **2.** La Casa del Cordón es ________. | **a.** de piedra | **b.** de pared | **c.** de ladrillo |
| **3.** La casa tiene ________ pequeñas. | **a.** puertas | **b.** ventanas | **c.** piedras |
| **4.** En la ________ hay un cordón. | **a.** pared | **b.** ladrillo | **c.** ventana |
| **5.** Andy y Janet están buscando ________. | **a.** una plaza | **b.** una balanza | **c.** la zona colonial |

### 7. Recordar

▶ **Habla** con tu compañero(a). Por turnos, pregunten y respondan.

1. ¿Dónde están Janet y Andy?
2. ¿Qué están buscando?
3. ¿Cómo es la Casa del Cordón?
4. ¿Quién es Sir Francis Drake?
5. ¿Por qué se llama la Casa del Cordón?

### 8. Interpretar

▶ **Escucha** la conversación de Andy y Janet y decide si estas oraciones son ciertas o falsas.

1. Janet y Andy están en la capital de Puerto Rico.
2. Ven un barco antiguo.
3. A Janet le gustan los piratas.
4. Andy y Janet van a visitar un museo.
5. En la Casa del Cordón hay un museo.
6. La Casa del Cordón tiene cuatro pisos.

## CONEXIONES: HISTORIA

## Sir Francis Drake

Retrato de Francis Drake

Sir Francis Drake (1543–1596) fue un pirata inglés, explorador y navegante. Perteneció a la Marina Real Británica y dirigió varias expediciones contra los españoles en América.

En 1586 Sir Francis Drake ocupó Santo Domingo y pidió un rescate (*ransom*) para liberar la ciudad. En la Casa del Cordón puso una balanza para pesar el oro (*gold*) y las joyas (*jewelry*) que los ciudadanos tenían que llevar para pagar el rescate. Desde allí se dirigió a las costas de la Florida y ese mismo año atacó e incendió San Agustín.

**9. Piensa y explica.** Sir Francis Drake es un personaje polémico (*controversial figure*). Para algunas personas es un pirata y para otras es un héroe (*hero*) y un gran explorador (*explorer*). ¿Por qué crees que es así?

**I CAN** demonstrate understanding of a dialogue describing a famous house in the Caribbean.

## Vocabulario

### La vivienda

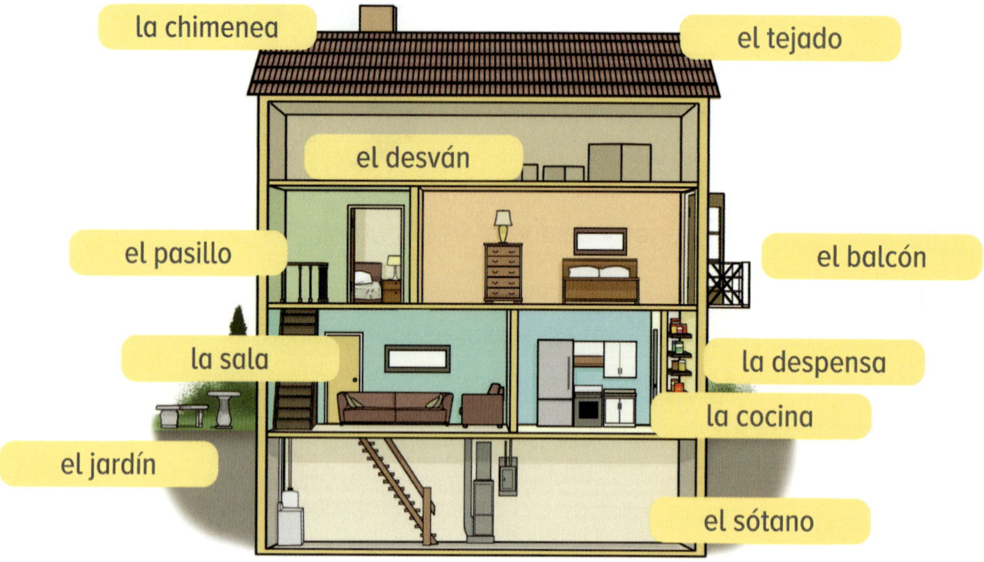

### Las tareas domésticas

### 10. Cosas de casa

▶ **Clasifica** estas palabras.

| | | |
|---|---|---|
| sótano | balcón | armario |
| tejado | lavaplatos | pasillo |
| plancha | despensa | jardín |

| Objetos | Partes dentro de la vivienda | Partes fuera de la vivienda |
|---|---|---|
| | | |

### 11. La Casa del Cordón

▶ **Escucha** y decide si estas oraciones son ciertas o falsas. Corrige las falsas.

1. La Casa del Cordón tiene tres pisos.
2. La casa es de madera.
3. Hay una ventana sobre la puerta.
4. No hay balcones.

### 12. Problemas domésticos

▶ **Lee** estas oraciones y escribe lo que tiene que hacer tu hermano Pablo.

**Modelo** Hay muchos platos sucios en la cocina.
→ *Pablo tiene que cargar el lavaplatos.*

1. Las blusas están muy arrugadas (*wrinkled*).
2. Hay mucho polvo en la sala.
3. Su dormitorio está muy desordenado. Hay libros, revistas y ropa por todas partes.
4. El lavaplatos está lleno y los platos están limpios.

### 13. ¿Cómo es tu casa?

▶ **Pregunta** a tu compañero(a).

1. ¿Tu casa es de ladrillo, de piedra o de madera?
2. ¿Hay una despensa en tu casa? ¿Dónde está? ¿Qué tienes en la despensa?
3. ¿Hay un desván en tu casa? ¿Qué tienes en el desván?
4. ¿Hay un armario en tu dormitorio? ¿Qué tienes en el armario?

## COMPARACIONES

## La Casa del Cordón

La Casa del Cordón es la primera casa de piedra del Nuevo Mundo y, probablemente, la primera casa con dos pisos. Está en Santo Domingo y es del siglo XVI. Se llama así por el cordón (*cord*) que hay en su fachada (*front*).

Fachada de la Casa del Cordón

**14. Explica.** ¿Hay casas de piedra donde tú vives? ¿Cuál es el edificio más antiguo (*oldest building*)?

**TU DESAFÍO** Investiga tres datos interesantes sobre la Casa del Cordón.

**I CAN** describe household chores and the parts of my home using short sentences and practiced phrases.

## Gramática

### El presente continuo

- In Spanish we use the **presente continuo** (present progressive) to talk about actions that are happening at the moment of speaking.
- The present progressive is formed with the verb **estar** plus the **gerundio**:

estar + gerundio

–¿Qué **estás haciendo**, Pablo?
–**Estoy cargando** el lavaplatos.

VERBO LAVAR. PRESENTE CONTINUO

| | | | |
|---|---|---|---|
| yo | estoy lavando | nosotros<br>nosotras | estamos lavando |
| tú | estás lavando | vosotros<br>vosotras | estáis lavando |
| usted<br>él, ella | está lavando | ustedes<br>ellos, ellas | están lavando |

#### El gerundio

- The **gerundio** (present participle) is formed by adding these endings to the verb stem:
  - **-ando** (-ar verbs): lavar → lavando
  - **-iendo** (-er, -ir verbs): hacer → haciendo; sacudir → sacudiendo
- Most present participles are regular. The only irregular ones occur in verbs that have these stem changes:

e > i

decir → diciendo
mentir → mintiendo
pedir → pidiendo
preferir → prefiriendo
sentir → sintiendo
servir → sirviendo

o > u

dormir → durmiendo
morir → muriendo

- When the stem of an **-er** or **-ir** verb ends in a vowel, the ending **-iendo** is written **-yendo**.
  creer → creyendo    leer → leyendo    oír → oyendo

**15. Piensa.** Además de (*Besides*) los verbos **creer**, **leer** y **oír**, ¿qué otros verbos que conoces tienen que usar la terminación **-yendo** en vez de **-iendo**?

### 16. Atareados

▶ **Escribe.** ¿Qué están haciendo?

1. Yo ____________ (ordenar) el desván.
2. Nosotros ____________ (lavar) los platos.
3. Tú ____________ (construir) una casa nueva.
4. Él ____________ (servir) el almuerzo en la cocina.
5. Lucía ____________ (planchar) una blusa.
6. ¿____________ (leer) el profesor nuestros informes?

### 17. Una conversación

▶ **Completa** la conversación entre Andy y un amigo.

**ANDY:** Hola, Pedro. ¿Qué ___estás haciendo___ (hacer)?

**PEDRO:** Mis hermanos y yo ___1___ (limpiar) la casa porque tenemos una fiesta.

**ANDY:** ¿Y qué tareas domésticas ___2___ (hacer) ustedes?

**PEDRO:** Yo ___3___ (pasar) la aspiradora y mi hermana Alicia ___4___ (descargar) el lavaplatos.

**ANDY:** Ay, ustedes ___5___ (trabajar) mucho. ¿Y sus padres?

**PEDRO:** Mi padre ___6___ (cortar) el césped y mi madre ___7___ (sacudir) el polvo.

**ANDY:** Bueno. Llámame después de completar tus tareas. Hasta luego.

### 18. ¿Qué está pasando?

▶ **Escucha** y ordena los dibujos.

A

B

C

D

▶ **Dibújate** a ti y a tus familiares haciendo tareas domésticas como en las ilustraciones de arriba. Incluye oraciones explicando lo que está haciendo cada persona.

## COMPARACIONES

## Las casas coloniales

La parte antigua de Santo Domingo tiene muchos edificios coloniales y monumentos muy bien conservados. Las construcciones de estilo colonial están hechas de piedra y ladrillo. Las casas se organizan en torno a un patio (*courtyard*) al que dan las habitaciones. Estos patios están decorados con fuentes, plantas y azulejos (*tiles*). La zona colonial de Santo Domingo fue declarada Patrimonio de la Humanidad por la UNESCO en 1990.

**19. Contesta.** ¿Has (*Have you*) visitado algún pueblo o ciudad colonial en los Estados Unidos o en Canadá? ¿Cómo son similares o diferentes las casas y los otros edificios a los de Santo Domingo?

**I CAN** express that a common household action is happening at the moment of speaking.

## Comunicación

### 20. ¿Qué están haciendo?

▶ **Escucha** la conversación entre Diana y su madre. ¿Qué está haciendo cada familiar? Completa.

1. Su primo Ronaldo ________.
2. Sus hermanos Sergio y Alán ________.
3. Su papá ________.
4. Su mamá ________.

### 21. Una vivienda en alquiler

▶ **Lee** el anuncio (*ad*) y contesta las preguntas.

1. ¿El anuncio es para alquilar (*rent*) una casa?
2. ¿Dónde está la propiedad?
3. ¿Cuántas habitaciones hay? ¿Cuáles son?
4. ¿Tiene vista (*a view*)?
5. ¿Quieres vivir allá? ¿Por qué?

▶ **Escribe** con tu compañero(a) un anuncio de una casa para el periódico (*newspaper*) local.

**¡FANTÁSTICA OPORTUNIDAD!**

Apartamento de segundo piso. Zona histórica de la ciudad, edifico antiguo de piedra. Sala, cocina/comedor, 2 dormitorios, baño pequeño. Balcón da al parque. Calle tranquila. ***Muy buen precio.***

### 22. En tu casa

▶ **Pregúntale** a tu compañero(a) sobre las tareas domésticas. En su casa, ¿quién hace qué?

**Modelo** A. *Cuando la sala está desordenada, ¿quién coloca las cosas?*
B. *De costumbre* (Usually), *mi hermana mayor arregla la sala.*
A. *¿En serio?*
B. *Sí, pero hoy yo estoy arreglando la sala.*
A. *¡Qué bien!*

1. ¿Quién lava la ropa? ¿Y quién la plancha?
2. ¿Pasas la aspiradora por toda la casa o solamente por tu cuarto?
3. ¿Quién prepara la comida? ¿Quién la está preparando hoy?
4. ¿Tiene tu casa desván, sótano o garaje? ¿Quién lo (los) limpia?
5. ¿Quién carga y descarga el lavaplatos? ¿O prefieres lavar los platos a mano (*by hand*)?
6. Imagina que hoy es sábado. Llueve mucho y toda tu familia está en casa. ¿Dónde está y qué está haciendo cada persona?

# Final del desafío

## 23. ¿Qué están diciendo?

▶ **Escribe** en tus propias palabras el significado de estas palabras clave:

| rescate | balanza | joyas | recuerdos | piedra | cordón |
|---|---|---|---|---|---|

▶ **Lee** el diálogo entre Janet, Andy y el guía (*guide*). Con un(a) compañero(a), contesta las preguntas:

- ¿Qué es la Casa del Cordón? ¿Cómo es?
- ¿Por qué es importante en la historia de la República Dominicana?

▶ **Crea** una presentación sobre tu vida cotidiana. Incluye fotos de ti, de tu familia y de tus amigos haciendo sus actividades habituales en casa y en el barrio. Para cada una, escribe pies de foto (*captions*) explicando dónde están las personas y qué están haciendo.

**I CAN** talk about household actions in a home in the Caribbean and in my own home.

**Goal:** to identify and describe places

# Un mosquito del Jurásico

## Punto de partida

▶ **Observa.** Diana and Rita are in Puerto Plata, Dominican Republic, one of the first European settlements in the Americas, and one of the largest sources of amber in the world. Together, they must find a 200–million–year–old insect! The ancient six–legged creature is somewhere in the home of María Luisa Ayala, a local amber collector.

Continuará...

### 24. Recordar

▶ **Completa** estas oraciones. ¿Dónde está el mosquito?

1. Primero el mosquito está en el ______________.
2. Luego el mosquito está encima de la ______________.
3. Finalmente el mosquito está sobre el ______________.

### 25. Corregir

▶ **Escribe.** Todas estas oraciones son falsas. Escríbelas de nuevo (*over again*) corrigiendo los errores.

1. Rita está oyendo un mosquito.
2. Diana rompe el florero.
3. Diana y Rita tienen que encontrar un espejo.
4. Rita y Diana están delante del Museo del Ámbar en Puerto Plata.
5. Diana y Rita van a pedir información a un chico.

### 26. Aplicar

▶ **Escucha.** Diana y Rita compran dos objetos para su casa. ¿Cuáles son?

1. 
2. 
3. 
4. 

▶ **Habla** con tu compañero(a). ¿Cuáles de esos objetos hay en tu casa? ¿Dónde están?

Modelo *En mi casa hay un florero en el pasillo.*

CULTURA

## El Museo del Ámbar

En la ciudad de Puerto Plata está el museo del ámbar más importante de la República Dominicana. Puerto Plata está en la llamada Costa del Ámbar. En esa zona hay yacimientos (*deposits*) de ámbar de más de 26 millones de años de antigüedad.

El ámbar dominicano es famoso por su gran variedad de colores. Se utiliza para hacer piezas de adorno y joyas (*jewelry*). A veces contiene insectos porque el ámbar se forma a partir de la resina (*resin*) fosilizada de los árboles.

**27. Compara.** ¿Qué recursos naturales (*natural resources*) hay en tu región? ¿Alguno se usa para hacer adornos (*ornaments*)?

**TU DESAFÍO** ¿Qué información puedes encontrar sobre el Museo del Ámbar?

**I CAN** understand a conversation about an important product of Caribbean culture.

## Vocabulario

### Muebles y accesorios para la casa

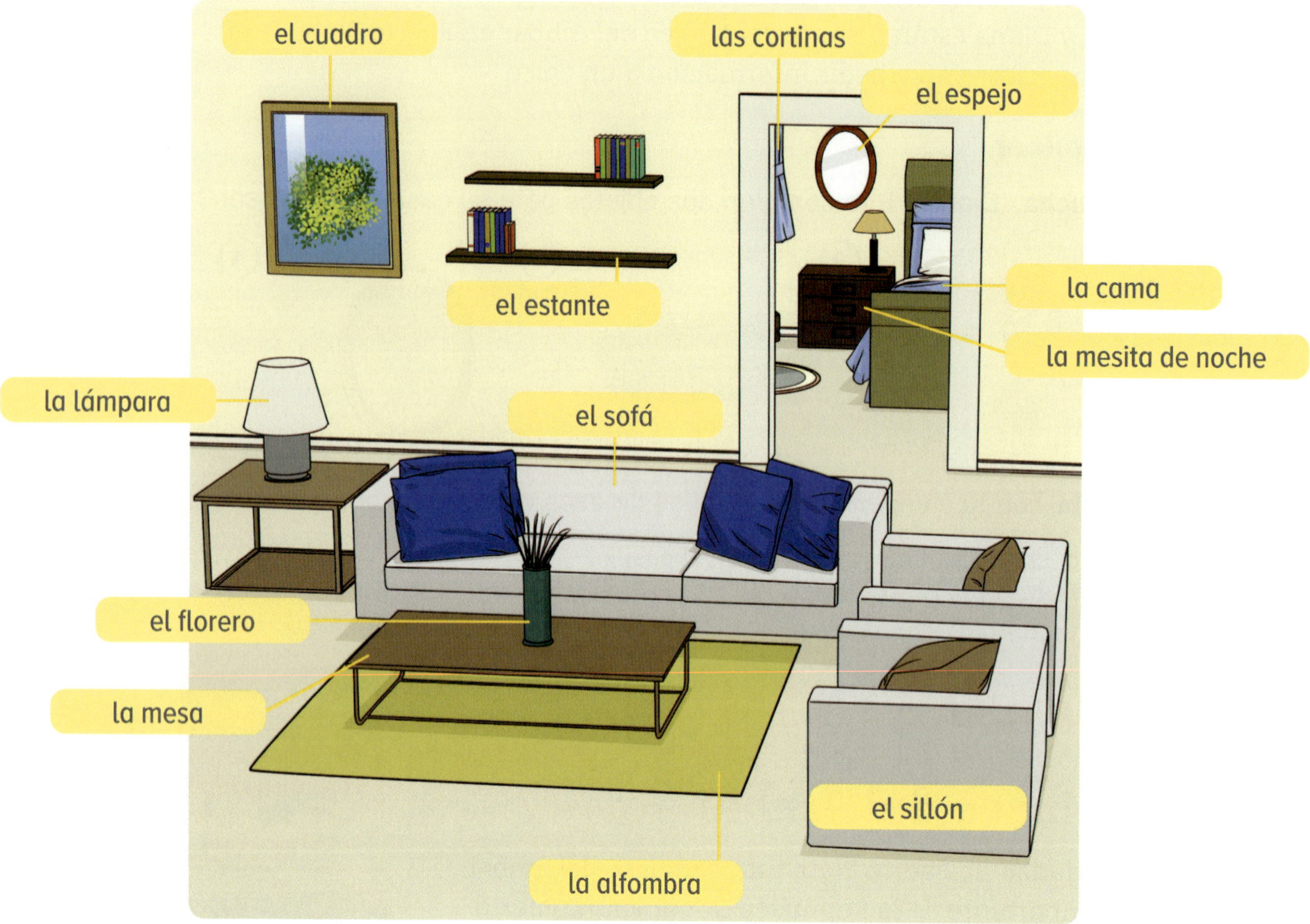


### 28. ¿En qué cuarto?

▶ **Habla** con tu compañero(a). ¿Dónde están estos objetos?

**1.** el refrigerador
**2.** la bañera
**3.** la mesa
**4.** el sofá
**5.** la mesita de noche
**6.** la cama
**7.** el inodoro
**8.** un espejo

▶ **Escribe** oraciones describiendo dónde pones estos objetos.

**Modelo** los libros / en → *Pongo los libros en el estante.*

**1.** la mesita de noche / al lado de
**2.** el florero / encima de
**3.** el cuadro / en
**4.** la alfombra / debajo de
**5.** las cortinas / delante de

## 29. ¿Dónde están?

▶ **Escucha** a Diana y escribe. ¿Dónde está cada objeto?

A
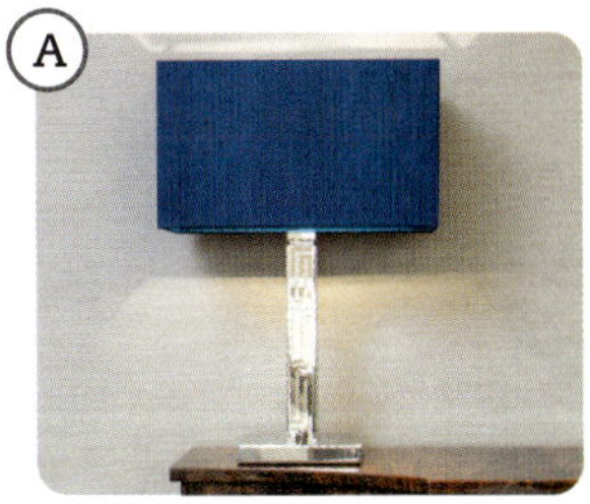

B

C
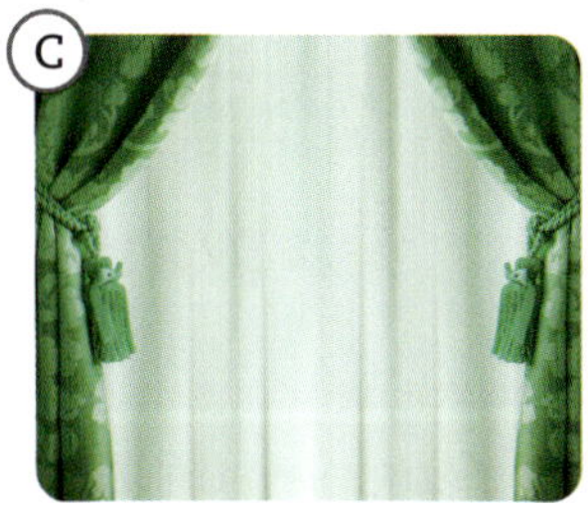

D

## 30. ¡Ayuda!

▶ **Responde** a estas preguntas para ayudar a Rita.

1. Quiero un mueble para poner mis libros, mis gafas y mi reloj al lado de la cama. ¿Qué necesito?
2. Quiero luz para leer en la cama. ¿Qué necesito?
3. ¿Qué necesito para mirarme en el baño?
4. ¿Qué necesito para guardar la ropa en el dormitorio?
5. Quiero poner flores en la sala. ¿Qué necesito?

## 31. Adivinar

▶ **Habla** con tu compañero(a). Por turnos, piensa en un objeto de la casa y descríbelo. Tu compañero(a) tiene que adivinar cuál es.

**Modelo** A. *Normalmente está al lado de la cama.*
B. *¿La mesita de noche?*
A. *No.*

## COMUNIDADES

# Mi casa es tu casa

En los países hispanos, cuando una persona tiene invitados (*guests*) en casa, es habitual enseñársela.

Los invitados suelen hacer comentarios positivos sobre las habitaciones o sobre algún mueble (*¡Qué grande! ¡Qué lámpara tan bonita!*).

**32. Piensa y explica.** ¿Alguna vez has mostrado (*have you ever shown*) tu casa a los invitados? ¿Qué opinas de esta costumbre?

**I CAN** ask and answer questions with a partner about furnishings in a home.

## Gramática

### Los pronombres de objeto directo

**El objeto directo**

- Many verbs have a complement that indicates who or what receives the action of the verb. This complement is the direct object.

  Juan compra **un cuadro**.

- When the direct object refers to people or pets, it is preceded by the personal **a**:

  Yo llamo **a Juan** por teléfono.

**Los pronombres de objeto directo**

- Sometimes, the direct object is replaced with a direct object pronoun.

  –¿Hay **un sofá** en la sala?
  –Sí, **lo** hay.

  –¿Tienes **los libros** en el estante?
  –Sí, **los** tengo allí.

PRONOMBRES DE OBJETO DIRECTO

| Singular | | Plural | |
|---|---|---|---|
| me | *me* | nos | *us* |
| te | *you (informal)* | os | *you (informal)* |
| lo | *you (formal), him, it* | los | *you, them* |
| la | *you (formal), her, it* | las | *you, them* |

**Posición de los pronombres de objeto directo**

- Direct object pronouns are placed before the conjugated verb, or attached to the infinitive, the present participle, or the affirmative command.

  Hay que planchar esa camisa. Pláncha**la**.
  Me gusta ese cuadro. **Lo** quiero comprar. / Quiero comprar**lo**.
  La ropa está sobre la cama. **La** estoy colocando. / Estoy colocándo**la**.

**33. Compara.** ¿Cómo dices en inglés **Llamo a Juan por teléfono**? ¿Usas una preposición, como en español?

**34. ¿Qué quieres?**

▶ **Pregunta** a tu compañero(a).

**Modelo** A. *¿Quieres una alfombra para tu dormitorio?*
B. *No, no la quiero. / Sí, la quiero.*

1 
2 
3 
4 
5 

## 35. ¿Dónde están...?

▶ **Completa** la conversación con pronombres de objeto directo.

**DIANA:** ¿Tía, me escuchas?
**RITA:** Sí, sí, __1__ escucho. ¿Qué quieres?
**DIANA:** No encuentro mis gafas. ¿ __2__ ves tú por allí?
**RITA:** Creo que __3__ tienes en tu mesita de noche.
**DIANA:** Tampoco veo mi chaqueta.
**RITA:** Está sobre tu cama. ¿No __4__ ves?
**DIANA:** Ah, sí. ¿Y mis pantalones nuevos?
**RITA:** __5__ tienes en el armario.
**DIANA:** Gracias, tía.

## 36. Todos están trabajando

▶ **Une** cada pregunta con la foto correspondiente. Luego, contéstalas.

**Modelo** ¿Quién coloca el florero sobre la mesa?
→ *Andy lo coloca allí.*

1. ¿Quién pone la lámpara sobre la mesita de noche?
2. ¿Quién limpia el baño?
3. ¿Quién coloca la ropa en el armario?
4. ¿Quién cuelga (*hangs*) el cuadro?

A 

B 

C 

D 

## 37. Tu dormitorio

▶ **Pregunta** a tu compañero(a) cómo va a decorar su dormitorio.

**Modelo** A. *¿Vas a comprar una alfombra para tu dormitorio?*
B. *No, no la voy a comprar. No la necesito.*

**I CAN** identify and refer to household objects in a conversation with a partner.

## Comunicación

### 38. Un apartamento en venta

▶ **Escucha.** Dos amigas hablan sobre un apartamento en venta. Decide si estas oraciones son ciertas o falsas.

**1.** El apartamento tiene dos baños.
**2.** En la sala hay un sofá y una alfombra pequeños.
**3.** Los muebles del baño son nuevos.
**4.** Los dormitorios tienen un armario, una cama, una mesita de noche y una lámpara.

▶ **Escucha** otra vez y toma nota de los detalles del apartamento. ¿Te parece un buen lugar para vivir? Habla con tu compañero(a).

**Modelo**

A mí me parece un buen lugar para vivir porque tiene dos dormitorios.

A mí también, porque...

### 39. Tú eres decorador(a)

▶ **Describe** los muebles y accesorios que piensas usar para decorar esta casa. Tu compañero(a) te va a hacer preguntas.

**Modelo** A. *En el dormitorio grande voy a poner dos mesitas de noche de madera fina.*
B. *¡Qué bonito! ¿Y qué te parece un sillón y una lámpara para leer?*

# Final del desafío

## 40. ¿Qué pasó en este Desafío?

▶ **Lee y decide.** Estas oraciones resumen (*summarize*) lo que pasa en este Desafío e incluyen pronombres de objeto directo. Pero, ¿a qué se refiere cada uno?

1. **DIANA:** Tía, lo estoy oyendo. ¿Dónde está?
2. **RITA:** ¡Cuidado, Diana! Casi lo rompiste.
3. **DIANA:** Ahí hay una tienda de ámbar. ¿Los venden?
4. **RITA:** ¡Qué bien! Esa señora lo colecciona.
5. **MARÍA LUISA**: Vamos a mi casa y las pueden ver.
6. **DIANA:** ¡Aquí lo tengo! Es bonito, ¿no te parece?

▶ **Lee y escribe.** En los sitios web de bienes raíces (*real estate*), se pueden explorar casas y apartamentos en otros países. Busca una casa o apartamento amoblado (*furnished*) en República Dominicana en Internet y escribe una breve descripción de lo que tiene.

**Términos útiles de búsqueda**

casa amoblada
casa en venta
alquiler (*rent*)

▶ **Habla.** Con tu compañero(a), compara lo que cada uno(a) encontró con sus propias casas o con casas típicas de su barrio. ¿Cómo son similares o diferentes las casas en la República Dominicana a las casas donde tú vives?

**I CAN** identify and describe homes and places in my own and other cultures.

**Goal:** to express habitual actions done for others

# Una serenata en Ponce

## Punto de partida

▶ **Observa.** Tim and Mack arrive at the *Universidad de Puerto Rico* in Ponce, a southern city named after the first governor of Puerto Rico, Juan Ponce de León. They must memorize a traditional *serenata* (a type of song to express one's devotion for a loved one) and sing it to a student with the *tuna* (a musical group made up of university students).

Continuará...

### 41. Identificar

▶ **Relaciona.** ¿Qué palabra del diálogo corresponde a cada imagen?

1 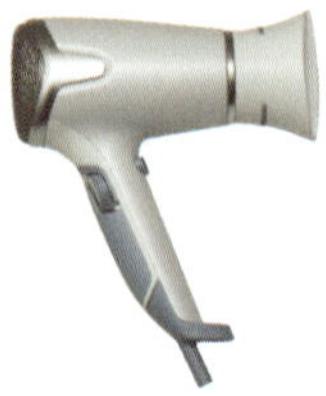

2 

3 

4 

### 42. Recordar

▶ **Responde** a estas preguntas.

1. ¿La camisa de Mack está sucia?
2. ¿Qué usa Mack para lavarla?
3. ¿Mack seca la camisa con la plancha?
4. ¿A qué hora tiene que cantar Mack?
5. ¿Los tunos lo están esperando?

### 43. Comprender

▶ **Escucha** y decide. ¿A qué electrodoméstico (*appliance*) se refiere cada oración?

(A)

(B)

(C)

(D)

▶ **Escribe.** Con tu compañero(a), haz una lista de otros cinco aparatos eléctricos que hay en tu casa. ¿Para qué los usan?

## CULTURA

## Las serenatas

En muchos países latinos existe la tradición de las serenatas. Esta tradición tiene su origen en la costumbre de cantar baladas a la mujer amada bajo el balcón de su casa. El enamorado va normalmente con un pequeño grupo de músicos, como una tuna o un mariachi en el caso de México, para cantar a la mujer y expresar sus sentimientos de amor.

**44. Explica.** ¿Qué te parece la tradición de cantar serenatas? ¿Conoces alguna tradición similar? Explica en qué consiste.

**I CAN** demonstrate comprehension of a simple dialogue about the tradition of serenades.

## Vocabulario

### Los electrodomésticos

el aire acondicionado

el equipo de música

el despertador

la caldera (de calefacción)

### 45. Organizamos la casa

▶ **Escribe.** ¿En qué parte de la casa están habitualmente estos electrodomésticos?

**Modelo** el televisor: *en la sala y en el dormitorio*

la caldera · la lavadora · el microondas · el despertador · la estufa · el equipo de música

▶ **Elige.** ¿Qué palabra no corresponde a cada grupo?

| 1 El cuarto de lavar | 2 La sala | 3 El dormitorio | 4 La cocina |
|---|---|---|---|
| la secadora | el aire acondicionado | el horno | el despertador |
| el microondas | el equipo de música | el televisor | el refrigerador |
| la plancha | el lavaplatos | el despertador | la estufa |

### 46. ¿Para qué sirven?

▶ **Une** las dos columnas y escribe oraciones.

Modelo 1. d: *La lavadora sirve para lavar la ropa.*

| (A) | (B) |
|---|---|
| **1.** la lavadora | **a.** cocinar |
| **2.** el refrigerador | **b.** planchar la ropa |
| **3.** el equipo de música | **c.** despertarse por la mañana |
| **4.** el despertador | **d.** lavar la ropa |
| **5.** la plancha | **e.** conservar la comida |
| **6.** la estufa | **f.** escuchar música |

### 47. El apartamento de Pedro

▶ **Escucha** a Pedro y escribe qué electrodomésticos tiene y cuáles no.

| Tiene | No tiene |
|---|---|
| *una lavadora* | |

### 48. En tu casa

▶ **Habla** con tu compañero(a). ¿Qué aparatos eléctricos tiene en casa? Toma notas y presenta la información a la clase.

Modelo A. *¿Qué aparatos eléctricos tienes en tu dormitorio?*
B. *Tengo un despertador y un televisor.*
A. *¡Yo también!*

## CULTURA

## Las tunas

Las tunas son grupos de estudiantes universitarios que interpretan temas tradicionales y serenatas. Llevan trajes tradicionales especiales y tocan instrumentos como la bandurria, el laúd (*lute*), la guitarra o la mandolina.

Las tunas nacieron en las universidades españolas en la Edad Media y con el tiempo llegaron a otros países europeos e hispanoamericanos. En Puerto Rico hay varias, como Tunamérica, la Tuna Bardos o la Tuna Interamericana.

**49. Compara.** ¿Existe algo similar a las tunas en tu país?

**TU DESAFÍO** Busca en Internet un video de una tuna universitaria cantando. Descríbelo.

**I CAN** identify and categorize some common household appliances.

## Gramática

### Los pronombres de objeto indirecto

#### El objeto indirecto

- The indirect object indicates for whom an action is performed or who benefits from it. The indirect object can be a noun with the preposition **a** (**a su hijo**) or a pronoun (**le**).

  Luis compra un despertador **a su hijo**. También **le** compra un equipo de música.

PRONOMBRES DE OBJETO INDIRECTO

| Singular | | Plural | |
|---|---|---|---|
| **me** | *to / for me* | **nos** | *to / for us* |
| **te** | *to / for you (informal)* | **os** | *to / for you (informal)* |
| **le** | *to / for you (formal), him, her* | **les** | *to / for you, them* |

- Sometimes for emphasis or for clarification, we use two indirect objects in the same sentence—an expression with the preposition **a** and a noun or pronoun (**a Carlos**, **a mí**) as well as a pronoun.

  **A Luis le** gustan los despertadores negros.

#### Posición de los pronombres de objeto indirecto

- Indirect object pronouns are placed before the conjugated verb or attached to the infinitive, the present participle, or the affirmative command, like direct object pronouns.

  **Le** voy a regalar un libro a Pedro. / Voy a regalar**le** un libro a Pedro.

- Direct and indirect object pronouns may be used in the same sentence. In this case, the indirect object pronoun goes before the direct object pronoun.

  Patricia **me** compra **un libro**. ⟶ Patricia **me lo** compra.

- **Le** and **les** become **se** when placed in front of a direct object pronoun.

  **Le** compro un libro. ⟶ **Se lo** compro.

**50. Compara.** ¿Cuáles son los pronombres de objeto directo e indirecto en inglés? ¿Funcionan (*do they work*) igual que en español?

**51. ¿A quién?**

▶ **Une** las dos columnas.

| A | B |
|---|---|
| **1.** Le doy un libro | **a.** a mí. |
| **2.** Voy a comprarte un café | **b.** a él. |
| **3.** Me regalas una flor | **c.** a ti. |
| **4.** Les hago la cama todos los días | **d.** a ellas. |

## 52. Todos contribuyen

▶ **Escribe.** Antes de escuchar la conversación entre Tim y su amiga Sonia, escribe oraciones para indicar qué hacen las personas de las fotos.

▶ **Escucha** la conversación y pon en orden las fotos.

▶ **Escucha** otra vez para contestar las preguntas.

1. ¿A quién le coloca la ropa en el armario el abuelo de Sonia?
2. ¿Su mamá se prepara la comida todos los días?
3. ¿Qué les hace el padre a todos?
4. ¿Qué tarea hace Sonia? ¿A quién se la hace?

## 53. Los regalos

▶ **Lee** el mensaje de correo de Janet y complétalo.

Mensaje nuevo

Para:

Asunto:

¡Hola, Paula! ¿Qué tal? Yo estoy comprando regalos para todos. Y también ___1___ compro ropa para mí, claro. A mi hermano Andy ___2___ compro un reloj. A mis abuelos ___3___ compro unos libros y a ti ___4___ voy a regalar una sorpresa. ¿ ___5___ escribes un mensaje pronto?

Un beso.

Janet

▶ **Escribe** de nuevo el mensaje de Janet empleando dos pronombres en cada oración.

Modelo 1. Me compro ropa para mí. → *Me la compro.*

▶ **Escribe** la respuesta de Paula a Janet.

**I CAN** indicate to whom or for whom an object or action is intended.

## Comunicación

### 54. ¿Qué prefieres?

▶ **Escucha** y completa una tabla como esta.

| | Electrodoméstico preferido | ¿Por qué? |
|---|---|---|
| 1. Tim | | |
| 2. Mack | | |
| 3. Andy | | |

▶ **Pregunta** a tres compañeros(as) cuál es su electrodoméstico preferido y por qué.

Modelo *Mi electrodoméstico preferido es el microondas. Calienta la comida muy rápido.*

### 55. Es mejor dar que recibir

▶ **Escribe** cinco oraciones usando un elemento de cada grupo. Usa también pronombres de objeto indirecto.

Modelo *Andrés* **le** *regala flores a su madre.*

**¿Qué?**

**Verbos**

dar
comprar
regalar
ofrecer

**¿A quién?**

maestro(a)
compañero(a)
padre / madre
tú
mi hermano(a) y yo
(*alguien que conoces*)

### 56. Si ganara la lotería...

▶ **Habla.** Imagina que las personas de tus oraciones de la actividad 55 ganaron la lotería. ¿Cómo cambiarían (*would change*) los regalos?

Modelo A. *Ahora Andrés es millonario. ¿Le regala flores a su madre?*
B. *¡No! Le regala una casa de vacaciones en San Juan.*
A. *¡Ay, qué extravagante!*
*or* B. *Sí, le regala flores bonitas.*
A. *¿En serio? ¡Qué regalo barato!*

# Final del desafío

## 57. ¿Qué pasó al final?

▶ **Relaciona** cada oración con el globo de diálogo (*speech bubble*) apropiado.

**a.** ¡Qué bien! ¡Maravilloso!
**b.** No sé qué decirte. No hay tiempo para arreglarla.
**c.** ¡Date prisa, por favor! Tenemos que salir pronto.
**d.** Cumplimos (*We fulfilled*) nuestro objetivo, pero no estoy contento.
**e.** Espera, te la voy a planchar.
**f.** ¡Ay, qué desastre! ¿Y ahora qué me pongo?

▶ **Escribe.** ¿Quiénes hacen estas cosas? ¿Para quién(es) las hacen? Escribe oraciones usando pronombres de objeto indirecto.

**Modelo** el director de música: sugerir varias serenatas
*El director de música les sugiere varias serenatas a los tunos.*

**1.** el director de música: dar consejos para cantar bien
**2.** los tunos: enseñar la letra (*lyrics*) de la canción
**3.** Tim: grabar la serenata en su teléfono
**4.** Mack: informar que fue todo un éxito
**5.** los otros participantes: decir "¡Felicitaciones!"

| |
|---|
| a Mack |
| a Tim |
| a los tunos |
| a los otros participantes |
| a los familiares |

▶ **Habla.** Ahora habla con tu compañero(a) sobre tus acciones habituales. ¿Para quién(es) las haces?

**Modelo** *Yo le preparo el desayuno a mi hermanita. Se lo preparo casi todos los días porque…*

**I CAN** express common actions done for others in my own and other cultures.

**Goal:** to describe a neighborhood

# El Festival de las flores

## Punto de partida

▶ **Observa.** Tess and Patricia have to serve as judges at the *Festival de las flores* in Aibonito, Puerto Rico. Will they make it to the judges' booth on time?

Continuará...

### 58. Identificar

▶ **Completa** estas oraciones.

1. ¿Vamos por aquella ____________ de allí?
2. En Aibonito hay nueve ____________ .
3. Aibonito Pueblo está en el ____________ , no en las ____________ .
4. Es mejor ir por esa ____________ .
5. El parque está a tres ____________ .

### 59. Clasificar

▶ **Repasa** el diálogo y escribe las palabras en la categoría apropiada.

calle | ciudad | taxi | avenida | parque

| AQUÍ (cerca de Tess y de Patricia) | AHÍ (a una distancia media de Tess y de Patricia) | ALLÍ (lejos de Tess y de Patricia) |
|---|---|---|
| | | aquella calle |

### 60. Comprender

▶ **Responde** a estas preguntas.

1. ¿Dónde están Tess y Patricia?
2. ¿Cuándo es el concurso de flores?
3. ¿Dónde se celebra el festival?
4. ¿Cómo quiere ir Tess al festival?
5. ¿Cómo prefiere ir Patricia?
6. ¿Qué problema tiene Patricia en el festival?

## CULTURA

## El Festival de las flores de Aibonito

Aibonito es una pequeña ciudad de Puerto Rico conocida como la ciudad de las flores o el jardín de Puerto Rico. Desde 1969 se celebra allí el famoso Festival de las flores. En junio o julio, miles de personas van a Aibonito para ver una gran exhibición de flores y plantas de todo tipo. Durante el festival hay actuaciones musicales, concursos (*contests*) y otras atracciones para los visitantes.

**61. Explica.** ¿Qué festivales se celebran en tu comunidad? ¿Cuáles tienen raíces hispanas?

**I CAN** understand a dialogue about a flower festival in Puerto Rico.

## Vocabulario

### El barrio

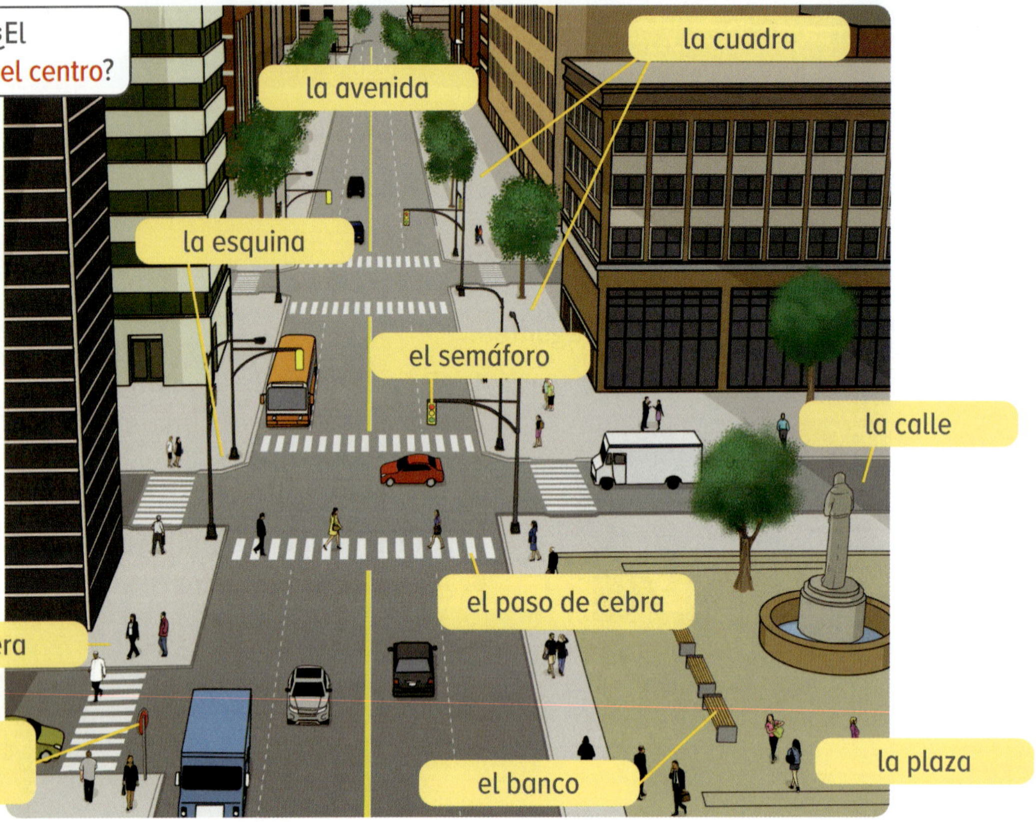


### Lugares y servicios

la tienda de comestibles
la escuela
el parque
la biblioteca
la oficina de correos
la iglesia
el café
el banco

### 62. ¿Qué es?

▶ **Une** las dos columnas.

| A | B |
|---|---|
| **1.** semáforo | **a.** lugar de la calle para los peatones (*pedestrians*) |
| **2.** esquina | **b.** lugar donde se cruzan dos calles |
| **3.** avenida | **c.** señal de luces para controlar el tráfico |
| **4.** paso de cebra | **d.** lugar para cruzar la calle |
| **5.** acera | **e.** calle principal, ancha y larga |

### 63. En la ciudad

▶ **Escucha** y escribe. ¿En qué lugar de la ciudad están estas personas?

Modelo 1. *Roberto está en la tienda de comestibles.*

**1.** Roberto
**2.** Sara y Natalia
**3.** Jorge y Juan Miguel
**4.** Rebeca
**5.** Tomás
**6.** Marcos

### 64. ¿Qué pasa en la calle?

▶ **Describe** estas fotografías.

Modelo *En la calle hay una señal de pare.*

1

2

3

4

## COMUNIDADES

## El barrio

Los barrios (*neighborhoods*) son las zonas en las que se divide una ciudad o un pueblo. El origen de un barrio puede deberse a razones administrativas, históricas o urbanísticas. En muchos casos, el nombre de un barrio está relacionado con su origen o con sus características. Por ejemplo, San Juan Antiguo (en San Juan de Puerto Rico) o Playa (en Ponce).

**65. Compara.** ¿Cómo son los barrios de tu ciudad? ¿Sabes por qué se llaman así?

**I CAN** identify and describe places and services within a city.

## Gramática

### Los demostrativos

- To indicate where something or someone is located in relation to the person speaking, use demonstratives.

  ¿Quieres entrar en **este** café? Yo prefiero ir a **aquel** de allí.

- Demonstrative adjectives and pronouns show gender and number.

  En **esta** calle hay un café y en **aquella** hay un restaurante.

**Adjetivos y pronombres demostrativos**

| | Singular | | Plural | |
|---|---|---|---|---|
| Distance from speaker | Masculino | Femenino | Masculino | Femenino |
| Near | este | esta | estos | estas |
| At a distance | ese | esa | esos | esas |
| Far away | aquel | aquella | aquellos | aquellas |

#### Los pronombres demostrativos

- Demonstrative pronouns can be used to avoid repetition. They mean *this one / that one* or *these / those*.

  –¿Tú vives en **esa** plaza?

  –No, vivo en **aquella** de allí.

- Neutral forms **esto**, **eso**, and **aquello** are always pronouns. They are used:

  – To refer to situations or facts:

  Hoy voy al cine y **eso** me gusta.

  – To present or to refer to unknown objects:

  –¿Qué es **eso**?

  –**Eso** es una biblioteca.

**66. Compara.** ¿Cómo se expresa la distancia media (**ese**, **esa**, **eso**) en inglés?

### 67. ¿Dónde están?

▶ **Une** las dos columnas.

| A | B |
|---|---|
| **1.** Mis amigos están allí, sentados en aquellos | **a.** calles. |
| **2.** Te espero aquí, en este | **b.** parque. |
| **3.** Me gusta comprar ropa en esa | **c.** tienda. |
| **4.** Hay muchos cafés en estas | **d.** biblioteca. |
| **5.** Voy a estudiar a aquella | **e.** bancos. |

## 68. En la plaza

▶ **Completa** las oraciones con los demostrativos apropiados.

## 69. El barrio de Luisa

▶ **Escucha** a Luisa, una amiga de Tess, y decide. ¿Dónde están estos lugares: cerca (*aquí*), a media distancia (*ahí*) o lejos (*allí*)?

Modelo *Esa biblioteca está cerrada.* → *media distancia (ahí)*

**1.** el banco **2.** la oficina de correos **3.** el parque **4.** la plaza

## CULTURA

## La Plaza de Armas

En el centro de muchas ciudades coloniales de América Latina—La Habana, Santiago de Chile, Quito, Cuzco, Lima—hay una plaza que se llama Plaza de Armas. En estas plazas se construyeron palacios, catedrales y otros edificios importantes de la ciudad.

**70. Piensa y explica.** ¿Cuál es el centro de tu ciudad o de tu barrio? ¿Sabes si en el pasado fue otro lugar distinto?

**TU DESAFÍO** Investiga la Plaza de Armas de una de las ciudades mencionadas. ¿Cuáles son los edificios que rodean (*surround*) esa plaza?

**I CAN** indicate where places are located in relation to one another.

## Comunicación

### 71. Mi lugar favorito

▶ **Escucha** y decide. ¿De qué fotografía hablan?

(A)

Avenida Muñoz Rivera (San Juan de Puerto Rico)

(B)

Calle en el Viejo San Juan (San Juan de Puerto Rico)

▶ **Escucha** otra vez y escribe las palabras que mencionan.

| | | | |
|---|---|---|---|
| monumentos | iglesias | hoteles | restaurantes |
| bibliotecas | cafés | calles | avenidas |

### 72. Una carta desde Ponce

▶ **Lee** la carta de Tess y decide si estas oraciones son ciertas o falsas.

¡Hola, Ana! ¿Qué tal?

Yo estoy en Ponce (Puerto Rico). Es una ciudad con mucha historia y tradición. Las calles son muy estrechas porque en el pasado sirvieron como protección contra los piratas. Esta ciudad es muy interesante. La gente puede visitar un museo, pasear en el Parque de la Ceiba, ver una obra de teatro en el Teatro La Perla o visitar el Museo de Arte de Ponce.

Cerca del centro hay varias iglesias y una catedral. También hay muchos restaurantes y cafés.

Mañana volvemos a Aibonito. Un beso.

Tess

1. Ponce es una ciudad histórica.
2. En el centro, las calles son anchas.
3. Hay muchos lugares de interés.
4. Tess va a visitar una catedral.
5. A Tess no le gusta mucho Ponce.

# Final del desafío

## 73. El jardín ganador

▶ **Escribe y representa.** Completa el diálogo con adjetivos y pronombres demostrativos. Después, representa la escena con tu compañero(a).

▶ **Investiga y dibuja.** Busca un mapa del centro de Aibonito en Internet y dibújalo. Incluye en tu mapa por lo menos (*at least*) diez lugares públicos. Después, escribe una breve comparación entre tu mapa y el barrio donde vives.

**Modelo** *En Aibonito Centro hay dos grandes hoteles, pero no hay hoteles en mi barrio.*

**I CAN** describe my neighborhood and compare it with neighborhoods in other cultures.

## 74. ¿Quiénes están cambiando el mundo?

▶ **Lee** el artículo y responde a las preguntas.

# Estos pequeños genios
## harán que te plantees qué haces con tu vida

**Salvador Gabriel Colón** A finales de 2017, el huracán María devastó Puerto Rico. La cifra[1] de muertos que dejó a su paso asciende a 2.975 personas y meses después de la catástrofe casi la mitad de la población seguía sin disponer de[2] electricidad. Salvador Gabriel Colón, un estudiante de la isla de 15 años, impulsó unos meses después la iniciativa *Light and Hope for Puerto Rico* para recaudar fondos[3] con el objetivo de conseguir baterías, lámparas y electrodomésticos portátiles. Consiguió 175.000 dólares con los que entregó, entre otros útiles, más de 3.000 lámparas solares a las familias puertorriqueñas.

"Sabía que había muchas campañas de comida, dinero... La primera idea que se me ocurrió fue sobre la luz. Es un tema de seguridad y salud pública. Imagina no poder ver nada desde las siete de la tarde hasta las seis de la mañana", explicó en una entrevista en la revista *Teen Vogue*. También ha conseguido importantes donaciones por parte de empresas eléctricas y tras esta experiencia, afirma que quiere seguir emprendiendo[4] proyectos sociales.

1. *figures* 2. *without having* 3. *to collect funds, to fundraise* 4. *undertaking*

Fuente: *El País*

1. ¿Qué problema intentó (*tried to*) resolver Salvador?
2. ¿Cómo se llama la organización que fundó el joven?
3. ¿Cuáles son los aparatos que consiguió para ayudar a las familias víctimas del huracán?
4. Escribe una oración que exprese la idea principal de este artículo.
5. Haz una lista de cinco actividades que no puedes hacer y cinco aparatos que no puedes usar sin electricidad. ¿Cómo afecta tu vida diaria?

## 75. Están muy ocupadas

▶ **Escucha** y decide. ¿Quién hace cada tarea doméstica: Tess, Patricia o Rita?

1. pasar la aspiradora
2. cargar el lavaplatos
3. limpiar el baño
4. sacudir el polvo
5. poner la lavadora
6. planchar

## 76. Las casas y los barrios del futuro

▶ **Escribe.** Estás en un comité de jóvenes que asesora sobre la planificación de barrios prácticos y sostenibles (*sustainable*). En un chat con un(a) compañero(a), imaginen cómo son los barrios del futuro, descríbanlos y compárenlos con los barrios actuales de su comunidad.

▶ **Escribe y habla.** Con tu compañero(a), resuman (*summarize*) sus conclusiones y preséntenlas al comité en una presentación oral.

## 77. Memoriza

▶ **Escribe.** Mira esta fotografía del álbum de Tess durante un minuto. Después, cierra el libro y escribe un texto describiéndola.

▶ **Lee** tu descripción a tu compañero(a) y habla con él/ella de las cosas que recuerdas (*remember*) o no recuerdas de la foto.

## UN CHIN DE...

### 78. Un chin de remodelación

▶ **Infiere y elige.** ¿A qué se refiere Jaime cuando dice que su habitación parece un "horno"?

**a.** Jaime quiere decir que su habitación tiene la apariencia de un horno.
**b.** Jaime quiere decir que en su habitación hace tanto calor como en un horno.
**c.** Jaime quiere decir que hace mucho frío en su habitación.

▶ **Elige.** En cada grupo, elige la palabra o frase que *NO* se menciona en el video.

**1. a.** el semáforo
**b.** la esquina
**c.** la avenida

**2. a.** el sótano
**b.** la cocina
**c.** el balcón

**3. a.** sacudir el polvo
**b.** cargar el lavaplatos
**c.** colocar los libros

**4. a.** el sofá
**b.** la mesita de noche
**c.** la cama

▶ **Escribe.** De los artículos que Jaime tiene en su habitación, ¿cuáles tienes tú también en la tuya? ¿Qué artículos crees que le hacen falta?

# En la fortaleza Ozama

The teams gather in front of the Ozama fortress, in Santo Domingo. This 1508 castle has defended the flags of Spain, France, Great Britain, the United States, and, of course, the Dominican Republic. The teams show the notes requested by Dolores.

### 79. El desafío más difícil

▶ **Debate.** Habla con tres compañeros(as). Cada persona representa un equipo para contestar esta pregunta: ¿Cuál de los cuatro desafíos fue el más difícil?

# Viviendas de plástico reciclado

## 80. Preparación

▶ **Completa** el párrafo con las palabras del *Vocabulario útil*. Adáptalas si es necesario.

En República Dominicana hay un proyecto de ___1___ construidas con plástico reciclado. Con este material se hacen bloques y ___2___ para la construcción. Estos materiales son ___3___ contra los incendios. Para hacer estas casas no se necesita una ___4___ especializada. Las familias están felices porque las casas son ___5___.

### Arquitectura sostenible

La preocupación por el cambio climático motiva a muchas personas para buscar soluciones sostenibles en la arquitectura. Ahora, en Latinoamérica, hay muchas empresas (*companies*) que ofrecen alternativas habitacionales (*living*) ecológicas y económicas para familias de pocos recursos (*low income*). Algunas de estas empresas reciclan materiales y usan energías renovables (*renewable*).

### Vocabulario útil

| | |
|---|---|
| construir | *to build* |
| la inversión | *investment* |
| la mano de obra | *workforce* |
| la plancha | *board* |
| resistente | *resilient* |
| seguro(a) | *safe* |
| la vivienda | *house* |

## 81. Comprendo la información clave

▶ **Asocia** cada oración con las personas entrevistadas en el video.

1. Las viviendas son frescas y resistentes.
2. El plástico se lava y se procesa.
3. Es importante dar soluciones al cambio climático.
4. Los materiales no son tóxicos.
5. El proyecto está en la República Dominicana.

**a.** el constructor
**b.** los vecinos
**c.** la agente inmobiliaria (*real estate agent*)

## 82. Intercambio de ideas

▶ **Habla.** En parejas, intercambien sus ideas sobre estos temas relacionados con el video.

1. **El medioambiente.** ¿Qué debemos hacer para proteger el medioambiente?
2. **El reciclaje.** ¿Qué importancia tiene para ti? ¿Qué productos reciclas?
3. **La vivienda sostenible.** ¿Qué es para ti una vivienda sostenible?

# Las Antillas

**Nacionalidades**
Cuba → cubano(a)
República Dominicana → dominicano(a)
Puerto Rico → puertorriqueño(a)

Las Antillas son un grupo de islas situadas al sur de la Florida, en el mar Caribe. En las Antillas hay tres países que hablan español: Cuba, República Dominicana y Puerto Rico.

– Cuba ocupa la isla mayor de las Antillas. Su capital es La Habana.
– La República Dominicana comparte la isla La Española con Haití, un país donde se habla *creole* y francés. La capital de República Dominicana es Santo Domingo.
– Puerto Rico es un Estado Libre Asociado con los Estados Unidos. Por eso, los puertorriqueños son ciudadanos de los Estados Unidos. Su capital es San Juan.

### 83. Memoria fotográfica

▶ **Observa** el mapa de las Antillas y lee el texto. Después, tapa (*cover*) la página y contesta las preguntas.

**1.** Las Antillas están cerca del estado de _______.
**2.** Hay _______ naciones en las Antillas donde hablan español.
**3.** _______ es la capital de Cuba.
**4.** La gente _______ no necesita pasaporte para viajar a los Estados Unidos.
**5.** El francés es el idioma de _______.
**6.** Estas islas se encuentran en el mar _______.

### 1. Barrios coloniales

Muchas ciudades de Cuba, República Dominicana y Puerto Rico tienen origen español y conservan hermosos barrios coloniales con calles empedradas (*stone-paved*), casas de colores y fortalezas defensivas. Son famosos los barrios coloniales de La Habana, Santo Domingo y San Juan.

Una de las calles coloniales más antiguas está en Santo Domingo. Se llama *calle de las Damas* por la costumbre de las damas de dar paseos por allí.

(1) Calle de las Damas (Santo Domingo)

(2) Bailarines de salsa

### 2. Música caribeña

La música y la danza son elementos característicos de la cultura del Caribe. Hay muchos géneros de música caribeña. El más representativo es la salsa, que tiene influencia de los ritmos africanos y del jazz. Nació en los años 60 y fue una creación de la comunidad caribeña en Nueva York. Otros tipos de música muy conocidos son el merengue y la bachata, de la República Dominicana, y el son cubano.

### 84. ¡Ven a las islas del Caribe!

▶ **Elige** un país del Caribe y escribe qué sabes sobre él y qué te resulta más interesante.

▶ **Habla** con tu compañero(a). ¿Qué cosas pueden hacer en las islas del Caribe?

> Anne, ¿qué podemos hacer en las islas del Caribe?

> Pues... bailar salsa.

**I CAN** locate and name three Spanish-speaking countries in the Caribbean and identify some common cultural practices and products of the region.

Isla Saona. Punta Cana (República Dominicana)

# Estilo de vida caribeño

**READING STRATEGY**

## Read for detailed information

When you read a text for specific information, it is helpful to underline, highlight, or make notes of main ideas or important information. As you read each paragraph, write down the **main idea** and the most important **details**. You can then use your notes to summarize what you have read.

En las islas del Caribe, la vida tiene otro ritmo, otro color. El Caribe es sol, mar, abundante naturaleza y una cultura muy rica de orígenes diversos.

Las islas del Caribe tienen un colorido muy especial. El intenso azul del cielo, el color turquesa[1] del mar y el verde de la vegetación marcan su paisaje. Y en los barrios antiguos de Santo Domingo, el Viejo San Juan y otras ciudades coloniales, las casas tienen fachadas con vivos colores.

Vivir la vida con alegría es una característica esencial del carácter caribeño. La gente del Caribe es hospitalaria[2] y sociable. Los vecinos conversan en la puerta del colmado[3] o del café, o juegan al dominó en la calle.

La gran pasión de los caribeños es la música y el baile. Los ritmos y los músicos caribeños son famosos en todo el mundo. La salsa, el mambo, el merengue y la bachata son algunos de los ritmos más populares.

1. *turquoise blue* 2. *hospitable* 3. *grocery store*

### COMPRENSIÓN

## 85. ¿Estilo de vida caribeño?

▶ **Decide** si las siguientes afirmaciones son ciertas o falsas.

1. El Caribe tiene una cultura muy rica y diversa.
2. En Santo Domingo hay casas coloniales.
3. Los caribeños son melancólicos y aburridos.
4. A los caribeños no les importa la música.

### ESTRATEGIA Buscar información específica en un texto

## 86. ¿Qué dice el texto?

▶ **Completa** una tabla como esta para recopilar (*to gather*) la información del texto. Puedes reformularla con tus propias palabras.

| Ideas principales | Detalles importantes |
|---|---|
| 1. La vida en el Caribe es diferente (tiene otro ritmo, otro color). | – El Caribe tiene una naturaleza abundante.<br>– El Caribe tiene una cultura muy rica y muy diversa. |
| | |

## 87. En resumen

▶ **Escribe** un resumen del texto. Usa tu tabla de la actividad 86 y las siguientes imágenes.

1

2

3

4

**I CAN** identify the main idea and some details in an informative text about life in the Caribbean.

## La vivienda

| | |
|---|---|
| el balcón | *balcony* |
| la chimenea | *fireplace* |
| la cocina | *kitchen* |
| la despensa | *pantry* |
| el desván | *attic* |
| el jardín | *garden* |
| el pasillo | *hallway* |
| la sala | *living room* |
| el sótano | *basement* |
| el tejado | *roof* |

**Material**

| | |
|---|---|
| de ladrillo | *brick* |
| de madera | *wooden* |
| de piedra | *stone* |

## Muebles y accesorios para la casa

| | |
|---|---|
| la cama | *bed* |
| el estante | *shelf* |
| la mesa | *table* |
| la mesita de noche | *nightstand* |
| el sillón | *armchair* |
| el sofá | *sofa* |

**Accesorios**

| | |
|---|---|
| la alfombra | *rug* |
| las cortinas | *curtains* |
| el cuadro | *painting* |
| el espejo | *mirror* |
| el florero | *vase* |
| la lámpara | *lamp* |

## Las tareas domésticas

| | |
|---|---|
| cargar el lavaplatos | *to load the dishwasher* |
| descargar el lavaplatos | *to unload the dishwasher* |
| colocar los libros | *to arrange the books* |
| planchar | *to iron* |
| sacudir el polvo | *to dust* |

## Los electrodomésticos

| | |
|---|---|
| el aire acondicionado | *air conditioning* |
| la caldera de calefacción | *furnace* |
| el equipo de música | *stereo* |
| el despertador | *alarm clock* |

**El cuarto de lavar**

| | |
|---|---|
| la lavadora | *washing machine* |
| la plancha | *iron* |
| la secadora | *clothes dryer* |

**La cocina**

| | |
|---|---|
| el congelador | *freezer* |
| la estufa | *stove* |
| el horno | *oven* |
| el lavaplatos | *dishwasher* |
| el microondas | *microwave* |
| el refrigerador | *refrigerator* |

## El barrio

| | |
|---|---|
| la acera | *sidewalk* |
| la avenida | *avenue* |
| el banco | *bench* |
| la calle | *street* |
| la cuadra | *block* |
| la esquina | *corner* |
| la plaza | *square/plaza* |
| el paso de cebra | *crosswalk* |
| el semáforo | *stoplight* |
| la señal de pare | *stop sign* |

**Lugares y servicios**

| | |
|---|---|
| el banco | *bank* |
| la biblioteca | *library* |
| el café | *café* |
| la escuela | *school* |
| la iglesia | *church* |
| la oficina de correos | *post office* |
| el parque | *park* |
| la tienda de comestibles | *grocery store* |
| en las afueras | *on the outskirts* |
| en el centro | *downtown* |

## DESAFÍO 1

**1. Partes de la casa.** Completa estas oraciones.

| |
|---|
| balcón<br>despensa<br>sótano<br>pasillo<br>chimenea |

1. El ________ de mi casa es largo.
2. No me gusta bajar al ________ porque está muy oscuro.
3. Todos los dulces están guardados en la ________ .
4. A Celia le gusta sentarse frente a la ________ en el invierno.
5. El dormitorio de Ana tiene un ________ muy grande.

## DESAFÍO 2

**2. ¿Qué hay en la sala?** Mira la fotografía y corrige los nombres de los muebles y accesorios.

1. lámpara → sofá
2. sofá
3. cuadro
4. florero
5. mesa

## DESAFÍO 3

**3. ¿Cómo se llaman?** Escribe el nombre de estos electrodomésticos.

1
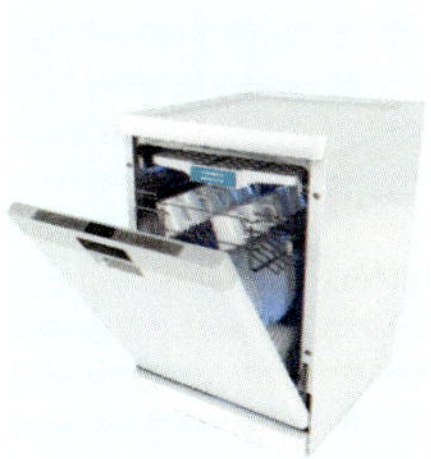

2

3

4

5

## DESAFÍO 4

**4. Mi camino a la escuela.** Completa el texto.

| | | | | |
|---|---|---|---|---|
| avenida | esquina | cuadras | paso de cebra | acera |

**Mi camino a la escuela**

¡Para llegar a mi escuela tengo que caminar seis ___1___! Siempre voy por la ___2___ derecha de la ___3___ principal. Al llegar a la ___4___, cruzo por el ___5___. Mi escuela está al lado de la biblioteca.

## El presente continuo (pág. 90)

▶ The present progressive is formed this way:

estar + gerundio

**Estoy cargando** el lavaplatos.

▶ The **gerundio** is formed by adding these endings to the verb stem:

| | |
|---|---|
| Verbs ending in -ar | Add -ando. lavar → lavando |
| Verbs ending in -er and -ir | Add -iendo. hacer → haciendo sacudir → sacudiendo |

## Los pronombres de objeto directo (pág. 98)

| Singular | | Plural | |
|---|---|---|---|
| **me** | *me* | **nos** | *us* |
| **te** | *you (inf.)* | **os** | *you (inf.)* |
| **lo** | *you (formal), him, it* | **los** | *you, them* |
| **la** | *you (formal), her, it* | **las** | *you, them* |

## El gerundio (pág. 90)

decir → diciendo
mentir → mintiendo
pedir → pidiendo
preferir → prefiriendo
sentir → sintiendo
servir → sirviendo

dormir → durmiendo
morir → muriendo

creer → creyendo
leer → leyendo
oír → oyendo

## Los pronombres de objeto indirecto (pág. 106)

| Singular | | Plural | |
|---|---|---|---|
| **me** | *to / for me* | **nos** | *to / for us* |
| **te** | *to / for you (inf.)* | **os** | *to / for you (inf.)* |
| **le** | *to / for you (formal), him, her* | **les** | *to / for you, them* |

Le and les become se when placed in front of a direct object pronoun.

**Le** compro un libro. → **Se lo** compro.

## Los demostrativos (pág. 114)

| | Singular | | | Plural | |
|---|---|---|---|---|---|
| Distance from speaker | Masculino | Femenino | Neutro | Masculino | Femenino |
| Near | este | esta | esto | estos | estas |
| At a distance | ese | esa | eso | esos | esas |
| Far away | aquel | aquella | aquello | aquellos | aquellas |

## DESAFÍO 1

**5. ¿Qué están haciendo?** Completa estas oraciones con una forma del presente continuo. Usa los verbos de la caja.

| |
|---|
| leer<br>cocinar<br>planchar<br>servir |

1. Paloma ________ arroz y pescado para el almuerzo.
2. Susana ________ su vestido rojo para la fiesta.
3. Mariela y yo ________ una revista.
4. Tú ________ la cena en el comedor.

## DESAFÍO 2

**6. Un poco de orden.** Completa con pronombres de objeto directo.

1. **LUIS:** No encuentro mis carpetas.
   **BEATRIZ:** ¡________ tienes ahí!
2. **LUIS:** ¿Me das un lápiz?
   **BEATRIZ:** Sí, te ________ doy.
3. **LUIS:** No veo mi cuaderno de práctica.
   **BEATRIZ:** Siempre ________ pierdes.
4. **BEATRIZ**: Mamá nos está llamando.
   **LUIS:** Sí, ________ escucho. ¡Ya estoy listo!

## DESAFÍO 3

**7. ¿A quién?** Decide a qué persona se refiere cada oración.

1. ¿Me preparas un sándwich?
2. Voy a ayudarte con las tareas.
3. Les compro un secador de pelo.
4. Le doy un vaso de agua.

a ti | a ellas | a mí | a ella

## DESAFÍO 4

**8. En la plaza.** Une las dos columnas.

| (A) | (B) |
|---|---|
| 1. Yo vivo en esa calle. | |
| 2. Mis padres están en aquel restaurante. | AQUÍ |
| 3. Voy a beber algo en este café. | |
| 4. ¿Vamos a estudiar a aquella biblioteca? | AHÍ |
| 5. Mi padre trabaja en ese banco. | ALLÍ |

## CULTURA

**9. En las islas del Caribe.** Responde.

1. ¿Qué ciudad ocupó Francis Drake?
2. ¿Qué ciudades del Caribe conoces?
3. ¿Por qué el Caribe es un importante destino turístico?

Un juego en las calles de

# Santo Domingo

In this project you will create a board game set in Santo Domingo, Dominican Republic. You will use images of this city and create cards and rules for your board game.

## PASO 1 Localiza imágenes de Santo Domingo

- Get pictures on the Internet of houses, streets and neighborhoods in Santo Domingo. These are some ideas for your search:
  - Zona colonial de Santo Domingo.
  - Casas típicas de Santo Domingo.
  - Monumentos de Santo Domingo.
  - Plano de Santo Domingo.
- Save your favorite images; they will serve as the background for your board.

## PASO 2 Prepara las fichas y las instrucciones

- Write questions on twelve cards about the culture, the vocabulary, and the grammar that you learned in this unit. Write the question and the correct answer. Try to prepare four easy questions, four average questions and four difficult questions.

- On each card, write the number of squares that the player gets to advance if they get the answer right, using this scale:
  - Preguntas fáciles: 1 casilla
  - Preguntas normales: 3 casillas
  - Preguntas difíciles: 5 casillas

*Pregunta:*
¿Para qué sirve la lavadora?
*Respuesta:*
Para lavar la ropa.
**Avanza 3 casillas.**

### PASO 3 Diseña el tablero

- With your group, glue your favorite images of Santo Domingo on a large poster board (tabloid size or larger) in order to make the background for your board.
- With your group, design a path with fifty spaces over the images for people to move around on your board. Decide where the start and the finish lines are. You may include shortcuts and obstacles.

### PASO 4 Junta las cartas con las de tus compañeros(as) y... ¡a jugar!

- Game rules: place all cards face down in a deck. One player takes a card and reads the question to the next player to the left. If the answer is not correct, the player has to go back one space. Take turns.
- Put the cards back into the deck because you will use them until one player arrives at the finish line.

# Unidad 2
## Autoevaluación

Do the following activities to reflect on your progress toward this unit's goals.

### Communication

**a.** I can express the progress of common household actions in my own and other cultures.

▶ Tell a classmate what chores you do at home and where you do them.

**b.** I can identify and describe homes and places in my own and other cultures.

▶ Describe the furniture and accessories in your room. Your classmate draws what you describe.

**c.** I can express household actions done for others in my own and other cultures.

▶ Tell a classmate three things you do at home for other people. Say what appliances you use.

**d.** I can describe neighborhoods in my own and other cultures.

▶ Name three features of one of the Caribbean cities you learned about.

### Intercultural Communication

**a.** I can describe products and practices related to home and community life in the Caribbean and my own culture.

**b.** I can interact with others in simple situations regarding homes and communities in Caribbean culture.

**I CAN** interact with a peer and participate in a board game in Spanish.
**I CAN** demonstrate my understanding of how cities are organized in the Caribbean.

# Andes centrales

## La moda

**Essential Question:** How do clothes or costumes for special events reflect culture?

**AP* Themes & Contexts:**
**Beauty and Aesthetics:** Defining Beauty
**Global Challenges:** Population and Demographics

## IPA Goal

By the end of this unit, you will be able to write an e-mail about an experience shopping for carnival costumes in Oruro, Bolivia.

**DESAFÍO 1:** **I can express past actions and clothing choices in my own and other cultures.**

**Vocabulario**
La ropa y los complementos

**Gramática**
Verbos regulares en *-ar*. Pretérito

**DESAFÍO 2:** **I can describe clothing in my own and other cultures and narrate what happened in the past.**

**Vocabulario**
Describir la ropa

**Gramática**
Verbos regulares en *-er* y en *-ir*. Pretérito

**DESAFÍO 3:** **I can narrate what happened in places in my own community and in other cultures.**

**Vocabulario**
Tiendas y establecimientos

**Gramática**
Verbos irregulares en el pretérito. *Ser*, *ir*, *decir*, *tener*, *estar* y *hacer*

**DESAFÍO 4:** **I can talk about past shopping experiences in my own and other cultures.**

**Vocabulario**
Las compras

**Gramática**
Verbos en *-ir* con raíz irregular en el pretérito

# En Guayaquil

The teams gather at the Malecón, a long walkway overlooking the Guayas River in the Ecuadorian port city of Guayaquil. They must find out what a man named José Joaquín Olmedo is wearing before they can receive their tasks, which will take place thousands of feet high, in the Andean region.

**Estrategia:** As you read the dialogue, note three things you can infer that are not explicitly stated. Point out clues that support your inferences.

## 1. ¿Comprendes?

▶ **Une** las dos columnas.

| (A) | (B) |
|---|---|
| **1.** ¿Quién compró ayer un celular? | **a.** En Guayaquil. |
| **2.** ¿Dónde lo compró? | **b.** Hace 150 años. |
| **3.** ¿Quién fue un héroe nacional de Ecuador? | **c.** Tim. |
| **4.** ¿Dónde nació José Joaquín Olmedo? | **d.** En el centro comercial. |
| **5.** ¿Cuándo murió? | **e.** José Joaquín Olmedo. |

## EXPRESIONES ÚTILES

To ask about and to express knowledge of a fact:

–¿Sabes dónde está Guayaquil?

–Sí, está en Ecuador. / No, no lo sé.

To express the order of actions:

Primero

Luego / Después / A continuación

Al final / Por fin / Finalmente

To wish somebody luck:

¡Buena suerte!

### 2. ¿Sabes o no sabes?

▶ **Pregunta** a tu compañero(a) los siguientes datos. Usa el verbo *saber*.

Modelo A. *¿Sabes cuál es la capital de Perú?*
B. *¡Sí, lo sé! Es Lima. / No, no lo sé.*

1. Cuándo es el cumpleaños de tu profesor(a).
2. Cuál es la capital de Ecuador.
3. Cuánto cuesta un celular.
4. Dónde está Guayaquil.

### 3. Fotos desordenadas

▶ **Ordena** las fotografías y escribe lo que hace Patricia.

Modelo *Primero Patricia…*

A

B

C
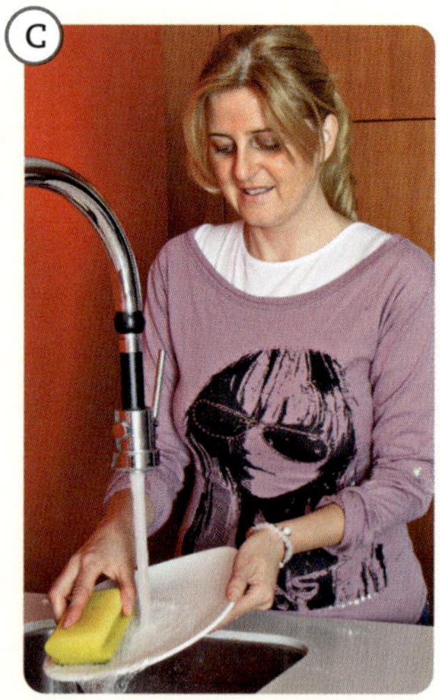
D

# PRONUNCIACIÓN

**Los diptongos y el enlace**

- In Spanish, a, e, and o are considered strong vowels. The weak vowels are i and u.

  hermano niña cuñado

- A diphthong is a combination of two weak vowels or of a strong vowel and a weak vowel. Diphthongs are pronounced as a single syllable.

  ruido parientes periodista

- Two identical vowel sounds that appear together are pronounced like one vowel.

  la abuela mi hijo una clase excelente

- Two identical consonants together sound like a single consonant.

  con Natalia sus sobrinos las sillas

- A consonant at the end of a word is linked with the vowel sound at the beginning of the next word.

  es ingeniera mis abuelos sus hijos

- A vowel at the end of a word is linked with the vowel sound at the beginning of the next word.

  mi hermano su esposa nuestro amigo

## 4. Práctica

▶ **Pronuncia** las siguientes palabras y frases prestando atención a la pronunciación de los diptongos.

**1.** ecuatoriano
**2.** peruano
**3.** boliviano
**4.** fui
**5.** luego
**6.** quiero
**7.** Guayaquil
**8.** ciudad
**9.** cuestan
**10.** a continuación
**11.** ¡Buena suerte!
**12.** sandalias de cuero

## 5. Oraciones y refranes

▶ **Lee** cada oración prestando atención a la pronunciación de los diptongos y el enlace. Después, di cada refrán en voz alta. ¿Qué significa cada uno?

**1.** Su universidad está en Ecuador.
**2.** Somos seis en nuestra familia.
**3.** Eva lleva un abrigo en el invierno.
**4.** Aníbal lee el último cuento de Mario Vargas Llosa.

1 Speak of the devil and he will appear.
2 When one door closes, another opens.

**Goal:** to talk about past actions

# Un sorbete de volcán

## Punto de partida

▶ **Observa.** Andy and Janet are in the town of Riobamba, the starting point for their arduous hike. The siblings will have to climb to one of the glaciers of Chimborazo, the highest volcano in Ecuador. Their task is to collect some snow from the glacier and use it to make an iced drink called *sorbete*.

Continuará...

### 6. Identificar

▶ **Escribe.** ¿Qué palabra del diálogo corresponde a cada foto?

1. 
2. 
3. 
4. 

## 7. Comprender

▶ **Decide** si estas oraciones son ciertas o falsas. Si son falsas, corrígelas.

Modelo Andy y Janet viajan a la capital de Ecuador.
→ *Falso. Andy y Janet viajan a la ciudad de Riobamba.*

1. A Andy le quedan pequeñas las botas.
2. Janet lleva ropa para el frío.
3. Janet compró abrigos para el frío.
4. El guía tiene ropa y calzado para Andy y Janet.
5. Janet lleva un sombrero típico.

## 8. Resumir

▶ **Ordena** estas oraciones sobre el diálogo con tu compañero(a).

a. Janet compra unas botas en la zapatería.
b. Andy y Janet llegan a Riobamba.
c. Andy, Janet y el guía empiezan a caminar.
d. Janet se pone un sombrero típico de los Andes.
e. Andy le pregunta al guía si hace mucho frío.

▶ **Resume** lo que pasa en el *Punto de partida*. Usa estas expresiones.

primero | luego | después | a continuación | y | finalmente

## CULTURA

# La Avenida de los volcanes

La cordillera de los Andes atraviesa Ecuador de norte a sur con montañas y volcanes de 5.000 y 6.000 metros de altitud. Muchos volcanes están agrupados en un área de más de 300 kilómetros de longitud llamada Avenida de los volcanes. Allí está el Chimborazo, el volcán más alto de Ecuador (6.268 metros).

El Chimborazo

Todavía hay personas que suben por hielo (ice) al Chimborazo para venderlo en los mercados de las ciudades cercanas. En esos mercados venden jugos y sorbetes preparados con el hielo del Chimborazo.

**9. Piensa y explica.** El calentamiento global (*global warming*) está produciendo el deshielo (*melting*) de los glaciares. ¿Cómo afecta esto a los habitantes de los Andes?

**I CAN** demonstrate understanding of a dialogue about hiking in the Andes.

## Vocabulario

### La ropa y los complementos

el traje de baño

las gafas de sol

el reloj

el bolso

el collar

los aretes

la pulsera

el anillo

### 10. Palabras mezcladas

▶ **Decide** qué palabra no corresponde a cada grupo.

1. **Ropa de invierno:** suéter / traje de baño / abrigo / gorra
2. **Ropa cómoda:** pijama / sudadera / bolso / bata
3. **Ropa para una boda:** zapatillas / traje / corbata / vestido largo
4. **Ropa para usar afuera** (*outside*): impermeable / gafas de sol / botas / pijama

## 11. ¿Qué llevan?

▶ **Escribe.** ¿Qué llevan estas personas?

(A)

(B)

(C)

(D)

## 12. Una cena elegante

▶ **Escucha** la conversación de Janet y su tía. ¿Qué lleva cada persona? Completa una tabla como esta.

| | Ropa | Calzado y complementos |
|---|---|---|
| Su tía | una falda y ___1___ | unos aretes, ___2___ y unos zapatos |
| Su tío | ___3___, una corbata y un abrigo | ___4___ |
| Su prima | ___5___ | ___6___ |

## 13. ¿Qué les gusta llevar?

▶ **Habla** con tres compañeros(as). ¿Qué les gusta llevar en estas situaciones?

Modelo A. *¿Qué te gusta llevar cuando vas a un concierto?*
B. *Me gusta llevar unos jeans y una camiseta.*

- ir a una fiesta
- ir a la escuela
- ir a un restaurante
- ir a hacer deporte
- ir de excursión al campo

## COMPARACIONES

# La ropa tradicional andina

El poncho y el chullo—un tipo de gorro—son dos prendas típicas de los habitantes de los Andes. Estas prendas se fabrican con la lana de las llamas y las alpacas de los Andes. Sirven para protegerse del frío y de la lluvia.

Poncho andino

**14. Compara.** ¿Qué prendas sueles (*do you usually*) llevar? ¿Hay alguna parte del país donde se usa otro tipo de ropa? ¿Por qué?

**I CAN** identify basic clothing items and accessories using short sentences and practiced phrases.

## Gramática

### Verbos regulares en *-ar*. Pretérito

- To talk about actions completed in the past, we use the preterite tense.

  Ayer **compré** una gorra nueva en el centro comercial.

- These are the preterite tense endings of **-ar** verbs.

VERBO COMPRAR. PRETÉRITO

| Singular | | Plural | |
|---|---|---|---|
| yo | compr**é** | nosotros<br>nosotras | compr**amos** |
| tú | compr**aste** | vosotros<br>vosotras | compr**asteis** |
| usted<br>él<br>ella | compr**ó** | ustedes<br>ellos<br>ellas | compr**aron** |

Note: The **nosotros** form is the same in the preterite as in the present. Context will clarify the tense.

PRESENTE

Todos los días **almorzamos** a la una.

PRETÉRITO

Ayer **almorzamos** a las doce.

### Verbos con cambios ortográficos

- Verbs ending in **-car**, **-gar**, and **-zar** require a change of spelling in the **yo** form of the preterite tense.

| -car → -qué | buscar → yo bus**qué**, tú buscaste |
|---|---|
| -gar → -gué | llegar → yo lle**gué**, tú llegaste |
| -zar → -cé | empezar → yo empe**cé**, tú empezaste |

**15. Piensa.** ¿Por qué hay un cambio ortográfico en la forma **yo** del pretérito de los verbos terminados en **-car**, **-gar** y **-zar**?

### 16. ¿Qué hicieron?

▶ **Escribe.** ¿Cómo se prepararon Andy y Janet para su desafío?

comprar

preparar

viajar

A

B

C

## 17. Actividades

▶ **Escucha** a Andy y a Janet, y completa una tabla como esta.

| Tarea | ¿Sí o no? | ¿Quién? |
|---|---|---|
| llegar a Riobamba | | |
| buscar un hotel | | |
| hablar con mamá y papá | | |
| comprar un impermeable | | |
| preparar la mochila | | |
| practicar deporte | | |

▶ **Escribe** un texto con la información anterior.

Modelo *Andy y Janet llegaron a Riobamba. Andy habló con…*

## 18. ¿Qué pasó?

▶ **Pregunta** a tu compañero(a). ¿Qué hizo la semana pasada?

Modelo

1. viajar a otra ciudad
2. comprar ropa
3. almorzar con sus amigos(as)
4. pasear por el parque
5. hablar con su mejor amigo(a)
6. buscar un libro en la biblioteca
7. visitar un museo
8. llegar tarde a la escuela

▶ **Escribe** un resumen de lo que tu compañero(a) y tú hicieron la semana pasada.

Modelo

La semana pasada Sally y yo compramos ropa y almorzamos con nuestros amigos. Ella visitó un museo y yo…

**I CAN** express past actions in simple sentences.

# DESAFÍO 1

## Comunicación

### 19. El blog de Janet

▶ **Lee** el blog de Janet y resume (*summarize*) lo que ella y Andy hicieron en Ecuador. Sigue el modelo.

**Modelo** *Andy y Janet llegaron ayer a…*

Riobamba, 15 de octubre

Andy y yo llegamos ayer a Riobamba. Los dos nos preparamos para nuestro desafío.

Andy habla mucho con el guía. Él nos explica muchas cosas de la geografía de esta región y nos ayuda mucho. Busca unos ponchos y unos gorros porque nosotros necesitamos ropa para el frío.

Andy y yo lo pasamos muy bien en Ecuador.

*Continuará…*

▶ **Escucha** a Andy y decide. ¿Está de acuerdo con todo lo que dice Janet en su blog? Escribe *Sí* o *No* y corrige los errores.

### 20. ¿Qué anuncian?

▶ **Escucha** este anuncio de unos grandes almacenes y completa una tabla como esta.

| | Productos en oferta |
|---|---|
| Planta baja | |
| Primera planta | |
| Segunda planta | |

▶ **Escribe.** ¿Qué otros productos puede haber en cada planta de estos grandes almacenes? Haz una lista.

# Final del desafío

## 21. ¿Qué pasó en los Andes?

▶ **Completa** las siguientes oraciones con la forma correcta del pretérito de estos verbos. Luego relaciona cada oración con la imagen correspondiente.

mezclar | disfrutar | llegar | llevar | tomar | sacar

1. Andy __________ fotografías de la nieve.
2. Finalmente, ellos __________ la nieve con jugo de limón. ¡Y __________ de un auténtico sorbete de volcán!
3. Luego Andy y Janet __________ a Riobamba.
4. Andy y Janet __________ ropa de abrigo y __________ un té caliente para no tener frío.

A

B

C

D

▶ **Mira** otra vez las imágenes de Andy y Janet e imagina qué dijeron en cada escena. Improvisa su diálogo con tu compañero(a).

**Modelo** *Andy: Nos gustan mucho estos ponchos de lana.*
*Janet: Sí, y las gorras también.*

▶ **Presenta.** Prepara una presentación oral sobre un evento al que asististe. Muestra fotos del evento y describe la ropa y los complementos que tú y otras personas usaron ese día. ¿Qué ocurrió en el evento?

**I CAN** express where people went and what they did and wore there in my own and other cultures.

**Goal:** to describe clothing

# Una carrera de llamas

## Punto de partida

▶ **Observa.** Tess and Patricia are in Huancavelica, a village in the Peruvian Andes. Rómulo Cayllahua Paytán, the town's mayor, has arrived to welcome them. The pair will take part in the town's annual llama race, which is three kilometers (1.9 miles) long.

Continuará...

### 22. Interpretar

▶ **Completa** estas oraciones.

1. Los monjes del Tíbet visten de color ____1____.
2. Las llamas son animales de color ____2____ y ____3____.
3. Las llamas producen ____4____ que es muy ____5____.
4. Ya ____6____ esta mañana —dijo Tess.

## 23. Comprender

▶ **Responde** a estas preguntas.

1. ¿De qué es la carrera en la que participan Tess y Patricia?
2. ¿Qué son las llamas?
3. ¿Dónde viven las llamas?
4. ¿Qué tienen que hacer Tess y Patricia en este desafío?
5. Al principio, Tess confunde (*confuses*) dos palabras. ¿Cuáles son?

## 24. Aplicar

▶ **Lee** el blog de Tess y busca tres oraciones con datos falsos. Después, escribe de nuevo las tres oraciones corrigiendo los errores.

HUANCAVELICA, 17 DE OCTUBRE

Hola, amigos. Estoy con mi mamá en Huancavelica, una pequeña ciudad en las montañas de Argentina. Tenemos que participar en una carrera. ¡Una carrera de quince kilómetros!

Al principio entendí «carrera de lamas» y pensé: ¡Qué raro! Pero luego mamá me lo explicó. Un LAMA es un monje del Tíbet que lleva ropa de color anaranjado. Y una LLAMA es un animal de esta zona, de color blanco y negro. ¡Qué vergüenza!

## CULTURA

# Huancavelica

Huancavelica es una pequeña ciudad situada en la parte central de Perú. Está en los Andes, al lado del río Ichu. Es una ciudad de origen colonial que conserva la típica Plaza de Armas y algunos edificios antiguos.

En la ciudad hay ocho iglesias de estilo colonial. También hay importantes ruinas arqueológicas en la zona.

**25. Piensa y explica.** Williamsburg Colonial es un buen ejemplo de influencia colonial en este país. ¿Qué otros ejemplos de influencia colonial conoces en los Estados Unidos? ¿Qué podemos aprender de estas ciudades?

**TU DESAFÍO** Busca otros datos sobre Huancavelica: su nombre original, su población actual, etc. La página web oficial de la ciudad puede ser útil.

**I CAN** understand a conversation about clothing and events in the Andes.

## Vocabulario

### Describir la ropa

**Materiales**

de algodón | de lana | de cuero

**Diseño**

de cuadros | de rayas | de lunares | liso(a)

**Los colores**

amarillo | anaranjado | azul | blanco | gris | morado

negro | de color café | rojo | rosado | verde

## 26. Los regalos

▶ **Escucha** a Patricia y relaciona cada regalo con la persona apropiada.

**1.** su mamá **2.** su mejor amiga **3.** su compañera de trabajo
**4.** su esposo **5.** Tess

(A)

(B)

(C)

(D)

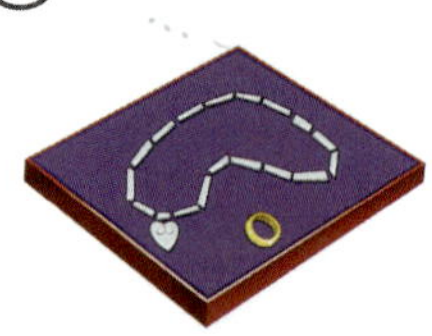

(E)

### 27. Las compras

▶ **Escucha** y completa estas oraciones.

1. A Patricia le gustan unas botas azules ____________.
2. Las botas de Tess no son ____________.
3. A Tess le queda bien el suéter ____________.
4. A Patricia le quedan mal los pantalones negros ____________.
5. Tess va a comprar una falda gris ____________.

### 28. Un desfile

▶ **Habla** con tu compañero(a). ¿Qué ropa llevan estos modelos?

Modelo *El chico lleva un pantalón...*

### 29. ¿Quién es?

▶ **Escribe** la ropa que lleva un(a) compañero(a) sin decir su nombre.

▶ **Habla.** Lee tu descripción a otro(a) compañero(a). Él/Ella tiene que adivinar a quién corresponde la descripción.

## CONEXIONES: CIENCIAS

## Los camélidos andinos

La llama y la alpaca son dos tipos de camélidos muy comunes en los Andes. La lana de estos animales se utiliza para hacer ropa tradicional y moderna, como ponchos, gorros, suéteres, etc. La lana de la alpaca es más cara que la lana de la llama, porque es muy suave (*soft*) y cálida (*warm*).

**30. Piensa y explica.** ¿De qué material es la ropa que llevas habitualmente? ¿De dónde viene ese material?

**I CAN** ask and answer questions about shopping for clothing.

## Gramática

### Verbos regulares en *-er* y en *-ir*. Pretérito

- Regular -er and -ir verbs have the same endings in the preterite tense.

VERBO COMER. PRETÉRITO

| Singular | | Plural | |
|---|---|---|---|
| yo | comí | nosotros<br>nosotras | comimos |
| tú | comiste | vosotros<br>vosotras | comisteis |
| usted<br>él<br>ella | comió | ustedes<br>ellos<br>ellas | comieron |

VERBO ESCRIBIR. PRETÉRITO

| Singular | | Plural | |
|---|---|---|---|
| yo | escribí | nosotros<br>nosotras | escribimos |
| tú | escribiste | vosotros<br>vosotras | escribisteis |
| usted<br>él<br>ella | escribió | ustedes<br>ellos<br>ellas | escribieron |

#### Marcadores temporales de pasado

- You can use these expressions to refer to the past tense:

el año pasado ← el mes pasado ← la semana pasada ← anteayer ← ayer ← anoche ← hoy

- You can also use the word **hace** to express the amount of time elapsed since an action was completed.

**Hace** + time expression + **que** + verb in the preterite tense

**Hace una semana que** Tess y Patricia llegaron a los Andes.

Verb in the preterite tense + **hace** + time expression

Tess y Patricia llegaron a los Andes **hace una semana**.

**31. Piensa.** En los verbos en -ar la forma nosotros es igual en el pasado y en el presente. ¿Sucede lo mismo en los verbos en -er y en -ir?

### 32. ¿Cuándo?

**Escribe** oraciones. ¿Cuándo hiciste estas actividades por última vez?

Modelo *Comí fruta por última vez ayer.*

1. comer una ensalada
2. escribir un mensaje de texto
3. correr
4. ver una película
5. beber un refresco
6. salir con tus amigos
7. leer una revista
8. recibir un regalo

## 33. Final del día

▶ **Escucha** a Patricia y decide si las oraciones se refieren al presente o al pasado.

**1. a.** presente **b.** pasado
**2. a.** presente **b.** pasado
**3. a.** presente **b.** pasado
**4. a.** presente **b.** pasado
**5. a.** presente **b.** pasado
**6. a.** presente **b.** pasado

▶ **Escucha** otra vez y escribe los cuatro marcadores temporales de pasado que utiliza Patricia.

## 34. ¿Qué más hicieron?

▶ **Habla** con tu compañero(a). Imagina qué más cosas hicieron Tess y Patricia. Usa las imágenes y los verbos para tomar ideas.

**Modelo** *Tess y Patricia comieron en…*

A

B

C

D

comer
conocer
ver
escribir
beber
subir
perder
salir

▶ **Escribe.** Ahora, usando las ideas de tu conversación, escribe un párrafo que cuente las actividades de Tess y Patricia. Incluye marcadores temporales de pasado.

**Modelo** *Hace un día, Tess y Patricia comieron en…*

**I CAN** talk with a partner to identify and describe simple past actions.

## Comunicación

### 35. ¿Qué lleva un payaso?

▶ **Escribe** una descripción de uno de los siguientes payasos. ¿Cómo es? ¿Qué ropa lleva? Incluye muchos detalles.

1. **Nieves**, el payaso a quien le gusta el invierno.
2. **Olga Zana**, la payasa perezosa (*lazy*) que tiene solamente ropa muy, muy informal.
3. **L. Gante**, un payaso formal pero cómico.

Modelo ... *tiene el pelo verde y es una persona tonta.*

▶ **Lee** tu descripción a tu compañero(a). Él / Ella tiene que dibujar el / la payaso(a) que describes.

### 36. ¿Qué pasó?

▶ **Escucha** a Manuel, un amigo de Tess y de Patricia, y ordena las ilustraciones.

▶ **Escribe** un texto explicando lo que le pasó a Manuel. Utiliza las palabras del cuadro.

| | | | |
|---|---|---|---|
| perder las llaves | volver a casa | tocar a la puerta | no responder nadie |
| llamar por teléfono | escribir un mensaje | abrir la puerta | salir corriendo |

# Final del desafío

## 37. ¡Tess y Patricia campeonas!

▶ **Lee** el artículo del periódico local y complétalo con las formas correspondientes del pretérito.

> ## La Gaceta de Huancavelica
>
> ### Carrera de llamas de Huancavelica
> ### Sorprendente victoria de dos estadounidenses
>
> POR GERMÁN VILLEGAS
>
> Las estadounidenses Patricia y Tess Williams ___1___ (vencer) ayer en la Carrera de Llamas de Huancavelica, por delante de Ismael Sánchez y Casimiro Luján.
>
> Los periodistas les preguntaron y las dos mujeres estadounidenses ___2___ (responder) así: «Nosotras solo ___3___ (correr) detrás de los animales. Las llamas ___4___ (decidir) colaborar. Ellas son las verdaderas campeonas».
>
> 
>
> Patricia y Tess Williams
>
> Por ganar la carrera las dos ___5___ (recibir) un premio (*prize*): una figura pequeña de una llama andina. Con una sonrisa (*smile*) comentó la joven: «Yo ___6___ (perder) mi bufanda durante la carrera. ¡Quizás esta llama me puede dar su lana para hacer una nueva!»

▶ **Habla** con tu compañero(a) sobre las actividades de Tess y Patricia en este Desafío. Luego, trabajen juntos(as) para dibujar una línea temporal (*timeline*) de lo que hicieron. Usen las siguientes expresiones y otras similares.

| | | | |
|---|---|---|---|
| hace un mes | hace dos semanas | hace un día | hace una hora |

**Modelo** *Hace un mes que Tess y Patricia viajaron a Huancavelica.*

▶ **Escribe** un artículo para el periódico local sobre algún evento especial que ocurrió en tu comunidad recientemente. Puedes usar el artículo anterior como ejemplo.

**I CAN** narrate what happened in places in my own community and in an Andean community.

**Goal:** to talk about places within the community

# El carnaval de Oruro

## Punto de partida

▶ **Observa.** Diana and Rita have just arrived in Oruro, a former mining town in Bolivia that holds the most famous carnival in the Andean region. They must don traditional costumes and parade through the streets of Oruro with all the dancers.

Continuará...

### 38. Recordar

▶ **Piensa y escribe.** Cubre (*Cover up*) el diálogo y haz una lista de todas las palabras que recuerdes que se refieren a comercios (*businesses*) y lugares para ir de compras.

▶ **Completa** estas oraciones. ¿Qué palabras faltan?

**1.** Rita va a una ____1____ de disfraces.
**2.** Diana quiere comprar ____2____ en la tienda de ____3____.
**3.** Los disfraces a cuadros se venden en las tiendas de ____4____.
**4.** Rita quiere ir a una ____5____.
**5.** Hay una peluquería en el ____6____.

## 39. Inferir

▶ **Relaciona** cada palabra con la fotografía correspondiente.

una peluquería

un centro comercial

una tienda de bisutería

A
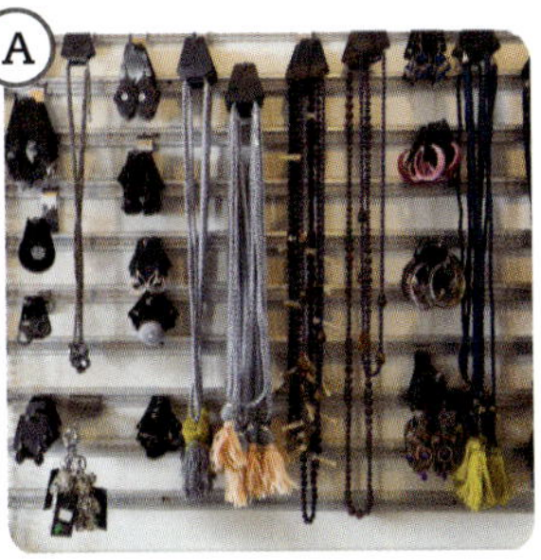

B

C

## 40. Ampliar

▶ **Escucha** la conversación de Rita y la dependienta de la tienda de disfraces y decide a quién corresponden estos hechos.

RITA

DEPENDIENTA

**1.** Es la primera vez que está en el carnaval de Oruro.
**2.** Fue al desfile del carnaval con un disfraz.
**3.** Hizo muchas fotos en el desfile.
**4.** Hoy no fue al desfile.
**5.** Dijo que Diana compró unos complementos.

## CULTURA

# El carnaval de Oruro

La ciudad de Oruro está en Bolivia, a 3.706 metros de altitud (12.159 pies). Allí se celebra el carnaval de Oruro, la fiesta tradicional más famosa de Bolivia. En el carnaval mezclan las tradiciones indígenas y españolas, y los hechos históricos de Bolivia. En 2001 la UNESCO declaró esta celebración Obra Maestra del Patrimonio Oral e Intangible de la Humanidad.

Durante los diez días que dura la fiesta, varios grupos folclóricos recorren la ciudad y la gente baila con disfraces y máscaras de muchos colores. Las danzas más famosas son la diablada y la morenada.

**41. Compara.** ¿Se celebra el carnaval en tu país? ¿En qué lugares? Compara este festival y otros similares con el carnaval de Oruro.

**TU DESAFÍO** Busca videos del carnaval de Oruro. Escribe una oración sobre tus impresiones.

**I CAN** understand a conversation about an event in an Andean community.

# DESAFÍO 3

## Vocabulario

### Tiendas y establecimientos

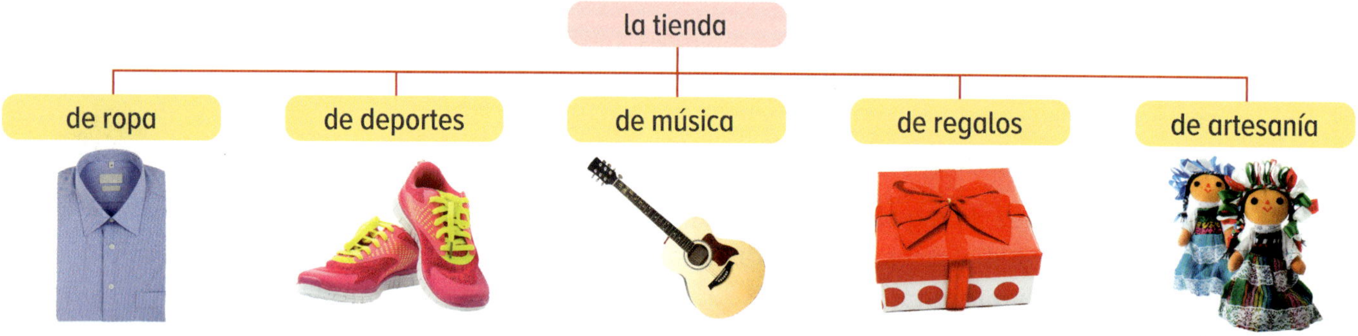


### 42. ¿Adónde fueron?

▶ **Completa** estas oraciones.

1. Rita fue a una ______________ para comprarse unos aretes.
2. Rita fue a la ______________ para comprar un libro sobre el carnaval de Oruro.
3. Diana y Rita fueron a una ______________ para comprar recuerdos de Bolivia.
4. Diana fue al ______________ para comprar unos periódicos y unas revistas.
5. Diana y Rita fueron a la ______________ para comprar aspirinas.

## 43. Las compras de Rita y Diana

▶ **Escucha** y decide. ¿Qué cosas compraron Diana y Rita en Oruro?

Ⓐ

Ⓑ

Ⓒ

Ⓓ

Ⓔ

Ⓕ

▶ **Escribe.** ¿Qué compraron y adónde fueron Rita y Diana?

## 44. Los recuerdos

▶ **Habla** con tu compañero(a). ¿Cuándo compraste regalos para tu familia o para tus amigos(as)? ¿Qué compraste? ¿Dónde?

Modelo A. *¿Qué compraste?*
B. *A mi mamá le compré una pulsera porque le gustan mucho las joyas.*
A. *¿Dónde la compraste?*
B. *En una joyería.*

## COMPARACIONES

# El aguayo, un textil tradicional

El aguayo es un textil tradicional de las zonas andinas de Perú y Bolivia. Es un cuadrado de lana o de algodón tejido con figuras y motivos simbólicos. En estas regiones, cada mujer tiene un aguayo.

Los aguayos tienen múltiples usos. Se usan como prenda de vestir, para llevar a los niños pequeños, para sentarse, para llevar mercancías (*merchandise*), para poner alimentos encima… Pero principalmente son una muestra de identidad y de la cultura de cada región.

**45. Compara.** ¿Conoces alguna prenda similar al aguayo? ¿De qué país es? Descríbela y explica para qué sirve. Si no conoces ninguna, puedes buscar en Internet.

**I CAN** ask and answer simple questions with a partner about various stores and establishments in my community.

## Gramática

### Verbos irregulares en el pretérito. *Ser, ir, decir, tener, estar y hacer*

- These are some common irregular verbs in the preterite:

**Verbos ser e ir. Pretérito**

| Singular | | Plural | |
|---|---|---|---|
| yo | fui | nosotros nosotras | fuimos |
| tú | fuiste | vosotros vosotras | fuisteis |
| usted él ella | fue | ustedes ellos ellas | fueron |

**Verbo decir. Pretérito**

| Singular | | Plural | |
|---|---|---|---|
| yo | dije | nosotros nosotras | dijimos |
| tú | dijiste | vosotros vosotras | dijisteis |
| usted él ella | dijo | ustedes ellos ellas | dijeron |

**Verbo tener. Pretérito**

| Singular | | Plural | |
|---|---|---|---|
| yo | tuve | nosotros nosotras | tuvimos |
| tú | tuviste | vosotros vosotras | tuvisteis |
| usted él ella | tuvo | ustedes ellos ellas | tuvieron |

**Verbo estar. Pretérito**

| Singular | | Plural | |
|---|---|---|---|
| yo | estuve | nosotros nosotras | estuvimos |
| tú | estuviste | vosotros vosotras | estuvisteis |
| usted él ella | estuvo | ustedes ellos ellas | estuvieron |

**Verbo hacer. Pretérito**

| Singular | | Plural | |
|---|---|---|---|
| yo | hice | nosotros nosotras | hicimos |
| tú | hiciste | vosotros vosotras | hicisteis |
| usted él ella | hizo | ustedes ellos ellas | hicieron |

**46. Compara.** ¿En inglés también hay verbos irregulares en el pasado? Pon algunos ejemplos.

### 47. La fiesta de Oruro

▶ **Completa** estas oraciones.

**1.** Yo ______ (estar) en el carnaval de Oruro.

**2.** Rita ______ (ir) a la joyería.

**3.** ¿Tú ______ (tener) tiempo para ir de compras?

**4.** La fiesta de disfraces ______ (ser) ayer.

## 48. Un día divertido

▶ **Escribe.** ¿Qué hicieron Rita y Diana ayer?

Modelo estar → *Rita y Diana estuvieron en Oruro para asistir al carnaval.*

1 

hacer

2 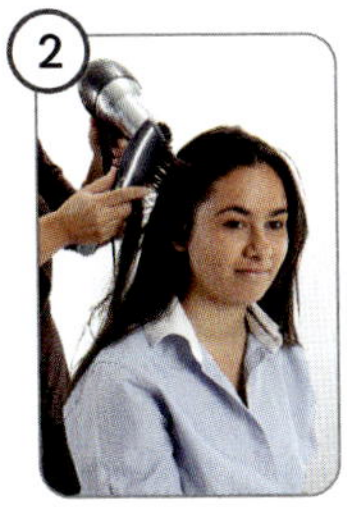

estar

3 

ir

## 49. ¿Recuerdas?

▶ **Escucha** e identifica. ¿Quién hizo estas cosas?

1. ir a cenar a un restaurante
2. tener una fiesta
3. estar enferma
4. ir a comprar ropa de abrigo
5. ser voluntarias en una asociación
6. hacer fotos con su cámara nueva

Andy   Mack   Diana y Rita   Patricia y Tess   Janet   Tim

## 50. ¿Qué hicieron ustedes?

▶ **Habla** con tres compañeros(as). Pregúntales qué hicieron la semana pasada. ¿Tienen alguna coincidencia?

Modelo A. *¿Qué hicieron la semana pasada?*
B. *Yo fui a ver un partido de béisbol.*

## CONEXIONES: CIENCIAS

# El mal de altura

Bolivia es un país muy elevado. Su altitud media es de 3.658 metros (12.000 pies). En algunas zonas altas, los visitantes pueden sufrir el llamado «mal de altura» o «mal de montaña»: les duele la cabeza, se sienten cansados o mareados (*dizzy*), no pueden respirar (*breathe*) o tienen náuseas. Por eso, los expertos recomiendan subir gradualmente para acostumbrarse (*get used to*) a la altitud.

**51. Explica.** ¿Por qué crees que la altitud puede producir esos síntomas?

**I CAN** talk to a partner about events in the past.

## Comunicación

### 52. ¿Comprendes?

▶ **Lee** el mensaje de Diana y decide si las oraciones son ciertas o falsas. Después, corrige las oraciones falsas.

Mensaje nuevo

Para:

Asunto:

Hola, Pablo. ¿Cómo estás? Yo estoy con mi tía en Oruro, una ciudad boliviana. Ayer salimos a la calle para ver las celebraciones del carnaval. Vimos un desfile con mucha gente disfrazada y bandas tocando música típica. ¡Qué espectáculo!

Más tarde, mi tía fue a una tienda de disfraces porque decidió vestirse como los participantes del desfile. Compró un disfraz y una máscara. Yo fui a una tienda de bisutería y me compré unos aretes y un collar. Mañana vamos a un mercado de artesanía.

Un beso de tu amiga,

Diana

1. Diana y su tía hicieron un viaje a una ciudad mexicana.
2. Ayer ellas se quedaron en casa.
3. En el desfile participó poca gente.
4. Diana fue a un quiosco a comprar unos aretes y un collar.
5. Diana y Rita fueron ayer a comprar comida al mercado.

### 53. El diario de Rita

▶ **Escribe** una página del diario de Rita. ¿Qué hicieron ayer Diana y ella en Oruro?

**Por la mañana**

1

2

**Por la tarde**

3

4

**Por la noche**

5

6

# Final del desafío

## 54. ¿Qué dijeron exactamente?

▶ **Mira** el diálogo y complétalo con las palabras apropiadas de la lista. ¡Ojo! (*Careful!*) No vas a usar una de las palabras.

máscara | peluquería | estuvo | hizo | lo siento | morado | salió

▶ **Habla.** Diana tiene problemas. Su tía está disfrazada y ella no puede encontrarla. Con tu compañero(a), improvisen la escena de Diana buscando a su tía en el Carnaval. Inventen el final de la historia.

▶ **Escribe y presenta.** Inventa una anécdota con el título "El regalo perfecto" sobre las aventuras de un chico que busca el regalo perfecto para un familiar o amigo. Escríbela y preséntala a la clase.

**I CAN** narrate what happened in places in my own community and in an Andean community.

**Goal:** to talk about shopping in the past

# La montaña de plata

## Punto de partida

▶ **Observa.** Tim and Mack are in the Bolivian town of Potosí, where the Spanish colonists mined the largest silver deposit in the world in the 16th century. The *Casa de la Moneda* in Potosí minted large amounts of coins. Using the coat of arms of the Bolivian flag, Mack and Tim must solve a riddle that will lead them to a valuable coin.

Continuará...

### 55. Reconocer

▶ **Completa** estas oraciones.

(A)

**1.** ¿Cómo la ______________?
**2.** La ______________ en una tienda.
**3.** ¿Nos ______________, abuelo?
**4.** ¿______________ esa montaña?

(B)

**5.** ______________ una moneda de plata, ¿verdad?
**6.** Solo ______________ este escudo como pista.
**7.** Solo ______________ una montaña y un pájaro.
**8.** Allí ______________ una importante mina de plata.

▶ **Responde.** ¿En qué tiempo están los verbos de la columna A: en presente o en pretérito? ¿Y los de la columna B?

## 56. Comprender

▶ **Responde** a estas preguntas.

1. ¿Dónde están Tim y Mack?
2. ¿Qué están buscando?
3. ¿Qué consiguió Mack? ¿Dónde lo consiguió?
4. ¿Qué información importante vio Mack en el escudo?

## 57. Aplicar

▶ **Escucha** y decide. ¿De qué fotografía están hablando Tim y Mack?

1

2

3

▶ **Escucha** otra vez y escribe las palabras que mencionan. También anota palabras que te sean nuevas e infiere sus significados.

montaña mapa bandera plata escudo moneda pájaro

▶ **Escribe** una oración para describir cada fotografía.

## CULTURA

### Potosí

Potosí es una ciudad de Bolivia famosa por sus antiguas minas de plata. A más de 4.090 metros (13.420 pies) sobre el nivel del mar, se considera una de las ciudades más altas del mundo.

En Potosí hay una montaña que se conoce como Cerro Rico por la cantidad de plata que se encontró en ella. Desafortunadamente (*unfortunately*), en las minas hay muy poca plata.

**58. Investiga.** ¿Qué minerales se explotan en los Estados Unidos? ¿Cuáles son las zonas mineras más importantes?

**TU DESAFÍO** Busca información para compartir sobre Cerro Rico: su historia, su impacto en el medio ambiente y la difícil situación de sus mineros.

**I CAN** understand a dialogue about an important Bolivian cultural site.

## Vocabulario

### Las compras

**El dinero**

el billete

la moneda

la tarjeta de crédito

**El precio**

es barato

es caro

pagar en efectivo | pagar con tarjeta | estar de moda | estar en oferta | quedar bien / mal | quedar pequeño / grande

### 59. De compras

▶ **Completa** estas oraciones.

1. Inés se prueba una camisa en el ______________.
2. La tienda bajó los precios. Por eso compramos la ropa con ______________.
3. La señora Gómez tiene que esperar porque hay una ______________ para pagar.
4. Martín mira la ______________ porque quiere saber el precio de los zapatos.
5. Si la tienda no acepta tarjetas de crédito, tienes que pagar en ______________.
6. Mi padre no se compra el traje porque no le ______________ bien.

## 65. La fiesta sorpresa

▶ **Escucha.** Tim y Mack organizaron una fiesta para su guía boliviano. Une los personajes con las acciones apropiadas. Después, escribe oraciones completas.

| A | B |
|---|---|
| **1.** Tim | **a.** vestirse con ropa típica de Bolivia |
| **2.** Tess y Patricia | **b.** conseguir los refrescos |
| **3.** Rita | **c.** elegir un regalo |
| **4.** Mack | **d.** pedir ayuda para preparar la comida |
| **5.** Andy y Janet | **e.** servir los postres |
| **6.** Diana | **f.** despedirse de los invitados |

Modelo 1. *Tim sirvió los postres.*

## 66. Al final del día

▶ **Habla** con un(a) compañero(a). ¿Qué hicieron los personajes ayer?

1

vestirse

2
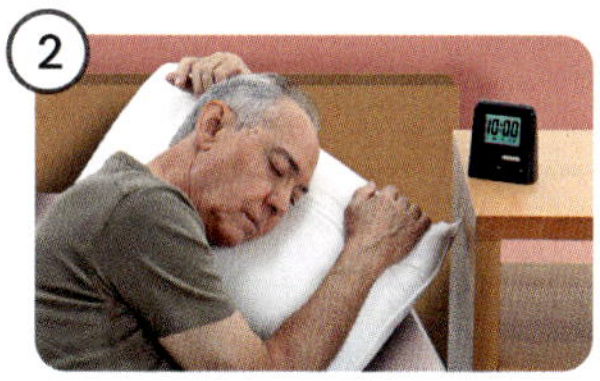
dormirse

3

elegir

4

despedirse

5

servir

6

sentirse mal

## CONEXIONES: LENGUA

# Vale un potosí

En español, la expresión «vale un potosí» significa que algo es muy valioso (*valuable*). Esta expresión procede de la ciudad boliviana de Potosí, donde existió la mina de plata más grande del mundo durante el imperio español.

**67. Compara.** ¿Qué expresiones hay en inglés para indicar que algo es muy valioso?

**I CAN** talk with a partner about what people did in the past.

## Comunicación

### 68. Tim, ¿por qué la compraste?

▶ **Lee** esta conversación entre Tim y Janet. Luego ordena lo que dijo Janet.

**TIM:** Oye, Janet, ¿te gustó la camisa a rayas que compré ayer?

**JANET:** ___1___

**TIM:** Pero ¿por qué no?

**JANET:** ___2___

**TIM:** Bueno, el color no me importa y es muy cómoda. Conseguí un buen descuento.

**JANET:** ___3___

**TIM:** Está bien. Le pedí ayuda a la dependienta, pero no tuvo tiempo.

**JANET:** ___4___

**TIM:** Hm, no sé. No me gusta mucho ni ese color ni las camisas de cuadros, pero no soy un experto.

**JANET:** ___5___

**TIM:** De acuerdo, Janet. Gracias.

**a.** Porque no me gustó el color. Y creo que te quedó grande.
**b.** Esta mañana vi una camisa amarilla de cuadros perfecta para ti.
**c.** Tengo una idea. ¿Me acompañas mañana al centro comercial? Te puedo ayudar a elegir algo muy bonito.
**d.** ¿La camisa roja que te pusiste anoche? Eh… lo siento, pero… no.
**e.** ¡Ay, Tim! No debes comprar una camisa solamente porque está en oferta.

### 69. Un mensaje en el contestador

▶ **Escucha.** Tim dejó un mensaje para su mamá. Toma notas de lo que dice. Después, escribe un resumen.

| El mes pasado | La semana pasada | Anteayer | Ayer | Hoy |
|---|---|---|---|---|
| | | | | llamó por teléfono |

### 70. ¿Qué compraron?

▶ **Habla** con tres compañeros(as) sobre sus últimas compras. Toma notas.

**Modelo**

| Nombre | ¿Qué compró? | ¿Dónde? | ¿Cuánto costó? | ¿Cómo pagó? |
|---|---|---|---|---|
| William | una camisa de rayas | una tienda de ropa | barata | en efectivo |

▶ **Escribe** un párrafo con la información de la tabla.

**Modelo** *Mi compañero William fue al centro comercial hace tres días. Compró una camisa de rayas…*

# Final del desafío

## 71. ¿Cómo terminó la historia?

▶ **Lee** el blog de Tim. ¿Consiguió la moneda que buscaba (*he was searching for*)?

**9 de noviembre**
***Potosí, Bolivia***

Finalmente conseguimos resolver el desafío. Vimos muchas monedas de plata en la Casa de la Moneda. Pero, ¿comprar una? ¡Qué va! La Casa de la Moneda es un museo. ¡Y además esas monedas valen miles de dólares! Eso sí, en la tienda del museo compré una postal con una moneda de plata. Y una camiseta para mi abuelo. Pero elegí una camiseta un poco pequeña, no le queda bien. Luego la devolví (*returned*) a la tienda y le compré otra. Me la cambiaron porque no le quité la etiqueta. Por suerte la camiseta no me costó un potosí. 🙂

▶ **Corrígelas.** Todas estas oraciones sobre el blog son falsas. Corrige todos los errores.

**1.** Tim y Mack tuvieron que ir al Museo de la Plata.
**2.** Allá no vieron monedas sino artefactos como máscaras y joyas.
**3.** Consiguieron un libro sobre Potosí y una moneda de plata en un mercadillo.
**4.** Mack también le compró una camiseta a su esposa.
**5.** Tim tuvo que cambiar la camiseta pero no pudo porque perdió la etiqueta.
**6.** Dijo que la camiseta le costó un potosí porque fue muy cara.

▶ **Escribe y representa.** Con dos compañeros(as), usa el texto del blog para escribir un diálogo entre Mack, Tim y el dependiente de la tienda del museo. Después, represéntalo con tus compañeros(as).

**I CAN** talk about past shopping experiences in my community and in a community in the Andes.

## 72. En oferta

▶ **Mira** el anuncio y contesta las preguntas.

1. ¿Por cuánto tiempo están en oferta estos artículos?
2. ¿Cómo se llama la divisa (*currency*) peruana?
3. ¿Qué materiales menciona el anuncio?
4. ¿Crees que hay probadores en la tienda? ¿Por qué?
5. ¿Qué artículos típicos de la región puedes comprar en esta tienda?

**S/** *soles (currency of Peru)*
**azul marino** *navy blue*
**Hogar** *Home*
**2 piezas** *two-piece*

## 73. ¡Rebajas!

▶ **Escucha** un anuncio de un centro comercial y decide si estas afirmaciones son ciertas o falsas.

1. Hay descuentos en las secciones de ropa y zapatería.
2. Tienen pantalones para hombre de todas las tallas.
3. Hay faldas de muchos colores.
4. No hay descuentos en ropa para niños.
5. Hay aretes y collares muy baratos.

## 74. Las compras y tú

▶ **Pregúntale** a tu compañero(a) y responde a sus preguntas.

Modelo A. *¿Dónde prefieres comprar ropa?*
B. *Solo voy de compras en el centro comercial.*

(A)

1. ¿Dónde prefieres comprar ropa?
2. ¿Qué prendas y qué calzado llevas normalmente?
3. ¿Cómo es tu camisa o vestido favorito? ¿De qué material es? ¿De qué color(es) y qué diseño? ¿Cómo te queda?
4. Cuando compras algo, ¿cómo pagas?
5. ¿Te quejas (*do you complain*) cuando tienes que hacer fila? ¿En qué establecimientos hay filas muy largas?

(B)

6. ¿Cómo te vestiste el primer día de clases? ¿Qué llevaste?
7. Después de tu cumpleaños, ¿devolviste algún regalo a la tienda? ¿Por qué?
8. El día de Año Nuevo, ¿dónde estuviste?
9. ¿Qué NO hiciste esta mañana? ¿Te olvidaste (*did you forget*) o no tuviste tiempo?
10. El verano pasado, ¿trabajaste en una tienda? ¿Conociste a alguien nuevo? ¿Hiciste o aprendiste algo interesante?

## 75. La ropa tradicional andina

▶ **Lee** este texto y complétalo con estas palabras.

| | | | | |
|---|---|---|---|---|
| sombrero | prendas | falda | rojos | complementos |
| algodón | colores | modernos | fiestas | prenda |

La industria textil en los Andes es muy importante para su economía. Los tejidos son apreciados en todo el mundo por la variedad de _____ 1 _____ y diseños. Estas son algunas _____ 2 _____ tradicionales típicas.

**Pollera** Es una _____ 3 _____ de lana. Las mujeres llevan muchas veces 3 o 4 polleras a la vez, y pueden llevar hasta quince para _____ 4 _____ especiales.

**Poncho** Es una _____ 5 _____ de abrigo. Los ponchos son de lana y normalmente son _____ 6 _____. Algunos los llevan habitualmente, pero muchas personas se visten con ponchos en los días especiales.

**Montera** Es un _____ 7 _____ de lana o de _____ 8 _____ con colores brillantes. Muchas veces se puede identificar la comunidad de origen de una persona por el tipo de montera que lleva.

Actualmente también se fabrican ropa y _____ 9 _____ basados en las prendas tradicionales andinas, pero con diseños más _____ 10 _____ y sofisticados.

## UN CHIN DE...

### 76. Un chin de superreciclaje

▶ **Ve** el video y escribe una lista de cinco prendas que Jaime y Adriana se ponen. Describe cada una brevemente.

▶ **Ve y elige.** Los abuelos de Jaime van a visitar muchos lugares. ¿A cuáles de estos establecimientos *no* piensan ir?

la tienda de deportes — el centro comercial — la librería — la farmacia — la zapatería

▶ **Explica** la idea de "superreciclaje" o "upcycling" que Jaime presenta en el video. ¿Qué beneficios tiene esta práctica?

# En la avenida Olmedo de Guayaquil

The teams gather in the *avenida Olmedo* in Guayaquil. Here, the participants will reveal whether they succeeded or not.

## 77. ¿Tuvieron éxito?

▶ **Escribe.** Cada equipo tuvo que comprar algo para completar su desafío. ¿Qué compró cada par de participantes? ¿Tuvieron éxito en completar su tarea? Escribe oraciones.

▶ **Lee** otra vez lo que escribió cada equipo. Luego, resume sus textos.

**Modelo** *Andy y Janet subieron al Chimborazo y...*

# Cholitas y cholets

## 78. Preparación

▶ **Elige** todas las palabras que se relacionan con la ropa.

**1.** la camisa
**2.** la mochila
**3.** los pantalones
**4.** la pizarra
**5.** el cinturón
**6.** el vestido
**7.** el libro
**8.** los guantes
**9.** el sombrero
**10.** la casa
**11.** la blusa
**12.** el abrigo

### Cholitas

Las cholas (o cholitas) son mujeres indígenas que usan la ropa tradicional de los pueblos aymara y quechua. Antes, en Bolivia, estas mujeres eran discriminadas por su origen campesino (*country*), pero ahora forman una parte importante de la economía del país. Algunas son universitarias, profesionales o empresarias. Tienen mucha influencia en el mundo de la moda y organizan festivales para reclamar su identidad.

### Vocabulario útil

| | |
|---|---|
| la joya | *jewel* |
| llevar | *to wear* |
| la moda | *fashion* |
| modelar | *to model* |
| la pasarela | *runway* |
| la pollera | *skirt* |
| ponerse | *to put on* |

## 79. Comprendo la información clave

▶ **Ve y decide.** Decide si estas afirmaciones son ciertas (**C**) o falsas (**F**), según el video.

**1.** Las cholitas modelan ropa y joyas para la alta sociedad (*high class*).
**2.** Las cholitas son un ícono de moda y algunas hacen publicidades (*commercials*).
**3.** Las cholitas no pueden trabajar en la política, en empresas o en el comercio.
**4.** Muchas cholitas viajan a China para comprar productos.
**5.** Para los bolivianos es importante mantener las raíces (*roots*) y la identidad.

## 80. Intercambio de ideas

▶ **Habla** con tu compañero(a) sobre estos tópicos relacionados con el video.

**1. Los trajes de las cholitas.** ¿Cómo son? ¿Qué opinión tienes sobre estos trajes?
**2. La situación social de las cholitas.** ¿Qué influencia tienen en la sociedad? ¿Qué influencia tienes tú en la sociedad?
**3. La identidad.** ¿Por qué es importante la identidad para las cholitas? ¿Cómo mantienen su identidad? ¿Qué elementos forman parte de tu identidad?

# Andes centrales

**Nacionalidades**
Ecuador → ecuatoriano(a)
Perú → peruano(a)
Bolivia → boliviano(a)

La cordillera de los Andes atraviesa tres países con rasgos culturales comunes: Ecuador, Perú y Bolivia. En esta área se desarrollaron importantes culturas indígenas, en especial la cultura inca.

- Ecuador debe su nombre a su situación: por su territorio pasa la línea ecuatorial terrestre. Su capital es Quito.
- Perú es la cuna de la civilización inca. Su capital es Lima.
- Bolivia es el único país de esta zona que no tiene salida al mar. Su capital, Sucre, está a 9.220 pies de altura. La Paz es la sede del gobierno y está a 11.942 pies.

## 81. Tres países andinos

▶ **Observa** el mapa e identifica a qué país de los Andes centrales se refieren estas oraciones.

1. No tiene playa.
2. Tiene territorio en el hemisferio norte y en el hemisferio sur.
3. Es un país más grande que los otros dos.

▶ **Investiga** para descubrir cuáles son las tres ciudades principales de cada país, así como un lugar de interés en cada ciudad.

(1) Mujeres bolivianas con sombrero hongo

## 1. Quechuas y aymaras

En la región andina gran parte de la población es indígena (quechua y aymara) o mestiza. Los indígenas conservan sus tradiciones y van incorporando otras de origen europeo. Un ejemplo lo vemos en el sombrero hongo (*derby*) de las mujeres bolivianas. Se trata de un sombrero pequeño y duro que llevaron a Bolivia los británicos en la década de 1920.

## 2. Los equecos

Los equecos son muñecos (*dolls*) tradicionales de la cultura andina, en particular, de la cultura aymara. Están hechos de barro y pueden llevar distintas cosas, como dinero o comida, que representan aquello que queremos conseguir.

(2) Equecos

(3) Tortuga de las islas Galápagos

## 3. Las islas Galápagos

Las islas Galápagos pertenecen a Ecuador y se encuentran a 603 millas de su costa. La situación alejada de este archipiélago las convierte en una reserva excepcional y un «museo vivo» de especies únicas estudiadas por los biólogos desde el siglo XIX.

## 82. La vida en altura

▶ **Imagina y explica.** ¿Cómo influye la altura en el modo de vida de los habitantes de la región andina?

- Ropa
- Comida
- Bebida
- Otras cosas

*«Para vivir en altura: andar despacito y comer poquito».*

**I CAN** describe the effects of geography on everyday cultural products and practices in the Central Andes region.

Fiesta popular boliviana

# Textiles andinos bolivianos

**READING STRATEGY**

## Make inferences

Inferring when reading means figuring out things that were not directly stated but implied in the text, or making a logical guess based on what you read.

To make inferences about a word or a topic, you can use **clues** from the text, the **images**, and your **prior knowledge**.

La cultura tradicional andina conserva en el presente su riqueza. Un reflejo de esta cultura milenaria es la elaboración de tejidos[1], una tradición muy arraigada[2] en la cultura andina, llamada «la civilización del tejido». En Bolivia, más de 400 comunidades elaboran sus propias vestimentas[3] típicas con tejidos que hablan de la historia y la cultura de la comunidad. Cada comunidad tiene su tejido, con sus colores, sus figuras y su estilo. Los artesanos elaboran sus tejidos con lana de alpaca, vicuña, llama u oveja, o con fibra vegetal de algodón.

Se pueden visitar las exposiciones de tejidos y de piezas de la vestimenta andina en el Museo Nacional de Etnografía y Folklore y en el Museo del Arte Textil Andino Boliviano de La Paz, y admirar el colorido y la belleza de *uncus*, *chullos* y *aguayos*.

El *uncu* es una prenda utilizada antiguamente por los hombres en fiestas rituales o como vestimenta matrimonial.

El *chullo* es el tradicional gorro de lana con orejeras. Es una prenda masculina. Su tejido es grueso[4] y multicolor.

El *aguayo* es una pieza cuadrada de lana. Lo usan las mujeres para llevar a los bebés y niños a la espalda o para transportar productos.

1. *woven textiles* 2. *deeply rooted* 3. *clothing* 4. *thick*

## COMPRENSIÓN

### 83. Sobre los textiles andinos

▶ **Completa** estas oraciones de acuerdo con el texto.

1. La cultura andina conserva...
2. La elaboración de tejidos es...
3. En Bolivia, muchas comunidades...
4. El tejido de cada comunidad tiene...

### 84. Características de los textiles

▶ **Escribe** el nombre de las prendas tradicionales de las fotografías. Después, descríbelas y di para qué sirven.

1

2

## ESTRATEGIA Hacer inferencias

### 85. También lo dice el texto

▶ **Escribe** las palabras del texto que sustentan (*support*) estas inferencias.

| | | |
|---|---|---|
| | → | 1. La cultura andina es muy antigua. |
| | → | 2. Los indígenas dan mucha importancia a la ropa tradicional. |
| | → | 3. Los tejidos tradicionales son una manifestación artística de las culturas indígenas. |
| | → | 4. Los tejidos tienen un valor simbólico en las comunidades andinas. |
| | → | 5. En las montañas de los Andes hace frío. |

**I CAN** make inferences in order to interpret a text about traditional Andean clothing.

## La ropa y los complementos

| | |
|---|---|
| el abrigo | *coat* |
| la bata | *robe* |
| la corbata | *tie* |
| el impermeable | *raincoat* |
| el pijama | *pajamas* |
| la sudadera | *sweatshirt* |
| el traje | *suit* |
| el traje de baño | *swimsuit* |

**Calzado**

| | |
|---|---|
| las zapatillas | *slippers* |

**Complementos**

| | |
|---|---|
| el anillo | *ring* |
| los aretes | *earrings* |
| el bolso | *purse* |
| el collar | *necklace* |
| las gafas de sol | *sunglasses* |
| la gorra | *cap* |
| la pulsera | *bracelet* |
| el reloj | *watch* |

## Describir la ropa

| | |
|---|---|
| el número | *shoe size* |
| la talla | *size* |

**Características**

| | |
|---|---|
| cómodo(a) | *comfortable* |
| incómodo(a) | *uncomfortable* |

**Diseños**

| | |
|---|---|
| de cuadros | *plaid* |
| de lunares | *polka dot* |
| de rayas | *striped* |
| liso(a) | *plain* |

**Materiales**

| | |
|---|---|
| de algodón | *cotton* |
| de cuero | *leather* |
| de lana | *wool* |

**Colores**

| | |
|---|---|
| amarillo(a) | *yellow* |
| anaranjado(a) | *orange* |
| azul | *blue* |
| blanco(a) | *white* |
| de color café | *brown* |
| dorado(a) | *gold* |
| gris | *gray* |
| morado(a) | *purple* |
| negro(a) | *black* |
| plateado(a) | *silver* |
| rojo(a) | *red* |
| rosado(a) | *pink* |
| verde | *green* |
| colores claros | *light colors* |
| colores oscuros | *dark colors* |

## Tiendas y establecimientos

| | |
|---|---|
| el centro comercial | *shopping mall* |
| la farmacia | *drugstore* |
| la joyería | *jewelry store* |
| la librería | *bookstore* |
| la papelería | *stationery store* |
| la peluquería | *hair salon* |
| la perfumería | *perfume store* |
| el quiosco | *kiosk* |
| el supermercado | *supermarket* |
| la zapatería | *shoe store* |
| la tienda de artesanía | *handicrafts store* |
| la tienda de bisutería | *costume jewelry store* |
| la tienda de deportes | *sports store* |
| la tienda de disfraces | *costume shop* |
| la tienda de música | *music store* |
| la tienda de regalos | *gift shop* |
| la tienda de ropa | *clothing store* |
| el ascensor | *elevator* |
| las escaleras mecánicas | *escalator* |

## Las compras

| | |
|---|---|
| la caja | *cash register* |
| el / la cajero(a) | *cashier* |
| el / la cliente(a) | *customer* |
| el / la dependiente(a) | *salesclerk* |
| el descuento | *discount* |
| la etiqueta | *tag, label* |
| la fila | *line* |
| el probador | *fitting room* |

**El dinero**

| | |
|---|---|
| el billete | *bill* |
| la moneda | *coin* |
| la tarjeta de crédito | *credit card* |

**El precio**

| | |
|---|---|
| ser barato(a) | *to be cheap, inexpensive* |
| ser caro(a) | *to be expensive* |

**Expresiones**

| | |
|---|---|
| estar de moda | *to be in style* |
| estar en oferta | *to be on sale* |
| hacer fila | *to stand/wait in line* |
| pagar con tarjeta | *to pay by credit card* |
| pagar en efectivo | *to pay in cash* |
| probarse ropa | *to try clothes on* |
| quedar bien | *to fit well* |
| quedar mal | *to fit badly* |
| quedar grande | *to be too big* |
| quedar pequeño | *to be too small* |

## DESAFÍO 1

**1. La ropa adecuada.** Lee estas oraciones y elige la ropa adecuada para cada situación.

1. Ernesto estuvo en un camping en la montaña.
2. Julieta fue al cumpleaños de su prima Eva.
3. Antonio se durmió temprano.
4. María fue a la playa con sus amigos.
5. Luis fue a la boda de su amigo Pedro.

| | |
|---|---|
| vestido | pijama |
| collar | sudadera |
| botas | traje de baño |
| corbata | zapatillas |
| traje | pantalones cortos |

## DESAFÍO 2

**2. Los gustos de Celia.** Completa las oraciones con la palabra correcta.

Me gusta este poncho de ___lana / talla___ porque es muy ___cómodo / incómodo___. Tiene ___colores / sabores___ claros y oscuros. También me gustan esas botas de ___caro / cuero___ y aquella falda de ___lunares / collares___.

## DESAFÍO 3

**3. Lugares.** Relaciona cada oración con la imagen adecuada.

1. Compraron estos cuadernos en la papelería.
2. Carlos estuvo en dos mercados esta mañana.
3. ¿Fuiste a la peluquería ayer por la tarde?

A

B

C

## DESAFÍO 4

**4. Problemas en la tienda.** Completa el texto.

fila etiqueta bien tarjeta probador

**Problemas en la tienda**

Quiero comprar este impermeable, pero no tiene ___1___ y no sé el precio. Además, no hay ___2___ en la tienda para saber si me queda ___3___ o mal. La ___4___ para pagar es muy larga y creo que no puedo pagar con ___5___. ¡Me voy a otra tienda!

## Verbos regulares. Pretérito (págs. 142 y 150)

| | Comprar | Comer | Escribir |
|---|---|---|---|
| yo | compré | comí | escribí |
| tú | compraste | comiste | escribiste |
| usted, él, ella | compró | comió | escribió |
| nosotros(as) | compramos | comimos | escribimos |
| vosotros(as) | comprasteis | comisteis | escribisteis |
| ustedes, ellos(as) | compraron | comieron | escribieron |

**Verbos con cambios ortográficos**

Verbs ending in -car, -gar, or -zar change spelling in the yo form:

buscar → yo busqué
llegar → yo llegué
empezar → yo empecé

## Marcadores temporales de pasado (pág. 150)

| | |
|---|---|
| el año pasado | *last year* |
| el mes pasado | *last month* |
| la semana pasada | *last week* |
| anteayer | *the day before yesterday* |
| anoche | *last night* |
| ayer | *yesterday* |

Hace + time expression + que + verb in the preterite tense

Verb in the preterite tense + hace + time expression

## Verbos irregulares. Pretérito (pág. 158)

| | Ser e ir | Decir | Tener | Estar | Hacer |
|---|---|---|---|---|---|
| yo | fui | dije | tuve | estuve | hice |
| tú | fuiste | dijiste | tuviste | estuviste | hiciste |
| usted, él, ella | fue | dijo | tuvo | estuvo | hizo |
| nosotros(as) | fuimos | dijimos | tuvimos | estuvimos | hicimos |
| vosotros(as) | fuisteis | dijisteis | tuvisteis | estuvisteis | hicisteis |
| ustedes, ellos(as) | fueron | dijeron | tuvieron | estuvieron | hicieron |

## Verbos en *-ir* con raíz irregular. Pretérito (pág. 166)

| | Pedir | Dormir |
|---|---|---|
| yo | pedí | dormí |
| tú | pediste | dormiste |
| usted, él, ella | pidió | durmió |
| nosotros(as) | pedimos | dormimos |
| vosotros(as) | pedisteis | dormisteis |
| ustedes, ellos(as) | pidieron | durmieron |

## DESAFÍO 1

**5. Actividades.** Escribe una oración sobre lo que hicieron estas personas ayer.

Modelo Patricia y yo - almorzar juntas → *Ayer Patricia y yo almorzamos juntas.*

**1.** Gloria - comprar una sudadera y un reloj
**2.** Marieta y Vero - practicar deporte
**3.** Yo - empezar las clases de guitarra
**4.** Luisa y yo - hablar por teléfono

## DESAFÍO 2

**6. En el pasado.** Responde a las preguntas con una oración completa.

**1.** ¿Pablo y Ángel corrieron el maratón?
**2.** ¿Aprendiste a nadar el verano pasado?
**3.** ¿Ustedes salieron ayer por la tarde?
**4.** ¿Comiste en un restaurante peruano?

## DESAFÍO 3

**7. De vacaciones.** Elige la forma verbal correcta y completa el texto.

**CECILIA:** Ana me ___1___ (dijeron / dijo) que ___2___ (fue / fuiste) de vacaciones a Perú.
**BRUNO:** Sí, el verano pasado ___3___ (fue / fui) a Perú con mi familia.
**CECILIA:** ¡Qué bien! ¿Dónde ___4___ (estuvo / estuvieron)?
**BRUNO:** ___5___ (Estuvimos / Estuvisteis) en Lima y en los Andes peruanos. ___6___ (Hicimos / Hicieron) muchas cosas, pero quiero regresar a Perú el próximo año. ¡Es un país muy especial!

## DESAFÍO 4

**8. ¿Qué hicieron?** Escribe oraciones en pasado con estos elementos.

**1.** ayer - ella - pedir - un postre delicioso
**2.** anoche - nosotros - servir la cena - en el jardín
**3.** la semana pasada - mis primos - dormir - en mi casa
**4.** hace dos días - mi padre - sentirse - mal del estómago

## CULTURA

**9. Conoce la región andina.** Responde a las siguientes preguntas.

**1.** ¿Por qué países pasa la cordillera de los Andes?
**2.** ¿Qué es el Chimborazo?
**3.** ¿Qué sabes del carnaval de Oruro?
**4.** ¿Cómo es la ropa tradicional andina?

Una revista sobre

# moda andina

Imagine that you are the editor of an international fashion magazine and have to write a section about clothing in the Andes region of South America. You will write about six outfits for this magazine. Each outfit must be in color, priced, and have a short description.

## PASO 1 Decide la ropa de tu colección

- Answer the following questions to decide what clothing you will put together for your six outfits.
  - ¿Es ropa para hombres o para mujeres? ¿Es ropa para gente joven, para personas mayores o para niños?
  - ¿Es ropa de invierno o ropa de verano?
  - ¿Es ropa de vestir, ropa informal o ropa deportiva?
  - ¿Qué complementos necesita?

- Select the clothing you will include in your magazine article. You can draw your clothing items or cut them out of a magazine. Also, you can find images on the Internet about fashion events in Andean countries, such as PerúModa.
- When you have all the pieces, place your outfits side by side to ensure they are all complete, including shoes and accessories.

## PASO 2 Pon el precio

- Decide how much your outfits will cost and create a price list.
  - Vestido: 40 dólares
  - Botas: 30 dólares

  You can use the Internet again to investigate about prices. Think about these questions to set a price for each piece.
  - ¿Los precios son adecuados al material (lana, algodón...)?
  - ¿Y al tipo de ropa (elegante, informal...)?

## PASO 3 Escribe el texto

- Write a description of each outfit using two or more complete sentences. Include the name of each piece, the color, the material, how much it costs, and where one can find it.

*El vestido de lunares es de algodón y cuesta 80 dólares. Lo puedes encontrar en la tienda Moda Total, en el Centro comercial Miraflores. El collar y el bolso son...*

## PASO 4 Prepara las páginas de la sección

- Take one large piece of paper and fold it in half. Design the cover or the first page of your magazine section: give a name to your section and select a photo or a drawing for the first page.
- Spread your collection across each of the remaining blank pages. Do not put anything in the crease of the page. Put the texts with the correct images and be sure your pages are neatly designed and organized.

## PASO 5 Presenta tu trabajo

- Once you have finished, share your magazine article with your classmates.

# Unidad 3
## Autoevaluación

Do the following activities to reflect on your progress toward this unit's goals.

### Communication

**a.** I can express past actions and clothing choices.

▶ Ask two classmates where they purchased each article of clothing they are wearing.

**b.** I can describe clothing and narrate what happened in the past.

▶ Describe what you are wearing today to a classmate.

▶ Now, tell your partner where you bought each item, if it was on sale, how much you paid, and how you paid.

**c.** I can narrate what happened in places in my own community and in other cultures.

▶ Ask a classmate what he or she did, said, and had to do last week.

**d.** I can talk about past shopping experiences.

▶ Tell a classmate five interesting things you did yesterday.

### Intercultural Communication

**a.** I can describe the way geography affects everyday cultural practices and products like clothing and textiles in the Andes region.

**b.** I can interact with others in simple shopping situations in my own and other cultures.

**I CAN** describe culturally appropriate clothing items in a magazine article.
**I CAN** talk with classmates about clothing in a magazine.

UNIDAD 4

# Norteamérica

## La comida

**Essential Question:** How do culture and history influence what we eat?

**AP* Theme & Context:** **Families and Communities:** Customs and Values

## IPA Goal

By the end of this unit, you will be able to present and talk about healthy alternatives to common dishes, and give instructions for how to prepare them.

**DESAFÍO 1:** I can describe ingredients and quantities related to food in my own and other cultures.

**Vocabulario**
Los alimentos

**Gramática**
Expresar cantidad. Los indefinidos

**DESAFÍO 2:** I can give instructions related to food and shopping in my own and other cultures.

**Vocabulario**
Comprar comida

**Gramática**
El imperativo afirmativo singular

**DESAFÍO 3:** I can give instructions to prepare a simple dish from my own and other cultures.

**Vocabulario**
En la cocina

**Gramática**
El imperativo afirmativo plural

**DESAFÍO 4:** I can tell people what to do and what not to do in dining-related situations in my own and other cultures.

**Vocabulario**
En el restaurante

**Gramática**
El imperativo negativo

# En Santa Fe

The teams are at a Mexican restaurant in Santa Fe, the capital of New Mexico. Before they depart, they must taste the spiciest dishes on the menu.

## Cocina Santafé

*Lo mejor de Nuevo México*

*Para empezar*

| | |
|---|---|
| · Chile con queso | $5 |
| · Sopa del mes: Posole | $5 |

*Especialidades*

Las especialidades vienen con arroz y frijoles.
Adición de una ensalada mixta: $2

| | |
|---|---|
| · Pollo asado con papas | $12 |
| · Carne adovada | $17 |
| · Pollo adovado | $16 |
| · Sopaipillas rellenas | $13 |
| · Pescado frito | $16 |
| · Chile relleno | $12 |

*Postres*

| | |
|---|---|
| · Natillas | $4 |
| · Helado | $3 |

**Estrategia:** Can you identify five key words that are essential to understanding the dialogue? What do they mean?

## 1. ¿Comprendes?

**Elige** en cada caso la información correcta.

1. Janet quiere pollo con papas __de primero / de segundo__.
2. Para quitar el picante deben tomar __agua / leche__.
3. A Mack __le encanta / no le gusta__ el picante.
4. Janet pide __un taco picante / pescado frito__.
5. Tim pide __un bote / una caja__ de salsa picante.
6. Los frijoles de Patricia __son picantes / no son picantes__.

## EXPRESIONES ÚTILES

To order food in a restaurant:

–¿Qué van a comer?
–De **primero... / segundo... / postre...**
–¿Y para beber?
–**Para mí,** agua mineral.

To ask the server for something:

**¿Nos trae** otra servilleta, por favor?
**¿Nos puede** traer un poco más de agua, por favor?

To ask for something on the table:

**¿Me das / Me pasas** la salsa?
**¿Puedes darme / pasarme** la salsa?
**Dame / Pásame** la salsa, por favor.

### 2. Expresiones

▶ **Escucha** y elige la respuesta adecuada.

**1. a.** De primero, una sopa.
**b.** Para mí, fruta.

**2. a.** Sí, señora.
**b.** ¿Qué van a tomar?

**3. a.** Sí, toma.
**b.** De segundo, carne con papas.

### 3. Diálogos incompletos

▶ **Completa** cada diálogo.

1

2

3

## PRONUNCIACIÓN Y ORTOGRAFÍA

### Las trampas ortográficas. Los acentos

Some of the most common spelling mistakes in Spanish occur when an accent mark is left off a word when it is needed or added when it is not needed. An accent mark error can change the meaning of a word or even a whole sentence.

- **Recuerda:** When words end in a vowel, *-n*, or *-s*, the second-to-last syllable gets the stress. For words that end in any other letter, the stress falls on the last syllable.

  pi - **can** - te  **jo** - ven  **ta** - zas  ***but:***  te - ne - **dor**  man - **tel**

  - Words whose pronunciation and stress patterns do not follow this rule require a written accent.

    **cás** - ca - ra  me - **lón**  en - tre - **més**  a - **zú** - car  Cris - **tó** - bal

  - Some endings, such as the plural ending *-es*, will add a syllable. An accent mark might either have to be added or dropped to maintain correct pronunciation.

    *Added:* **jo** - ven → **jó** - ve - nes  i - **ma** - gen → i - **má** - ge - nes

    *Dropped:* en - tre - **més** → en - tre - **me** - ses  me - **lón** → me - **lo** - nes

- Sometimes an accent is necessary to tell two different verb tenses apart.

  Peso las fresas y las compro.  Pesó las fresas y las compró.

- Question words always have an accent. This is very important when writing and pronouncing *¿por qué?* (why?) and *porque* (because).

  **¿Adónde** van para cenar?  **¿Cuándo** sirven el postre?

  **¿Por qué** no va Carlos a ese restaurante?  **Porque** no le gusta la comida tex-mex.

### 4. Práctica

▶ **Indica** la forma correcta de las palabras. Luego pronuncia cada oración, poniendo atención a las palabras que llevan acento.

1. Ayer Selena __preparo / preparó__ el almuerzo para __mi / mí__.
2. Pide sopa __porque / por qué__ no tiene mucha hambre.
3. ¿__Cuando / Cuándo__ compras pescado?
4. __Sí / Si__ vas al mercado, tráeme dos __melones / melónes__, por favor.

### 5. Palabras desordenadas

▶ **Ordena** las letras para descubrir las palabras correctas. Después, ordena las letras indicadas para descubrir la respuesta a la pregunta.

1. y u n a s e d ó  _ ▢ _ ▢ _ _ _ _
2. q u e r o p  _ _ ▢ _ _ _
3. p s a á e m l o  _ _ _ ▢ _ _ ▢ _
4. á s e t  _ _ ▢ _
5. h a i t e s a b o n c i  _ _ _ _ ▢ _ _ _ ▢ _ _ _

**¿Adónde va Manuel?**

_ _  _ _ _ _ _ _

**Goal:** to talk about food

# ¿Un pan de muerto?

## Punto de partida

▶ **Observa.** What is your favorite type of bread? How about "bread of the dead"? That's right. Tim and Mack have to make *pan de muerto*. The name of the recipe alludes to *Día de Muertos*. Adela, a baker from Oaxaca de Juárez, Mexico, will judge their results.

### Pan de muerto

**INGREDIENTES**

- 2 tazas de harina
- 1 taza de azúcar
- 110 gramos de mantequilla
- 3 huevos
- 7 yemas (*yolks*) de huevo
- 1/2 taza de agua
- 3 cucharadas de té de azahar (*orange blossom tea*)
- 2 cucharadas de té de anís (*anise tea*)
- 20 gramos de levadura (*yeast*)
- Un poco de sal
- Una cáscara de naranja rallada (*grated orange peel*)

Continuará...

### 6. Reconocer

▶ **Completa** estas oraciones.

1. Los mexicanos recuerdan a __________ sus parientes muertos.
2. Les ofrecen __________ frutas, dulces y otros alimentos.
3. ¿Tiene __________ recomendación especial para hacer el pan de muerto?
4. No, __________. Es muy fácil.
5. ¿Lleva __________ ingredientes?

### 7. Clasificar

▶ **Lee** la receta del pan de muerto y ayuda a Tim y a Mack a clasificar los ingredientes.

| Ingredientes líquidos | Ingredientes sólidos |
|---|---|
| | la harina |

### 8. Identificar

▶ **Escribe** el nombre de estos alimentos.

① 

② 

③ 

④ 

### 9. Día de Muertos

▶ **Escucha** a Adela. ¿Qué ingredientes menciona?

1. leche 2. pollo 3. fruta 4. sal 5. dulces 6. pan

▶ **Habla** con tu compañero(a). Preparen preguntas para Adela sobre el Día de Muertos.

## COMUNIDADES

# El Día de Muertos

Una de las celebraciones más importantes de México es el Día de Muertos. Se celebra el 2 de noviembre. La gente va ese día al cementerio a llevar flores, pero en México es una fiesta muy alegre. Los familiares preparan altares con una fotografía de la persona difunta y los llenan con flores, velas y comida (dulces, fruta, pan de muerto...). En Oaxaca, además, adornan las calles principales con grandes alfombras de flores.

**10. Piensa y explica.** ¿Por qué piensas que el Día de Muertos es una fiesta alegre en México? ¿Hay alguna celebración para la gente difunta en tu cultura?

**I CAN** demonstrate understanding of a dialogue about preparing a traditional Mexican bread.

## Vocabulario

### Los alimentos

**Los pescados y mariscos**

el salmón — los camarones — el atún

**Los cereales**

el pan — la pasta — el arroz

**La carne**

de cerdo — de res — de pollo

**Las legumbres**

los frijoles — las lentejas — los guisantes

**Los lácteos**

el queso — la leche — el yogur — la mantequilla

**Las frutas**

las fresas — las uvas — la sandía — el melón — la piña — la pera

**Las verduras y hortalizas**

la lechuga — el tomate — la zanahoria — las espinacas — la cebolla — el ajo

## 11. Las comidas

▶ **Escribe.** ¿Qué alimentos comes normalmente en el desayuno, el almuerzo y la cena?

**1.** Desayuno: *yogur, ...* **2.** Almuerzo: ____________ **3.** Cena: ____________

### 12. El restaurante recomendado

▶ **Escucha** a Tim y decide si estas afirmaciones son ciertas o falsas.

1. El restaurante está en la Ciudad de México.
2. Las verduras son muy frescas (*fresh*).
3. Mack comió una ensalada deliciosa.
4. La ensalada tiene espinacas.
5. Tim pidió tacos.
6. A Tim le encanta el picante.

### 13. Alimentos preferidos

▶ **Habla** con tu compañero(a). ¿Qué alimentos comen estas personas?

Modelo 1. *Luisa come lechuga, espinacas, naranjas…*

1. Luisa es vegetariana.
2. Javier come muchas proteínas.
3. A Carmen y a Manuel les gusta todo (*everything*).
4. A Alicia le encantan las verduras.

### 14. Una dieta equilibrada

▶ **Escribe** un menú equilibrado para el desayuno, el almuerzo y la cena.

▶ **Compara** tu menú con el menú de tu compañero(a) y contesta. ¿Qué menú es más saludable?

## COMPARACIONES

## La tortilla

La palabra *tortilla* significa algo distinto dependiendo si estás en España o en Latinoamérica. En España es un plato que lleva papas y huevo. En México y otros países es un pan plano (*flat*) de maíz o de trigo (*wheat*) que acompaña las comidas.

**15. Compara.** ¿Qué alimentos sirven normalmente en tu país para acompañar las comidas? ¿Y en otros países?

**TU DESAFÍO** Busca en Internet una receta para una tortilla española para compartir con tus compañeros(as) de clase.

**I CAN** talk about foods, food groups and dietary preferences.

## Gramática

### Expresar cantidad. Los indefinidos

- To express quantity, you can refer to nouns using specific numbers or non-specific terms of number. These are called *indefinites*.

  Hay **tres** fresas en el plato. Hay **algunos** tomates allí.

- These are the most common indefinites:

PRINCIPALES INDEFINIDOS

| | | | | | |
|---|---|---|---|---|---|
| ningún<br>ninguno(a) | algún<br>alguno(a)<br>algunos(as) | poco(a)<br>pocos(as) | mucho(a)<br>muchos(as) | todo(a)<br>todos(as) | demasiado(a)<br>demasiados(as) |

#### Uso de los indefinidos

- Before a masculine singular noun, use **algún** or **ningún** instead of **alguno** and **ninguno**.

  –¿Hay **algún** huevo?
  –Sí, hay **alguno**.

- When **ningún**, **ninguno**, and **ninguna** go after the verb, use **no** or **tampoco** at the beginning of the sentence.

  **No** hay **ningún** yogur en el refrigerador.

- When the forms **poco**, **mucho**, and **demasiado** go before an adjective or an adverb, there is no variation of gender or number, because they are adverbs.

  Las papas están **demasiado** saladas.

**16. Compara.** ¿Qué semejanzas y diferencias hay entre los indefinidos en inglés y en español?

**17. ¿Cuánta fruta?**

**Escucha** a las siguientes personas y escribe cuánta fruta comen cada día.

**1.** María **2.** Pedro **3.** Elena **4.** Luis

## 18. ¿Qué hacemos para cenar?

▶ **Completa** el diálogo entre Tim y Mack.

**TIM:** ¿Qué tenemos para cenar, abuelo? Tengo __1__ hambre.
**MACK:** No sé, vamos a la cocina. Mira, hay arroz. Y a ti te encanta.
**TIM:** Sí, pero hay muy __2__.
**MACK:** No importa. Yo puedo comer otra cosa.
**TIM:** ¿Quieres preparar __3__ plato de huevos? Hay tres.
**MACK:** No, gracias. Puedes comerte tú __4__ los huevos.
**TIM:** ¡No! ¡Es __5__! Solo quiero dos.
**MACK:** Mañana hacemos la compra. Hay muy __6__ comida en el refrigerador.

algún
poca
demasiado
todos
mucha
poco

## 19. Una encuesta

▶ **Habla** con tres compañeros(as). ¿Qué comen cada semana? Toma notas y presenta los resultados a la clase. ¿Quién tiene mejores hábitos alimenticios?

Modelo A. *¿Ustedes comen mucha fruta cada semana?*
B. *No. Solo como fruta dos o tres veces por semana.*

| | Ben | Jane | Matt |
|---|---|---|---|
|  | *poca* | | |
|  | | | |
|  | | | |
|  | | | |

## CONEXIONES: CIENCIAS

# ¿Fruta o fruto?

La palabra *fruta* se aplica a los frutos comestibles. El fruto es la parte de la planta que protege las semillas (*seeds*). Hay dos tipos de frutos: los frutos secos, como la almendra (*almond*), la avellana (*hazelnut*) y la nuez (*walnut*), y los carnosos, como el durazno (*peach*), la manzana y las uvas.

**20. Piensa y explica.** ¿Qué frutas se cultivan en tu región? ¿Y cuáles no se pueden cultivar? ¿Por qué?

**I CAN** describe food choices and quantities in general terms.

## Comunicación

### 21. Las diferencias

▶ **Compara** las fotografías y escribe una lista de diferencias. Utiliza los indefinidos.

Modelo *En la foto 1 no hay peras y en la foto 2 hay algunas.*

(1)

(2)

### 22. ¿Qué le gusta más?

▶ **Escucha** a Tim y escribe. ¿Cuánto le gustan estos alimentos?

(1)

(2)

(3)

(4)

▶ **Habla** con tus compañeros(as). ¿Cuánto les gustan esos alimentos?

Modelo A. *¿A ti te gusta el salmón?*
B. *Sí, me gusta mucho.*

### 23. ¿Qué comemos?

▶ **Escribe** una lista de los alimentos que prefieres en cada una de las siguientes situaciones. Después, compara la lista con la de tu compañero(a).

| | |
|---|---|
| Cuando hace calor. | Cuando estás enfermo(a). |
| Cuando hace frío. | Cuando estás en la escuela. |

# Final del desafío

## 24. ¿Un pan sabroso?

▶ **Completa** el diálogo entre Tim y Mack. Luego ordena las líneas según las ilustraciones.

| | | | |
|---|---|---|---|
| poco | receta | azúcar | harina |
| mucho | ingredientes | demasiada | taza |

**a.** Hay que medirlos bien, especialmente el _______ y la levadura.
**b.** Yo puse dos tazas de _______, una taza de azúcar y tres huevos, como indica la _______.
**c.** ¡Huy, Tim! No, eso es _______ mantequilla...
**d.** Ya tenemos todos los _______, abuelo. ¡Vamos a hacer el pan de muerto!
**e.** Yo puse una _______ de harina y siete huevos... no seguí la receta con _______ cuidado.
**f.** ¿Esto es solamente un _______ de mantequilla?

▶ **Lee** el blog de Tim y habla con tu compañero(a) sobre el final. ¿Por qué fracasó Tim?

> ### El blog de Tim
> Oaxaca, 2 de noviembre
> Al principio pensé "¡qué fácil!". Pero no medí los ingredientes con cuidado y mi pan de muerto... ¡se murió! Fue un fracaso (*failure*) total porque no...

▶ **Escribe.** Imagina que tú has intentado (*you have tried*) preparar un pan, una torta o algún otro plato sin tener éxito. Escribe un comentario para enviarle a Tim describiendo tu experiencia. Incluye los ingredientes, las cantidades y los errores que cometiste. Comparte tu comentario con la clase.

**I CAN** describe ingredients and quantities for a healthy diet and for preparing dishes in my own and other cultures.

**Goal:** to give commands related to shopping

# La moneda más antigua de América

## Punto de partida

▶ **Observa.** Andy and Janet are at Hacienda La Luz, a farm and cacao museum in the Mexican state of Tabasco. Their task is to find the oldest currency in the Americas. Amalia shares with them the many secrets of chocolate. But there are no coins to be found!

Continuará...

### 25. Identificar

▶ **Completa** estas oraciones. ¿Puedes inferir el significado de cada una?

1. _______ cuidado.
2. _______ un poco.
3. _______ el fruto.
4. _______, Andy.
5. _______las.

## 26. Interpretar

▶ **Escribe** la respuesta a estas preguntas.

1. ¿Dónde están Janet y Andy?
2. ¿Qué buscan Janet y Andy en la Hacienda La Luz?
3. ¿Por qué están tan frescas las verduras?
4. ¿Qué usa Andy para abrir el fruto de cacao?
5. Según Janet, ¿cómo están las semillas del cacao?

## 27. Aplicar

▶ **Habla** con tu compañero(a). Escriban un diálogo para cada una de estas fotos.

Modelo JANET: *¿Qué cultivan aquí?*
AMALIA: *Verduras.*

1 

2 

3 

4 

## CULTURA

# La ruta del cacao

El estado de Tabasco, al sureste de México, está muy relacionado con la historia del cacao. Allí se produce el 75 % del chocolate del país.

En Tabasco se puede seguir la ruta del cacao y visitar alguna hacienda cacaotera para aprender cómo se siembra (*plant*) y se cosecha (*harvest*) el cacao, y cómo se hace el excelente chocolate de la zona.

**28. Piensa y explica.** ¿Cuántos productos derivados del cacao tienes en casa? ¿Puedes identificar el país de origen del cacao usado en esos productos?

**TU DESAFÍO** Investiga en Internet sobre el cultivo del cacao y comparte los datos más interesantes con la clase.

**I CAN** demonstrate understanding of a dialogue set in a cacao farm and museum in Tabasco, Mexico.

## Vocabulario

### Comprar comida

**Los envases**

un tarro de mermelada

un bote de tomate

una lata de atún

una caja de galletas

una bolsa de papas fritas

una botella de agua mineral

un paquete de cereales

**Acciones**

comprar / hacer la compra
vender
costar
pedir
pesar
hacer cola / fila

### 29. Las compras

▶ **Une** el envase con la comida que corresponde.

| (A) | (B) |
|---|---|
| **1.** una botella de _______ | **a.** papas |
| **2.** dos cajas de _______ | **b.** galletas |
| **3.** un bote de _______ | **c.** atún |
| **4.** una bolsa de _______ | **d.** salsa picante |
| **5.** dos latas de _______ | **e.** leche |
| **6.** un paquete de _______ | **f.** azúcar |

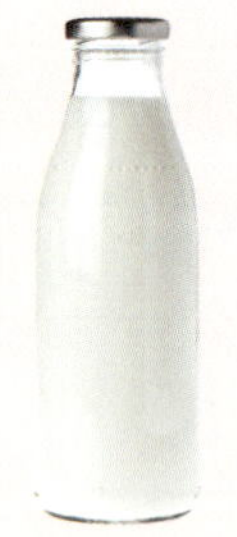

### 30. ¿Qué hay en la lista?

▶ **Escucha** la conversación entre Andy y Janet en el supermercado. ¿Qué productos compran?

1

2

3

4

5

6

7

### 31. Una ensalada de fruta

▶ **Lee** la lista de Janet y clasifica los alimentos en la tabla. ¿Cuáles sirven para hacer una ensalada de fruta?

| sirven | no sirven |
|---|---|
| una sandía | |

▶ **Habla** con tu compañero(a). ¿Qué más frutas sirven para hacer una ensalada? Haz una lista de la compra.

Lista de la compra
Una sandía
Dos tarros de guisantes
Un kilo de peras
Un bote de salsa de tomate
Medio kilo de uvas
Una botella de leche
Una lata de atún
Una piña

## CULTURA

## El chocolate

El chocolate se obtiene de las semillas del cacao, un alimento que procede de América. Los mayas cultivaban (*grew*) el árbol del cacao hace 2.500 años.

Para los mayas y los aztecas, el cacao era (*was*) un regalo de los dioses y lo utilizaban (*used*) como moneda. El emperador azteca Moctezuma dio una taza de chocolate al conquistador Hernán Cortés y los españoles descubrieron el poder energético del chocolate y su valor económico.

Indígena mexicana preparando chocolate. Museo de América (Madrid)

**32. Investiga.** ¿Qué otras cosas curiosas se usaron como moneda en el pasado?

**I CAN** talk with a partner about how we buy and measure food.

## Gramática

### El imperativo afirmativo singular

- To tell one person to do something, use an informal or a formal command.

  **Camina** más rápido, por favor. **Come** tu almuerzo. **Escribe** la receta.

EL IMPERATIVO REGULAR. FORMAS DEL SINGULAR

| Caminar | Comer | Escribir | |
|---|---|---|---|
| camina | come | escribe | tú |
| camine | coma | escriba | usted |

Note: Commands are generally used without a subject pronoun, or with the pronoun after the verb.

**Come** pollo con arroz. Está delicioso.
**Coma usted** pollo con arroz. Está delicioso.

- **Tú** commands are based on the **tú** form of the present tense without the final **-s**. Therefore, if the **tú** form is irregular, the **tú** command is also irregular.

  tú caminas → camina  tú comes → come  tú escribes → escribe
  tú pides → pide  tú cierras → cierra  tú pruebas → prueba

- **Usted** commands are based on the **yo** form of the present tense, substituting the **-o** for these endings:

  1. **-e** for **-ar** verbs: yo camino → camine
  2. **-a** for **-er**, **-ir** verbs: yo como → coma; yo escribo → escriba

  Therefore, if the **yo** form is irregular, the **usted** command is also irregular.

  yo cierro → cierre  yo pruebo → pruebe  yo pido → pida  yo salgo → salga

### Irregularidades especiales

- These verbs have special irregularities:

IMPERATIVOS CON IRREGULARIDADES ESPECIALES

| Tener | Hacer | Poner | Venir | Salir | |
|---|---|---|---|---|---|
| ten | haz | pon | ven | sal | tú |
| tenga | haga | ponga | venga | salga | usted |

| Ser | Decir | Ir | Dar | |
|---|---|---|---|---|
| sé | di | ve | da | tú |
| sea | diga | vaya | dé | usted |

**33. Piensa.** ¿Cómo se forma el imperativo en inglés? ¿Hay formas diferentes para el imperativo formal e informal?

### 34. La forma correcta

▶ **Decide** cuál es la forma de imperativo para la persona *tú*.

**1.** viajas - viaja
**2.** prueba - pruebo
**3.** venden - vende
**4.** suba - sube
**5.** hace - haz
**6.** pongo - pon
**7.** sirve - servir
**8.** duermes - duerme
**9.** salgo - sal

### 35. Instrucciones de viaje

▶ **Lee** la lista de las cosas que hay que hacer. Escribe las instrucciones que Janet le da a Andy.

Modelo Encontrar la mochila. ⟶ *Encuentra la mochila.*

Instrucciones para Andy

1. Hacer la lista de la compra.
2. Conseguir pan.
3. Preparar unos sándwiches.
4. Llenar una botella de agua.
5. Poner una bolsa de papas en la mochila.
6. Meter las latas de atún en la mochila.

### 36. ¿En casa o en el supermercado?

▶ **Escucha** y decide. ¿Dónde se hace cada actividad?

| | 1 | 2 | 3 | 4 | 5 | 6 | 7 | 8 |
|---|---|---|---|---|---|---|---|---|
| En casa | x | | | | | | | |
| En el supermercado | | | | | | | | |

### 37. Sugerencias

▶ **Habla** con tu compañero(a). La mamá de Janet va a México de visita. ¿Qué sugerencias pueden hacerle?

1. ¿Debo salir por la mañana o por la tarde? ⟶ *Salga por la mañana. Hace menos calor.*
2. ¿Debo comer pescado o unos sándwiches?
3. ¿Debo bañarme en la playa o en la piscina del hotel?
4. ¿Debo ir a la ruta del cacao o a la ruta de los tesoros coloniales?

## CONEXIONES: LENGUA

## Los nombres científicos

El árbol del cacao es el cacaotero (*cacao tree*). Y el nombre científico del cacaotero es *Theobroma cacao*. *Theobroma* es una palabra griega que significa *alimento de los dioses*.

**38. Piensa y explica.** La palabra *cacao* viene del náhuatl *cacáhuatl*. Las palabras *chilli*, *tomatl* y *ahuacatl* también son del náhuatl. ¿Qué crees que significan esas palabras en español?

**I CAN** tell people what to do in both formal and informal settings.

## Comunicación

### 39. Los ingredientes necesarios

▶ **Escribe** la lista de la compra con los ingredientes necesarios para preparar tu plato favorito. Usa estas palabras.

| paquete | kilo | caja | bolsa | lata | bote |
|---|---|---|---|---|---|

▶ **Lee** la lista de la compra de tu compañero(a). ¿Cuál crees que es su plato favorito?

Modelo A. *Compras una bolsa de chips, medio kilo de queso, un bote de chiles y un tarro de salsa picante. ¿Son los nachos tu plato favorito?*
B. *¡Sí!*

### 40. Órdenes y consejos

▶ **Imagina** que las siguientes personas están en estos lugares. Dile a cada persona qué tiene que hacer. Usa el imperativo apropiado.

1. la Sra. Bermúdez: una tienda de bisutería
2. tu compañero(a): la clase de Español
3. el profesor de Arte: un museo famoso
4. tu hermano(a): la cocina de tu casa
5. el Sr. Leyva: el supermercado
6. tu amigo Mason: la biblioteca de la escuela

### 41. Consejos apropiados

▶ **Escucha** y escribe qué problemas tienen Andy y Janet. Las fotografías pueden ayudarte.

1
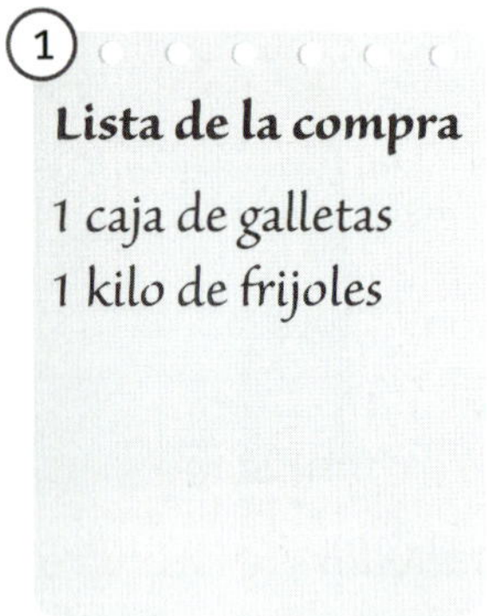


2

3

4

▶ **Escribe** un consejo apropiado para cada problema.

Modelo 1. *Haz la lista de la compra antes de ir al supermercado.*

▶ **Compara** tus consejos con los de tu compañero(a). ¿Son similares?

# Final del desafío

## 42. ¿Una moneda de chocolate?

▶ **Completa.** Andy y Janet descubren que la moneda más antigua de América fue el cacao. Lee su diálogo y complétalo con las formas correctas de imperativo.

| | |
|---|---|
| dime | mira |
| toma | saca |

▶ **Escribe.** Después de solucionar al acertijo (*riddle*) de la moneda antigua, Janet y Andy deciden preparar chocolate oaxaqueño tradicional. Amalia les da una lista de ingredientes. Escribe instrucciones para Janet y Andy, incluyendo el tipo de envase en lo que se vende cada ingrediente.

**Modelo** azúcar → *Janet, compra un paquete de azúcar. / Andy, ve al mercado y compra una caja de azúcar.*

1. miel (*honey*)
2. leche fresca
3. cacao en polvo (*powdered*)
4. canela molida (*ground*)
5. chile en polvo – opcional
6. churros o galletas de vainilla (¡para comer con el chocolate!)

▶ **Habla.** Tú y tu compañero(a) van a preparar un plato o una bebida típico de su región. Hablen para organizar la compra de los ingredientes. Especifiquen dónde se compra y en qué envase se vende cada ingrediente.

**I CAN** give instructions related to food and shopping in my own and other cultures.

**Goal:** to give instructions related to cooking

# Un concurso de chile en San Antonio

## Punto de partida

▶ **Observa.** Diana and Rita have bought an assortment of chilies in a local market in San Antonio, Texas, and must prepare a recipe for an outdoor *chile con carne* contest. María, one of their fellow contestants, gives them advice.

Continuará...

### 43. Reconocer

▶ **Completa** estas oraciones.

1. Primero, tienen que ____________ la cebolla.
2. Luego, hay que ____________ la cebolla en trozos pequeños.
3. Después, tienen que ____________ la salsa de tomate.
4. A continuación, hay que ____________ de picar los ingredientes.
5. Luego, hay que ____________ los ingredientes en la olla.
6. Finalmente, hay que pelar y ____________ los chiles.

poner
añadir
terminar
freír
pelar
cortar

### 44. Identificar

▶ **Elige.** ¿Qué ingredientes necesitan Rita y Diana para cocinar chile con carne?

| | | | |
|---|---|---|---|
| leche | salsa de tomate | papas | chile |
| carne | lechuga | ajo | cebolla |

### 45. Aplicar

▶ **Escucha** a Rita y ordena las fotografías.

A

B

C

D

▶ **Escribe** una oración para describir cada fotografía en el orden correcto. Usa los adverbios **primero**, **después**, **luego** y **finalmente** en tus oraciones.

## CONEXIONES: HISTORIA

## El Álamo

La famosa fortaleza de El Álamo está situada en la ciudad de San Antonio (Texas). La construcción de la fortaleza empezó en 1724. Originalmente fue una misión: la Misión de San Antonio de Valero. Fue la fortaleza más importante en la Revolución de Texas, cuando Davy Crockett y algunos texanos lucharon contra los mexicanos. Hoy en día es un museo.

**46. Piensa y explica.** ¿Qué sabes sobre El Álamo? ¿Qué ocurrió allí?

**TU DESAFÍO** Si vas a San Antonio para ver El Álamo, ¿qué otros lugares de interés puedes visitar? Nombra tres.

**I CAN** demonstrate understanding of a dialogue about cooking a typical Tex-Mex dish in San Antonio.

## Vocabulario

### En la cocina

**Utensilios**

la olla

la sartén

la cazuela

la bandeja

el bol

la jarra

**Condimentos**

el aceite

el vinagre

la sal

la pimienta

el azúcar

la salsa de tomate

la mayonesa

la mostaza

**Acciones**

pelar

cortar

mezclar

echar

batir

cocer / hervir

freír

asar

### 47. Utensilios y condimentos

▶ **Completa** estas oraciones.

azúcar cazuela sartén vinagre bol jarra

**1.** Voy a hervir la pasta en una _________.

**2.** La carne la frío en la _________.

**3.** ¿Quieres _________ para el café?

**4.** Lleva la _________ de agua a la mesa, por favor.

**5.** Echa los ingredientes en un _________.

**6.** Me gustan las ensaladas con aceite y _________.

### 48. Adivina, adivinanza

▶ **Escucha** las definiciones. ¿A qué fotografía se refiere cada una?

A

B

C

D

### 49. ¡A cocinar!

▶ **Lee** esta receta y ordena los pasos que faltan.

***Frijoles al estilo Zacatecas***

1. *Hervir los frijoles en una olla.*
2.
3. *Freírlos en una sartén con medio vaso de aceite.*
4. *Echar los frijoles en un bol.*
5.
6.
7. *Añadir sal y pimienta.*
8.

*Mezclar todo bien.*

*Añadir el tomate, la cebolla y el ajo al bol de los frijoles.*

*Servir muy caliente.*

*Cortar tomates, cebolla y ajo.*

▶ **Escribe** la receta usando la forma *tú* del imperativo.

Modelo *Hierve los frijoles.*

### 50. Tu plato favorito

▶ **Habla** con tu compañero(a). ¿Cuál es tu plato favorito? ¿Qué ingredientes y utensilios necesitas para prepararlo?

## CULTURA

## El chile

Los chiles son originarios de las Américas y son un ingrediente fundamental en la cocina mexicana. Se comen crudos (*raw*), cocidos (*boiled*) o fritos (*fried*). Hay muchas variedades de chiles dulces y picantes, con formas y colores distintos.

**51. Piensa y explica.** ¿Alguna vez probaste los chiles? ¿Dónde? ¿Los platos que prepara tu familia llevan chiles u otros ingredientes picantes?

**I CAN** identify common kitchen utensils and understand the steps of a basic recipe.

## Gramática

### El imperativo afirmativo plural

- To tell more than one person what to do, use plural commands.

  Señores, **prueben** el chile.

EL IMPERATIVO REGULAR. FORMAS DEL PLURAL

| Caminar | Comer | Escribir | |
|---|---|---|---|
| caminad | comed | escribid | vosotros(as) |
| caminen | coman | escriban | ustedes |

Note: Like in other cases, the **vosotros** form is used in Spain to give informal plural commands. In the Americas, the **ustedes** form is used in formal and informal plural commands.

- **Vosotros(as)** commands are always regular. They are formed by changing the **-r** of the infinitive to a **-d**.

  caminar → caminad  comer → comed  escribir → escribid

- **Ustedes** commands are formed by adding an **-n** to the **usted** command form.

  1. -ar verbs: usted camine → caminen
  2. -er and -ir verbs: usted coma → coman; usted escriba → escriban

  If the **usted** command is irregular, the **ustedes** command is also irregular.

  cierre (usted) → cierren  vuelva (usted) → vuelvan  pida (usted) → pidan

### Irregularidades especiales

- As in **usted** commands, these verbs have irregular **ustedes** command forms:

| Tener | Hacer | Poner | Venir | Salir | Ser | Decir | Ir | Dar |
|---|---|---|---|---|---|---|---|---|
| tengan | hagan | pongan | vengan | salgan | sean | digan | vayan | den |

### El imperativo con pronombres

- Attach object pronouns to the end of affirmative singular and plural commands:

  Pruebe el pollo. → **Pruébelo.**  Pidan la ensalada. → **Pídanla.**

**52. Piensa.** En español se usa una forma verbal para dar órdenes a un grupo de personas. ¿Qué se usa en inglés?

### 53. Simón dice

**Habla.** Da cinco instrucciones a tus compañeros(as). Usa la forma *ustedes* del imperativo. Ellos(as) tienen que representar lo que les pides.

Modelo *Escriban su nombre en la pizarra.*

### 54. Recomendaciones

▶ **Une** las dos columnas. Después, escribe las recomendaciones correspondientes.

| (A) | (B) |
|---|---|
| **1.** Tenemos hambre. | **a.** probar el chile con carne |
| **2.** Nos encanta la comida picante. | **b.** pedir una bebida |
| **3.** Estamos listas para pedir. | **c.** ir a un restaurante |
| **4.** La comida está sosa. | **d.** pedir sal |
| **5.** Tenemos sed. | **e.** comer un pastel de chocolate |
| **6.** Queremos un postre dulce. | **f.** llamar al mesero |

Modelo Tenemos sed. → *Pidan una bebida.*

### 55. Una visita sorpresa

▶ **Habla** con tu compañero(a). Imaginen que Diana y Rita visitan su ciudad. ¿Qué recomendaciones pueden hacerles?

Modelo

Vengan a San Francisco en primavera. El tiempo es muy bueno.

Y vayan a comer al restaurante italiano de la calle principal. La comida es buenísima.

## COMUNIDADES

## Los horarios

Los horarios de las comidas no son los mismos en todos los países. Por ejemplo, en México el desayuno es entre las ocho y las nueve de la mañana; el almuerzo es entre la una y las tres de la tarde; y la cena suele ser a partir de las ocho de la noche.

**56. Compara y explica.** Compara estos horarios con los tuyos. ¿Son diferentes? ¿Por qué crees que hay diferencias?

**I CAN** tell groups of people what to do in both formal and informal settings.

## Comunicación

### 57. La mesera nueva

▶ **Escucha.** Diana y Rita están en un restaurante. Decide si las recomendaciones de la mesera son lógicas o ilógicas.

**1.** Lógico  Ilógico
**2.** Lógico  Ilógico
**3.** Lógico  Ilógico
**4.** Lógico  Ilógico

### 58. Un postre delicioso

▶ **Completa** esta receta de cocina. Luego, vuelve a escribir (*rewrite*) la receta usando la forma *ustedes* del imperativo.

| | | | | |
|---|---|---|---|---|
| mezclar | batirla | echar | pelar | freír |

## DULCE de plátano

**Ingredientes:**

- 3 plátanos
- 5 gramos de vainilla
- 200 gramos de azúcar
- 50 gramos de mantequilla
- 1 taza de crema

**Preparación:**

- __1__ los plátanos y cortarlos.
- Poner mantequilla en una sartén y __2__ los plátanos. Colocarlos en un plato.
- __3__ la vainilla y 100 gramos de azúcar en un bol. __4__ la mezcla por encima del plátano.
- Poner la crema en un bol, añadir el resto del azúcar y __5__ bien. Echar la crema por encima del plátano.

### 59. La escuela de cocina

▶ **Escribe** órdenes para los alumnos de esta escuela de cocina. Usa el imperativo.

Modelo 1. *Pelen las papas.*

# Final del desafío

### 60. ¿Qué les pasa a Diana y a Rita?

▶ **Mira** las ilustraciones y lee el diálogo. ¿Qué problema hay con el plato de Diana y Rita? ¿Por qué? ¿Qué pasa después? Escribe un resumen del *Final del desafío*.

▶ **Crea** con tu compañero(a) una receta para una sopa u otro plato que lleva chiles. Escoge una receta que represente a tu comunidad, tu herencia o tu personalidad. Incluye una lista de ingredientes, la cantidad de cada ingrediente y los pasos de preparación.

▶ **Envíales** tu receta a Diana y Rita. Escríbeles un breve mensaje de texto o de correo y lo más importante: ¡No te olvides adjuntar (*attach*) tu receta!

Modelo *Hola. ¿Qué tal fue el concurso? Quiero compartir mi receta para...*

**I CAN** give instructions to prepare a simple dish from my own and other cultures.

**Goal:** to communicate in common dining-related situations

# El ingrediente secreto de Cholula

## Punto de partida

▶ **Observa.** Tess and Patricia are in San Pedro de Cholula, Mexico, one of the oldest cities in the Americas. They will have to taste the famous mole poblano and discover its secret ingredient. What is it? The answer lies within the innermost part of the Great Pyramid of Cholula.

Continuará...

### 61. Recordar

▶ **Completa** estas oraciones. ¡No mires el diálogo!

**1.** ¿Qué van a __________?

**2.** ¿Qué __________ el mole poblano?

**3.** El mole se sirve con pollo __________.

**4.** ¿Es un plato __________?

**5.** El mío tiene un __________ delicioso.

## 62. Comprender

**Responde** a estas preguntas.

1. ¿Dónde están Tess y Patricia?
2. ¿Qué pide Tess de primer plato?
3. ¿Qué plato típico prueban?
4. ¿Dónde está la respuesta sobre el ingrediente secreto?
5. ¿Dónde está la pirámide?

## 63. Ampliar

**Escucha** y decide si estas oraciones son ciertas o falsas.

1. Tess está nerviosa.
2. El ingrediente secreto del mole está en la iglesia.
3. La pirámide está encima de la iglesia.
4. En la pirámide hay muchos túneles.
5. A Tess no le gustan los túneles porque están muy oscuros.

## 64. Aplicar

**Pregunta** a tu compañero(a).

1. ¿Conoces la cocina mexicana?
2. ¿Te gusta probar platos nuevos?
3. ¿Te gusta la comida picante?
4. ¿Alguna vez probaste el mole?

## CULTURA

# El mole

Es una salsa típica de la cocina mexicana que se prepara con distintos tipos de chiles y muchas especias. Se sirve con pollo o pavo. Hay muchas variedades de mole. El más famoso es el mole poblano. Contiene más de veinte ingredientes, además del chile y el chocolate.

La palabra *mole* viene del náhuatl y significa *salsa*. Hay muchas teorías sobre el origen de este plato. Empezó a prepararse en la época prehispánica y durante el periodo colonial se le añadieron ingredientes procedentes de Asia y de Europa.

**65. Piensa y explica.** ¿Hay platos típicos de tu región o de tu cultura que lleven muchas especias? ¿Cuáles son? ¿Te gustan?

**I CAN** demonstrate understanding of a dialogue about a typical Mexican dish.

# DESAFÍO 4

## Vocabulario

### En el restaurante

#### En la mesa

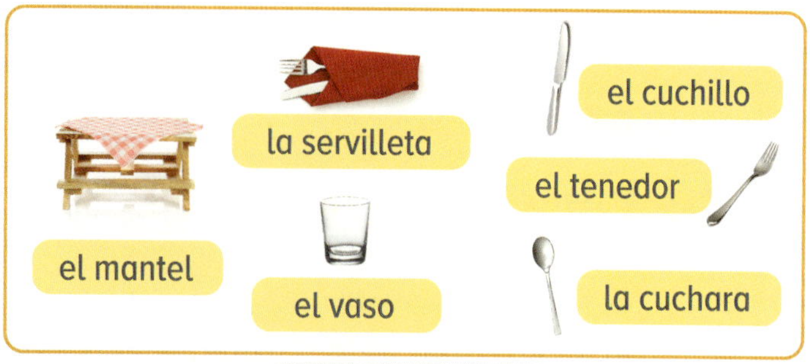


#### ¿Cómo está?

| | |
|---|---|
| agrio(a) | bueno(a) |
| dulce | malo(a) |
| picante | delicioso(a) |
| salado(a) | caliente |
| soso(a) | frío(a) |
| amargo(a) | fresco(a) |

#### Preparación de los alimentos

### 66. En el restaurante

▶ **Elige** la opción correcta.

| | | |
|---|---|---|
| **1.** Esta sopa está muy ________, no sabe a nada. | **a.** sosa | **b.** salada |
| **2.** De segundo, yo quiero carne ________. | **a.** mala | **b.** a la plancha |
| **3.** Pues yo voy a comer pollo ________. | **a.** asado | **b.** soso |
| **4.** Estas verduras son muy ________, están deliciosas. | **a.** frías | **b.** frescas |
| **5.** No me gusta el café, está muy ________. | **a.** empanado | **b.** amargo |

### 67. ¿Qué se dice?

▶ **Escucha** y relaciona cada diálogo con la fotografía correspondiente.

A

B

C

D

### 68. ¿Cómo se prepara?

▶ **Habla** con tu compañero(a). Nombra una comida y digan cómo se prepara.

Modelo

El arroz.

Se prepara hervido.

¡... o frito!

## CULTURA

## Los restaurantes tex-mex

La comida tex-mex representa el contacto entre la cultura estadounidense y la mexicana. Algunos ingredientes populares son los chiles, el queso, la carne, los frijoles, las tortillas y las especias.

La comida tex-mex es muy popular en el suroeste de los Estados Unidos pero hay restaurantes que la sirven en muchas partes del mundo.

**69. Piensa y habla.** ¿Es popular la comida tex-mex en tu región? ¿Te gusta? ¿Hay otros restaurantes en tu ciudad que representan una fusión de culturas?

**I CAN** describe how foods are prepared and served.

## Gramática

### El imperativo negativo

- Use negative commands when telling someone what not to do.

  Nico, **no bebas** refrescos. Chicos, **no coman** dulces.

IMPERATIVO NEGATIVO. VERBOS REGULARES

| Caminar | Comer | Escribir | |
|---|---|---|---|
| no camin**es** | no com**as** | no escrib**as** | tú |
| no camin**e** | no com**a** | no escrib**a** | usted |
| no camin**éis** | no com**áis** | no escrib**áis** | vosotros(as) |
| no camin**en** | no com**an** | no escrib**an** | ustedes |

Note: The **usted** and **ustedes** negative commands are the same as in the affirmative, with the word **no**.

Abra la puerta, por favor.
→ **No abra** la puerta.

- Some verbs have irregular negative command forms:

VERBOS IRREGULARES EN EL IMPERATIVO NEGATIVO

| Dar | Estar | Ir | Ser | |
|---|---|---|---|---|
| no **des** | no **estés** | no **vayas** | no **seas** | tú |
| no **dé** | no **esté** | no **vaya** | no **sea** | usted |
| no **deis** | no **estéis** | no **vayáis** | no **seáis** | vosotros(as) |
| no **den** | no **estén** | no **vayan** | no **sean** | ustedes |

- Verbs that are irregular in the *yo* form of the present tense have the same change in the negative **tú**, **usted** and **ustedes** command forms and, sometimes, in the **vosotros(as)** form.

  yo cierro → no cierres  yo digo → no digas  yo hago → no hagas
  yo vuelvo → no vuelvas  yo pido → no pidas  yo salgo → no salgas

### El imperativo negativo con pronombres

- With negative commands, place object and reflexive pronouns between **no** and the command:

  No **lo** cocinen.  No **nos** llame.  No **te** levantes.

**70. Piensa.** En español hay formas distintas de mandatos afirmativos y negativos. ¿Cómo se distingue entre mandatos afirmativos y negativos en inglés?

### 71. Buenos hábitos

▶ **Escribe.** ¿Qué no debe hacer Diana si quiere mantenerse en forma?

Modelo *No comas muchas papas fritas.*

### 72. El buen chef

▶ **Escucha** y decide si estas afirmaciones son ciertas o falsas.

1. Hay que usar siempre productos en lata.
2. No deben usar el mismo aceite muchas veces. No es saludable.
3. Es importante poner mucha sal para dar sabor a los platos.
4. Hay que cocinar los alimentos mucho tiempo.
5. Pueden guardar el pescado muchos días en el refrigerador.

▶ **Escribe** órdenes negativas a partir de las oraciones anteriores. Usa la forma *ustedes*.

Modelo *No usen siempre productos en lata. Usen productos frescos.*

### 73. Consejos

▶ **Habla** con tu compañero(a). ¿Qué les puedes decir a estas personas? Usa imperativos afirmativos y negativos en la forma *tú* o *usted*.

Modelo una persona que tiene frío → *No comas helado. Bebe un té caliente.*

1. un(a) amigo(a) que tiene calor
2. un(a) compañero(a) de clase que va a un restaurante mexicano
3. un(a) profesor(a) que bebe mucho café
4. un(a) niño(a) que come muy poco
5. un(a) amigo(a) con dolor de estómago
6. una persona que tiene que perder peso

## COMUNIDADES

## ¿Vosotros o ustedes?

La forma *usted* se emplea para dirigirse a alguien en una situación formal. Sin embargo, con el plural *ustedes* hay algunas diferencias de uso entre los países hispanohablantes.

En las Américas y en parte de España *ustedes* se emplea tanto en situaciones formales como informales. Pero en muchas zonas de España se usa la forma *vosotros* en situaciones informales.

**74. Piensa y explica.** ¿Qué forma utilizan habitualmente los hispanos de los Estados Unidos: *ustedes* o *vosotros*? ¿Por qué?

**I CAN** indicate what not to do in both formal and informal situations.

## Comunicación

### 75. La cena sorpresa

▶ **Escucha** a Diana. ¿Qué le sugiere Rita?

1. Ve / No vayas al supermercado.
2. Haz / No hagas una torta de chocolate.
3. Pon / No pongas huevos con mayonesa.
4. Cocina / No cocines sopa con chiles.
5. Diles / No les digas a tus amigos nada sobre la cena.
6. Lava / No laves los platos y los vasos.

### 76. El menú del día

▶ **Piensa y escribe.** Imagina que eres el / la chef ejecutivo(a) de un café muy exclusivo. Crea el menú del día. Incluye:

- primer plato: una sopa o una ensalada
- segundo plato: un plato étnico con sabores exóticos
- postre: algo saludable pero exquisito

Incluye también una descripción de los ingredientes principales y el sabor de cada plato.

Modelo *El primer plato es una sopa de camarones. Lleva camarones frescos, tomate, un poco de ajo y crema. La sirvo caliente y es muy rica.*

▶ **Habla** con tu compañero(a). Él / Ella es tu asistente. Dile lo que piensas preparar y qué va a necesitar para poner las mesas.

Modelo A. *¿Cuál es el primer plato hoy?*
B. *Es una sopa de camarones.*
A. *Entonces los clientes van a necesitar una cuchara, ...*

### 77. Consejos para vivir mejor

▶ **Habla** con tus compañeros(as). Piensen en cinco problemas y escriban dos consejos para cada uno usando el imperativo negativo.

Modelo Tenemos mucha tarea cada día.
→ *Empiecen a hacer la tarea en clase.*
→ *No esperen mucho tiempo para hacer la tarea después de clase.*

# Final del desafío

## 78. Un restaurante inolvidable

▶ **Completa.** Tess y Patricia tuvieron un desafío difícil… ¡pero delicioso! Completa su diálogo con los imperativos de estos verbos.

entrar (tú) | decir (tú) | irse (ustedes) | mirar (tú) | estar (tú)

▶ **Escribe.** Tú y tus compañeros(as) van a cenar juntos(as) en un restaurante elegante. Prepara una lista de seis instrucciones para comportarse (*behave*) bien. Incluye todo, desde la ropa que se debe elegir hasta lo que hay que hacer al terminar la comida.

Modelo 1. *Elijan ropa cómoda pero formal. No lleven jeans ni pantalones cortos…*

▶ **Investiga y habla.** Investiga normas de comportamiento relacionadas con la comida y los restaurantes en otras culturas, y comparte lo que encontraste con tus compañeros(as) de clase. ¿Reconoces semejanzas (*similarities*) y diferencias con tu propia cultura? Puedes usar los elementos de la lista:

- las propinas
- la ropa apropiada
- los utensilios usados
- la comida y las bebidas
- la forma de pagar

Modelo A. *En los Estados Unidos, normalmente dejamos una propina de 20 %.*
B. *Sí, pero en España, no es frecuente…*

**I CAN** tell people what to do and what not to do in dining-related situations in my own and other cultures.

### 79. Un poema

▶ **Lee** el poema y responde a estas preguntas.

## *José Rafael de Pombo y Rebolledo*
*(1833–1912)*

Fue un matemático e ingeniero colombiano. También fue diplomático, traductor y escritor. Sus obras más conocidas son obras literarias para niños. El poema a continuación pertenece a este género.

## *La pobre viejecita*

*(fragmento) Rafael Pombo*

Érase[1] una viejecita
Sin nadita que comer
Sino carnes, frutas, dulces,
Tortas, huevos, pan y pez.

Bebía caldo, chocolate,
Leche, vino[2], té y café,
Y la pobre no encontraba
Qué comer ni qué beber[3].

1. *There once was* 2. *wine*
3. *Anything to eat nor anything to drink*

**1.** ¿Qué no tenía la viejecita?
**2.** ¿Qué indica la palabra *Sino* en la tercera línea?
**3.** En realidad, ¿tenía alimentos la viejecita? ¿Cuáles?
**4.** ¿Tenía bebidas en su casa?

▶ **Habla** con tu compañero(a) para escribir el próximo verso del poema. ¿Qué no tiene —o qué tiene en realidad— la viejecita? ¿Una casa, muebles bonitos, mascotas, zapatos elegantes? Sean creativos(as).

### 80. Los chiles rellenos

▶ **Escucha** la conversación de Rita y su hermana y decide si estas afirmaciones son ciertas o falsas. Corrige las falsas.

**1.** A Rita no le gustan los chiles.
**2.** La hermana de Rita quiere la receta de los chiles rellenos.
**3.** Para preparar los chiles rellenos necesitan tres kilos de chiles.
**4.** Primero se cortan los chiles y después se pone dentro el queso.
**5.** Hay que freír los chiles en una sartén con mantequilla.
**6.** Los chiles rellenos son un plato dulce y delicioso.

## 81. ¡Vengan al restaurante Tepoztlán!

▶ **Lee** el anuncio de un nuevo restaurante mexicano y complétalo con las formas de imperativo *usted* de estos verbos.

| | |
|---|---|
| tener | venir |
| probar | pedir |
| escuchar | beber |

▶ **Escribe** un anuncio similar con tu compañero(a). Puede promocionar (*promote*) cualquier tipo de restaurante: italiano, caribeño, chino, etc. Su anuncio tiene que incluir por lo menos seis imperativos formales.

▶ **Presenten** su anuncio a la clase. En grupos, los compañeros(as) eligen un restaurante nuevo para visitar y deciden qué van a pedir.

**RESTAURANTE**
**Tepoztlán**
**Un restaurante para disfrutar**

El restaurante Tepoztlán abre sus puertas el próximo sábado. Disfrute de un auténtico ambiente mexicano.

___1___ nuestros platos típicos. ___2___ los tacos al pastor, son nuestra especialidad. ___3___ nuestros deliciosos jugos de fruta fresca y pida alguno de nuestros postres típicos.

___4___ a nuestros mariachis mientras disfruta de una auténtica comida mexicana.

Y no ___5___ miedo al picante, preparamos los platos a su gusto.

¡ ___6___ pronto! y... ¡dígaselo a sus amigos!

## UN CHIN DE...

### 82. Un chin de piña

▶ **Ve y escribe.** Ve el video y contesta las preguntas.

1. ¿Has probado el dulce de leche? Si no lo has probado, ¿lo intentarías?
2. ¿Conoces algún postre típico de tu país? ¿Sabes cómo prepararlo?

▶ **Habla.** Aparte de atraer seguidores a su canal de video, ¿qué otro propósito crees que tienen Adriana y Jaime con este video? Habla con un(a) compañero(a).

a. Hablar sobre la importancia de los ingredientes locales y orgánicos de los supermercados.
b. Hablar sobre el menú del día en los supermercados orgánicos.
c. Dar a conocer los ingredientes de una receta típica de la República Dominicana.

# Al National Hispanic Cultural Center

The teams gather in Santa Fe at the National Hispanic Cultural Center, an organization that celebrates Hispanic-Americans heritage and arts. The four teams have all completed their tasks, and they have brought typical Mexican recipes.

## 83. Las recetas

▶ **Investiga y escribe.** Para cumplir su desafío, cada equipo tiene que entregar una copia de una receta típica de la región donde tuvo lugar su desafío. Escoge uno de los equipos y escribe su receta para ellos. Investiga la receta en Internet y saca apuntes antes de escribir la versión para entregar.

**1.** Enchiladas de pollo al mole. (Tim y Mack)
**2.** Pollo en salsa de chocolate. (Andy y Janet)
**3.** Sopa de manzana. (Diana y Rita)
**4.** Frijoles cocidos. (Tess y Patricia)

# Pan de muerto

### 84. Piensa y comenta

▶ **Responde** a esta pregunta primero por escrito. Luego, habla con tu compañero(a) sobre tu respuesta.

1. ¿Hay en tu cultura algunos días que tienen mucha importancia religiosa? ¿Cómo se observan?
2. ¿Hay ritos o comidas asociados con estos días?

## Los panes de muerto varían

No existe una sola versión del pan de muerto. Cada región ha adaptado este dulce tradicional a su gastronomía local. Hay variedades con esencia de azahar (sabor a naranja), chocolate, canela, semillas (*seeds*) de ajonjolí, vainilla y hasta salsa de tomate y chiles. En algunas partes, el pan se espolvorea (*sprinkle*) con azúcar en polvo, en otras se sirve un pan sencillo. A veces se decora con tiras (*strips*) de masa que representan huesos y a veces con una calavera (*skull*).

## Vocabulario útil

| | |
|---|---|
| el ajonjolí | *sesame* |
| azucarado(a) | *sweetened* |
| el Día de Todos los Santos | *All Saints' Day (November 1)* |
| difunto(a) | *dead* |
| el / la panadero(a) artesano(a) | *artisanal baker* |
| relleno(a) | *stuffed, filled* |
| vegano(a) | *vegan* |

### 85. Comprender el video

▶ **Mira** el video y decide si estas afirmaciones son ciertas o falsas.

1. Según el video, el pan de muerto lo llevaron a las Américas los europeos.
2. La celebración del Día de Muertos combina tradiciones indígenas y españolas.
3. Se cree que el pan de muerto es la única comida que comparten los seres vivos y los difuntos.
4. La mayor parte de los panes de muerto se preparan en fábricas (*factories*).
5. El pan de muerto no lleva relleno.

### 86. Crear y presentar

▶ **Escribe y diseña.** Imagina que eres el / la dueño(a) de una panadería mexicana. Haz un póster para anunciar el pan de muerto. Incluye al menos tres variedades y los precios, y decora tu póster con imágenes de la celebración del Día de Muertos.

# Norteamérica

**Nacionalidades**
Estados Unidos → estadounidense
México → mexicano(a)

México, la Florida y el suroeste de los Estados Unidos pertenecieron a la corona española desde el siglo XVI hasta el siglo XIX. Por eso, California, Arizona, Nevada, Utah, Colorado, Nuevo México, Texas y Florida comparten con México las raíces hispanas. Los nombres de algunos lugares muestran ese origen hispano.

México, con 126 millones de habitantes, es hoy el país con más hablantes de español del mundo. Le siguen los Estados Unidos con 52 millones de hispanos, la mayoría de origen mexicano. De ellos, unos 41 millones hablan normalmente español.

## 87. Un poco de historia

▶ **Investiga y contesta.** Una parte del oeste de los Estados Unidos pertenecía (*belonged*) a México antes de la guerra mexicano-estadounidense (1846–1848). En el Tratado de Guadalupe Hidalgo, firmado al final de la guerra, México cedió (*gave up*) parte de su territorio. Busca información sobre qué estados formaron parte del territorio cedido.

## 1. El Camino Real de Tierra Adentro

Durante la época colonial, los españoles crearon o ampliaron caminos en el territorio que hoy ocupan México, la Florida y los estados del suroeste de los Estados Unidos. El más importante es el Camino Real de Tierra Adentro, que une Santa Fe con Ciudad de México. Este camino fue una vía de intercambio económico y cultural.

(1) Mapa del virreinato de Nueva España (1767)

(2) Día del Parque Chicano (San Diego)

## 2. Los chicanos

La palabra *chicano* proviene de *mexicano*. Los chicanos son ciudadanos de los Estados Unidos descendientes de mexicanos. La cultura chicana es una mezcla de las culturas estadounidense y mexicana con características propias.

### 88. El Camino Real

▶ **Repasa** la ruta del Camino Real y sitúa en ella estas ciudades.

- Ciudad de México
- Santa Fe
- Aguascalientes
- El Paso
- Albuquerque

### 89. ¿Cuánto sabes del México moderno?

▶ **Completa** estas oraciones sobre México. Si no sabes la respuesta, búscala en Internet.

**1.** El nombre oficial del país es ______________.
**2.** México se compone de ______________ estados.
**3.** El / La presidente(a) actual se llama ______________.
**4.** El Día de la Independencia mexicana es el (*fecha*) ______________.

**I CAN** identify Hispanic historical and cultural influences in North America.

Plato e ingredientes del guacamole

# La receta del guacamole

### READING STRATEGY
## Read instructional texts

Instructional texts are those that contain rules or instructions to do something.

Recognizing the structure and characteristic language of instructional texts can help you understand them better.

The main characteristics of instructional texts are:

- They main have a practical objective. For example, to prepare a meal or to turn on electrical appliances.
- In order to achieve that objective, they outline a clear, concise sequence of actions.
- These actions are normally listed as commands or using the forms *tener que*, or *hay que*, or the infinitive.

Puebla, 28 de octubre de 2021

Querido nieto:

¿Cómo estás? ¿De verdad vas a preparar guacamole para la fiesta de la escuela? ¡Qué bien! El guacamole es una salsa mexicana muy popular y muy fácil de preparar. ¡Con los tacos y con la carne está delicioso! Aquí tienes la receta:

**Guacamole**

Ingredientes:

| | |
|---|---|
| 2 aguacates[1] maduros | 1 diente de ajo |
| 1 chile serrano | Unas hojas de cilantro fresco |
| 80 gramos de tomates | Sal |
| 40 gramos de cebolla | El jugo de medio limón |

Preparación:

1.º Corta los tomates en cubos pequeños, pica la cebolla, el ajo y el cilantro. Pon cada cosa en un bol.
2.º Pela los aguacates y aplástalos[2] con un tenedor.
3.º Muele[3] el chile y añade la sal.
4.º Mezcla el aguacate con el chile molido y con el tomate.
5.º Añade a la mezcla la cebolla, el ajo, el cilantro y el jugo de limón.

Recuerda que si lo quieres más picante, tienes que poner más chiles.

¡Mucha suerte con la receta y disfruta! Muchos besos.

Tu abuela

1. *avocados* 2. *mash them* 3. *Grind*

## COMPRENSIÓN

### 90. Sobre el guacamole

▶ **Decide** si estas afirmaciones son ciertas o falsas.

**1.** Los mexicanos no comen los tacos con guacamole.
**2.** El guacamole combina bien con la carne.
**3.** El ingrediente principal del guacamole es el aguacate.
**4.** El guacamole es picante porque lleva chiles.

### 91. Para hacer guacamole

▶ **Escribe** la acción correspondiente a cada imagen en infinitivo. Después, ordena las imágenes de acuerdo con la receta del guacamole.

A

B

C

D

## ESTRATEGIA Leer textos prescriptivos

### 92. La receta

▶ **Completa** un esquema como este con los pasos de la receta. Puedes utilizar las formas *hay que, tener que* o el imperativo.

Primero, tienes que cortar los tomates, la cebolla, el ajo y el cilantro.

Después,

A continuación,

Luego,

Por último,

**TU DESAFÍO** Busca en Internet una receta de *pico de gallo*, una salsa tradicional mexicana, y preséntala a la clase.

**I CAN** understand the main idea and details from an authentic recipe.

## Los alimentos

**Los pescados y mariscos**

| | |
|---|---|
| el atún | *tuna* |
| los camarones | *shrimp* |
| el salmón | *salmon* |

**Los cereales**

| | |
|---|---|
| el arroz | *rice* |
| el pan | *bread* |
| la pasta | *pasta* |

**La carne**

| | |
|---|---|
| de cerdo | *pork* |
| de pollo | *chicken* |
| de res | *beef* |

**Las legumbres**

| | |
|---|---|
| los frijoles | *beans* |
| los guisantes | *peas* |
| las lentejas | *lentils* |

**Los lácteos**

| | |
|---|---|
| la leche | *milk* |
| la mantequilla | *butter* |
| el queso | *cheese* |
| el yogur | *yogurt* |

**Las frutas**

| | |
|---|---|
| las fresas | *strawberries* |
| el melón | *melon* |
| la pera | *pear* |
| la piña | *pineapple* |
| la sandía | *watermelon* |
| las uvas | *grapes* |

**Las verduras y hortalizas**

| | |
|---|---|
| el ajo | *garlic* |
| la cebolla | *onion* |
| las espinacas | *spinach* |
| la lechuga | *lettuce* |
| el tomate | *tomato* |
| la zanahoria | *carrot* |

## Comprar comida

| | |
|---|---|
| la lista de la compra | *shopping list* |
| el litro | *liter* |
| el kilo | *kilogram* |
| el precio | *price* |

**Los envases**

| | |
|---|---|
| la bolsa | *bag* |
| el bote | *can* |
| la botella | *bottle* |
| la caja | *box* |
| la lata | *can* |
| el paquete | *package* |
| el tarro | *jar* |

**Acciones**

| | |
|---|---|
| comprar | *to buy* |
| costar | *to cost* |
| hacer cola / fila | *to stand in line* |
| hacer la compra | *to shop* |
| pedir | *to ask for* |
| pesar | *to weigh* |
| vender | *to sell* |

## En la cocina

**Utensilios**

| | |
|---|---|
| la bandeja | *tray* |
| el bol | *bowl* |
| la cazuela | *casserole dish* |
| la jarra | *pitcher* |
| la olla | *pot* |
| la sartén | *frying pan* |

**Acciones**

| | |
|---|---|
| asar | *to roast* |
| batir | *to beat* |
| cocer | *to boil* |
| cortar | *to cut* |
| echar | *to put* |
| freír | *to fry* |
| hervir | *to boil* |
| mezclar | *to mix* |
| pelar | *to peel* |

**Condimentos**

| | |
|---|---|
| el aceite | *oil* |
| el azúcar | *sugar* |
| la mayonesa | *mayonnaise* |
| la mostaza | *mustard* |
| la pimienta | *pepper* |
| la sal | *salt* |
| la salsa de tomate | *tomato sauce* |
| el vinagre | *vinegar* |

## En el restaurante

| | |
|---|---|
| la cuenta | *check* |
| el menú del día | *specials* |
| el primer plato | *appetizer* |
| el segundo plato | *entrée* |
| el postre | *dessert* |
| la propina | *tip* |

**Preparación de los alimentos**

| | |
|---|---|
| a la plancha | *grilled* |
| asado(a) | *roasted* |
| cocido(a)/hervido(a) | *boiled* |
| empanado(a) | *breaded* |
| frito(a) | *fried* |

**¿Cómo está?**

| | |
|---|---|
| agrio(a) | *sour* |
| amargo(a) | *bitter* |
| bueno(a) | *good* |
| caliente | *hot* |
| delicioso(a) | *delicious* |
| dulce | *sweet* |
| fresco(a) | *fresh* |
| frío(a) | *cold* |
| malo(a) | *bad* |
| picante | *hot (spicy)* |
| salado(a) | *salty* |
| soso(a) | *tasteless* |

**En la mesa**

| | |
|---|---|
| la cuchara | *spoon* |
| el cuchillo | *knife* |
| el mantel | *tablecloth* |
| la servilleta | *napkin* |
| el tenedor | *fork* |
| el vaso | *glass* |

# DESAFÍO 1

**1. Un almuerzo especial.** Clasifica estos ingredientes.

| | |
|---|---|
| salmón | fresas |
| espinacas | ensalada |
| carne de res | helado |
| sopa | atún |
| yogur | pollo |

| | | |
|---|---|---|
|  | entrantes | *ensalada* |
|  | platos principales | |
|  | postres | |

# DESAFÍO 2

**2. Envases.** Relaciona cada envase con la fotografía correspondiente.

**1.** un tarro
**2.** una caja
**3.** una botella
**4.** una lata

Ⓐ 

Ⓑ 

Ⓒ 

Ⓓ 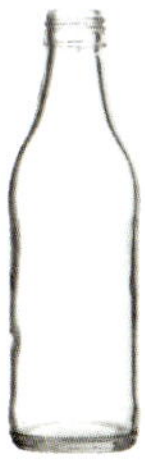

# DESAFÍO 3

**3. ¡Vamos a cocinar!** Completa estas oraciones.

| |
|---|
| pelar |
| vinagre |
| hervir |
| sartén |
| azúcar |

**1.** A esta ensalada le falta un poco de ______________.
**2.** Primero tienes que ______________ las papas y luego freírlas.
**3.** Vamos a ______________ la pasta en esta cazuela.
**4.** Este postre no tiene mucho ______________, no está muy dulce.
**5.** Echa el huevo en la ______________.

# DESAFÍO 4

**4. ¿Frito o empanado?** Responde a las siguientes preguntas.

| | | | |
|---|---|---|---|
| cocido(a) | frito(a) | asado(a) | empanado(a) |

**Modelo** ¿Cómo preparas las verduras? → *Las preparo cocidas.*

**1.** ¿Cómo preparas el pollo?
**2.** ¿Cómo preparas los huevos?
**3.** ¿Cómo preparas la pasta?

## Expresar cantidad. Los indefinidos (pág. 194)

| | | | |
|---|---|---|---|
| ningún, ninguno(a) | *no, (not) any, none* | mucho(a), muchos(as) | *many, a lot of* |
| algún, alguno(a), algunos(as) | *a few, any, one, some* | todo(a), todos(as) | *all, every, throughout* |
| poco(a), pocos(as) | *some, few* | demasiado(a), demasiados(as) | *too much, too many* |

## El imperativo afirmativo (pág. 202 y 210)

IMPERATIVO REGULAR

| CAMINAR | COMER | ESCRIBIR | |
|---|---|---|---|
| camina | come | escribe | tú |
| camine | coma | escriba | usted |
| caminad | comed | escribid | vosotros(as) |
| caminen | coman | escriban | ustedes |

IRREGULARIDADES ESPECIALES

| TENER | HACER | PONER | VENIR | SALIR | SER | DECIR | IR | DAR | |
|---|---|---|---|---|---|---|---|---|---|
| ten | haz | pon | ven | sal | sé | di | ve | da | tú |
| tenga | haga | ponga | venga | salga | sea | diga | vaya | dé | usted |
| tened | haced | poned | venid | salid | sed | decid | id | dad | vosotros(as) |
| tengan | hagan | pongan | vengan | salgan | sean | digan | vayan | den | ustedes |

## El imperativo negativo (pág. 218)

IMPERATIVO NEGATIVO REGULAR

| CAMINAR | COMER | ESCRIBIR | |
|---|---|---|---|
| no camines | no comas | no escribas | tú |
| no camine | no coma | no escriba | usted |
| no caminéis | no comáis | no escribáis | vosotros(as) |
| no caminen | no coman | no escriban | ustedes |

IRREGULARIDADES ESPECIALES

| DAR | ESTAR | IR | SER | |
|---|---|---|---|---|
| no des | no estés | no vayas | no seas | tú |
| no dé | no esté | no vaya | no sea | usted |
| no deis | no estéis | no vayáis | no seáis | vosotros(as) |
| no den | no estén | no vayan | no sean | ustedes |

## DESAFÍO 1

**5. ¿Cuántos hay?** ¿Hay muchos, pocos, algunos? Escribe oraciones.

## DESAFÍO 2

**6. Instrucciones.** Escribe las instrucciones que una madre da a su hijo.

Modelo Comer el pollo. → *Come el pollo. Cómelo.*

**1.** Beber el jugo de naranja.
**2.** Poner los sándwiches en la mesa.
**3.** Preparar la mochila.
**4.** Decir la verdad.

## DESAFÍO 3

**7. Sugerencias.** Une las dos columnas y escribe recomendaciones con la forma *ustedes*.

Modelo Nos gusta el pescado. → *Pidan el salmón con papas.*

**1.** Tenemos sed.
**2.** Queremos un postre ligero.
**3.** Nos gusta mucho la pasta.

**a.** probar el helado de melón
**b.** comer los espaguetis con salsa de tomate
**c.** beber té frío con limón

## DESAFÍO 4

**8. Consejos.** Usa el imperativo negativo y escribe oraciones.

Modelo Tus hermanos están corriendo por el pasillo. → *No corran por el pasillo.*

**1.** Hace calor y tus padres están cerrando las ventanas.
**2.** Tu hermano pone dos cuadernos encima de tu cama.
**3.** Tu prima quiere alimentarse bien y está comiendo helado de chocolate.

## CULTURA

**9. En Norteamérica.** Responde a las siguientes preguntas.

**1.** ¿Cómo se celebra el Día de Muertos en México?
**2.** ¿Qué alimento utilizaron los mayas como moneda?
**3.** ¿Qué sabes sobre El Álamo?
**4.** ¿Qué es el mole?

Un menú con

# ingredientes americanos

In this project you will create a dish made with an indigenous American ingredient in the recipe. After you create the dish individually, you will come together as a group to share your dishes and to create a menu. *¡Buen provecho!*

## PASO 1 **Decide qué plato vas a hacer**

- Research native American foods and ingredients in order to decide which dish you will prepare. Use these questions to guide you:
  - ¿Qué alimentos de origen americano conoces?
  - ¿Cuáles prefieres?
  - ¿Cómo se llaman esos alimentos en español?
  - ¿Qué vas a preparar: un primer plato, un plato principal, un postre?
  - ¿Qué plato vas a cocinar?

## PASO 2 **Busca la receta**

- Research recipes for the type of dish you have selected. You need to know the ingredients, the measurements, and how to prepare your dish. In order to organize the information about your recipe, make a card like this one:

### *Ensalada de maíz*

*Ingredientes*

3 tazas de maíz
2 tazas de tomates
½ taza de pimientos verdes
½ taza de aguacates
1 cucharada de aceite y vinagre

*Preparación*

· Colocar los ingredientes en un bol.
· Mezclar.
· Echar aceite, vinagre y sal.
· Cubrir.
· Llevar al refrigerador.

- Find photos to illustrate your recipe. You can get photos in magazines or on the Internet, or you can draw them yourself.

## PASO 3 Escribe la receta

- Write the recipe with the information that you gathered, including details so anyone can follow the steps. Add a picture of your dish.

**Ensalada de maíz**

*Ingredientes:*

3 tazas de maíz fresco

2 tazas de tomates

½ taza de pimientos...

*Preparación:*

Mezcla el maíz, los tomates...

- Combine your recipe with your classmates' recipes to make a cookbook. Organize your recipes by appetizers, entrées, and desserts.

## PASO 4 Prepara tu menú favorito

- Choose two dishes that complement the recipe that you have prepared. The recipes should represent three different courses.
- Write an attractive menu with the dishes that you have chosen. Include some information in Spanish about each dish.

*Primer plato*

· **Ensalada de maíz**

Este plato lleva maíz, tomates, pimientos verdes, aguacate, aceite y vinagre.

*Segundo plato*

· **Pollo con mole**

Este plato lleva pollo, mole, limón, cilantro, sal y pimienta.

*Postre*

· **Torta de chocolate**

Este plato lleva chocolate negro, harina, azúcar, huevos y extracto de vainilla.

- Present your menu to the class.
- Choose the best menu with your classmates.

# Unidad 4
## Autoevaluación

Do the following activities to reflect on your progress toward this unit's goals.

### Communication

**a.** I can describe ingredients and quantities related to food in my own and other cultures.

▶ Describe a food your family makes at home. List several key ingredients and how much of each is used.

**b.** I can give instructions related to food and shopping in my own and other cultures.

▶ Tell your partner to look for and buy three different products. Specify the package each comes in.

**c.** I can give instructions to prepare a simple dish from my own and other cultures.

▶ Tell how to prepare your favorite food, using imperatives.

**d.** I can tell people what to do and what not to do in dining-related situations in my own and other cultures.

▶ Role-play a scene in a restaurant.

### Intercultural Communication

**a.** I can identify the ways that culture and history affect some of the foods and ingredients we eat.

**b.** I can interact with others in culturally appropriate ways in familiar, everyday settings related to food preparation and dining.

**I CAN** identify and express the steps involved in a recipe that uses ingredients native to North America.

**I CAN** collaborate with my peers to present a menu of dishes made with ingredients native to North America.

UNIDAD 5

# España

## El bienestar y la salud

**Essential Question:** How does culture affect the ways we take care of our health?

**AP* Themes & Contexts:**
**Science and Technology:** Health Care and Medicine
**Global Challenges:** Social Welfare

## IPA Goal

By the end of this unit, you will be able to participate in a campaign about the importance of taking care of one's health by giving a short presentation about healthy habits and home remedies.

**DESAFÍO 1: I can identify body parts and describe people in my own and other cultures.**

**Vocabulario**
Partes del cuerpo

**Gramática**
Describir. El participio

**DESAFÍO 2: I can talk about personal hygiene habits in my own and other cultures.**

**Vocabulario**
La higiene personal

**Gramática**
Los adverbios en *-mente*

**DESAFÍO 3: I can describe illnesses and health care in my own and other cultures.**

**Vocabulario**
La salud: síntomas y enfermedades

**Gramática**
*Por y para*

**DESAFÍO 4: I can give recommendations about healthy eating and lifestyle habits in my own and other cultures.**

**Vocabulario**
Hábitos saludables

**Gramática**
Hacer recomendaciones

# En Sevilla

The teams gather at the *Plaza de España* in Seville. They travel from Seville to Palos de la Frontera, in Huelva, the town where Christopher Columbus sailed out from in 1492. There, our friends must solve a riddle: *¿Cuál es la niña más famosa de Palos?*

**Estrategia:** The theme of this unit is health and hygiene. What descriptive words or phrases can you identify in the dialogue that relate to the theme?

## 1. ¿Comprendes?

▶ **Une** cada pregunta con la respuesta adecuada.

**1.** ¿En qué ciudad se reúnen los personajes?
**2.** ¿A qué pueblo van a buscar los desafíos?
**3.** ¿Qué es la Niña?
**4.** ¿Dónde está la Niña?
**5.** ¿Dónde están escondidos los desafíos?
**6.** ¿Cómo están las tiendas?

**a.** En el puerto.
**b.** Cerradas.
**c.** En el barco.
**d.** En Sevilla.
**e.** Un barco.
**f.** A Palos de la Frontera.

## EXPRESIONES ÚTILES

To get someone's attention:

| | |
|---|---|
| Perdón / Perdona... | Perdone... |
| Disculpa... | Disculpe... |

To ask about and to express that you are familiar with a person or place:

| | |
|---|---|
| –¿Conoces a mi profesor? | –¿Conoce mi país? |
| –Sí, lo conozco. | –No, no lo conozco. |

To ask for help:

| | |
|---|---|
| ¿Me ayudas? | ¿Me ayuda? |
| ¿Puedes ayudarme? | ¿Puede ayudarme? |

To ask someone how he/she feels:

| | |
|---|---|
| ¿Qué tal te encuentras? | ¿Qué tal se encuentra? |
| ¿Cómo te sientes? | ¿Cómo se siente? |
| ¿Cómo estás? | ¿Cómo está? |

¿Cómo te sientes?

### 2. Expresiones

▶ **Escucha y relaciona.** ¿A qué fotografía corresponde cada oración?

A

B

C

### 3. Conversaciones

▶ **Completa** estos diálogos con las expresiones útiles.

**1.** –___1___, ¿sabe usted dónde está el barco?
–No, lo siento. No lo sé.

**2.** –___2___, ¿hay alguna farmacia cerca?
–Lo siento, no ___3___ esta ciudad.

**3.** –Mamá, pareces cansada. ¿___4___?
–Me encuentro un poco enferma.

**4.** –Necesito encontrar el puerto. ¿___5___?
–Sí, claro. Está al final de esta calle.

# PRONUNCIACIÓN

**Las consonantes *d* y *t***

- The Spanish **d** can have a hard sound or a soft sound, depending on which letters appear next to it.
  - The hard **d** sound is similar to the English *d* in *dog*, but a little softer. The tongue should touch the back of the upper teeth, not the roof of the mouth.

    Don    dinero    tienda    falda
  - The soft **d** sound is similar to the English *th* in *there*, but a little softer. The tongue falls between the teeth rather than touching the roof of the mouth.

    medias    verde    vestido    huésped
- At the beginning of a phrase or after a word that ends in **n** or **l**, the letter *d* is pronounced as a hard **d**.

  Don Diego no tiene el diccionario.
- In all other positions, *d* has a soft sound.

  Doña Dolores es de la capital.
- When pronouncing the Spanish **t**, the tongue should touch the back of the upper teeth, not the roof of the mouth. Unlike the English *t*, no air is expelled from the mouth.

  traje    pantalones    tarjeta    tienda

## 4. Práctica

▶ **Pronuncia** las siguientes palabras y frases prestando atención a la pronunciación de la **d** y la **t**.

**1.** disculpe
**2.** puede
**3.** entonces
**4.** el dedo
**5.** el puerto de Palos
**6.** esta tarde
**7.** todo el día
**8.** debes cuidarte
**9.** ducharse y afeitarse
**10.** los dientes
**11.** ¿Qué tal?
**12.** el Desafío dos

## 5. Oraciones y refranes

▶ **Lee** cada oración prestando atención a la pronunciación de la **d** y la **t**. Después, di cada refrán en voz alta.

**1.** Es difícil tomar fotos cuando llueve.
**2.** –¿Tienes dolor de cabeza?
–No, pero me duele la espalda.
**3.** David visitó Madrid en octubre.
**4.** El Duque y la Duquesa tienen que vender el castillo.

1 *You can't make a silk purse out of a sow's ear.*
2 *Variety is the spice of life.*

**Goal:** to describe body parts

# Una margarita cubista

## Punto de partida

▶ **Observa.** Tess and Patricia's task in Barcelona is an unusual and tricky one. They must find a cubist painting that depicts Margarita, a proper noun which is also the Spanish word for *daisy*. Their misinterpretation sets them on the wrong foot from the beginning.

Continuará...

### 6. Identificar

▶ **Completa** estas oraciones.

**1.** La niña tiene la ____1____ muy grande y el ____2____ muy pequeño.
**2.** En el cuadro de Velázquez, se ven los detalles en las ____3____ de las chicas.
**3.** A Tess le encanta la posición de la mujer con los ____4____ apoyados en la mesa.
**4.** A Patricia le gustan los ____5____ pintados de rojo.

## 7. Comprender

▶ **Responde** a estas preguntas.

1. ¿Dónde están Tess y Patricia?
2. ¿Qué están buscando?
3. ¿Cómo es la niña del primer cuadro? ¿Quién lo pintó?
4. ¿Quién es Velázquez?
5. ¿Cómo tiene los labios la mujer del cuadro?

## 8. Aplicar

▶ **Escucha** y relaciona cada descripción con la fotografía correspondiente.

A

B

C

## 9. Tu cuadro cubista

▶ **Dibuja** a tu compañero(a) o a otra persona que conozcas. Imita el estilo cubista de Picasso.

▶ **Describe** tu cuadro a tu compañero(a) y pregúntale por el suyo.

## CULTURA

# Pablo Picasso

Pablo Ruiz Picasso es uno de los pintores españoles más importantes del siglo XX. Nació en Málaga en 1881 y murió en Francia en 1973. Pintó más de dos mil cuadros y cultivó diversos estilos, entre ellos, el cubismo.

Muchas de sus obras están en el Museo Picasso de Barcelona y en el Museo Picasso de Málaga, pero hay cuadros de este autor en museos de todo el mundo. Una de sus obras más conocidas, *Guernica*, está en el Museo Reina Sofía de Madrid.

**10. Piensa y explica.** ¿Conoces a algún artista estadounidense? ¿Cómo es su trabajo similar o diferente a las obras (*works*) de Picasso?

**I CAN** demonstrate comprehension of a dialogue about artwork in Spain.

## Vocabulario

### Partes del cuerpo

**La cabeza y la cara**

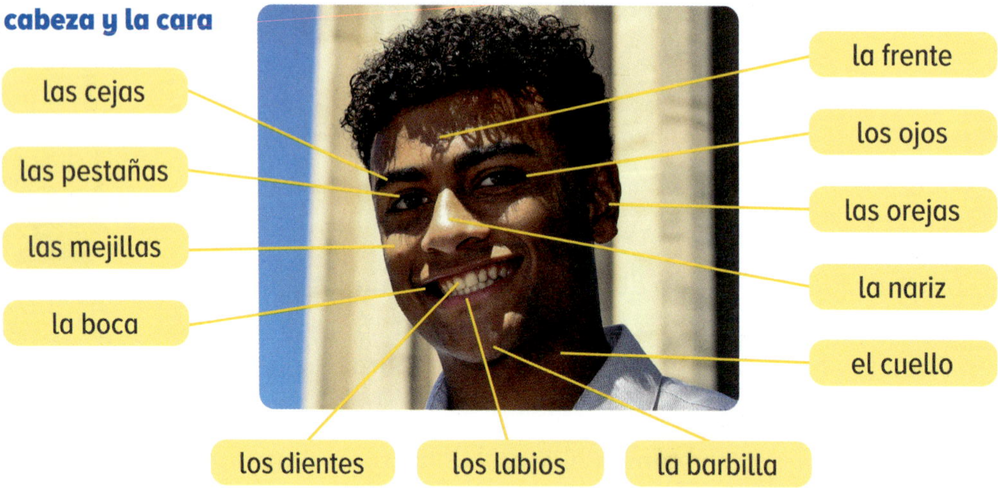


## 11. ¿Dónde están?

▶ **Clasifica** estas partes del cuerpo.

| | |
|---|---|
| la cabeza | el cuello |
| los hombros | las piernas |
| los pies | los tobillos |
| la espalda | el pecho |
| las manos | las rodillas |

| Encima de la cintura | Debajo de la cintura |
|---|---|
| la cabeza | |

### 12. Actividades físicas

▶ **Escribe.** ¿Qué partes del cuerpo utilizas para realizar estas actividades?

Modelo tocar la guitarra → *Toco la guitarra con los dedos.*

**1.** jugar al fútbol **2.** hablar **3.** cepillarte los dientes **4.** pintar **5.** bailar

### 13. ¿Cómo es?

▶ **Escucha y decide.** ¿A qué fotografía corresponde la descripción?

1

2

3

4

5

6

▶ **Escribe.** Elige una fotografía y escribe una descripción de esa persona.

Modelo *Tiene la nariz grande y los ojos oscuros…*

▶ **Lee** el texto de tu compañero(a). ¿A qué persona corresponde su descripción?

## COMPARACIONES

## Los saludos y las despedidas

En cada cultura hay distintos gestos para saludar y despedirse. En España, como en otros países, es habitual estrechar la mano (*shake hands*), especialmente entre los hombres. Entre las mujeres es habitual saludarse y despedirse con dos besos en las mejillas. Y entre un hombre y una mujer, el saludo varía dependiendo del grado de formalidad. En otros países hispanos, es más común dar un solo beso.

**14. Compara.** ¿Cómo saludas a tus amigos o a tus familiares? ¿En tu cultura es habitual saludarse con un beso? ¿Conoces otros gestos de otras culturas?

**I CAN** identify basic body parts and physical features.

## Gramática

### Describir. El participio

- In Spanish, verbs have a form that is sometimes used as an adjective: the participle.

  María se maquilló. → María está **maquillada.**

- The past participle (**participio**) of a verb can be used as an adjective to describe a noun. Like other Spanish adjectives, the past participle must agree in number and gender with the noun described.

  María está **maquillada.** Lleva los labios **pintados.**

#### Formación del participio pasado

- The past participle is formed this way:

| | | |
|---|---|---|
| -ar verbs | Add the ending -ado. | pintar → **pintado** |
| -er and -ir verbs | Add the ending -ido. | vestir → **vestido** |

- The following verbs have irregular past participles:

| | | | |
|---|---|---|---|
| abrir | **abierto** | morir | **muerto** |
| decir | **dicho** | poner | **puesto** |
| descubrir | **descubierto** | romper | **roto** |
| escribir | **escrito** | ver | **visto** |
| hacer | **hecho** | volver | **vuelto** |

- The past participle **oído** and the past participles ending in **-aído** and **-eído** have an accent.

  caer → **caído** traer → **traído** leer → **leído** creer → **creído**

**15. Compara.** ¿Cómo se forma el participio pasado en inglés? ¿Hay formas irregulares?

### 16. ¿Cómo se forma?

▶ **Completa** estas oraciones con los participios correspondientes.

1. ¡Cuidado! Los niños están ________ (dormir).
2. No entiendo este mensaje porque está ________ (escribir) en alemán.
3. Entra, la puerta está ________ (abrir).
4. Me gusta el cuadro de la mujer ________ (sentar) en la silla.
5. ¡Terminé! Todas las tareas están ________ (hacer).

### 17. En el salón de clase

▶ **Escucha** y completa estas oraciones.

1. Hay un chico _______ en el suelo.
2. Todos los libros están _______.
3. La puerta no está abierta, está _______.
4. Hay muchas chicas con los labios _______.
5. Hay una chica _______.
6. En la pizarra hay verbos _______ en español.

▶ **Escribe.** Mira a las personas y los objetos en tu salón de clase y decide si las oraciones anteriores son ciertas (C) o falsas (F). Si son falsas, corrígelas.

Modelo *En mi salón de clase no hay ningún chico sentado en el suelo.*

### 18. ¿Qué pasa?

▶ **Habla.** Describe estas fotografías. Usa participios pasados.

Modelo 1. *La chica está sorprendida. Tiene la boca abierta.*

1

2
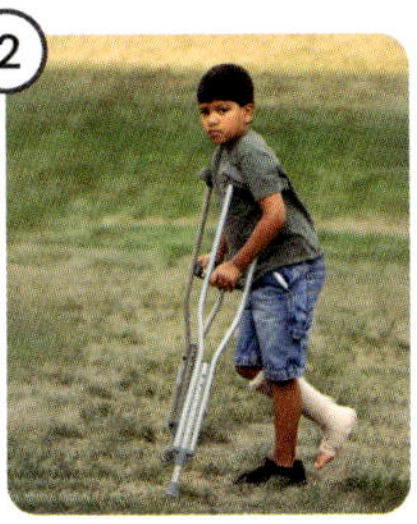
3

4

## CONEXIONES: LENGUA

## El catalán

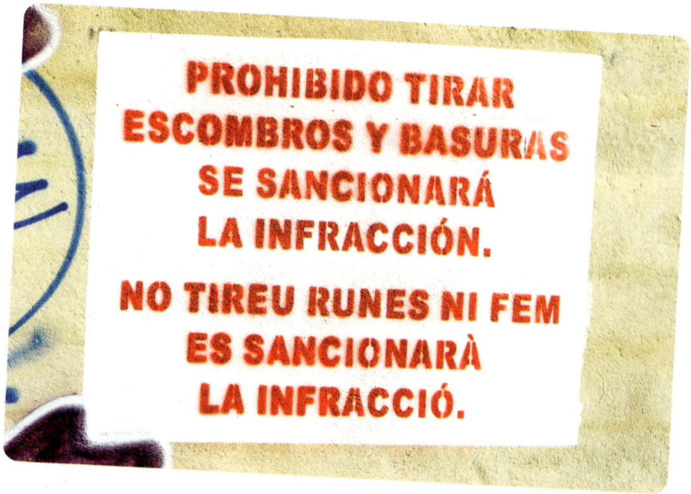


*L'idioma català* (El idioma catalán) es el segundo idioma de España. Un 20 % de la población habla catalán, y además del español, es la lengua oficial de Cataluña, Baleares y la Comunidad Valenciana, regiones situadas en el este de España. Por eso, a menudo los letreros (*signs*) están escritos en los dos idiomas, como se ve en la fotografía.

**19. Investiga.** Usa un programa de traducción para traducir la siguiente oración al catalán: *Los ojos, la nariz, la boca y las mejillas son partes de la cara.* ¿Qué palabras son similares en los dos idiomas? ¿Cuáles son muy diferentes?

**I CAN** describe people and images.

## Comunicación

### 20. ¡Esta margarita no es una flor!

▶ **Completa** esta información sobre el retrato de la Reina Margarita de España. Usa el verbo *estar* y la forma correcta de un participio de la lista.

| | | | |
|---|---|---|---|
| vestido | pintado | casado | maquillado |
| apoyado | sentado | realizado | |

**Modelo** Esta obra de la reina *está realizada* en óleo sobre lienzo (*oil on canvas*).

1. Margarita y el Rey Felipe III ________.
2. La reina no ________ porque ________ muy elegantemente.
3. La muñeca y la mano ________ en el respaldo (*back*) de una silla de cuero.
4. Su cara no ________, pero los labios ________ de color rojo.

**Andrés López Polanco**
**(¿?-1641)**
fue un pintor barroco español. Trabajó para la Corte Real de los Reyes Felipe III y Felipe IV.

### 21. Adivinanzas

▶ **Escucha** estas adivinanzas sobre partes del cuerpo. ¿A qué fotografía corresponde cada una?

A
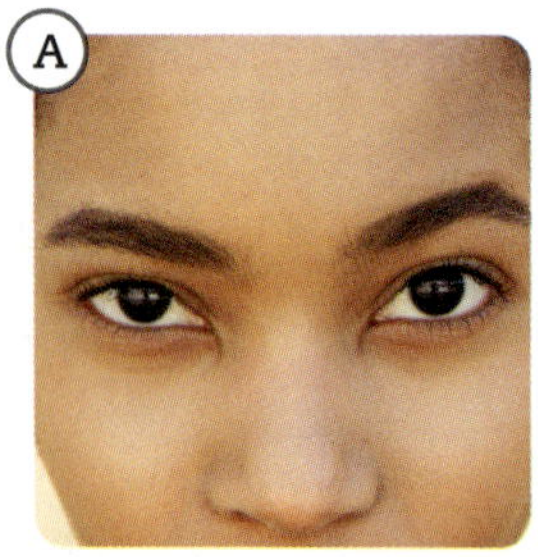

B
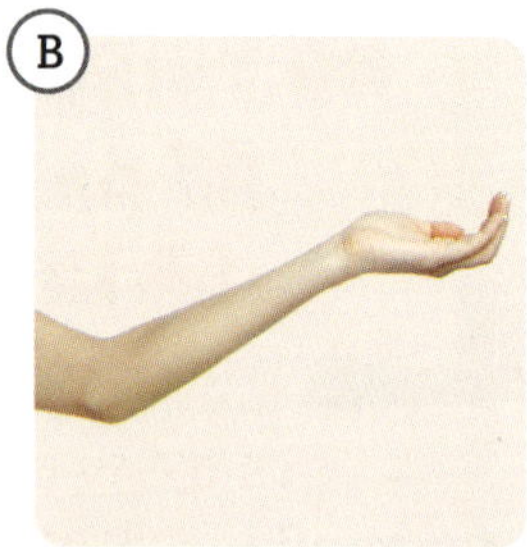

C
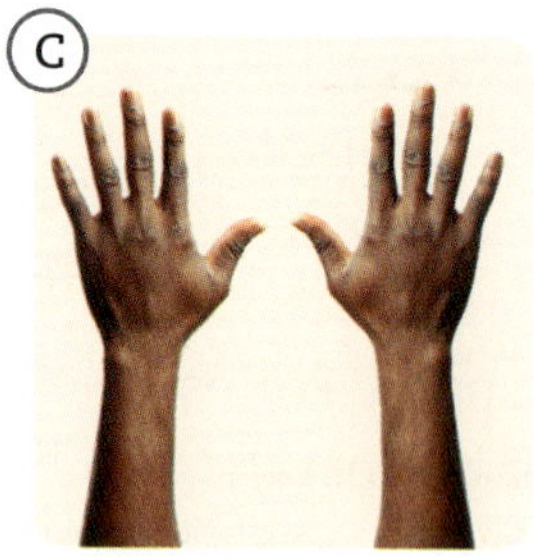

D
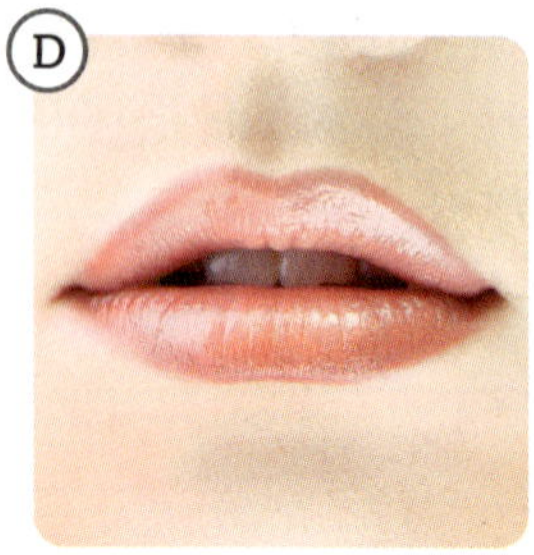

E
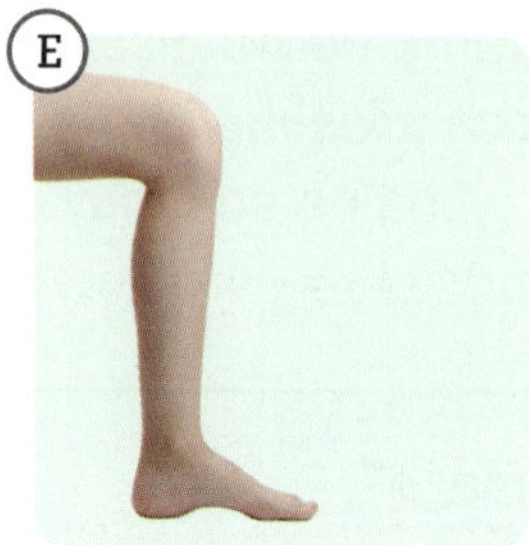

# Final del desafío

## 22. ¿La encontraron?

▶ **Completa** el diálogo entre Tess y Patricia.

| oíste | margaritas | pintada | niña | equivocado |
|---|---|---|---|---|

▶ **Responde** a estas preguntas.

1. Al final del desafío, ¿Tess y Patricia encontraron la margarita?
2. ¿Al principio cuál fue el problema? ¿Fue un malentendido (*misunderstanding*)?
3. ¿Ese problema ya está resuelto (*resolved*)? ¿Qué pasó?

▶ **Escriban.** Tess y Patricia les compran a ti y a tu compañero(a) una camiseta con otro retrato cubista de Picasso. Escríbanles una tarjeta de agradecimiento (*thank-you card*). Incluyan:

- ¿Cómo es la persona de la imagen? ¿Su cuerpo y su cara? (Den detalles.)
- ¿Les gusta el arte cubista? ¿Por qué?

**Modelo** *Queridas amigas:*
*Muchas gracias por las camisetas. La cara de esta persona es muy rara, ¡pero nos gusta!*

**I CAN** describe people and portraits in my own and other cultures.

DESAFÍO 2

**Goal:** to talk about personal hygiene habits

# La rana de la suerte

## Punto de partida

▶ **Observa.** Diana and Rita are in Salamanca, the city that is home to one of the oldest universities in the world. Together, they must find an elusive frog that, according to legend, all students at the university must see at least once if they don't want to fail their exams.

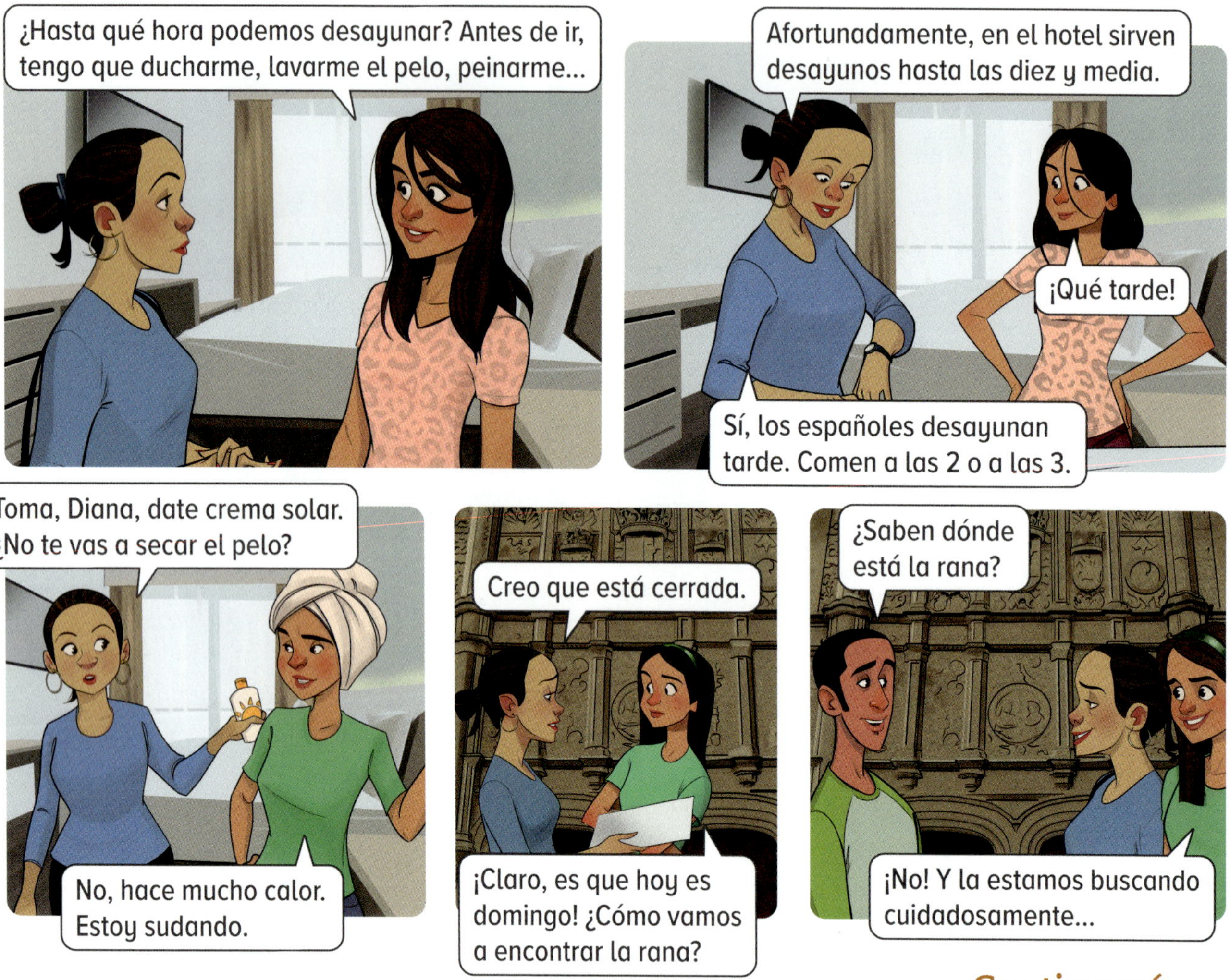


Continuará...

### 23. Interpretar

▶ **Completa** estas oraciones.

**1.** __________, en el hotel sirven desayunos hasta las diez y media.
**2.** Diana y Rita buscan la rana __________.

▶ **Responde** a estas preguntas.

**1.** ¿Qué tiene que hacer Diana antes de ir a desayunar?
**2.** ¿Qué haces tú antes de desayunar?

## 24. Contestar

▶ **Responde** a estas preguntas.

1. ¿Quién se levantó primero, Diana o Rita?
2. ¿A qué hora comen habitualmente los españoles?
3. ¿Por qué no se seca el pelo Diana?
4. ¿Por qué está cerrada la puerta de la universidad?
5. ¿Qué tienen que buscar Rita y Diana?

## 25. Ampliar

▶ **Escucha** a unos estudiantes de la Universidad de Salamanca y relaciona cada diálogo con la fotografía correspondiente.

A

B

C

D

E

▶ **Habla** con tu compañero(a). ¿Cómo es para ti un día en la escuela? ¿Qué haces habitualmente?

## CULTURA

# La Universidad de Salamanca

La Universidad de Salamanca fue fundada en 1134. Es una de las universidades más antiguas de Europa. Hoy tiene más de 30.000 estudiantes.

La fachada de la universidad es de piedra tallada (*carved*). En ella hay una pequeña rana de piedra sobre un cráneo (*skull*). La leyenda dice que los estudiantes que consiguen ver la rana tienen buena suerte en los exámenes.

**26. Piensa y habla.** ¿Cuáles son las principales universidades en tu región? ¿Conoces algún símbolo o leyenda relacionado con ellas? ¿Crees en esas leyendas o son solamente supersticiones?

**I CAN** demonstrate comprehension of a dialogue about an important university in Spain.

## Vocabulario

### La higiene personal

las tijeras

la crema

el secador

el esmalte de uñas

el maquillaje

**Acciones**

afeitarse

secarse las manos

bañarse

peinarse / cepillarse el pelo

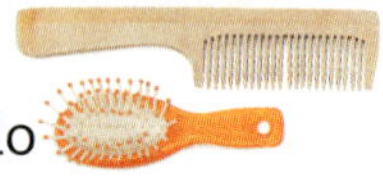

cortarse las uñas

pintarse los labios

lavarse

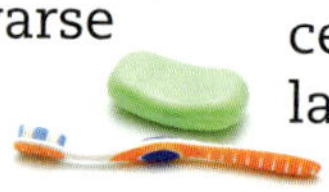
cepillarse los dientes / lavarse los dientes

## 27. Parejas lógicas

▶ **Une.** ¿Con qué objeto se relaciona cada acción?

| (A) | (B) |
|---|---|
| **1.** lavarse las manos | **a.** el champú |
| **2.** cepillarse el pelo | **b.** la pasta de dientes |
| **3.** secarse el pelo | **c.** la toalla |
| **4.** ducharse | **d.** el gel |
| **5.** lavarse el pelo | **e.** el cepillo |
| **6.** secarse las manos | **f.** el jabón |
| **7.** lavarse los dientes | **g.** el secador |

### 28. ¿Qué hago?

▶ **Representa** una acción relacionada con la higiene personal. Tus compañeros(as) tienen que adivinar cuál es.

Modelo *¡Te peinas!*

### 29. El horario de Diana

▶ **Escucha** y completa la tabla. ¿Qué hace Diana?

| De lunes a viernes | Los fines de semana |
|---|---|
| Se despierta temprano. | |
| | Desayuna. |
| Desayuna. | Se baña. |
| | |
| Se viste. | Se pone desodorante. |
| Se peina. | |
| | Se viste. |

▶ **Escribe** un texto comparando tu rutina y la rutina de Diana.

Modelo *De lunes a viernes Diana se despierta temprano, se ducha y desayuna. Yo también me despierto temprano, pero desayuno antes de ducharme.*

## CULTURA

# Los colegios mayores

Los colegios mayores son residencias para los estudiantes universitarios. Muchos dependen de la universidad, pero otros son autónomos (*independent*).

En las residencias suele haber dormitorios individuales y dobles. Normalmente tienen baño propio, pero a veces el cuarto de baño es compartido. Por lo general, ofrecen servicio de limpieza de las habitaciones y zonas comunes: cafetería, comedor, salas de estudio, gimnasio o piscina, etc.

**30. Compara.** ¿Dónde suelen alojarse los estudiantes universitarios en los Estados Unidos? ¿Cómo son los dormitorios y los baños: individuales o compartidos? ¿Cuáles te parecen mejores, las residencias españolas o las estadounidenses? ¿Por qué?

**I CAN** describe my daily routine and the personal-care products I use.

## Gramática

### Los adverbios en *-mente*

- Adverbs are words that express several circumstances:

  Place: **aquí** Manner: **bien** Quantity: **mucho** Time: **ayer** Frequency: **nunca**

  **Siempre** me cepillo los dientes después de comer.

- Words that express negation (**no**), affirmation (**sí**), or doubt (**quizás**) are also adverbs.

  Mi padre **no** se afeita todos los días.

### Adverbios en *–mente*

- In Spanish, many adverbs are formed from adjectives by adding the suffix **-mente** to the feminine singular form.

| | | |
|---|---|---|
| Adjectives ending in -o. | Change -o to -a and add -mente. | lento → lenta**mente** |
| Adjectives ending in -e or in a consonant. | Add -mente. | frecuente → frecuente**mente**<br>habitual → habitual**mente** |

- In many cases, the ending **-mente** means how one does an action (**cuidadosamente**, **rápidamente**, **alegremente**…). There are also some adverbs of frequency ending in **-mente** (**habitualmente**, **generalmente**, **normalmente**…).
- Some adjectives do not allow the formation of an adverb with **-mente**, like those that tell origin (**español**, **peruano**…) or those that describe physical or material qualities (**rojo**, **caro**…).
- When using a sequence of two or more adverbs, only add the ending **-mente** to the last one.

  Paco se afeita **lenta** y **cuidadosamente**.

**31. Compara.** ¿En inglés hay adverbios derivados de adjetivos, como los adverbios en **-mente**? ¿Cómo se forman en inglés?

**32. ¡Ayuda!**

▶ **Completa** estas oraciones con las formas correctas de los adverbios en *–mente*.

| |
|---|
| cuidadoso<br>fácil<br>lento<br>alegre<br>rápido<br>habitual |

1. Me gusta este maquillaje porque se aplica *fácilmente*.
2. Tess no suele hacer la tarea en casa. ________ va a la biblioteca.
3. Tim se arregla despacio, sin prisa. Él se viste ________.
4. Andy es muy deportista. Él corre ________.
5. Patricia tiene cuidado con el esmalte de uñas. Ella se pinta las uñas ________.
6. Mack se siente feliz por las mañanas. Se levanta ________.

## 33. ¿Encontraron la rana?

▶ **Completa** este texto con las formas correctas de los adverbios en *-mente*. Puede haber varias posibilidades.

| fácil | cuidadoso | rápido | amable | tranquilo | normal |
|---|---|---|---|---|---|

**Un día en Salamanca**

Rita se levantó temprano, se duchó y se arregló __1__. Diana se despertó más tarde. Se duchó y se lavó el pelo. __2__ ella se seca el pelo con el secador, pero ese día no lo hizo. Se peinó y se vistió __3__ y las dos bajaron a desayunar al comedor del hotel. Después de desayunar fueron a la universidad. Buscaron la rana de la fachada __4__, pero no pudieron encontrarla. La rana no se ve __5__ porque es muy pequeña. Un niño fue a ayudarlas __6__. ¿Crees que encontraron la rana?

▶ **Escucha** y comprueba los resultados.

## 34. ¿Con qué frecuencia?

▶ **Habla** con tu compañero(a). ¿Qué cosas hace habitualmente? ¿Con qué frecuencia?

Modelo A. *¿Con qué frecuencia te lavas el pelo?*
B. *Normalmente me lavo el pelo los fines de semana.*

**1.** lavarse el pelo
**2.** bañarse
**3.** maquillarse o afeitarse
**4.** cortarse las uñas
**5.** cepillarse los dientes
**6.** vestirse con ropa elegante

▶ **Organiza** los resultados en un gráfico. Indica la frecuencia de los hábitos de tu compañero(a).

## CULTURA

# La siesta

En muchos países latinos existía la costumbre de dormir la siesta, es decir, dormir unos minutos después de almorzar. Algunos relacionan esta costumbre con el clima: era (*it was*) necesario dejar de (*stop*) trabajar por el calor. Hoy en día, la costumbre se observa menos, especialmente en las ciudades grandes. Sin embargo, un vestigio de la siesta es el horario de trabajo: algunas empresas cierran entre las 2 y las 5 de la tarde.

Ramon Martí i Alsina. *La siesta*

**35. Explica.** ¿Crees que es una buena idea dormir la siesta? ¿Tienes algún momento de descanso durante el día?

**I CAN** describe how and when an action is done.

## Comunicación

### 36. ¡Mi horario cambió!

▶ **Escucha** y completa una tabla como esta. ¿A qué hora hace estas actividades Diana en España? ¿Y en los Estados Unidos?

| | En España | En los Estados Unidos |
|---|---|---|
| **1.** levantarse | A las ocho. | |
| **2.** desayunar | | |
| **3.** almorzar | | |
| **4.** dormir la siesta | | |
| **5.** acostarse | | |

▶ **Escribe** un texto con la información anterior.

**Modelo** *En España Diana se despierta a las ocho. Pero en los Estados Unidos ella se despierta a las…*

▶ **Compara** el horario de Diana en España con el tuyo. Usa un gráfico para organizar tu trabajo y después coméntalo con tu compañero(a).

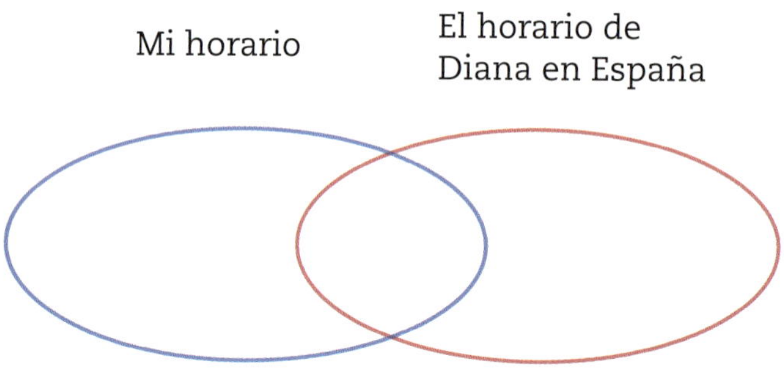


### 37. ¡Cómpraselo hoy!

▶ **Crea** con tu compañero(a) un anuncio para un producto de higiene personal. Su anuncio debe incluir:

- una imagen del producto
- un eslogan creativo
- una lista con viñetas (*bullets*) de tres frases que comuniquen lo maravilloso que es su producto
- dos adverbios en *-mente*

# Final del desafío

## 38. ¿Dónde está escondida la rana?

▶ **Lee** el diálogo y decide cuál de los adverbios completa cada oración.

| | |
|---|---|
| **1. a.** pacientemente | **b.** inmediatamente |
| **2. a.** difícilmente | **b.** cuidadosamente |
| **3. a.** lentamente | **b.** justamente |

▶ **Corrige** estas afirmaciones (*statements*) falsas sobre el diálogo.

**1.** Es fácil encontrar la rana porque es bastante grande.
**2.** La rana es de cristal muy fino.
**3.** Para ver la rana, hay que examinar las caras de la fachada del edificio.
**4.** Rita y Diana nunca ven la rana y están desilusionadas (*disappointed*).

▶ **Habla.** Imagina que vas a viajar a Salamanca pero con tu mochila pequeña, puedes llevar solamente cuatro productos personales. Decide qué productos son necesarios y explica por qué.

**Modelo** *Tengo que llevar la crema solar porque frecuentemente hace sol en Salamanca.*

**I CAN** express the steps of a daily routine and compare it to that of a peer.

**Goal:** to talk about illness and health care

# Los encierros de Pamplona

## Punto de partida

▶ **Observa.** Tim and Mack always suspected they were given the most difficult challenges. This time is no different. Our friends will have to show their bravery by running in front of a herd of bulls along the streets of Pamplona during the *sanfermines*.

Continuará...

### 39. Recordar

▶ **Completa** estas oraciones.

**1.** ¿__________ qué estamos en los sanfermines?
**2.** ¿__________ qué siempre tenemos los desafíos más difíciles?
**3.** __________ ti, el desafío va a ser fácil.
**4.** Tim está listo __________ correr.
**5.** ¿__________ dónde salen los toros?
**6.** Los toros salen __________ esa calle a las ocho.

## 40. Interpretar

**Decide** si estas oraciones son ciertas o falsas. Si son falsas, corrígelas.

1. Tim y su abuelo tienen que grabar la fiesta de los sanfermines.
2. Tim piensa que es un desafío fácil.
3. Tim no quiere correr delante de los toros.
4. Los toros salen a las nueve de la mañana.
5. En los sanfermines, los toros corren por la calle.
6. Tim tiene un pequeño accidente.

## 41. Comprender

**Escucha** el mensaje de Tim y elige la respuesta más apropiada.

1. Tim está en la ciudad de...
   **a.** Barcelona **b.** Pamplona **c.** Sevilla
2. Tim piensa que su desafío es...
   **a.** fácil **b.** divertido **c.** peligroso
3. Tim cree que con este desafío puede terminar en...
   **a.** una calle **b.** un hospital **c.** un café
4. Tim opina que su abuelo está...
   **a.** enfermo **b.** aburrido **c.** loco

## CULTURA

# Los sanfermines

Los sanfermines es el nombre popular de las fiestas de San Fermín que se celebran del 6 al 14 de julio en Pamplona, la capital de la Comunidad Foral de Navarra, al norte de España.

La actividad más famosa de estas fiestas son los encierros. Cada día, a las ocho de la mañana, cientos de personas corren delante de seis toros por las calles de Pamplona hasta llegar a la plaza de toros. Es una actividad muy peligrosa y a veces hay accidentes muy graves.

**Un encierro en Pamplona**

**42. Piensa y explica.** ¿Sabes algo más sobre los sanfermines? ¿Qué opinas de los encierros y las corridas (*bullfights*)? ¿Hay alguna celebración similar en tu país?

**TU DESAFÍO** Busca información en Internet sobre el origen de los sanfermines.

**I CAN** demonstrate understanding of a dialogue set at the San Fermín festival in Spain.

## Vocabulario

### La salud: síntomas y enfermedades

**Remedios**

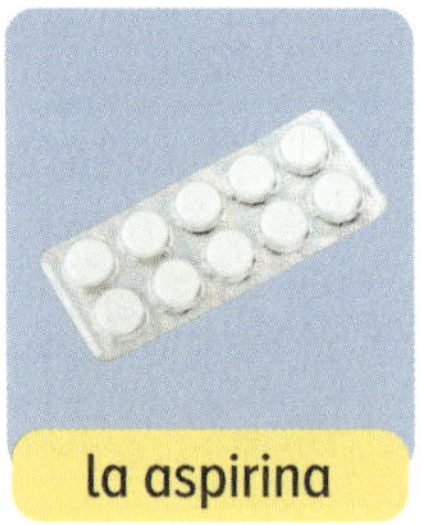


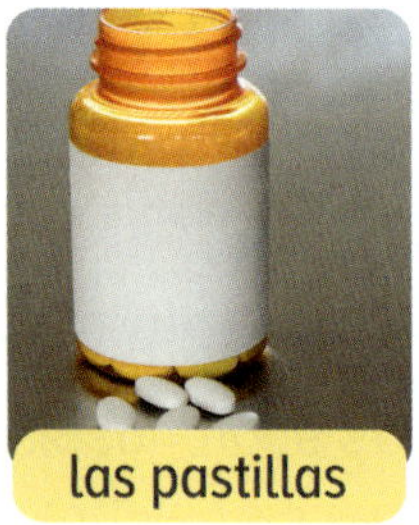

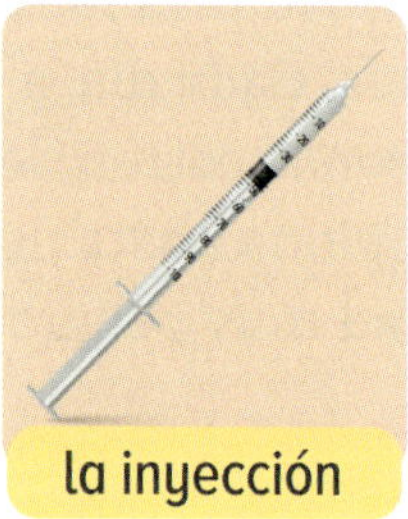

### 43. ¿Qué enfermedad es?

▶ **Escucha** a tres pacientes. ¿Qué enfermedad tiene cada uno?

catarro gripe alergia

### 44. Enfermedades y más enfermedades

▶ **Escucha** y relaciona cada oración con el dibujo correspondiente.

▶ **Completa** estas oraciones. Después, escucha otra vez y comprueba los resultados.

**1.** Tengo que ir al dentista (*dentist*), me ___duele / duelen___ las muelas.

**2.** Yo tengo gripe. Toso y me ___duele / duelen___ mucho la garganta.

**3.** Me ___pica / pican___ los brazos y las piernas porque tengo alergia.

**4.** Tengo catarro. Estornudo mucho y me ___pica / pican___ la nariz.

### 45. ¡Ay... doctor!

▶ **Habla** con tu compañero(a). Tú eres médico(a) y tu compañero(a) es un(a) paciente. Decide qué remedio es mejor para cada enfermedad.

Modelo

Doctora, me duele mucho la cabeza.

Tome estas pastillas.

**Problemas**
dolor de cabeza
tos
dolor de garganta
gripe
dolor de tobillo
catarro
dolor de oídos

**Remedios**
tomar una aspirina
tomar un jarabe
tomar unas pastillas
poner una inyección
poner una venda

## COMPARACIONES

## La Seguridad Social

En España hay hospitales y clínicas privados, pero también hay un sistema público que garantiza la atención sanitaria (*health care*) de todos los ciudadanos.

Los pacientes pueden acudir a un centro de salud o, si es necesario, al servicio de urgencias (*emergency*) de los hospitales.

**46. Compara.** ¿Cómo funciona el sistema sanitario en tu estado?

**I CAN** describe symptoms of common illnesses and remedies.

## Gramática

### *Por y para*

- **Por** and **para** can usually be translated as *for* in English, but they also have other meanings in Spanish.

#### Usos de *por*

- **Por** may be used to express the following:

| | |
|---|---|
| cause or reason | No me puedo concentrar **por** el dolor de cabeza. |
| time periods during the day | Tomo este jarabe **por** las mañanas. |
| approximate time | Siempre tengo exámenes **por** Navidad. |
| approximate place | ¿Hay una farmacia **por** aquí? |
| movement within an area | Los toros pasan **por** esa calle. |

#### Usos de *para*

- **Para** may be used to express the following:

| | |
|---|---|
| purpose | Este medicamento es **para** curar su enfermedad. |
| recipient of an action | La inyección es **para** Tim. |
| opinion | **Para** mí, este médico es muy bueno. |
| movement toward a place | Mack y Tim van **para** la clínica. |
| deadline | La cita es **para** mañana. |

**47. Compara.** ¿A qué preposiciones equivalen **por** y **para** en inglés?

### 48. ¿Por o para?

▶ **Completa** estas oraciones.

1. Tienes que tomar estas pastillas ________ la noche.
2. La tarea de Ciencias es ________ mañana.
3. Me gusta pasear ________ el centro de la ciudad.
4. Las aspirinas son ________ el dolor de cabeza.
5. Mañana salgo ________ Madrid.
6. Este regalo es ________ mi hermano.
7. Hay un hospital ________ el centro de la ciudad.
8. No entiendo ________ qué te da miedo ir al médico.

## 49. Instrucciones

▶ **Completa** las instrucciones de este medicamento con *por* o *para*.

Lea estas instrucciones antes de tomar el medicamento.

ALERGÍN

**Indicaciones:** Alergín es un medicamento __1__ aliviar los problemas causados __2__ la alergia.

**Uso:** Tome este medicamento dos veces al día: una __3__ la mañana y otra __4__ la noche antes de acostarse. Puede tomarlo después de las comidas __5__ evitar posibles dolores de estómago.

**Advertencias:** Alergín no está indicado __6__ mujeres embarazadas (*pregnant*). No tome este medicamento más de dos semanas. Si los síntomas continúan, consulte con su médico.

## 50. Tus experiencias

▶ **Responde** a estas preguntas. Usa *por* y *para*.

1. ¿Caminas mucho? ¿Por dónde paseas?
2. Para ti, ¿cuál es el mejor deporte?
3. ¿En qué momento del día prefieres practicar deporte?
4. ¿Tomas medicamentos alguna vez? ¿Para qué?

## 51. Para sentirse mejor

▶ **Habla** con tu compañero(a). ¿Qué cosas haces para sentirte bien? ¿Por qué?

Modelo A. *¿Comes muchas frutas y verduras?*
B. *Claro que sí. Para sentirse bien es importante comer frutas y verduras.*

## COMPARACIONES

# Los medicamentos

En España los medicamentos se venden exclusivamente en las farmacias. Es fácil identificarlas porque normalmente tienen una cruz (*cross*) de color verde en la puerta.

Muchos medicamentos se pueden comprar directamente, pero otros solo se venden con una receta (*prescription*) del médico. Los medicamentos se venden envasados. Normalmente hay que comprar el envase (*pack*) completo; no se puede comprar solo la dosis justa, como en otros países.

**52. Compara.** ¿Dónde se venden los medicamentos en tu país? ¿Se puede comprar la dosis justa? ¿Siempre es necesario llevar una receta del médico?

**I CAN** express the cause, approximate time and place, purpose, or destination of an action.

## Comunicación

### 53. ¡Qué noche!

▶ **Lee** el mensaje de Tim y responde a las preguntas.

Mensaje nuevo

Para:

Asunto:

Querida mamá:

Pamplona es fascinante. Esta semana celebran los sanfermines, una fiesta popular muy famosa en todo el mundo. Pero no todo son buenas noticias...

Anoche el abuelo y yo fuimos a un restaurante. ¡La cena fue deliciosa! Pero después de cenar los dos nos pusimos enfermos. Fuimos a una clínica y la médica nos dijo que tuvimos una alergia al pescado. Nos puso una inyección y nos dio un jarabe y unas pastillas para el abuelo. Hoy estamos mejor.

Mañana te escribo y te cuento más cosas. Te quiero mucho. Un beso.

Tim

1. ¿Cuándo se pusieron enfermos Tim y su abuelo?
2. ¿Fueron a ver a un médico?
3. ¿Por qué se sintieron mal?
4. ¿Qué le dio el doctor a Tim para sentirse mejor? ¿Y a Mack?
5. ¿Cómo se sienten ahora?

### 54. ¿Por qué?

▶ **Representa.** Mack quiere hacer muchas cosas en Pamplona, pero Tim le da excusas para no hacerlas. Con tu compañero(a), improvisa un diálogo entre Mack y Tim.

| Ideas de Mack | Excusas de Tim |
|---|---|
| **1.** correr delante de los toros | **a.** dolor de oídos |
| **2.** probar una comida típica | **b.** tener gripe |
| **3.** salir de fiesta | **c.** dolor de rodillas |
| **4.** ir a bailar | **d.** dolor de espalda |
| **5.** ir a un concierto | **e.** tener alergia a una comida |

**Modelo**

Tim, quiero correr delante de los toros.

Lo siento abuelo, yo no puedo correr. Me duele una rodilla.

# Final del desafío

## 55. ¿Correr o no correr?

▶ **Completa** la conversación con *por* o *para*.

**MÉDICA:** Toma aspirinas ___1___ el dolor. Tienes que tomar una ___2___ la mañana, otra ___3___ la tarde y otra ___4___ la noche.

**TIM:** ¡Pero mañana tengo que correr en el encierro con mi abuelo! Es una experiencia emocionante...

**MÉDICA:** ¡Olvídalo, chico! ___5___ mañana no vas a poder caminar y mucho menos correr.

**TIM:** Ay, no, doctora, ___6___ favor. Usted no entiende lo importante...

**MACK:** Tranquilo, Tim. Corro yo solo.

▶ **Escribe** con dos compañeros(as) las próximas líneas de la conversación entre la médica, Tim y Mack. ¿Qué le recomienda la médica a Tim? ¿Y a Mack? ¿Qué tiene que hacer Mack para mañana antes de participar en el encierro?

**Modelo** **TIM:** *Bueno, pero yo voy a estar por allí para tomar fotos.*
**MÉDICA:** *No, quédate en la cama para descansar, Tim...*

▶ **Representa** la escena en clase. Cada persona de tu grupo hace el papel de uno de los tres personajes.

**I CAN** describe maladies and health care in my own and other cultures.

DESAFÍO 4

**Goal:** to give recommendations for healthy habits

# Gazpacho para todos

## Punto de partida

▶ **Observa.** Andy and Janet went to Madrid for a quick visit. Now they are flying low in the AVE, a bullet train, on their way to Seville, where they must buy enough *gazpacho* for all their friends.

Continuará...

### 56. Reconocer

▶ **Completa** estas oraciones con un verbo.

1. ________ ofrecer una dieta equilibrada a nuestros viajeros.
2. ________ localizar el mejor gazpacho de Sevilla.
3. ________ que ir por allí.
4. ________ subir a esa torre.
5. ________ que cumplir la misión.

## 57. Comprender

▶ **Responde** a estas preguntas con oraciones completas.

1. ¿Cómo es el tipo de comida que ofrecen en el AVE?
2. ¿Qué tienen que hacer Andy y Janet en Sevilla?
3. ¿Qué ven Andy y Janet desde la torre?
4. ¿Adónde van cuando salen de la torre?

## 58. Identificar

▶ **Escucha** las conversaciones y relaciónalas con estas fotos.

A

El AVE

B

Restaurante en Sevilla

C

La Giralda

## 59. ¡Vamos a comer!

▶ **Escribe.** Andy y Janet entran en un restaurante para comprar gazpacho. Escribe con dos compañeros(as) su diálogo con el mesero. Después, represéntenlo para la clase.

Modelo A. *Buenos días. ¿Qué desean?*
B. *Hola. Queremos comprar gazpacho para nuestros amigos.*

## CULTURA

# El gazpacho andaluz

El gazpacho es una sopa fría que se prepara con tomates frescos, pan, cebolla, pepino, pimiento, ajo, aceite de oliva, vinagre y sal. Es un plato típico de Andalucía, pero se come en toda España, especialmente en verano.

**60. Piensa.** ¿Cómo influye el clima en la dieta? ¿Puedes poner algunos ejemplos? ¿Conoces algún plato similar al gazpacho en tu cultura?

**TU DESAFÍO** Busca y trae a clase una receta fácil para gazpacho. ¿Te parece un plato saludable?

**I CAN** demonstrate understanding of a dialogue about an experience in Seville, Spain.

## Vocabulario

### Hábitos saludables

Ellos **patinan** y **montan en bicicleta** regularmente para **estar en forma**.

A él le gusta **meditar** y **practicar yoga** para **mantenerse sano**.

- beber agua
- comer bien
- cuidarse
- descansar
- hacer deporte / hacer ejercicio

### 61. ¿Bueno o malo?

▶ **Habla** con tu compañero(a). ¿Estos hábitos son saludables o son malos hábitos?

1. Beber dos litros de refresco al día.
2. Hacer ejercicio una vez al año.
3. Practicar un deporte regularmente.
4. Seguir una dieta equilibrada.
5. Caminar o correr todos los días.

### 62. Para estar en forma

▶ **Escribe** una lista de todo lo que haces para estar en forma.

Modelo *Juego al tenis los fines de semana...*

▶ **Habla** con tus compañeros(as). ¿Tienen listas similares?

## 63. Un cuestionario

▶ **Lee** este cuestionario y elige el título más apropiado.

¿Llevas una vida sana? | El deporte y tú | ¿Eres un buen cocinero?

1. ¿Practicas algún deporte?
   Sí, todos los días.
   Sí, frecuentemente.
   Sí, a veces.
   No, nunca.
2. ¿Caminas todos los días una hora?
   Sí.
   No.
3. ¿Comes frutas y verduras cada día?
   Sí.
   No.
4. ¿Bebes, al menos, un litro de agua al día?
   Sí.
   No.
5. ¿Comes dulces?
   Sí, todos los días.
   Sí, frecuentemente.
   Sí, a veces.
   No, nunca.
6. ¿Duermes las horas necesarias?
   Sí.
   No.
7. ¿Vas al médico regularmente?
   Sí.
   No.
8. ¿Te pones enfermo(a) a menudo?
   Sí.
   No.

▶ **Escribe** dos preguntas más para el cuestionario. Después, complétalo.

▶ **Habla** con tu compañero(a). Hazle el cuestionario y toma nota de sus respuestas. ¿Crees que lleva una vida saludable? ¿Por qué?

Modelo *Pienso que llevas una vida muy saludable porque haces ejercicio y...*

## COMUNIDADES

# Los hábitos de los españoles

España produce una abundancia de verduras y frutas frescas durante todo el año por su clima templado y su topografía variada. A pesar de eso, los españoles tienden a (*tend to*) consumir por lo menos (*at least*) dos porciones de verduras y una porción de fruta al día – menos de lo que les recomiendan los expertos en nutrición.

Los productos más consumidos son: (verduras) el tomate, la cebolla y el pimiento; (frutas) la naranja, el plátano y la manzana.

**64. Compara.** ¿Cuántas porciones de verduras y frutas debes consumir por día? En tu región o estado, ¿cuáles son los productos frescos más populares?

**I CAN** identify healthy eating and lifestyle habits.

## Gramática

### Hacer recomendaciones

*Hay que y tener que*

- To make recommendations and to express obligation, use these structures:

  **hay que** + infinitivo    **tener que** + infinitivo

- **Hay que** is used in impersonal expressions and does not change form.

  **Hay que** tomar vitaminas.

- **Tener que** is used to say that someone in particular must do something. In this expression, you must conjugate the verb **tener** to make it agree with the subject.

  Javier **tiene que** comer más.    Yo **tengo que** cuidarme.

**Otras estructuras**

- The following expressions are also used to express obligation and to make recommendations. The verbs must agree with their subjects:

| | |
|---|---|
| **deber** + infinitivo | No **debes** beber muchos refrescos. |
| **necesitar** + infinitivo | **Necesitas** hacer más ejercicio. |
| **poder** + infinitivo | **Puedes** hacer yoga para relajarte. |

**65. Compara.** Algunas estructuras sirven para expresar obligación y para hacer recomendaciones. ¿Cómo distingues entre una orden y una recomendación en español? ¿Y en inglés?

### 66. Recomendaciones

▶ **Escucha** y completa estas recomendaciones de un médico.

1. Tim, tú ________ correr por las mañanas. Es un buen ejercicio.
2. Diana, tú ________ comer de forma más saludable.
3. Mack, ________ comer menos y hacer más ejercicio.
4. Janet, ________ caminar una hora todos los días para estar en forma.
5. Andy, tú ________ nadar. Es un ejercicio excelente.
6. Rita, tú ________ hacer yoga o practicar algún deporte para estar en forma.

▶ **Escribe** las recomendaciones anteriores usando otras estructuras.

Modelo 1. *Tim, tú tienes que correr por las mañanas. Es un buen ejercicio.*

## 67. Buenos consejos

▶ **Escribe** recomendaciones para estas personas.

Modelo 1. *Mary puede tomar vitaminas, fruta y jugos naturales.*

1 
Mary está muy cansada.

2 
Peter está nervioso.

3 
Tom quiere estar más fuerte.

4 
Anne no sabe qué deporte practicar.

## 68. Para estar en forma

▶ **Escribe** cuatro preguntas sobre hábitos saludables. Después, entrevista a tus compañeros(as) y toma nota de sus respuestas.

Modelo *William, ¿tú haces ejercicio?*

▶ **Haz** una lista de recomendaciones para tus compañeros(as) y preséntala a la clase.

Modelo *William debe practicar algún deporte.*

## CONEXIONES: SALUD

# La dieta mediterránea

La dieta mediterránea es propia de los países del Mediterráneo: España, Italia, Grecia... Su origen es muy antiguo y está muy relacionada con la forma de vida de estos pueblos.

Es una dieta equilibrada y muy variada. Se basa en el consumo de aceite de oliva y de productos frescos y de temporada (principalmente vegetales), y en un consumo menor de pescado y marisco, carne, huevos y productos lácteos. Además, la dieta se complementa con ejercicio moderado.

**69. Piensa y explica.** ¿Cuál es la relación entre la dieta típica de una región y su estilo de vida?

**TU DESAFÍO** Busca información en Internet para aprender más sobre la dieta mediterránea.

**I CAN** express recommendations using simple phrases and structures.

## Comunicación

### 70. A cada uno, su dieta

▶ **Escribe y habla.** Mira esta tabla y elabora una dieta ideal para tu compañero(a). Después, hazle las recomendaciones necesarias.

**Modelo** *Por la mañana debes desayunar cereales con leche y una manzana.*

| Alimentos | Frecuencia |
|---|---|
| Papas, cereales, pan, pasta, arroz | Todos los días (de 4 a 6 raciones) |
| Fruta y verdura | Todos los días (de 3 a 4 raciones) |
| Leche, queso, yogur | Todos los días (de 2 a 3 raciones) |
| Pescado, carne, pollo, huevos | 3 o 4 veces por semana |
| Refrescos, dulces, postres | Ocasionalmente |

### 71. Janet está enferma

▶ **Escucha y decide.** ¿Qué recomendaciones le hace el médico a Janet?

1. Hacer ejercicio.
2. Beber mucha agua.
3. Descansar.
4. Comer bien.
5. Tomar medicamentos.

### 72. La mala vida

▶ **Lee** el mensaje de Andy y respóndele. ¿Qué recomendaciones puedes darle?

Mi amigo Peter tiene muchos problemas. Siempre está cansado porque se acuesta muy tarde y no saca buenas notas porque no estudia, no hace la tarea y siempre está pensando en otras cosas durante la clase.

Creo que Peter no se encuentra bien porque no sigue una dieta equilibrada y tampoco hace ejercicio. Su hermano dice que tiene una bicicleta en casa, pero no la usa. ¿Puedes darme algunas recomendaciones para él? Gracias.

**Modelo** *Querido Andy, tu amigo Peter tiene que escuchar al profesor y estudiar más...*

# Final del desafío

## 73. ¿Qué dice la chef? ¿Qué pasa después?

▶ **Ordena** los comentarios de la chef.

**a.** A mí me gusta sin sal, pero puedes hacerlo a tu gusto. ¡Pruébenlo!
**b.** Claro, es un plato típico de la dieta mediterránea. Es muy fresco y saludable.
**c.** Hay que poner tomate, pepino, cebolla, pimiento, ajo y un poco de aceite de oliva.

▶ **Habla y escribe.** ¡Qué desastre! Andy tiene un accidente y deja caer (*drops*) el gazpacho... ¡Y ahora el restaurante Don Gazpacho está cerrado! Con tu compañero(a), escribe recomendaciones para ayudar a Andy y a Janet a preparar un buen gazpacho y cumplir el desafío. Hay que incluir por lo menos cinco pasos.

**Modelo** A. *Andy, debes ir inmediatamente al supermercado para comprar tomates, ...*
B. *Y Janet, tienes que encontrar una receta...*

**I CAN** recommend healthy eating and lifestyle habits in my own and other cultures.

# TODO JUNTO

## 74. El burro enfermo

**Lee** la letra (*lyrics*) de una canción tradicional mexicana. Luego contesta las preguntas.

A mi burro, a mi burro
le duele la cabeza,
y el médico le ha puesto[1]
una gorrita negra,
una gorrita negra,
zapatito li, la, la, la
zapatito li, la

A mi burro, a mi burro
le duele la garganta,
y el médico le ha puesto
una corbata blanca,
una corbata blanca,
zapatito li, la, la, la
zapatito li, la

A mi burro, a mi burro
le duele el corazón,
y el médico le ha puesto
jarabe[2] de limón,
jarabe de limón,
zapatito li, la, la, la
zapatito li, la

1 *has put on him; has given him* 2 *syrup*

1. ¿Qué palabras se refieren a las partes del cuerpo? ¿Y a la ropa?
2. ¿Qué le duele al burro?
3. ¿Qué le recetó (*prescribed*) el médico al burro para tratar sus dolores?
4. ¿Crees que las recetas van a curar al burro? ¿Qué le recetarías tú (*would you prescribe*)?

## 75. Buenas recomendaciones

**Lee** estas recomendaciones para una página web. ¿A qué categoría corresponde cada una?

1. Hay que visitar al médico una vez al año.
2. Debes cepillarte los dientes frecuentemente.
3. Necesitas beber al menos un litro de agua al día.

**vidasaludable.com**

Ayúdanos a elaborar una guía saludable. Envíanos sugerencias sobre estos temas:

**HIGIENE PERSONAL**

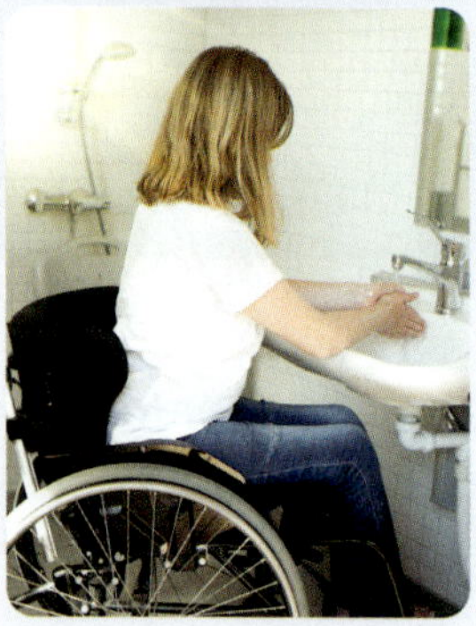

**SALUD**

**DIETA**

Participa y entra en el sorteo de un fin de semana en un balneario. ***¡Anímate!***

**Escribe** otras recomendaciones para cada categoría.

**Habla** con tus compañeros(as). Elijan las diez mejores recomendaciones.

### 76. Unos apuntes errados

▶ **Escribe.** Tim lee unos apuntes que tomó en clase, ¡pero hay errores! Decide si estas oraciones son ciertas o falsas. Después, corrige las oraciones falsas.

1. El codo, las pestañas y las cejas son partes de la cara.
2. Necesitas cortarte las uñas cada día.
3. Para cuidar el pelo hay que usar un buen desodorante.
4. Puedes usar crema para la cara y para el cuerpo.
5. Hay que lavarse los dientes todos los días.

### 77. Encuentra las diferencias

▶ **Escucha.** Andy y Janet hablan mientras caminan por Sevilla. Escúchalos y escribe las diferencias entre lo que dicen y esta ilustración.

Modelo 1. *Andy dice que hay una chica patinando, pero en el dibujo está corriendo.*

## UN CHIN DE...

### 78. Un chin de gripe

▶ **Infiere y elige.** ¿A qué se refiere Laura cuando dice que Adriana tiene catarro?

a. Se refiere a que Adriana está gravemente enferma y deben llevarla al hospital.
b. Se refiere a que Adriana tiene una gripe suave y debe descansar.
c. Se refiere a que Adriana tiene fiebre.

▶ **Ve y escribe.** Mira el video e identifica los síntomas de catarro que tiene Adriana.

▶ **Escribe.** ¿Tu familia tiene un remedio especial para la gripe? ¿Cómo son los remedios y jarabes que te dan cuando te enfermas?

# En el Monasterio de la Rábida

The teams gather in front of the *Monasterio de la Rábida*, where Christopher Columbus stayed before persuading the Spanish King and Queen to finance his expedition. Did all the teams succeed in their assignments?

### 79. ¿Tuvieron todos éxito?

▶ **Piensa.** Cada equipo presenta una foto de su desafío. Escribe una oración que resuma cada desafío. Tus oraciones van a servir de pies de foto (*photo captions*).

# Asociación Parkinson Alicante

## 80. Preparación

**Contesta** estas preguntas antes de ver el video.

1. ¿Conoces alguna ONG (organización no gubernamental)? ¿Cómo se llama? ¿Cuáles son algunas de sus actividades?
2. ¿Qué es un anuncio de servicio público? ¿Cuál es su propósito (*purpose*)?

### Una campaña de concientización

El objetivo de esta original y divertida campaña es informar y sensibilizar (*raise awareness*) a la sociedad sobre la enfermedad del Parkinson y el sufrimiento que causa a los que la padecen (*suffer from it*). Además de combatir la indiferencia, con esta campaña también esperan recaudar fondos (*raise funds*), ya que la Asociación Parkinson Alicante ha sido (*has been*) afectada por la crisis económica española, disminuyendo así el número de contribuciones monetarias.

Michael J. Fox, protagonista de la película *Teen Wolf*, padece Parkinson desde los 29 años.

### Vocabulario útil

| | |
|---|---|
| aullar | *to howl* |
| fallar | *to fail, to decrease* |
| el hombre lobo | *werewolf* |
| la lucha | *fight, battle* |
| la manada | *pack (of wolves)* |
| las subvenciones | *subsidies* |
| temblar (ie) | *to tremble, shake* |

## 81. Escoger

**Elige** la opción correcta.

1. Las ___subvenciones / peticiones___ a la asociación estaban fallando.
2. La asociación decidió inventar una ___pastilla / causa___ para el Parkinson.
3. Michael J. Fox hizo el papel de un hombre ___lobo / araña___ y tiene Parkinson.
4. La forma para llegar a todo el mundo es ___cantar / aullar___ lo más fuerte (*loud*) posible.

## 82. Aplicar y ampliar

**Crea.** Con tus compañeros(as), hagan una lista de ideas para una campaña publicitaria que promocione una ONG. Su organización puede ser real o ficticia. Luego, escriban el guion (*script*) para un anuncio de servicio público.

# España y el Mediterráneo

**Nacionalidades**
España → español(a)

España está situada al suroeste de Europa, entre el océano Atlántico y el mar Mediterráneo. Su territorio comprende la mayor parte de la península Ibérica, las islas Baleares, las islas Canarias y las ciudades de Ceuta y Melilla, situadas en el norte de África. La capital de España es Madrid.

España es un país mediterráneo y comparte muchos rasgos culturales con otros países mediterráneos de origen latino, como Francia o Italia.

## 83. Conoce España

▶ **Escribe.** Observa el mapa y relaciona las ciudades según su situación.

Modelo *Madrid está al norte de Toledo.*

**1.** Salamanca – Santiago de Compostela
**2.** Barcelona – Valencia
**3.** Bilbao – Santander
**4.** Toledo – Granada
**5.** Melilla – Ceuta

## 1. Paisaje mediterráneo

El este de la península ibérica es un área de clima mediterráneo, con temperaturas suaves y plantaciones de naranjas, limones, palmeras y olivos. La flor del naranjo se llama *azahar* y su perfume es típico en las calles de ciudades como Valencia.

(1) Flor de azahar

(2) Noche de San Juan (Alicante)

## 2. La Noche de San Juan

En muchos lugares de la costa mediterránea se celebra la Noche de San Juan. Esta fiesta tiene lugar el 24 de junio y coincide con la llegada del verano. Esa noche se encienden hogueras (*bonfires*) y algunas personas saltan por encima de las brasas (*embers*).

Existe la creencia de que la Noche de San Juan es mágica y se hacen algunos ritos para pedir deseos.

## 3. Las lenguas romances

España es la cuna del español. El español es una lengua de origen latino, como el portugués, el francés, el italiano o el rumano. El latín era la lengua que hablaban los antiguos romanos.

## 84. Las comunidades autónomas de España

▶ **Investiga.** Busca datos sobre una de las 17 comunidades autónomas de España. Luego, escribe un informe (*report*) breve para presentar la información a tus compañeros de clase.

- nombre oficial de la comunidad
- población
- ciudades importantes
- clima y topografía
- productos e industrias principales
- idiomas que se hablan
- fiestas importantes

**I CAN** recognize the relationship between geography and cultural products and practices in Spain.

**READING STRATEGY**

### Read descriptive texts

Descriptive texts present the characteristics of people, objects, or places, so that the reader can form a clear mental image of them.

The description can be **objective** (an accurate reflection of reality) or **subjective** (from the point of view of the writer). When the description is of a person, it is called a **portrait** (*retrato*).

The main language tools used in descriptive texts are **adjectives**—to express the qualities of what is described—and stylistic devices such as **comparisons** and **metaphors**.

Salvador Dalí. *Figura en una ventana*. 1925. Museo Nacional Centro de Arte Reina Sofía. Madrid

# Figura en una ventana,
## de Salvador Dalí

Uno de los cuadros más famosos de Salvador Dalí (1904–1989) es *Figura en una ventana*. Esta obra representa a una mujer de espaldas mirando el paisaje por la ventana. La joven es Ana María, la hermana del pintor. Está en la casa familiar de veraneo y el paisaje visto desde la ventana es la bahía de Cadaqués, en la costa mediterránea.

La muchacha tiene el pelo largo, recogido en la nuca, y está apoyada en la ventana. Como una escultura clásica, la joven contempla pensativa el mar y el horizonte. Su vestido, claro y ligero, dibuja su cuerpo. Las cortinas, azules y onduladas[1], enmarcan[2] la figura de la muchacha. No vemos su rostro, hay que imaginar su mirada tranquila y melancólica. Un cielo triste y un mar en calma entran serenamente por la ventana como una suave brisa.

*Figura en una ventana* es una pintura realista. A través de la muchacha, la ventana se abre al espectador; la joven nos introduce en el paisaje y nos invita a mirar más allá.

1. *wavy* 2. *frame*

## COMPRENSIÓN

### 85. ¿Qué sabes del cuadro?

▶ **Responde** a las siguientes preguntas.

1. ¿Quién pintó *Figura en una ventana*?
2. ¿Qué representa el cuadro?
3. ¿Quién es la mujer del cuadro?
4. ¿Dónde está la playa del cuadro?
5. ¿De qué estilo es esta pintura?

Salvador Dalí

## ESTRATEGIA Leer textos descriptivos

### 86. Tipos de descripción

▶ **Lee** otra vez el texto y escribe tres ejemplos de descripción objetiva y tres de descripción subjetiva.

Modelo

**Descripción objetiva:** *la obra representa a una mujer de espaldas*

**Descripción subjetiva:** *su mirada tranquila y melancólica*

### 87. Recursos para describir

▶ **Escribe** algunos recursos utilizados en el texto para describir el cuadro de Dalí.

| Adjetivos calificativos | Comparaciones y metáforas |
|---|---|
| | |

Teatro-Museo Dalí en Figueres, España

### 88. Tu texto descriptivo

▶ **Escribe** una descripción de una de las siguientes obras de Dalí.

- *Muchacha de espaldas*
- *Retrato de mi padre*
- *Retrato de Picasso*
- *El muchacho enfermo. Autorretrato en Cadaqués*

Usa el texto descriptivo del cuadro *Figura en una ventana* como modelo.

**I CAN** use strategies for reading descriptive texts in order to better comprehend a description of a painting by Salvador Dalí.

## Partes del cuerpo

| | |
|---|---|
| el brazo | *arm* |
| la cabeza | *head* |
| la cintura | *waist* |
| el codo | *elbow* |
| el cuello | *neck* |
| los dedos | *fingers, toes* |
| la espalda | *back* |
| el hombro | *shoulder* |
| la mano | *hand* |
| la muñeca | *wrist* |
| el pecho | *chest* |
| el pie | *foot* |
| la pierna | *leg* |
| la rodilla | *knee* |
| el tobillo | *ankle* |

### La cara

| | |
|---|---|
| la barbilla | *chin* |
| la boca | *mouth* |
| las cejas | *eyebrows* |
| los dientes | *teeth* |
| la frente | *forehead* |
| los labios | *lips* |
| las mejillas | *cheeks* |
| la nariz | *nose* |
| los ojos | *eyes* |
| las orejas | *ears* |
| las pestañas | *eyelashes* |

## La higiene personal

| | |
|---|---|
| el cepillo | *hairbrush* |
| el champú | *shampoo* |
| la crema | *moisturizing cream* |
| el esmalte de uñas | *nail polish* |
| el gel | *gel* |
| el jabón | *soap* |
| el maquillaje | *makeup* |
| la pasta de dientes | *toothpaste* |
| el secador | *hair dryer* |
| las tijeras | *scissors* |
| la toalla | *towel* |

### Acciones

| | |
|---|---|
| afeitarse | *to shave* |
| arreglarse | *to get ready* |
| bañarse | *to take a bath* |
| cepillarse | *to brush (one's hair, teeth)* |
| cortarse las uñas | *to cut one's nails* |
| ducharse | *to take a shower* |
| lavarse | *to wash (up)* |
| maquillarse | *to put makeup on* |
| peinarse | *to comb (one's hair)* |
| pintarse | *to put makeup on* |
| pintarse los labios | *to put lipstick on* |
| ponerse desodorante | *to put deodorant on* |
| secarse | *to dry (one's hands, face, hair)* |
| sudar | *to sweat* |

## La salud: síntomas y enfermedades

| | |
|---|---|
| la alergia | *allergy* |
| el catarro | *cold* |
| el dolor | *pain* |
| la fiebre | *fever* |
| la gripe | *flu* |
| la clínica | *clinic* |
| el hospital | *hospital* |
| el / la enfermero(a) | *nurse* |
| el / la médico(a) | *doctor* |
| el / la paciente | *patient* |

### Remedios

| | |
|---|---|
| la aspirina | *aspirin* |
| la inyección | *injection, shot* |
| el jarabe | *cough syrup* |
| la pastilla | *pill* |
| la venda | *bandage* |

| | |
|---|---|
| doler | *to hurt* |
| Me duele(n)… | *I have a …ache.* |
| estornudar | *to sneeze* |
| picar | *to itch* |
| toser | *to cough* |

## Hábitos saludables

| | |
|---|---|
| beber agua | *to drink water* |
| comer bien | *to eat well* |
| cuidarse | *to take care of oneself* |
| descansar | *to rest* |
| estar en forma | *to be in shape* |
| estar / mantenerse sano(a) | *to be / stay healthy* |
| hacer deporte | *to play sports* |
| hacer ejercicio | *to exercise* |
| meditar | *to meditate* |
| montar en bicicleta | *to ride a bicycle* |
| patinar | *to skate* |
| practicar yoga | *to do yoga* |
| seguir una dieta equilibrada | *to have a balanced diet* |
| tomar vitaminas | *to take vitamins* |

## DESAFÍO 1

**1. Partes del cuerpo.** Une cada acción con una parte del cuerpo.

**1.** hablar
**2.** dibujar
**3.** caminar
**4.** ver

**a.** las manos y los dedos
**b.** la boca
**c.** los ojos
**d.** las piernas y los pies

## DESAFÍO 2

**2. Una lista.** Clasifica estos hábitos de higiene.

cepillarse los dientes
cortarse las uñas
maquillarse o afeitarse
ducharse
secarse el pelo
ponerse crema
bañarse
peinarse
ponerse desodorante

| Una vez al mes | Una vez por semana | Todos los días |
|---|---|---|
| | | *cepillarse los dientes* |

## DESAFÍO 3

**3. ¿Cuál es la solución?** ¿Qué remedio les da el médico a estas personas?

Modelo Tengo tos. → *Tome un jarabe.*

**1.** Me duele el tobillo.

**2.** Tengo gripe.

**3.** Me duele la cabeza.

**4.** Tengo dolor de garganta.

## DESAFÍO 4

**4. ¡Tienes que cuidarte!** Decide qué hábito saludable es mejor para estas personas.

practicar yoga

descansar

montar en bicicleta

1

Pedro está muy cansado.

2

A Ana no le gusta ir al gimnasio.

3

A Silvia le gusta meditar.

## El participio (pág. 246)

**Participios regulares**

| | | |
|---|---|---|
| -ar verbs | Add the ending -ado. | pintar → pint**ado** |
| -er and -ir verbs | Add the ending -ido. | vestir → vest**ido** |

**Participios irregulares**

| | | | |
|---|---|---|---|
| abrir | abierto | morir | muerto |
| decir | dicho | poner | puesto |
| descubrir | descubierto | romper | roto |
| escribir | escrito | ver | visto |
| hacer | hecho | volver | vuelto |

## Los adverbios en *-mente* (pág. 254)

| | | |
|---|---|---|
| Adjectives ending in -o | Change -o to -a and add -mente. | lento → lenta**mente** |
| Adjectives ending in -e or in a consonant | Add -mente. | frecuente → frecuente**mente**<br>habitual → habitual**mente** |

## *Por y para* (pág. 262)

| Usos de *por* |
|---|
| cause or reason |
| time periods during the day |
| approximate time |
| approximate place |
| movement within an area |

| Usos de *para* |
|---|
| purpose |
| recipient of an action |
| opinion |
| movement toward a place |
| deadline |

## Hacer recomendaciones (pág. 270)

Hay que + infinitivo

Hay que beber más agua.

Tener que + infinitivo

Tienes que cuidarte.

Deber + infinitivo

Debes hacer ejercicio.

Necesitar + infinitivo

Necesitas comer bien.

Poder + infinitivo

Puedes tomar vitaminas.

## DESAFÍO 1

**5. ¡Todo terminado!** Responde a estas preguntas.

Modelo ¿Dónde está Miguel? (dormir en la sala)
→ *Miguel está dormido en la sala.*

1. ¿Dónde están sus tíos? (sentar en la cocina)
2. ¿En qué idioma está ese libro? (escribir en chino)
3. ¿Cómo están las tareas de la escuela? (hacer desde ayer)
4. ¿Cómo están los niños? (emocionar con la noticia)

## DESAFÍO 2

**6. ¿Cómo lo haces?** Completa estas oraciones.

fácil
habitual
cuidadoso

1. ________ me corto las uñas cada semana.
2. Este maquillaje es muy bueno, se aplica ________.
3. Mi madre se pinta las uñas tranquila y ________.

## DESAFÍO 3

**7. ¿Por qué? ¿Para qué?** Une las tres columnas y escribe oraciones completas.

| | | |
|---|---|---|
| **1.** Fui a la farmacia | | **a.** la calle Colombia. |
| **2.** La tarea de Ciencias es | por | **b.** comprar medicamentos. |
| **3.** El autobús no pasa | para | **c.** ver al médico. |
| **4.** Fueron al hospital | | **d.** mañana. |

## DESAFÍO 4

**8. Buenas recomendaciones.** Escribe oraciones completas usando estructuras para hacer recomendaciones. Usa los verbos *deber, poder, tener* y *necesitar.*

Modelo tú - beber dos litros de agua. → *Debes beber dos litros de agua.*

1. Sus padres – hacer deporte con frecuencia.
2. Nosotros – seguir una dieta equilibrada.
3. Tú – descansar más.
4. Berta – comer más fruta.

## CULTURA

**9. De viaje por España.** Responde a las siguientes preguntas.

1. ¿Qué sabes de Pablo Picasso?
2. ¿Dónde se celebran los sanfermines?
3. ¿Qué alimentos incluye la dieta mediterránea?

Una presentación sobre

# hábitos de alimentación

In the Mediterranean, people have a high life expectancy, exceeded only by Japan. This may be attributed to dietary and personal hygiene habits.

In this project you will analyze the food guide of the United States and the food guide of Mediterranean countries in order to prepare a comparison between them. You will present the results of your report in a poster.

## PASO 1 Analiza los hábitos de alimentación en los Estados Unidos

- In a small group, analyze the food guide of the United States. Look at the picture and answer the questions.
  - ¿Cuántos grupos componen el plato?
  - ¿Qué productos se deben comer con más frecuencia? ¿Y con menos frecuencia?
  - ¿Qué cantidad de proteínas hay que comer?
  - ¿Cuál es la proporción de lácteos adecuada?

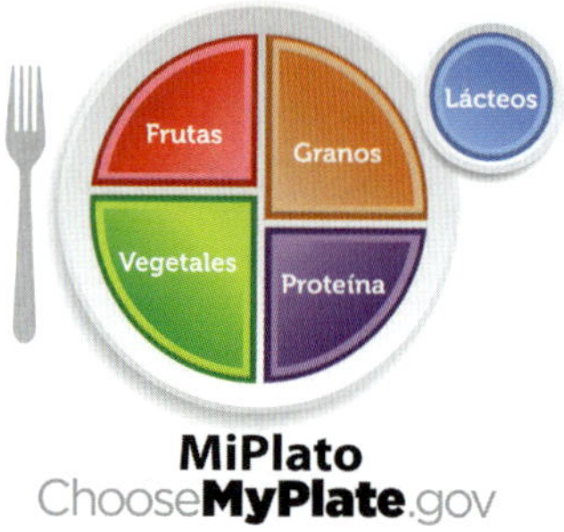


| VEGETALES | FRUTAS | GRANOS | LÁCTEOS | PROTEÍNAS |
|---|---|---|---|---|
| Consuma 2 1/2 tazas al día | Consuma 2 tazas al día | Consuma 6 onzas al día | Consuma 3 tazas al día | Consuma 5 1/2 onzas al día |

## PASO 2 Analiza los hábitos de alimentación en España y en el Mediterráneo

Fuente: Ministerio de Sanidad y Consumo (España)

- Look at the picture and answer the questions in order to analyze the food guide pyramid of Spain. You may wish to look up the *Pirámide NAOS* online.
  - ¿En cuántos grupos se divide la pirámide?
  - ¿Qué productos hay que comer con más frecuencia? ¿Y con menos frecuencia?
  - ¿Con qué frecuencia se debe comer carne?
  - Además de la alimentación, ¿qué otras recomendaciones incluye?

## PASO 3 **Compara los hábitos y escribe tu presentación**

- Based on your research and using your answers, compare the two food guides. Prepare a chart with the results of your comparison, including the similarities and differences.

**Guía de alimentación de los Estados Unidos**

**Rasgos diferenciales**
1. Cantidad de...
2. ...

**Rasgos comunes**
1. Cantidad de...

**Guía de alimentación de España**

**Rasgos diferenciales**
1. Cantidad de...

- Paste the chart with the comparison on a large piece of paper to display the results.

**Modelo**

*En la dieta mediterránea y en la dieta de los Estados Unidos hay rasgos comunes. Por ejemplo, las dos recomiendan comer muchos vegetales y frutas. También...*

## PASO 4 **Presenta tu trabajo**

- Create a poster to present your work to the class. Explain the results of your comparison.
- During each group's presentation, take notes about the things that you find most interesting and important, and talk to your classmates.

# Unidad 5
# Autoevaluación

Do the following activities to reflect on your progress toward this unit's goals.

### Communication

**a.** I can identify and describe people and parts of the body in my own and other cultures.

▶ Indicate what body parts you use when you swim, play baseball, and play chess.

**b.** I can talk about personal hygiene habits in my own and other cultures.

▶ Tell a classmate your morning and evening hygiene routines.

**c.** I can describe illnesses and health care in my own and other cultures.

▶ Describe your health and how you feel during each season of the year.

**d.** I can give recommendations about healthy eating and lifestyle habits in my own and other cultures.

▶ Tell a classmate three things you can do to live a healthy lifestyle.

### Intercultural Communication

**a.** I can identify cultural influences on health and hygiene practices and products in my own and other cultures.

**b.** I can interact with others in culturally appropriate ways in familiar situations regarding health care and healthy lifestyles.

**I CAN** interpret infographics about nutritional guidelines in Spanish culture and in my own culture.

**I CAN** compare and contrast dietary recommendations in a Mediterranean culture and in my own culture.

UNIDAD 6

# Caribe continental

## De viaje

**Essential Question:** How do advances in technology and travel encourage or discourage people to explore other cultures?

**AP* Themes & Contexts:**
**Contemporary Life:** Travel and Leisure
**Global Challenges:** Economic Issues

## IPA Goal

By the end of this unit, you will be able to write a travel blog entry about a trip to Colombia or Venezuela in which you describe your preparations for the trip and what you did while there.

**DESAFÍO 1:** **I can describe habits in the past related to travel in my own and other cultures.**

**Vocabulario**
Viajes y excursiones

**Gramática**
Describir en pasado. El imperfecto

**DESAFÍO 2:** **I can narrate past actions related to travel by air or train in my own and other cultures.**

**Vocabulario**
El tren y el avión

**Gramática**
Verbos irregulares en el pretérito. *Dar, poder, poner, querer, saber* y *venir*

**DESAFÍO 3:** **I can talk about car or bus travel experiences in the past in my own and other cultures.**

**Vocabulario**
El coche

**Gramática**
Narrar hechos pasados. El pretérito y el imperfecto

**DESAFÍO 4:** **I can tell anecdotes about past travel experiences in my own and other cultures.**

**Vocabulario**
El hotel. El banco

**Gramática**
Narrar y describir en pasado. El pretérito y el imperfecto

# En Cartagena de Indias

The teams gather at the plaza overlooking the *Torre del Reloj*, one of the entryways of Cartagena de Indias, a walled city in Colombia located on the Caribbean Sea. Our friends' tasks are kept in the mightiest military bastion ever built.

**Estrategia:** What cultural topics are present in the conversation? What do you already know that relates to these topics?

## 1. ¿Comprendes?

▶ **Une** las palabras con sus correspondientes definiciones.

| (A) | (B) |
|---|---|
| **1.** la maleta | **a.** Persona que trabaja en un hotel. |
| **2.** el / la recepcionista | **b.** Lugar donde organizan y venden viajes. |
| **3.** la oficina de turismo | **c.** Medio de transporte aéreo. |
| **4.** el avión | **d.** Lugar donde informan a turistas y visitantes. |
| **5.** la agencia de viajes | **e.** Objeto para llevar la ropa en un viaje. |

## EXPRESIONES ÚTILES

To make suggestions:

- ¿Vamos por los desafíos? (suggestion in question form)
- ¿Por qué no...?
- ¿Qué tal si...?

To accept suggestions:

- De acuerdo. Fenomenal.
- Perfecto. Estupendo.

To reject suggestions:

- No sé...
- Es que...

### 2. Expresiones

▶ **Escucha** y completa una tabla como esta.

| | ¿Qué sugieren? | ¿Acepta la sugerencia? |
|---|---|---|
| 1 | *Viajar en tren.* | *No. Prefiere viajar en coche.* |
| 2 | | |
| 3 | | |
| 4 | | |

### 3. ¿Qué tal si...?

▶ **Habla** con tu compañero(a). Hazle sugerencias y responde a las suyas.

Modelo A. *¿Por qué no nos alojamos en un camping?*
B. *No sé... Yo prefiero ir a un hotel. Es más cómodo.*

1 
viajar en coche

2 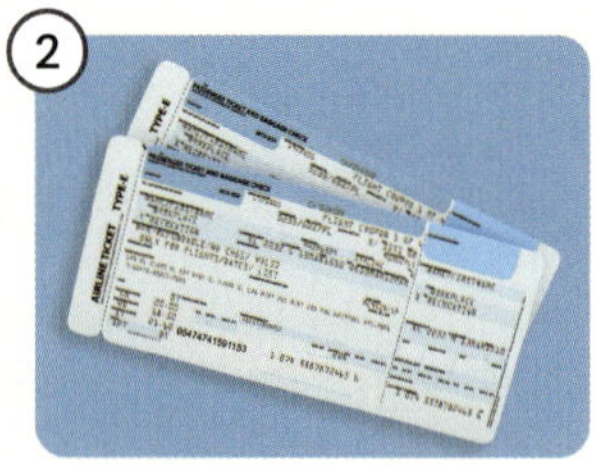
comprar boletos de ida y vuelta

3 
pedir un plano en la oficina de turismo

4 
cenar en el hotel

# ORTOGRAFÍA

**Mayúsculas y minúsculas**

- In both Spanish and English, the first letter of every sentence is capitalized.
  Los estudiantes llegaron al aeropuerto a las dos. Luego fueron al hotel.
- The first letter of all proper nouns (names of people, countries, cities, geographical features, etc.) is capitalized.
  Rubén Blades    Panamá    Colón    los Andes
- The first letter of the first word in titles of books, films, and works of art is generally capitalized, as well as the first letter of any proper names. In newspaper and magazine titles, the initial letter of each word is often capitalized.
  *Cien años de soledad*    *El País*    *Don Quijote de la Mancha*
- Titles associated with people are not capitalized unless they appear as the first word in a sentence or they are abbreviated.
  el presidente    don Francisco    la señora Ramos    la Sra. Vives
- The first letter of days, months, seasons, nationalities, and languages is not capitalized.
  lunes    marzo    primavera    español    japonés
- **Note:** Accent marks should be retained on capital letters. In practice, however, this rule is often ignored.
  Último    Álex    MENÚ    PERDÓN

## 4. Corrige los errores

▶ **Corrige** los errores causados por el mal uso de letras mayúsculas o minúsculas. ¡Ojo! Cada oración contiene dos errores.

1. El Señor Rodríguez habló con la Recepcionista del hotel.
2. La bandera Colombiana es amarilla, azul y roja y fue adoptada el 26 de Noviembre de 1861.
3. Don Hernán y Doña Lucía se casaron el 20 de Julio, el Día de la Independencia colombiana.
4. ¿Cuál de los periódicos (*newspapers*) venezolanos lees, *El nacional* o *El universal*?
5. Cuando las clases terminan, ¿Adónde quieres ir para pasar las vacaciones de Verano?

## 5. Una anécdota chistosa

▶ **Escribe** de nuevo el diálogo entre las dos serpientes empleando correctamente las letras mayúsculas.

**PEPITO:** profesor herrera, ¿es cierto que somos serpientes venenosas (*venomous*)?
**PROFESOR:** sí, pepito. es cierto.
**PEPITO:** ¡ay señor, qué mala noticia!
**PROFESOR:** pero, ¿por qué lloras, niño?
**PEPITO:** ¡porque me acabo de morder (*I just bit*) la lengua!

DESAFÍO 1

**Goal:** to describe past habits

# El tesoro más valioso de Colombia

## Punto de partida

▶ **Observa.** Tess and Patricia travel to Bogotá. They have to find El Dorado and take a picture of a golden raft. Will they find it?

Continuará...

### 6. Identificar

▶ **Completa** estas oraciones.

1. Antes siempre llevaba el ________ en la mano.
2. Patricia y Tess están en el ________ de El Dorado, en Bogotá.
3. Para ir a Guatavita hay que tomar un ________.
4. Patricia pide dos boletos de ________.

## 7. Comprender

**Responde** a estas preguntas.

1. ¿Cómo se llama el aeropuerto de Bogotá?
2. ¿Qué tienen que hacer Tess y Patricia en este desafío?
3. ¿Qué es El Dorado?
4. ¿Adónde viajan Tess y Patricia desde Bogotá?
5. ¿Cómo van hasta ese lugar?

## 8. Ampliar

**Escucha** y elige la opción correcta.

1. El viaje a Guatavita dura ________.
   **a.** una hora **b.** una hora y media **c.** tres horas
2. En Guatavita Tess y Patricia van a ver ________.
   **a.** una laguna **b.** una montaña **c.** un río
3. En Guatavita Tess quiere ________.
   **a.** pasear en barca **b.** nadar **c.** tomar fotos
4. Patricia quiere ________ por el pueblo.
   **a.** ir de compras **b.** montar a caballo **c.** dar un paseo
5. Tess y Patricia van a dormir ________.
   **a.** en Guatavita **b.** en Bogotá **c.** cerca de la laguna

## CULTURA

# La leyenda de El Dorado

El Dorado es un lugar mítico lleno de oro (*gold*). Durante muchos años, varias expediciones buscaron este lugar por la selva amazónica.

**Símbolo del jaguar. Museo del Oro (Bogotá)**

La leyenda de El Dorado tiene su origen en las ceremonias que los indígenas celebraban en la laguna de Guatavita, en los Andes colombianos. Los indígenas cubrían con oro el cuerpo del cacique, entraban en la laguna en una balsa (*raft*) y arrojaban (*threw*) piezas de oro y esmeraldas como ofrenda (*offering*) para los dioses. En la laguna de Guatavita se encontraron varias piezas de oro que hoy están en el Museo del Oro de Bogotá.

**9. Explica.** ¿Conoces otras leyendas sobre el oro? ¿De qué cultura se originan?

**TU DESAFÍO** Busca en línea más información sobre esta leyenda.

**I CAN** demonstrate understanding of a dialogue about travel in Colombia.

# DESAFÍO 1

## Vocabulario

### Viajes y excursiones

**Acciones**

salir | llegar | viajar | visitar | ir | volver

## 10. Planeando un viaje

▶ **Ordena** lógicamente los pasos que siguen Tess y Patricia para preparar su viaje.

**a.** Patricia hace las maletas.
**b.** Tess y Patricia hablan con un agente de viajes.
**c.** Tess y Patricia llegan a la estación de autobuses.
**d.** Tess y Patricia consultan las tarifas del viaje en un folleto.
**e.** Patricia paga los boletos.

## 11. El itinerario

▶ **Escucha** el mensaje que recibió Patricia y toma nota. Después, responde a estas preguntas.

1. ¿Quién es Antonio Guzmán?
2. ¿De qué ciudad salen Patricia y Tess?
3. ¿A qué lugar viajan?
4. ¿Qué día viajan?
5. ¿A qué hora sale el autobús?
6. ¿Cuál es la tarifa de los boletos?

## 12. Un viaje imaginario

▶ **Habla** y escribe. Tu compañero(a) y tú van a hacer un viaje. Toma notas de todos los detalles: ¿adónde van?, ¿cómo van?, ¿qué van a visitar?...

Modelo A. *¿Adónde vamos?*
B. *Podemos ir a Cartagena de Indias.*
A. *De acuerdo. ¿Vamos en avión o en autobús?*

▶ **Pregunta** a otros(as) compañeros(as) por su viaje y responde a sus preguntas.

Modelo

## CONEXIONES: CIENCIAS SOCIALES

# El aeropuerto internacional El Dorado

El aeropuerto internacional El Dorado es el más importante de Colombia y el tercer aeropuerto con mayor movimiento de pasajeros de Latinoamérica. Recibe vuelos de toda América y de los principales aeropuertos europeos.

Este aeropuerto está situado a 15 kilómetros de Bogotá. Se inauguró en 1959 y recibió su nombre por la famosa leyenda de El Dorado.

**13. Piensa y explica.** ¿Conoces el nombre de otro aeropuerto de Latinoamérica? ¿Cómo se nombran los aeropuertos en tu país?

**I CAN** ask and answer basic questions related to travel.

## Gramática

### Describir en pasado. El imperfecto

- We use the imperfect tense to talk about habitual actions or actions that happened repeatedly in the past.

  Cuando **tenía** un examen, Tess **estudiaba** mucho.

- There are only three irregular verbs in the imperfect tense: **ser**, **ir**, and **ver**. The other verbs are regular.

IMPERFECTO. VERBOS REGULARES

| | Viajar | Volver | Salir |
|---|---|---|---|
| yo | viajaba | volvía | salía |
| tú | viajabas | volvías | salías |
| usted, él, ella | viajaba | volvía | salía |
| nosotros, nosotras | viajábamos | volvíamos | salíamos |
| vosotros, vosotras | viajabais | volvíais | salíais |
| ustedes, ellos, ellas | viajaban | volvían | salían |

VERBOS IRREGULARES EN EL IMPERFECTO

| | Ser | Ir | Ver |
|---|---|---|---|
| yo | era | iba | veía |
| tú | eras | ibas | veías |
| usted, él, ella | era | iba | veía |
| nosotros, nosotras | éramos | íbamos | veíamos |
| vosotros, vosotras | erais | ibais | veíais |
| ustedes, ellos, ellas | eran | iban | veían |

### Expresiones temporales que se usan con el imperfecto

- Some expressions that indicate frequency, like **siempre**, **muchas veces**, **a menudo**, or **generalmente**, can be used with the imperfect. You can also use these other expressions with the imperfect to express that an action was habitual:

  antes
  entonces
  de pequeño(a)
  de niño(a)
  cuando era pequeño(a)
  cuando era joven

**14. Compara.** ¿Cómo se expresa en inglés la idea de acción habitual en el pasado?

### 15. Las costumbres de Tess

**Escucha** y decide. ¿Estas acciones de Tess corresponden al presente o al pasado?

**1.** hablar por teléfono con sus amigas
**2.** ver películas de acción
**3.** viajar mucho con Patricia
**4.** ir al parque con sus amigas
**5.** jugar al fútbol
**6.** ir de compras

## 16. Cuando eran pequeños

▶ **Escribe.** ¿Qué hacían los personajes durante sus vacaciones cuando eran niños(as)?

Modelo *Mack jugaba con coches.*

leer | montar | ver | jugar | ir

1

Diana

2

Tim

3

Andy

4

Tess

5

Rita

## 17. Unas vacaciones típicas

▶ **Escribe.** ¿Qué hacías en vacaciones cuando eras niño(a)?

**1.** ¿Adónde ibas?
**2.** ¿Con quién ibas?
**3.** ¿Qué llevabas?
**4.** ¿Qué hacías?
**5.** ¿A qué jugabas?

## CULTURA

# El Museo del Oro de Bogotá

El Museo del Oro de Bogotá tiene la mayor colección de orfebrería (*gold/silversmithing*) prehispánica del mundo. Allí se pueden ver objetos de oro, cerámica, piedra y textiles.

Una de las piezas más importantes del museo es una balsa de la cultura muisca que representa la ceremonia de El Dorado. Esta pieza apareció en 1969 en una cueva en Pasca junto a otros objetos de oro.

Balsa de oro.
Museo del Oro (Bogotá)

**18. Investiga.** ¿Cuáles son los artefactos típicos de las culturas norteamericanas que se pueden ver en un museo? ¿Son de oro, de cerámica, de madera, de tela (*cloth*)? ¿Qué revelan de las culturas que los fabricaron (*made*)?

**I CAN** express repeated or continuous actions in the past.

## Comunicación

### 19. Consejos de una agente

▶ **Escucha** y escribe los cinco consejos que da una agente de viajes a Tess y Patricia. ¿Son lógicos o ilógicos?

| Consejos | Lógico | Ilógico |
|---|---|---|
| 1. Hay que reservar el viaje con tiempo. | X | |

▶ **Corrige** los consejos ilógicos.

### 20. Dificultades con el desafío

▶ **Lee** los mensajes de Tess y su amiga Ana. Cambia cada infinitivo al imperfecto.

▶ **Responde** a estas preguntas.

1. ¿Dónde está Tess?
2. ¿Quiénes vivían en ese territorio en el pasado?
3. ¿Qué hacían durante sus ceremonias religiosas?
4. ¿Qué tienen que hacer Tess y Patricia en este desafío?

Oye, chica, ¿qué tal tu viaje a Colombia? ¿Es fantástico?

Hola, Ana. ¿Qué tal?

Pues, mamá y yo estamos en Guatavita buscando una balsa de oro para fotografiarla y no sabemos dónde está.

¿Una balsa de oro?

Sí. Es de la cultura muisca. Hasta ahora, mamá y yo no (1. saber) mucho de la cultura muisca. Ellos (2. vivir) en estas tierras antes de la llegada de los españoles.

Su economía (3. estar) basada en la minería. También (4. cultivar) maíz, papas y otros productos.

¿Minería...? Por eso (5. tener) mucho oro...

Sí. Lo más interesante (6. ser) sus ceremonias religiosas: los muiscas les (7. ofrecer) oro a sus dioses en la laguna de Guatavita.

Ah. ¿Y crees que la balsa de oro está en la laguna de Guatavita?

No sé, estamos muy frustradas.

Bueno, ¿por qué no le preguntas a alguien?

¡¡😮!!

# Final del desafío

## 21. ¿Dónde estaba la balsa de oro?

▶ **Ordena.** Pon en orden los eventos del final del desafío para Tess y Patricia.

**a.** Una señora les dijo que El Dorado era solo una leyenda y que la balsa no estaba en Guatavita.
**b.** Tess y Patricia regresaron a Bogotá y al final encontraron la balsa en el museo.
**c.** Les pidieron información a varias personas.
**d.** También dijo que llevaron la balsa y muchos otros objetos de oro al Museo del Oro en Bogotá hace muchos años.
**e.** Tess sacó una foto de ella. ¡El desafío fue un éxito!
**f.** Tess y Patricia no encontraron la balsa de oro en Guatavita y estaban muy frustradas.

▶ **Mira** la ilustración y escribe lo que dijeron Tess y Patricia al encontrar la balsa.

▶ **Habla** con tu compañero(a) sobre recuerdos de viajes o excursiones que hacías de niño(a). Usa las expresiones para guiarte. ¿Hacían cosas similares?

siempre | generalmente | frecuentemente | muchas veces | a menudo

**Modelo** *De pequeña vivía en el campo. Frecuentemente viajábamos a la ciudad para visitar a mis abuelos...*

**I CAN** describe habitual actions in the past related to travel in my own and other cultures.

**Goal:** to talk about past actions

# El salto Ángel

## Punto de partida

▶ **Observa.** Andy and Janet must investigate a natural wonder of the South American continent. Their task is to fly over the Venezuelan rainforest and take an aerial photo of the tallest waterfall in the world.

Continuará...

### 22. Identificar

▶ **Completa** estas oraciones con el verbo apropiado.

**1.** _________ muy tarde.
**2.** ¿ _________ sacar la tarjeta de embarque?
**3.** ¡Yo nunca me _________ un chaleco!
**4.** Siempre _________ venir a este lugar.
**5.** _________ muchas vueltas.

**a.** puse
**b.** dimos
**c.** pudiste
**d.** vinimos
**e.** quise

▶ **Responde.** ¿Sabes a qué infinitivos corresponden esos verbos? ¿En qué tiempo verbal están?

## 23. Comprender

▶ **Ordena** estas oraciones según el *Punto de partida*.

**a.** El piloto se acercó a la catarata (*waterfall*) y Janet hizo una foto.
**b.** Andy y Janet llegaron tarde al aeropuerto.
**c.** Andy se mareó porque el avión dio muchas vueltas.
**d.** Andy y Janet se sentaron en sus asientos.
**e.** Andy y Janet subieron al avión.

## 24. Aplicar

▶ **Escucha** y decide. ¿A quién se refiere cada oración?

| A Andy | A Janet | A los dos |
|---|---|---|

## 25. ¡Más información, por favor!

▶ **Escribe** cinco preguntas para entrevistar a Andy y a Janet.

▶ **Habla.** Por turnos, haz las preguntas a dos compañeros(as) y responde a las suyas.

Modelo A. *Janet, ¿no te dan miedo los aviones?*
B. *No, yo soy una chica atrevida.*

## CONEXIONES: CIENCIAS

# El salto Ángel

El salto Ángel es una famosa catarata del Parque Nacional de Canaima, en la selva venezolana. Tiene más de 3.000 pies de altura y es la caída libre de agua más alta del mundo.

Es mejor visitarlo durante la temporada de lluvia (de mayo a noviembre) porque las cascadas y los saltos de agua aumentan su volumen.

**26. Explica.** ¿Alguna vez viste cataratas? ¿Cómo se llaman? ¿Dónde están?

**TU DESAFÍO** Investiga por qué la catarata se llama el salto Ángel. Escribe tres o cuatro oraciones al respecto.

**I CAN** demonstrate understanding of a dialogue about a plane tour over Angel Falls, Venezuela.

## Vocabulario

# El tren y el avión

### En la estación de tren

### En el aeropuerto

### En el avión

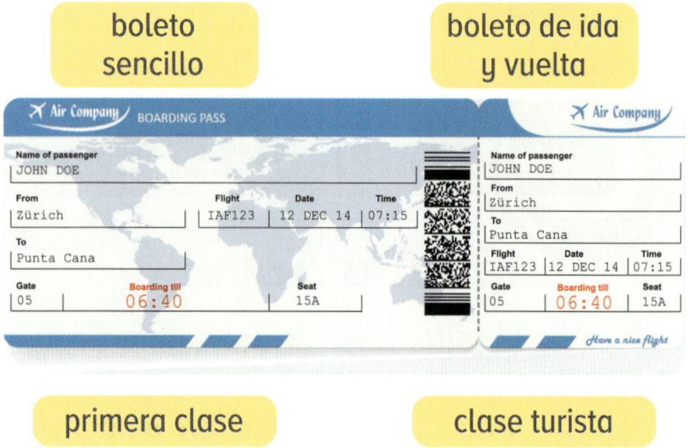


## 27. ¿Lógico o ilógico?

▶ **Decide** si cada oración es lógica o ilógica. Corrige las oraciones ilógicas.

Modelo El tren circula por el andén. ⟶ *Ilógica. El tren circula por la vía.*

1. El auxiliar de vuelo trabaja en un tren.
2. Un vuelo directo hace varias escalas.
3. Los viajeros facturan el equipaje de mano.
4. Es más caro viajar en primera clase que en clase turista.
5. Después de subir al avión, hay que mostrar la tarjeta de embarque.
6. Los viajeros esperan la llegada del tren en el vagón.

## 28. Fotos de viajes

▶ **Escucha.** ¿A qué fotografía corresponde cada oración?

A

B

C

D

E

## 29. Preguntas sobre viajes

▶ **Habla.** Por turnos, haz preguntas a tu compañero(a). Usa estas palabras.

Modelo A. *¿Cuándo es necesario mostrar la tarjeta de embarque?*
B. *Antes de subir al avión.*

| | |
|---|---|
| ¿qué? | ¿por qué? |
| ¿cómo? | ¿adónde? |
| ¿quién? | ¿cuándo? |

| | |
|---|---|
| primera clase | el andén |
| el pasaporte | el avión |
| el tren | el boleto |
| el auxiliar de vuelo | el equipaje |
| la tarjeta de embarque | el retraso |

CULTURA

# La red de transporte en Venezuela

En Venezuela hay más de 60 aeropuertos. El principal es el Aeropuerto Internacional Simón Bolívar.

Por sus características geográficas, Venezuela tiene puertos (*ports*) muy importantes, que reciben barcos procedentes de todo el mundo.

Para viajar por el interior, Venezuela cuenta con una importante red de autopistas (*expressways*) y carreteras (*highways*). El sistema ferroviario (*rail system*) está en construcción y gran parte de las líneas férreas se destinan al transporte de hierro y carbón.

**30. Compara.** ¿Cómo es la red de transporte en tu país? ¿Se usa mucho el sistema ferroviario en tu región? ¿Por qué?

**I CAN** ask and answer questions about travel by train and by air.

# DESAFÍO 2

## Gramática

### Verbos irregulares en el pretérito. *Dar, poder, poner, querer, saber y venir*

- Remember: we use the preterite tense to talk about completed actions in the past.

  Teresa **viajó** a Caracas la semana pasada.

- These are some common irregular verbs in the preterite:

VERBOS IRREGULARES EN EL PRETÉRITO

| | Dar | Poder | Poner | Querer | Saber | Venir |
|---|---|---|---|---|---|---|
| yo | di | pude | puse | quise | supe | vine |
| tú | diste | pudiste | pusiste | quisiste | supiste | viniste |
| usted, él, ella | dio | pudo | puso | quiso | supo | vino |
| nosotros, nosotras | dimos | pudimos | pusimos | quisimos | supimos | vinimos |
| vosotros, vosotras | disteis | pudisteis | pusisteis | quisisteis | supisteis | vinisteis |
| ustedes, ellos, ellas | dieron | pudieron | pusieron | quisieron | supieron | vinieron |

El agente de viajes nos **dio** un folleto.
No **pude** comprar los boletos antes.
Yo nunca me **puse** un chaleco salvavidas.
Juan no **quiso** visitar el museo.
¿**Supiste** hacer la reserva por Internet?
Ayer **vinimos** a esta agencia de viajes.

**31. Piensa.** Compara estas formas del pretérito. ¿Qué diferencia ortográfica hay entre ellas?

volvió - quiso    salió - vino    comió - pudo

### 32. Hay que incluir a todos

▶ **Une** las dos columnas.

| A | B |
|---|---|
| **1.** Andy | **a.** pudieron viajar a Venezuela. |
| **2.** Yo | **b.** viniste conmigo al aeropuerto. |
| **3.** Andy y Janet | **c.** supe encontrar el hotel sin mirar el mapa. |
| **4.** Tú | **d.** no quiso acercarse a la catarata. |
| **5.** Janet y yo | **e.** pusimos las maletas debajo de los asientos. |

▶ **Escribe** seis oraciones originales. Usa el pretérito de los verbos de la ficha de gramática.

Modelo *Ayer di un paseo por el parque.*

## 33. ¡Nos encanta viajar!

▶ **Escucha** y clasifica las formas verbales de las oraciones en una tabla como esta.

| | Presente | Pretérito |
|---|---|---|
| 1 | *vamos* | |
| 2 | | |
| 3 | | |
| 4 | | |
| 5 | | |
| 6 | | |
| 7 | | |
| 8 | | |

▶ **Completa** la tabla con las formas verbales que faltan.

Modelo 1. *vamos* ⟶ *fuimos*

## 34. Una turista atrevida

▶ **Completa** el diario de Andy con las formas apropiadas del pretérito.

25 de abril

Janet y yo __1__ (venir) tarde al aeropuerto y __2__ (tener) que viajar en un avión muy pequeño. __3__ (Subir) y nos __4__ (sentar) rápidamente. Cuando el avión __5__ (despegar), yo __6__ (sentir) mucho miedo.

Cuando __7__ (poder) mirar por la ventana del avión, __8__ (ver) la catarata. ¡El paisaje era impresionante!

Janet le __9__ (decir) al piloto: «¿Podemos acercarnos más para hacer una foto?». Afortunadamente, él no __10__ (querer). ¡Creo que mi hermana está loca!

## 35. ¿Qué hicieron Janet y Andy en Canaima?

▶ **Habla.** Explica lo que hicieron Andy y Janet cuando llegaron a Canaima. Usa estos verbos y expresiones.

**Verbos**

| | |
|---|---|
| tener | llegar |
| volar | visitar |
| hacer | poder |
| ver | querer |
| ir | volver |

**Expresiones**

| | |
|---|---|
| Primero | A continuación |
| Luego | Más tarde |
| Después | Finalmente |

**I CAN** express actions completed in the past.

# DESAFÍO 2

## Comunicación

### 36. En el avión

▶ **Escucha** y decide si estas oraciones son ciertas o falsas.

1. Andy y Janet tuvieron que viajar en avión para llegar al salto Ángel.
2. Andy se sintió mal porque el avión dio muchas vueltas.
3. Andy miró el paisaje desde el avión.
4. Andy quiere bañarse en el río.
5. Janet es una viajera muy atrevida.
6. Andy prefiere viajar en barco.

### 37. Mi aventura

▶ **Habla** con tu compañero(a) sobre algún viaje que hiciste en el pasado. Usa estas preguntas.

1. ¿Cuándo saliste?
2. ¿Adónde fuiste?
3. ¿Cómo fuiste?
4. ¿Qué viste?
5. ¿Qué compraste?
6. ¿Tuviste problemas durante el viaje?

Modelo *El verano pasado, mi familia y yo salimos para....*

### 38. ¿Qué ves?

▶ **Escribe** un pie de foto para contar lo que ocurrió en cada imagen. Usa el pretérito.

Modelo 1. *Unos viajeros miraron los horarios antes de subir al avión.*

1

2

3

4

# Final del desafío

## 39. Un día perfecto

▶ **Relaciona** cada pie de foto con la imagen correcta.

**a.** Janet hizo una foto fantástica.
**b.** Janet se puso muy contenta. Siempre quiso ver este lugar.
**c.** Yo me asusté y le di la cámara a Janet.

___1___

___2___

___3___

▶ **Completa** el blog de Janet con el pretérito de estos verbos.

aterrizar
subir
ver
querer
ser
llegar
volar
despegar
sentarse
hacer

**Un día extraordinario**

___1___ al aeropuerto a las seis de la mañana y ___2___ al avión. Andy ___3___ en su asiento pero no le gustan los aviones. Por fin, el avión ___4___. El piloto ___5___ muy cerca del salto Ángel y yo ___6___ una foto muy buena. Al final, el avión ___7___ en el pequeño pueblo indígena de Kavac. Después de llegar, Andy ___8___ explorar la montaña Auyantepuy. Allí nosotros ___9___ un paisaje magnífico. ___10___ el final perfecto para un día perfecto... ¡para mí!

▶ **Dibuja y escribe.** Piensa en un viaje real o imaginario a un lugar natural impresionante (*impressive*). Crea una serie de cuatro ilustraciones y escribe pies de foto narrando tu experiencia.

**I CAN** narrate past travel experiences in my own and other cultures.

**Goal:** to talk about events in the past

# Un paseo en bus

## Punto de partida

▶ **Observa.** Are you ready for a bumpy ride? Tim and Mack have to drive a city bus through the busy streets of Caracas. Mack will be at the wheel. Will they make it?

Continuará...

### 40. Reconocer

▶ **Completa** estas oraciones.

**1.** Mientras Mack hablaba con el ___1___ del autobús, Tim llenó el ___2___ de ___3___.
**2.** Mack está sorprendido porque el autobús tiene tres ___4___.
**3.** Tim no tiene ___5___ de conducir.
**4.** Mack no sabe manejar con ___6___.
**5.** Tim piensa que Mack va a romper el ___7___.

## 41. Interpretar

▶ **Responde** a estas preguntas.

1. ¿Qué hizo Tim mientras Mack hablaba con el conductor?
2. ¿Por qué se sorprende Mack cuando sube al autobús?
3. ¿Por qué no puede manejar Tim?
4. ¿Por qué Mack no maneja bien el autobús?
5. ¿Qué va a ocurrir si Mack no cambia de marcha?

## 42. Comprender

▶ **Escucha** y relaciona cada oración con la fotografía correspondiente.

A

B
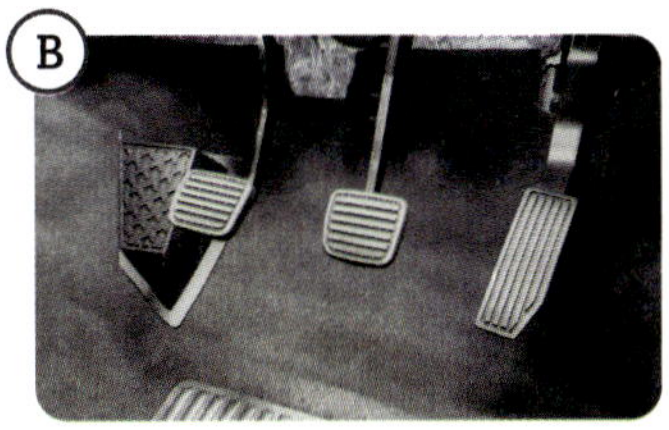

C

D

## CONEXIONES: CIENCIAS SOCIALES

# El transporte público: el autobús

En Caracas, como en muchas ciudades en Latinoamérica, los autobuses son un medio de transporte común y barato. Pero funcionan de forma distinta a los autobuses en los Estados Unidos. No hay paradas establecidas y tienes que hacer una señal al conductor si quieres subir o bajar del bus.

**43. Compara.** ¿Qué tipo de transporte público hay en tu ciudad? ¿Funciona bien? ¿Cuál es el medio de transporte público más utilizado? ¿Y el más conveniente?

**TU DESAFÍO** Busca más información sobre el sistema de autobuses en Caracas. ¿Te parece un sistema eficiente?

**I CAN** demonstrate understanding of a dialogue about an excursion in Caracas.

## Vocabulario

### El coche

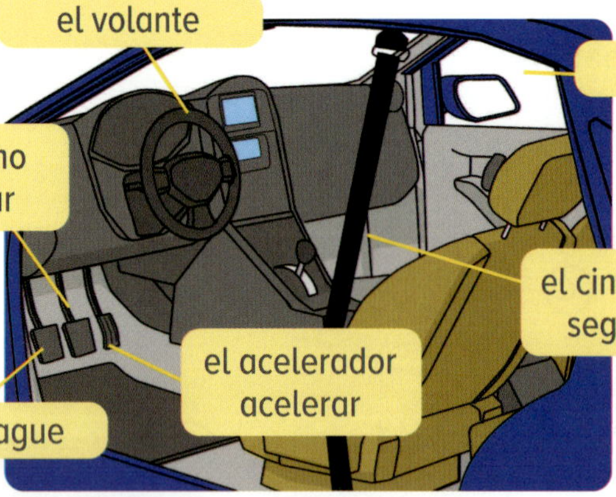

### 44. ¿Quién lo hace?

▶ **Completa** estas oraciones.

1. El ________ estaciona su propio coche.
2. El ________ pone una multa.
3. El ________ de la autoescuela enseña a manejar.
4. El ________ de la gasolinera echa gasolina.

policía | empleado | instructor | conductor

## 45. Aprendiendo a manejar

▶ **Escucha** las instrucciones y ordena estas fotografías.

(A)

(B)

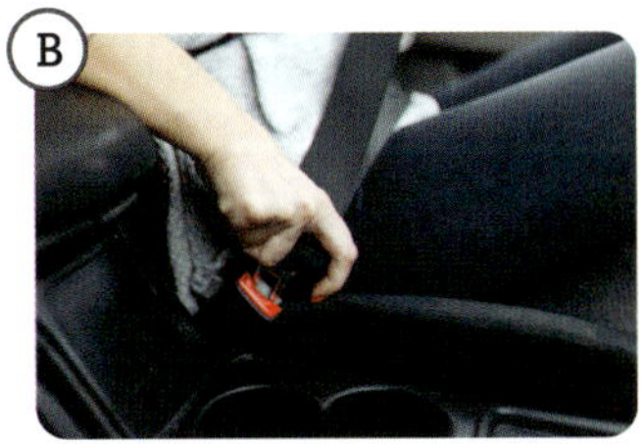

(C)

(D)

## 46. Un conductor cívico

▶ **Completa** estos consejos del manual de una autoescuela.

### Manual del buen conductor

Sé un conductor prudente y responsable:

1. Maneja con las dos manos sobre el __________.
2. No __________ el coche en una zona prohibida.
3. No tires papeles por la __________.
4. Recuerda ponerte siempre el __________.
5. __________ las señales de tráfico.
6. No olvides llenar el tanque de __________.

respetar
cinturón de seguridad
gasolina
estacionar
volante
ventanilla

▶ **Habla** con tu compañero(a) y agreguen tres consejos a la lista. ¿Cuáles son los más importantes?

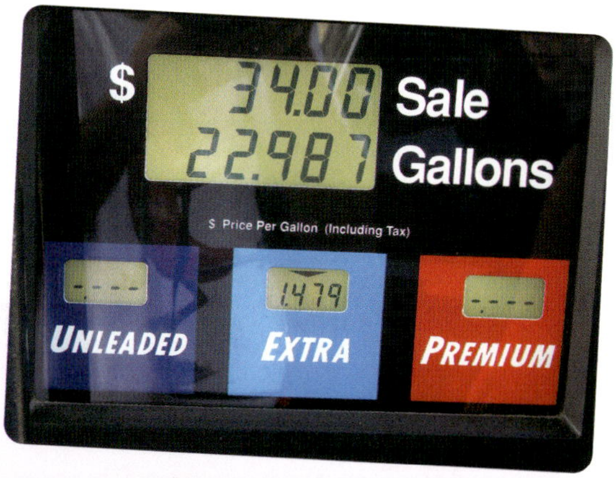


## CONEXIONES: MATEMÁTICAS

## ¿Litros o galones?

En Latinoamérica y en muchos otros países usan el sistema métrico. Por eso, los líquidos se miden en litros, no en galones, como en los Estados Unidos. Un galón equivale a 3,8 litros.

**47. Calcula.** ¿A cuántos galones equivalen 20 litros de gasolina?

**I CAN** identify the basic parts and functions of a car.

## Gramática

### Narrar hechos pasados. El pretérito y el imperfecto

- The preterite and the imperfect are past tenses:
  - In general, use the **preterite** to talk about past actions that are presented as completed actions.

    Tim y Mack **llegaron** ayer a Venezuela.
  - On the other hand, use the **imperfect** to talk about ongoing actions in the past, without mentioning the end.

    Mack **manejaba** muy mal el autobús.
- The preterite and the imperfect are used frequently in the same sentence to talk about past actions that coincided in time:

  Cuando **llegaste**, yo **hablaba** por teléfono. (I was talking on the phone and at that moment, you arrived.)
  Acción terminada — Acción en desarrollo

  In these cases, you can also use the past progressive:

  Cuando llegaste, yo **estaba hablando** por teléfono.
- To relate two past actions you can use the conjunctions **cuando** and **mientras**:

  **Cuando** salí a la calle, empezó a llover.

  **Mientras** caminaba, pasó un taxi.

#### Usos del pretérito y el imperfecto

| Acción terminada (pretérito) | | Acción no terminada (imperfecto) | |
|---|---|---|---|
| Ana **bajó** la escalera. |  | Ana **bajaba** la escalera. |  |

**48. Piensa.** ¿Cómo se dice en inglés **Cuando íbamos al cine, empezó a llover**?

### 49. Tim pasea por Caracas

**Escucha.** Tim le cuenta a su abuelo lo que le ocurrió mientras paseaba por las calles de Caracas. Escribe si estas acciones se expresan en pretérito o en imperfecto.

1. estar paseando por la calle
2. llamar alguien a Tim
3. hablar con el guía
4. tener un accidente un autobús
5. acercarse Tim y el guía
6. bajar el conductor del autobús
7. llegar la policía
8. estar enojados y gritar

### 50. ¿Qué pasó mientras...?

▶ **Escribe** oraciones con estos elementos. Usa la conjunción *mientras*.

Modelo 1. *Mientras subía al coche, oí un ruido.*

1. subir al coche (yo) - oír un ruido (yo)
2. estacionar el coche (tú) - llegar (un policía)
3. ponerse el cinturón (nosotros) - arrancar el coche (el conductor)
4. manejar (ella) - llamar por teléfono (yo)
5. echar gasolina (usted) - comprar un mapa (yo)

### 51. Las aventuras de Tim y Mack

▶ **Completa** estas oraciones. ¿Qué crees que les pasó a Tim y a Mack en Caracas?

1. Mack manejaba el autobús cuando...
2. Tim estaba durmiendo cuando...
3. Mientras Tim echaba gasolina en el autobús...
4. Tim y Mack estaban buscando un restaurante en Caracas cuando...
5. Tim estaba hablando por teléfono con su mamá cuando...
6. Mientras Mack y Tim iban para el hotel...

▶ **Dibuja.** Lee las oraciones de tu compañero(a) y elige una. Dibuja una tira cómica (*comic strip*) para ilustrarla y escribe un diálogo.

### 52. Mientras dormía...

▶ **Habla.** ¿Qué cosas inesperadas (*unforeseen*) pasaron ayer en tu casa? Cuéntaselas a tu compañero(a).

Modelo A. *Ayer todos estábamos durmiendo cuando, de repente, oímos la alarma del coche.*
B. *¿Y qué pasó?*

## CONEXIONES: LENGUA

## Los nombres de las cosas

En español, hay palabras que se dicen de forma distinta según los países. Por ejemplo, en Venezuela, el autobús se llama también *buseta* o simplemente *bus*; en México, *camión*; en Argentina, *colectivo*, y en las Antillas, *guagua*.

**53. Piensa y explica.** ¿En inglés hay también palabras que se dicen de forma distinta según la zona o los países? ¿Puedes poner algún ejemplo?

**I CAN** narrate in the past, making distinctions between completed actions and ongoing actions or descriptions.

## Comunicación

### 54. Reporteros

▶ **Escribe.** Mira el dibujo y escribe el nombre de estos objetos y personajes.

Modelo 1. *un gato*

▶ **Escribe** una noticia para explicar cómo ocurrió el accidente, por qué chocaron (*crashed*) los coches y qué daños (*damages*) tienen.

Modelo *Un hombre iba manejando por una calle. Llegó al semáforo y paró. Entonces…*

### 55. ¿Qué pasó?

▶ **Escribe.** Completa estas oraciones. Luego, compáralas con las de tu compañero(a).

1. Un día, mientras mi papá manejaba…
2. … cuando mi mamá me llamó por teléfono.
3. Mientras yo echaba gasolina…
4. … cuando, de pronto, el motor del coche se rompió.
5. Mientras mi mamá estacionaba el coche…

### 56. Se vende coche usado…

▶ **Escribe** con tu compañero(a) un anuncio para vender un coche de segunda mano (*second-hand*). Describe sus condiciones, si tiene problemas, etc. Pide un precio justo. Si es posible, incluye una foto del vehículo.

▶ **Presenten** su anuncio a la clase de manera muy animada y creativa. ¡Su misión es vender este coche!

# Final del desafío

## 57. ¿Cómo les salió a Tim y a Mack?

▶ **Lee** el diálogo y el resumen de Tim. Completa el párrafo con la palabra correcta.

### En autobús por Caracas

Ayer fue un día terrible. Mi abuelo tenía que ___1___ un autobús por las calles de Caracas. ¡Qué desafío tan difícil!

Mientras mi abuelo ___2___ con el conductor del autobús, yo le eché ___3___. Después, él y yo ___4___ al autobús. Cuando el abuelo estaba ___5___, se sorprendió: «¡Tiene tres ___6___!». Entonces empezó a manejar. ¡Pero puso la ___7___ atrás! Yo quise ayudarlo, pero no tengo ___8___ de conducir...

▶ **Presenta.** Prepara un reportaje sobre un viaje por carretera, en el que ocurrieron muchos eventos inesperados. Graba tu reportaje o preséntalo a la clase, como si fueras un(a) reportero(a).

**I CAN** narrate car or bus travel experiences in the past in my own and other cultures.

**Goal:** to narrate an anecdote in the past

# El mejor café del mundo

## Punto de partida

▶ **Observa.** Coffee is the best-known Colombian export. But do we really know how coffee beans become a tasty cup of coffee? Diana and Rita must harvest, roast, and grind enough coffee beans to make themselves a delicious cup of Colombian coffee.

Continuará...

### 58. Interpretar

▶ **Une** cada palabra con su definición.

Ⓐ
1. hacienda cafetera
2. recepción
3. habitación doble
4. habitación sencilla
5. huésped

Ⓑ
- **a.** Lugar donde se recibe a los clientes en un hotel.
- **b.** Persona que se aloja en un hotel.
- **c.** Dormitorio para una persona.
- **d.** Plantación de café.
- **e.** Dormitorio para dos personas.

## 59. Recordar

▶ **Responde** a estas preguntas.

1. ¿Dónde están Rita y Diana?
2. ¿Quién dirigía antes la hacienda? ¿Y ahora?
3. ¿Qué tipo de habitación reservaron Rita y Diana?
4. ¿De dónde provienen los ingresos de la hacienda?
5. ¿Cómo se recogen los granos de café?

## 60. Comprender

▶ **Escucha** la conversación entre Nela y Rita y completa estas oraciones.

1. Rita llama por teléfono para ___1___ una habitación.
2. Necesita una habitación para los días 19 y 20 de ___2___.
3. Rita no quiere una habitación sencilla, sino una habitación ___3___ con ___4___ camas.
4. Todas las habitaciones tienen ___5___.
5. Rita prefiere una ___6___ con vistas a la plantación de café.

▶ **Escribe** un diálogo con tu compañero(a) entre el/la recepcionista de un hotel y un(a) turista que reserva una habitación. Después, represéntenlo.

Modelo A. *Buenos días. Quiero reservar una habitación sencilla, por favor.*
B. *¿Para cuándo la quiere?*

## CULTURA

# El eje cafetero

En Colombia hay una zona llamada *eje cafetero* que es el principal centro productor y exportador de café del país. En esta zona hay muchas haciendas cafeteras que funcionan como hoteles rurales y organizan actividades para conocer sus tradiciones y disfrutar del paisaje.

Las haciendas cafeteras tienen una arquitectura muy característica. Son de madera, tienen grandes balcones y están pintadas de muchos colores.

**61. Explica.** ¿Por qué crees que estas haciendas en el eje cafetero son tan populares, tanto para turistas colombianos como para turistas extranjeros? ¿Qué beneficios tiene este tipo de turismo?

**I CAN** demonstrate understanding of a dialogue about the coffee-growing region in Colombia.

## Vocabulario

### El hotel

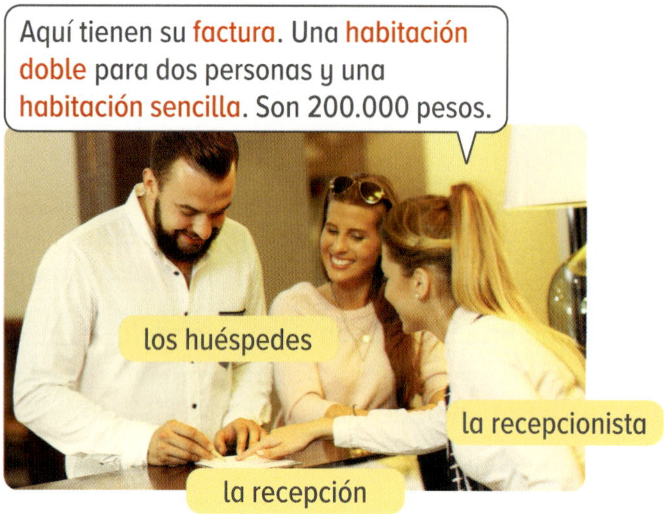

### El banco

### 62. De viaje

▶ **Completa** estas oraciones con la opción correcta.

| | | |
|---|---|---|
| **1.** Los ________ se alojan en el hotel. | **a.** huéspedes | **b.** recepcionistas |
| **2.** Aquí tienen la ________. Son 200.000 pesos. | **a.** moneda | **b.** factura |
| **3.** Necesito una habitación ________. | **a.** sencilla | **b.** reserva |
| **4.** En el hotel cambian las ________ todos los días. | **a.** toallas | **b.** llaves |
| **5.** Esta es la ________ para entrar en la habitación. | **a.** percha | **b.** llave |
| **6.** Voy al cajero a ________ dinero. | **a.** pagar | **b.** sacar |
| **7.** Aquí no aceptan ________. | **a.** cheques | **b.** monedas |

## 63. Dólares y pesos

▶ **Completa** el mensaje de correo de Diana a sus padres.

Mensaje nuevo

Para:

Asunto:

¡Hola!

¿Qué tal están? En Colombia todo va bien. Ayer, la tía Rita y yo tuvimos que ir al ___1___ a ___2___ dinero. Por un dólar te dan más o menos 4.000 pesos colombianos. ¿Se imaginan?

Necesitábamos dinero para pagar el hotel porque no aceptan ___3___. La ___4___ cuesta 200.000 pesos por noche. Después de pagar la factura de dos noches y la comida, nos quedaron unos billetes y unas ___5___ y las dejamos de propina.

▶ **Responde** a estas preguntas.

1. ¿Cuántos pesos colombianos recibieron Diana y Rita por un dólar?
2. ¿Cuántas noches se quedaron Diana y Rita en el hotel?
3. ¿Cuánto dinero pagaron en el hotel?

## 64. En el banco

▶ **Escucha** la conversación entre una empleada y un cliente en el banco y responde a estas preguntas.

1. ¿Qué necesita el cliente?
2. ¿Necesita monedas o solo billetes?
3. ¿Qué pide el cliente después?
4. ¿Qué problema tienen en el banco?

▶ **Habla.** Con tu compañero(a), improvisen un diálogo entre un(a) empleado(a) de banco y alguien que necesita cambiar dinero.

## CONEXIONES: ECONOMÍA

# La economía de Colombia

La producción de café es muy importante en la economía colombiana. Colombia exporta café a todo el mundo y también exporta otros productos agrícolas, como plátanos, arroz, cacao o maíz.

Además de los recursos agrícolas, Colombia es un país muy rico en recursos minerales: oro, esmeraldas, petróleo, etc.

**65. Piensa.** ¿De dónde procede el café que compra tu familia?

**I CAN** interact in everyday scenarios in a bank or hotel.

## Gramática

# Narrar y describir en pasado. El pretérito y el imperfecto

### El pretérito y el imperfecto en la narración

- When telling a story in the past, we use both the preterite and the imperfect tenses:
  - Use the **preterite** to talk about past actions or events that happened in the story.
  - Use the **imperfect** to describe characters and setting, and, in general, to explain the circumstances surrounding an event.

  El tiempo en Colombia **era** bueno, pero a veces **llovía**. Entonces nos **íbamos** a la hacienda y **preparábamos** café. Un día **llovió** tanto que no **pudimos** volver y nos **quedamos** en casa de unos amigos.

| Narración de acciones o eventos (pretérito) | Descripción y explicación (imperfecto) |
|---|---|
| Ana **llamó** por teléfono.  |  Ana **era** morena. |

### Verbos con distintos significados

- Some verbs express a different meaning if they are used in the preterite or in the imperfect.

| Imperfect | Preterite |
|---|---|
| Yo conocía a Nela. *(I knew Nela.)* | Yo conocí a Nela. *(I met Nela.)* |
| Tú podías ir a casa. *(You could go home.)* | Tú pudiste ir a casa. *(You managed to go home.)* |
| Ella quería llamar. *(She wanted to call.)* | Ella quiso llamar. *(She tried to call.)* |
| Tú sabías la verdad. *(You knew the truth.)* | Tú supiste la verdad. *(You found out the truth.)* |

**66. Compara.** ¿Cómo se usan en inglés los tiempos del pasado en la narración?

## 67. ¿Qué hacían?

▶ **Escribe.** ¿Qué estaban haciendo estas personas cuando Diana y Rita volvieron a la hacienda?

A

B

C

## 68. Un día de lluvia

▶ **Lee** el mensaje de Diana y clasifica los verbos en pasado en una tabla como esta.

| Pretérito | Imperfecto |
|---|---|
| *pasó* | |

¡Hola, Tess!
¿Sabes lo que nos **pasó** ayer?
A las cinco de la tarde **salimos** de la hacienda para dar un paseo por el pueblo. Mi tía Rita **llevaba** unas sandalias y yo, unas botas. El tiempo **era** bueno y **hacía** calor. Pero de pronto **comenzó** a llover mucho. Las calles **estaban** llenas de agua y no **podíamos** caminar. Por suerte, **pasó** un autobús y nos **llevó** a la hacienda.

▶ **Habla** con tu compañero(a) y explica por qué cada verbo está en pretérito o imperfecto.

## 69. De viaje por Colombia

▶ **Escribe.** ¿Qué hicieron Diana y Rita en Colombia? Escribe pies de foto usando el pretérito.

Modelo 1. *Diana y Rita fueron a visitar el Museo del Oro de Bogotá.*

1

Museo del Oro (Bogotá)

2

Tienda de artesanía

3

Puesto de fruta en un mercado

4

Catedral de Bogotá

5

Plato de sancocho

6

Plaza de la Aduana (Cartagena de Indias)

▶ **Escribe** descripciones y circunstancias relacionadas con las acciones anteriores. Usa el imperfecto.

Modelo 1. *Diana y Rita fueron a visitar el Museo del Oro de Bogotá. Cuando llegaron, no había mucha gente.*

**I CAN** narrate events and describe situations in the past using appropriate structures.

## Comunicación

### 70. Una anécdota

▶ **Lee** la carta que escribe Rita a su amiga Luisa y elige la forma correcta de estos verbos.

*Luisa, ¿cómo estás? Yo estoy muy contenta. Estoy en una hacienda maravillosa de la zona cafetera de Colombia. Ayer mi sobrina y yo* ____1____ (íbamos / fuimos) *de excursión al Parque del Café.* ____2____ (Había / Hubo) *muchas palmeras y muchas plantas de café. Diana y yo nos* ____3____ (sentábamos / sentamos) *a descansar en una terraza y yo tomé el mejor café del mundo. Cuando* ____4____ (estuvimos / estábamos) *en la terraza, se* ____5____ (acercó / acercaba) *un turista que* ____6____ (llevó / llevaba) *un sombrero colombiano. ¿Sabes quién era? ¡Tu primo Pablo! ¡Qué casualidad!*

*Escríbeme pronto. Un beso.*

*Rita*

▶ **Escribe.** Imagina que eres Luisa y escríbele una respuesta a Rita. Incluye una anécdota real o imaginada.

### 71. ¿Cómo era la hacienda?

▶ **Escucha** la descripción de Diana y Rita. ¿En qué hacienda se alojaron?

**Hacienda El Cobre**

Antigua hacienda cafetera. Habitaciones dobles grandes y confortables. Todas con baño completo.

**Hacienda Colibrí**

El hotel más barato del eje cafetero. Posibilidad de hacer camping. Habitaciones sencillas, dobles y triples.

**Hacienda La Argelia**

Vistas fantásticas. Habitaciones dobles (con baño completo) y sencillas (baño opcional). Desayuno incluido.

▶ **Escribe.** Imagina que eres el/la director(a) de un nuevo hotel en el eje cafetero de Colombia. Escribe un anuncio y preséntalo.

# Final del desafío

## 72. La labor viene con recompensas

▶ **Lee** los pies de foto y complétalos con las formas correctas del pretérito o del imperfecto.

**a.** Las chicas ______ (ver) cómo los granos de café se tostaban lentamente. El olor ______ (ser) delicioso.

**b.** Mientras Diana ______ (moler) el café, Rita le ______ (poner) agua a la cafetera.

**c.** Al final, Rita y Nela ______ (tomar) una taza del café más rico del mundo.

**d.** Diana y Rita ______ (estar) recogiendo los granos de café cuando ______ (empezar) a llover.

**e.** Luego, mientras Rita ______ (preparar) el café, Diana ______ (ir) a buscar a Nela.

**f.** Cuando Diana y su tía ______ (volver) a la hacienda, salió el sol. Entonces ellas ______ (secar) los granos de café.

▶ **Relaciona** cada pie de foto con la imagen a la que se refiere.

1

2

3

4

5

6

▶ **Escribe** una anécdota resumiendo lo que pasó en un Desafío en otra unidad de este libro. Incluye descripciones y narración de los eventos.

Modelo *En Puerto Plata, Diana y Rita buscaban un mosquito muy antiguo…*

**I CAN** tell anecdotes about past travel experiences in my own and other cultures.

### 73. Un parque temático especial

▶ **Lee** el anuncio y con tu compañero(a) decidan si cada afirmación es cierta, falsa o que el anuncio no incluye esta información.

Fuente: Yimmy Tours

1. El Parque Nacional del Café es un parque temático (*theme park*) para adultos solamente.
2. Hay que pagar más para tener una habitación doble.
3. Con este paquete pasas dos noches en una plantación cafetera.
4. El precio incluye un boleto de autobús de ida y vuelta.
5. El paquete incluye comidas y refrigerios (*snacks*).
6. Aceptan tarjetas de crédito, no puedes pagar en efectivo.

### 74. ¡Qué mala suerte!

▶ **Escucha** a Tess. ¿Qué le pasó en Colombia? Escribe dos cosas que pasaron en cada lugar.

Modelo *En el avión, Tess se sentó en su asiento. Después…*

**1.** En el avión…

**2.** En el hotel…

**3.** En el banco…

## 75. El viaje de Sandra

▶ **Completa** esta conversación poniendo los verbos en pretérito o en imperfecto.

**SANDRA:** ¡Hola, Louise!

**LOUISE:** ¡Hola, Sandra! ¿Cuándo ___1___ (volver) de tu viaje?

**SANDRA:** Ayer por la noche.

**LOUISE:** ¿Y qué hiciste? Cuéntame cosas.

**SANDRA:** El lunes nosotros ___2___ (llegar) a Bogotá. Yo ___3___ (estar) un poco cansada porque el avión salió con retraso y llegamos muy tarde. Mis amigos y yo ___4___ (tomar) un taxi y fuimos al hotel.

**LOUISE:** ¿Cómo era el hotel?

**SANDRA:** ___5___ (Ser) muy grande y estaba muy bien situado, en el centro de la ciudad.

**LOUISE:** ¿Y qué hiciste en Bogotá?

**SANDRA:** Caminé por el centro histórico y tomé muchas fotos. Luego almorcé en un restaurante fantástico. La comida ___6___ (estar) buenísima.

**LOUISE:** ¿Fuiste a algún sitio famoso?

**SANDRA:** Sí, claro. Yo ___7___ (visitar) el Museo del Oro. También vi la catedral y di un paseo por el Parque de la Independencia. Y un día ___8___ (estar) en un mercado de artesanía, pero no ___9___ (tener) mucho dinero. Solo ___10___ (comprar) algunos regalos...

## UN CHIN DE...

### 76. Un chin de impertinencia

▶ **Ve y organiza.** ¿En qué orden suceden estos eventos en el video?

**a.** Adriana intenta descifrar el mapa para llegar a casa.

**b.** El instructor le indica a Jaime que deje a Adriana en una parada de autobús.

**c.** Adriana habla sobre los lugares a los que la llevará Jaime cuando tenga su licencia de conducir.

**d.** Jaime intenta recordar las instrucciones para manejar.

**e.** El instructor le explica las reglas de la clase a Adriana.

**f.** Jaime nota que el tanque de gasolina está casi lleno.

▶ **Ve y escribe.** Después de ver el video, nombra diez expresiones de vocabulario relacionadas con conducir y con un carro que reconoces en el video.

# En el castillo de San Felipe de Barajas

The teams gather in Cartagena de Indias, in a plaza near the San Felipe de Barajas Castle, presided by a statue of the heroic Blas de Lezo.

## 77. ¿Quiénes la escribieron?

▶ **Relaciona.** A continuación hay una oración tomada de las anécdotas que cada equipo escribió. Relaciona la oración con las personas que la escribieron.

**1.** El aroma era delicioso, aunque solamente una de nosotras lo probó.
**2.** Estaba muy nervioso... ¡cuánta gente y cuántos coches había en la ciudad!
**3.** Las vistas eran increíbles y lo pudimos ver muy claramente.
**4.** ¡Aprendimos que la paciencia también vale su peso en oro!

**a.** Mack y Tim
**b.** Tess y Patricia
**c.** Diana y Rita
**d.** Andy y Janet

# Visitando el eje cafetero

## 78. Preparar

▶ **Habla** con tu compañero(a) sobre lo que quiere decir la siguiente oración.

El eje cafetero es una región **geográfica**, **cultural**, **económica** y **ecológica**.

### Turismo en Colombia

Colombia es uno de los países con más diversidad biológica del mundo. En sus parques naturales protegidos hay una gran variedad de aves y de plantas. Por eso, Colombia es un excelente destino para hacer ecoturismo.

La geografía de Colombia varía mucho: las costas al océano Pacífico y al mar Caribe, las zonas selváticas junto al río Amazonas y las regiones de los Andes. Aquí está el eje cafetero, en los terrenos andinos montañosos donde se cultiva el café.

### Vocabulario útil

| | |
|---|---|
| el alojamiento | *lodging* |
| la belleza | *beauty* |
| el cafetal | *coffee plantation* |
| colorido(a) | *colorful* |
| el eco-retiro | *eco-retreat* |
| la finca | *farm* |
| el paisaje | *landscape* |
| la palma de cera | *wax palm (tree)* |

## 79. Comprender

▶ **Decide** si las siguientes afirmaciones son ciertas o falsas según el video. Corrige las falsas.

1. Describen Salento como un municipio (*town*) tranquilo y con pocos turistas.
2. El Valle de Cocora se ubica a dos horas de Salento.
3. Las palmas de cera del Valle de Cocora son únicas por su altura (*height*).
4. No hay ningún tour que demuestre (*demonstrates*) el proceso de producción del café.

## 80. Investigar y presentar

▶ **Haz** una investigación sobre "la cultura del café" y presenta tus conocimientos a la clase. Toma en cuenta los siguientes puntos.

- Clima necesario para cultivar el café.
- Países donde se cultiva el café.
- Proceso de producción del café.
- Costumbres asociadas con el café.
- Otros productos relacionados con el café (por ejemplo, las cafeteras).

# Caribe continental

Colombia y Venezuela están en Suramérica, en la costa del mar Caribe. Los dos países tienen una cultura y una historia común y por eso tienen costumbres y tradiciones muy similares.

– Colombia debe su nombre a Cristóbal Colón. Su capital es Bogotá, donde se conserva un barrio colonial: La Candelaria. Las ciudades más importantes de la región caribeña son Santa Marta, Barranquilla y Cartagena de Indias.

– Venezuela significa «pequeña Venecia». El nombre se debe a las casas de los indígenas sobre el lago Maracaibo, similares a las de Venecia en Italia. Su capital es Caracas. Tiene islas en el Caribe muy turísticas, como la isla Margarita.

### 81. ¿Venezuela o Colombia?

▶ **Clasifica** cada frase según correspondan a Venezuela, a Colombia o a los dos.

1. Tiene costa en el océano Pacífico.
2. Su capital está en la costa.
3. El río Orinoco pasa por su territorio.
4. Tiene un lago muy grande.
5. Limita con Panamá.

## 1. Símbolos nacionales

Colombia y Venezuela comparten los colores de la bandera: amarillo, azul y rojo. Los colores son simbólicos. El amarillo representa las riquezas de la tierra y el sol, el azul el mar y el rojo la sangre vertida (*spilled*) por los patriotas en la lucha por la independencia. Ambos países consideran la orquídea su flor nacional.

(1) Orquídea

(2) Niños bailando joropo

## 2. El mestizaje y los bailes

Igual que en las Antillas, el mestizaje es una característica cultural. Los ritmos africanos unidos a la tradición indígena y española dan lugar a una música con mucho ritmo.

En Colombia los bailes más conocidos son la *cumbia,* en la que suenan tambores, y el *vallenato,* característico de la costa caribeña y con sonido de acordeón. En Venezuela el baile nacional es el *joropo,* que se baila por parejas y es similar al vals. Para tocar su música se utiliza el arpa, el cuatro y las maracas.

## 3. Cocina del Caribe: color y sabor

Un elemento fundamental en la cocina de Colombia y de Venezuela es la *arepa*. Se trata de una torta de maíz que se puede comer sola o con carne y otros ingredientes.

Un plato muy extendido en estos países es el *sancocho,* una sopa de muchos ingredientes: papa, yuca, plátano verde, frijoles y carne.

(3) Arepas

### 82. Recordar

▶ **Consulta** con tu compañero(a) los mapas culturales de la unidad 2 (págs. 122–123) y escribe tres características de Colombia y Venezuela comunes a la cultura caribeña.

**I CAN** describe the geography and cultural products and practices in Venezuela and Colombia.

Laguna de Guatavita

**READING STRATEGY**

### Read informative texts

Informative texts are used to present or **explain** cultural, scientific, or technological information.

Informative texts usually consist of three fundamental parts:

- **Introduction:** the presentation of the topic.
- **Body:** the main section which explains the topic.
- **Conclusion:** the final part which summarizes the information.

The language of informative texts is **objective**, **clear**, **organized**, and **precise**.

# El Dorado, ecos de una leyenda

En el siglo XVI los conquistadores españoles creyeron que en América había un lugar lleno de oro y lo llamaron El Dorado. Y durante siglos, aventureros e investigadores intentaron encontrar ese lugar.

La obsesión por El Dorado fue causa de saqueos[1] y destrucción. Muchas personas murieron buscando El Dorado y ahora forman parte de la leyenda.

## Los orígenes de la leyenda

La leyenda de El Dorado tiene su origen en un hecho real. Los indígenas de la cultura muisca celebraban un rito en la laguna de Guatavita (Colombia): los nuevos caciques cubrían[2] su cuerpo con polvo de oro y ofrecían regalos a la diosa del agua.

## Las grandes expediciones

En el siglo XVI varias expediciones cruzaron tierras desconocidas para buscar El Dorado. La más importante fue la expedición de Francisco de Orellana en 1541. Orellana no encontró El Dorado, pero descubrió el río Amazonas.

El interés por encontrar El Dorado continuó durante siglos. En 1912 unos investigadores vaciaron la laguna de Guatavita, pero encontraron poco oro.

## La leyenda continúa

Actualmente, la leyenda de El Dorado forma parte de la cultura popular y es el tema de libros, películas y videojuegos. Igual que hace cinco siglos, El Dorado es hoy un mito envuelto en misterio y aventura.

1. *lootings* 2. *used to cover*

## COMPRENSIÓN

### 83. El Dorado

▶ **Corrige** estas oraciones falsas.

1. Según la leyenda, El Dorado estaba en las selvas de Venezuela.
2. Según la leyenda, El Dorado era un dios.
3. La leyenda de El Dorado no atrajo (*attracted*) mucha atención.
4. Las expediciones en busca de El Dorado eran muy pacíficas.
5. Nunca encontraron oro en la laguna de Guatavita.

## ESTRATEGIA Leer textos informativos

### 84. Datos, información, ideas

▶ **Completa** este esquema con las ideas principales y secundarias del texto.

**Introducción**
La leyenda de El Dorado nació en el siglo XVI.

**Desarrollo**

**Conclusión**

### 85. Orden y claridad

▶ **Relaciona** cada imagen con un apartado del texto.

A

B

C

▶ **Resume** en una oración la idea principal de cada apartado del texto.

**I CAN** use the structure of an informative text to help me comprehend an article about the legend of El Dorado.

## Viajes y excursiones

| | |
|---|---|
| la agencia de viajes | *travel agency* |
| el / la agente de viajes | *travel agent* |
| la bolsa | *bag* |
| la estación de autobuses | *bus station* |
| el folleto | *brochure* |
| el horario | *schedule* |
| la llegada | *arrival* |
| la maleta | *suitcase* |
| el mapa | *map* |
| la parada de autobús | *bus stop* |
| la puerta | *gate* |
| la salida | *departure* |
| la tarifa | *price* |
| el / la viajero(a) | *traveler* |
| ir | *to go* |
| volver | *to come back* |
| salir | *to leave* |
| llegar | *to arrive* |
| hacer el equipaje | *to pack* |
| perder el autobús | *to miss the bus* |
| viajar | *to travel* |
| visitar | *to visit* |

## El coche

| | |
|---|---|
| el acelerador / acelerar | *gas pedal / to accelerate* |
| el cinturón de seguridad | *seat belt* |
| el embrague | *clutch* |
| el faro | *headlight* |
| el freno / frenar | *brake / to brake* |
| el motor | *engine* |
| la rueda | *wheel* |
| el tanque de gasolina | *gas tank* |
| la ventanilla | *window* |
| el volante | *steering wheel* |
| la autoescuela | *driving school* |
| el / la conductor(a) | *driver* |
| el / la empleado(a) | *employee* |
| la gasolinera | *gas station* |
| el / la instructor(a) | *instructor* |
| la licencia de conducir | *driver's license* |
| arrancar | *to start (a car)* |
| estacionar | *to park* |
| manejar | *to drive* |
| poner una multa | *to give a ticket* |

## El tren y el avión

**En la estación de tren**

| | |
|---|---|
| el andén | *train platform* |
| el / la pasajero(a) | *passenger* |
| el vagón | *train car* |
| la vía | *train track* |

**En el aeropuerto**

| | |
|---|---|
| la tarjeta de embarque | *boarding pass* |
| el retraso | *delay* |
| el vuelo directo | *direct flight* |
| aterrizar | *to land* |
| despegar | *to take off (plane)* |
| facturar el equipaje | *to check luggage* |
| hacer escala | *to stop over* |

**En el avión**

| | |
|---|---|
| el asiento | *seat* |
| el / la auxiliar de vuelo | *flight attendant* |
| el chaleco salvavidas | *life jacket* |
| el equipaje de mano | *carry-on luggage* |
| el pasillo | *aisle* |
| la primera clase | *first class* |
| la clase turista | *coach class* |
| el boleto sencillo | *one-way ticket* |
| el boleto de ida y vuelta | *round-trip ticket* |

## El hotel

| | |
|---|---|
| la almohada | *pillow* |
| la factura | *bill* |
| la habitación doble | *double room* |
| la habitación sencilla | *single room* |
| el / la huésped | *guest* |
| la llave | *key* |
| la percha | *hanger* |
| la recepción | *reception* |
| el / la recepcionista | *receptionist* |
| la toalla | *towel* |

## El banco

| | |
|---|---|
| el cajero automático | *ATM* |
| el cheque | *check* |
| cambiar dinero | *to change money* |
| sacar dinero | *to take out money* |

# DESAFÍO 1

**1. Un viaje.** ¿Qué ves en estas fotografías? Escríbelo.

1

2

3

4

# DESAFÍO 2

**2. Nos vamos a Venezuela.** Ordena estos pasos de un viaje en avión.

**a.** facturar el equipaje

**b.** aterrizar

**c.** sentarse en el asiento

**d.** comprar el boleto de ida y vuelta

**e.** escuchar las instrucciones del auxiliar de vuelo

# DESAFÍO 3

**3. En la autoescuela.** Completa el mensaje de María.

Mensaje nuevo

Para:

Asunto:

Querido papá: ¿Qué tal estás? Yo estoy muy contenta. Ahora estoy aprendiendo a __1__ en la autoescuela Juanita. El __2__ de la autoescuela es muy bueno. Me enseñó a pisar el __3__ para llegar a la velocidad apropiada y a usar bien el __4__ para no tener un __5__. No te preocupes, papá, siempre llevo el __6__ para estar segura y sé que hay que respetar la ley para no recibir una __7__.

Te quiero mucho, papá, te cuento más mañana. Un beso.

María

# DESAFÍO 4

**4. En el hotel.** Une las dos columnas.

| A | B |
|---|---|
| **1.** la llave | **a.** Persona que se aloja en un hotel. |
| **2.** la percha | **b.** Objeto para colgar la ropa en el armario. |
| **3.** el / la recepcionista | **c.** La necesitas para entrar en la habitación. |
| **4.** el / la huésped | **d.** Persona que trabaja en un hotel. |

## El imperfecto (pág. 298)

**Verbos regulares**

| Viajar | Volver | Salir |
|---|---|---|
| viajaba | volvía | salía |
| viajabas | volvías | salías |
| viajaba | volvía | salía |
| viajábamos | volvíamos | salíamos |
| viajabais | volvíais | salíais |
| viajaban | volvían | salían |

**Verbos irregulares**

| Ser | Ir | Ver |
|---|---|---|
| era | iba | veía |
| eras | ibas | veías |
| era | iba | veía |
| éramos | íbamos | veíamos |
| erais | ibais | veíais |
| eran | iban | veían |

## Verbos irregulares en el pretérito. *Dar, poder, poner, querer, saber y venir* (pág. 306)

| Dar | Poder | Poner | Querer | Saber | Venir |
|---|---|---|---|---|---|
| di | pude | puse | quise | supe | vine |
| diste | pudiste | pusiste | quisiste | supiste | viniste |
| dio | pudo | puso | quiso | supo | vino |
| dimos | pudimos | pusimos | quisimos | supimos | vinimos |
| disteis | pudisteis | pusisteis | quisisteis | supisteis | vinisteis |
| dieron | pudieron | pusieron | quisieron | supieron | vinieron |

## Narrar hechos pasados. El pretérito y el imperfecto (pág. 314)

**Pretérito**

Acción terminada.
Ana **bajó** la escalera.

**Imperfecto**

Acción no terminada.
Ana **bajaba** la escalera.

## Narrar y describir en pasado. El pretérito y el imperfecto (pág. 322)

**Pretérito**

Narración de acciones o eventos.
Ana **llamó** por teléfono.

**Imperfecto**

Descripción y explicación.
Ana **era** morena.

# DESAFÍO 1

**5. Acciones.** Elige la opción correcta.

1. Cuando era niña, nunca ___viajaba / viajo___ en avión.
2. Antes, la estación de autobuses ___fue / era___ muy pequeña.
3. De pequeña, yo ___jugaba / juego___ todos los días con mi perro.

# DESAFÍO 2

**6. En pasado.** Completa estas oraciones con la forma correcta del pretérito.

dar
saber
venir
poder

1. Anoche mis tíos no _________ cenar con nosotros.
2. Ángel solo _________ a la fiesta para ver a sus primos.
3. ¿Tú _________ contestar a todas las preguntas del examen?
4. Mi amiga _________ un paseo por el parque.

# DESAFÍO 3

**7. Interrupciones.** Une las dos columnas.

| Ⓐ | Ⓑ |
|---|---|
| **1.** Mientras tú echabas gasolina, yo | **a.** porque manejaba muy rápido. |
| **2.** Él iba manejando cuando, de pronto, | **b.** busqué un mapa en línea. |
| **3.** El policía me puso una multa | **c.** mientras estaba estacionando. |
| **4.** El teléfono sonó | **d.** el coche se paró. |

# DESAFÍO 4

**8. Mi mascota.** Completa la historia poniendo los verbos en la forma correcta del pretérito o del imperfecto.

Un día, cuando yo ___1 (tener)___ doce años, ___2 (estar)___ corriendo por el parque cuando, de pronto, ___3 (ver)___ a un gato solo. Pensé que su dueño ___4 (ir)___ a venir pronto, así que lo ___5 (dejar)___ allí y me ___6 (ir)___ a casa. De vez en cuando, lo ___7 (ver)___ en el parque. Un día lo llevé a mi casa. ___8 (Ser)___ un gato muy bonito.

# CULTURA

**9. Por Colombia y Venezuela.** Responde a las siguientes preguntas.

1. ¿Cómo se llama la ciudad de oro que buscaban los exploradores por la selva amazónica?
2. ¿En qué país está el salto Ángel?
3. ¿Qué es el eje cafetero?

Un folleto sobre

# la laguna de Guatavita

Lake Guatavita is the presumed site for El Dorado, the "Lost City of Gold." You will create a travel brochure to advertise a trip to Lake Guatavita. You must include information about the lake and El Dorado, and some advice for travelers.

## PASO 1 Investiga sobre el destino

- Do research on the Internet to find the geographic information and legends surrounding Lake Guatavita and El Dorado. Answer the following questions to guide your research:
  - ¿Dónde está la laguna? ¿A qué distancia está de Bogotá?
  - ¿Cómo es la laguna?
  - ¿Cuál es la historia de la laguna?
- Gather images to illustrate your brochure:
  - Fotos de la laguna de Guatavita y relacionadas con El Dorado.
  - Un mapa de la localización de la laguna dentro del país.

## PASO 2 Escribe un texto informativo

- Write an informative text about the lake and the legend.

  Organize your text in three parts: introduction, body, and conclusion. Try to make it interesting for someone who is going to travel there.

### La laguna de Guatavita y El Dorado

La laguna de Guatavita es una laguna circular. Está a 63 kilómetros de Bogotá, a 3.000 metros sobre el nivel del mar y...

La laguna era un lugar sagrado para...

## PASO 3 **Prepara una sección con consejos para el viajero**

- Think about basic tips for travelers. These questions can help you.
  - ¿Es necesario un visado?
  - ¿Qué ropa debes llevar?
  - ¿Hay que vacunarse?
- Write these tips in a short section.

**Información práctica**

– Visado:

– Ropa y calzado:

– Vacunas:

## PASO 4 **Haz el folleto**

- Fold a piece of paper to make a travel brochure and complete it using this layout:

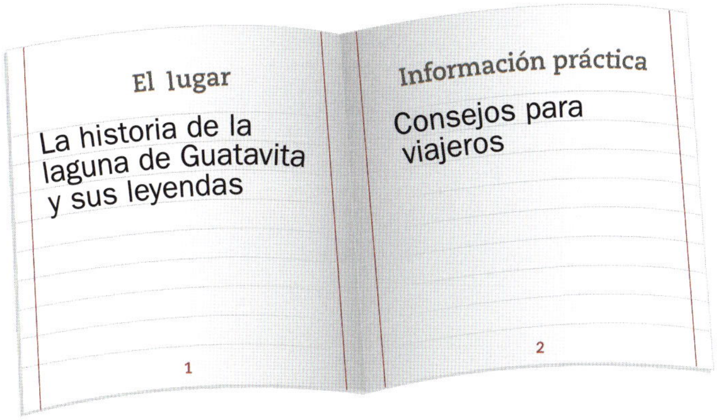


- Add the pictures to illustrate your brochure, and compare it to that of a classmate. Take notes on the things you would add or eliminate from yours.

## PASO 5 **Presenta tu folleto**

- Once you have finished, present your final travel brochure to the class.

# Unidad 6

## Autoevaluación

Do the following activities to reflect on your progress toward this unit's goals.

### Communication

**a.** I can describe habits in the past related to travel in my own and other cultures.

▶ Describe what your vacations were like when you were a child.

**b.** I can narrate past actions related to travel by air or train in my own and other cultures.

▶ Describe for a classmate a plane or train trip you took.

**c.** I can talk about car or bus travel experiences in the past in my own and other cultures.

▶ Tell what unexpected things happened while you were going somewhere.

**d.** I can tell anecdotes about past travel experiences in my own and other cultures.

▶ Role-play a conversation between a hotel employee and a guest who needs to check out after a disastrous stay.

### Intercultural Communication

**a.** I can identify cultural and geographic influences on travel experiences in my own and other cultures.

**b.** I can interact with others in appropriate ways in familiar travel situations in my own and other cultures.

**I CAN** interpret authentic sources related to the history of Lake Guatavita and travel in the area.

**I CAN** create a travel brochure for visiting Lake Guatavita in Colombia.

UNIDAD 7

# Río de la Plata

## El ocio, la escuela y el trabajo

**Essential Question:** Why is proficiency in multiple languages important in today's world?

**AP* Themes and Contexts:**
**Contemporary Life:** Education and Careers
**Families and Communities:** Education Communities

## IPA Goal

By the end of this unit, you will be able to participate in a career fair by writing a "help wanted" ad for a bilingual job.

**DESAFÍO 1: I can identify people, places, and objects at a school in my own and other cultures.**

**Vocabulario**
La escuela

**Gramática**
Expresar existencia. Los indefinidos

**DESAFÍO 2: I can express wants and preferences regarding professions in my own and other cultures.**

**Vocabulario**
Profesiones

**Gramática**
Expresar deseo. El modo subjuntivo

**DESAFÍO 3: I can express feelings and opinions about hobbies and pastimes in my own and other cultures.**

**Vocabulario**
Aficiones, actividades y espectáculos

**Gramática**
Expresar sentimientos

**DESAFÍO 4: I can express doubt and uncertainty and make value statements regarding sports in my own and other cultures.**

**Vocabulario**
Deportes

**Gramática**
Expresar duda y hacer valoraciones

# En Córdoba

In Córdoba, Argentina, the teams gather at the Plaza San Martín, where they are welcomed by Ricardo, a local guide.

**Estrategia:** What are the characters' attitudes about the topic of the conversation? What makes you think that?

## 1. ¿Comprendes?

▶ **Une** las dos columnas. ¿Qué tienen que hacer los personajes?

| Ⓐ | Ⓑ |
|---|---|
| **1.** Andy y Janet | **a.** tienen que practicar senderismo. |
| **2.** Tess y Patricia | **b.** deben hacer una presentación. |
| **3.** Diana y Rita | **c.** tienen que trabajar en un oficio muy original. |
| **4.** Tim y Mack | **d.** tienen que participar en una serie de televisión. |
| **5.** Todos | **e.** necesitan entender un mensaje. |

## EXPRESIONES ÚTILES

To express opinion:

| | |
|---|---|
| Creo que... | Para mí... |
| Pienso que... | En mi opinión... |

To express agreement:

| | |
|---|---|
| Es verdad. / Es cierto. | Sí, claro. |
| Tienes razón. | Por supuesto. |
| Estoy de acuerdo. | Desde luego. |

To express disagreement:

| | |
|---|---|
| No es verdad. / No es cierto. | No, no. |
| No llevas razón. | ¡Qué va! |
| No estoy de acuerdo. | En absoluto. |

### 2. ¿Están de acuerdo?

▶ **Escucha** los diálogos y completa una tabla como esta.

| | Están de acuerdo | No están de acuerdo |
|---|---|---|
| 1 | | |
| 2 | | |
| 3 | | |
| 4 | | |
| 5 | | |

▶ **Escucha** otra vez y escribe. ¿Qué expresiones utilizan para expresar acuerdo y desacuerdo?

**Modelo** 1. *Tienes razón.*

### 3. ¿Qué opinas?

▶ **Escribe** tres oraciones con tu opinión sobre algunos de estos temas.

las telenovelas | hacer la tarea | tu escuela | aprender idiomas | el fútbol

▶ **Lee** tus opiniones a tu compañero(a). ¿Está de acuerdo?

**Modelo** A. *Yo creo que hacer la tarea todos los días es muy importante.*
B. *Sí, estoy de acuerdo.*

# ORTOGRAFÍA

## La acentuación de palabras similares

Although accent marks usually indicate which syllable in a word is stressed, they are also used to distinguish between words that have the same or similar spellings.

- Although one-syllable words do not usually carry written accents, some *do* have accent marks to distinguish them from words that have the same spelling but different meanings.

  **Él** maneja **el** coche. — **Sí**, voy **si** quieres.

- **Sé** (*I know*) and **té** (*tea*) have accent marks to distinguish them from the pronouns **se** and **te**.

  **Sé** cocinar. — **Se** baña. — ¿Tomas **té**? — **Te** duermes.

- **Mí** (*Me*) and **tú** (*you*) have accent marks to distinguish them from the possessive adjectives **mi** and **tu**.

  para **mí** — **mi** cámara — **Tú** lees. — **tu** estéreo

- Several words of more than one syllable also have accent marks to distinguish them from words that have the same or similar spellings.

  ¿**Por qué** vas? — Voy **porque** quiero.

- Adverbs have accent marks when they are used to convey a question.

  ¿**Cuándo** fuiste? — Fui **cuando** me llamó.

  ¿**Dónde** trabajas? — Voy al taller **donde** trabajo.

- Remember: In Unit 4 (p. 189) you learned that accents are also used to:
  - Indicate that the stressed syllable of a word is not predictable from its spelling (**además, lápiz, rápido**).
  - Preserve the original pronunciation of a word when a prefix or suffix is added (**joven** → **jóvenes**).
  - Distinguish a present tense verb from a preterite verb (**trabajo** / **trabajó**).

## 4. Práctica escrita

▶ **Marca** los acentos en las palabras subrayadas (*underlined*) que los necesitan.

**1.** –¿Que tenemos que hacer hoy?
–No se. Mamá se fue muy tarde sin decirme nada.

**2.** –Ayer en Asunción un policía nos indico la dirección equivocada y nos perdimos.
–¿Como? Me parece que el no conoce bien la ciudad.

**3.** –Esta mañana vi a Frida con un hombre que no conozco.
–¿Cual? ¿El hombre con quien caminaba por el centro?
–Si, el era muy misterioso...
–¡Es su primo Roberto de Montevideo! ¡Ay, tu miras demasiadas telenovelas!

## 5. Práctica oral

▶ **Escoge** una de las conversaciones de arriba y represéntala con tu compañero(a).

**Goal:** to identify people and things

# ¿Un idioma imposible?

## Punto de partida

▶ **Observa.** Andy and Janet are about to explore Paraguay, a country where people speak Spanish and a native language called Guaraní. Their task is to decipher a strange phrase at the University of Asunción.

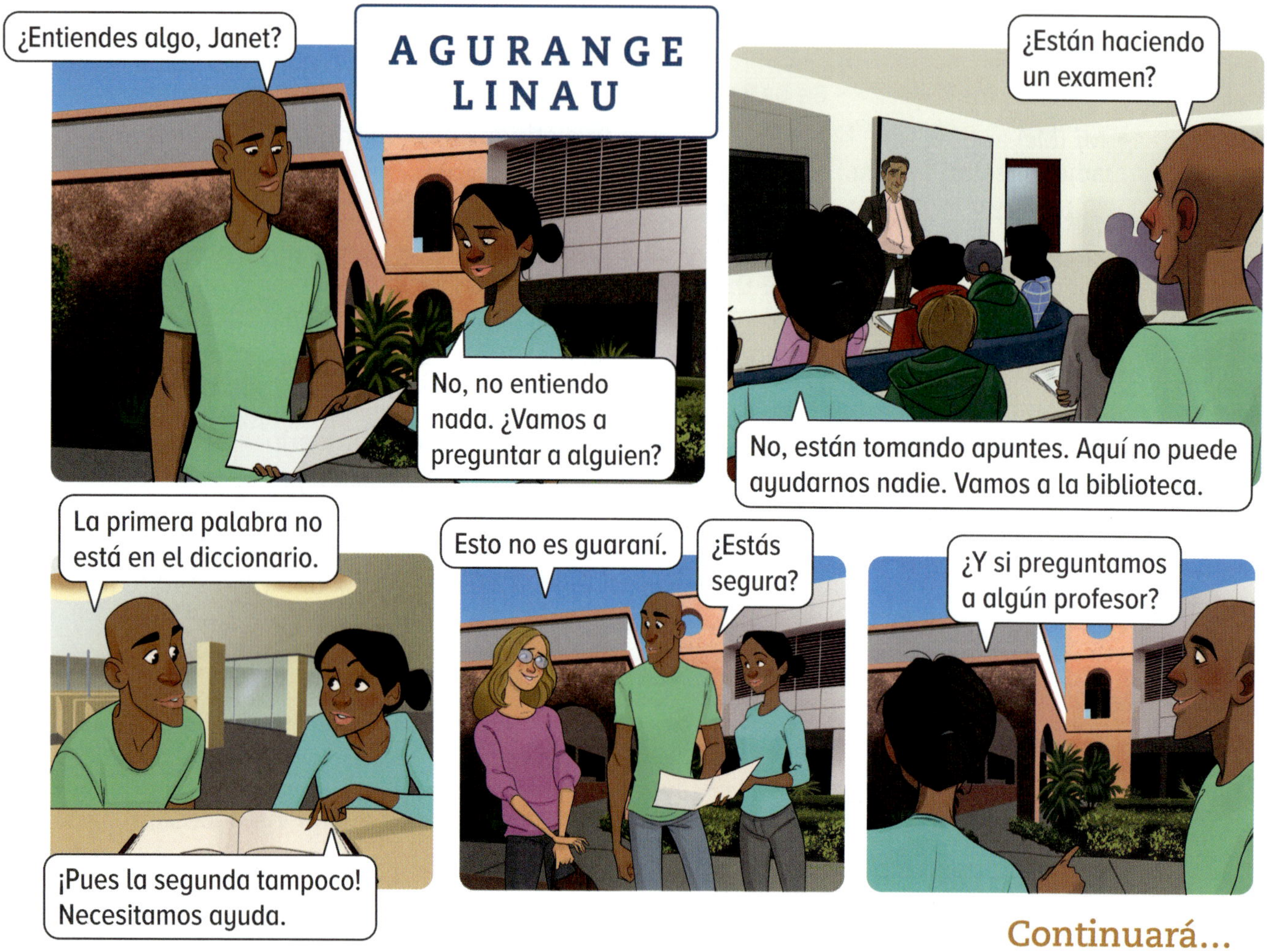


Continuará...

### 6. Reconocer

▶ **Completa** estas oraciones.

**1.** ¿Entiendes ___1___?
**2.** No entiendo ___2___. ¿Vamos a preguntar a ___3___?
**3.** Aquí no puede ayudarnos ___4___.
**4.** ¿Preguntamos a ___5___ profesor?

## 7. Comprender

▶ **Responde** a estas preguntas.

1. ¿Qué tienen que hacer Andy y Janet? ¿Qué problema tienen?
2. ¿Qué hacen para resolver el problema? ¿A quién piden ayuda?
3. ¿Qué sugiere Janet al final?

## 8. En la universidad

▶ **Escucha y decide.** ¿A qué estudiante se refiere cada oración?

(A) 
(B) 
(C) 
(D) 

## 9. Mis estudios

▶ **Pregunta** a tu compañero(a). ¿Están ustedes de acuerdo?

1. ¿Dónde prefieres estudiar? ¿Por qué?
2. ¿Haces la tarea solo(a) o con tus compañeros(as)? ¿Por qué?
3. ¿Qué haces cuando no entiendes una palabra en la clase de Español?
4. ¿Por qué es importante tomar apuntes en clase?

## CULTURA

# El guaraní

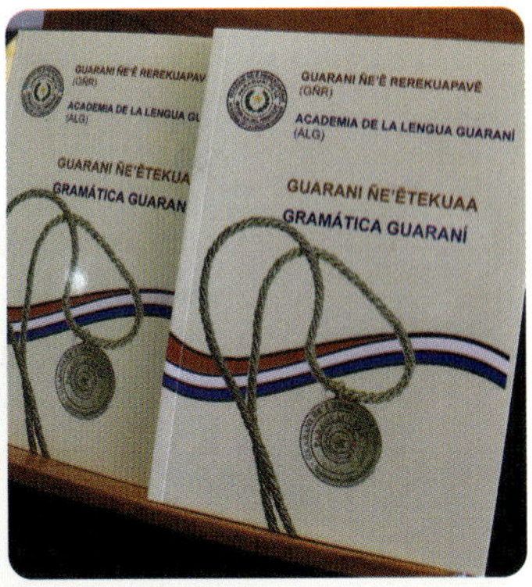


**Libros en guaraní**

El guaraní es una lengua indígena hablada en regiones de Paraguay, Argentina, Bolivia y Brasil.

En Paraguay más del 90 % de la población habla guaraní, en comparación con el 87 % que habla español. Desde la Constitución de 1992, el guaraní es lengua oficial junto con el español. También es lengua oficial en Bolivia y en la provincia argentina de Corrientes.

**10. Piensa y habla.** ¿Conoces otros países con dos o más idiomas oficiales? En tu opinión, ¿qué porcentaje de la población de un país tiene que hablar una lengua para que se considere lengua oficial?

**I CAN** demonstrate understanding of a dialogue set at the University of Asunción, Paraguay.

## Vocabulario

### La escuela

#### Lugares en la escuela

la biblioteca

el laboratorio

la sala de computación

el gimnasio

la cafetería / el comedor

los baños

#### Asignaturas

#### Acciones

prestar atención

levantar la mano

tomar apuntes

hacer un examen

aprobar un examen **A-, B, C+**

reprobar un examen **F**

### 11. Lugares en tu escuela

▶ **Escribe.** ¿En qué lugares de la escuela puedes hacer estas actividades?

**Modelo** estudiar → *Puedo estudiar en la biblioteca o en un aula.*

**1.** hablar con un(a) profesor(a)
**2.** usar un microscopio
**3.** comer un sándwich
**4.** lavarte las manos
**5.** hacer un examen
**6.** hacer deporte

### 12. El horario de Panambi

▶ **Escucha** y completa el horario de esta estudiante.

| | Lunes | Martes | Miércoles | Jueves | Viernes |
|---|---|---|---|---|---|
| 9:00 a.m. | Historia | | Historia | Historia | |
| 10:00 a.m. | Matemáticas | | Matemáticas | Matemáticas | Geografía |
| 11:00 a.m. | | Literatura | | | |
| ALMUERZO | | | | | |
| 12:30 p.m. | Literatura | | Literatura | Literatura | |
| 1:30 p.m. | | Matemáticas | Geografía | Geografía | |

### 13. La agenda de Pedro

▶ **Escucha** y corrige los errores de la agenda de Pedro.

▶ **Escribe** tu agenda para hoy. Después, compárala con la de tu compañero(a).

**Modelo** A. *A las doce voy a estudiar en la sala de computación con mi amigo Pedro.*
B. *Yo también.*

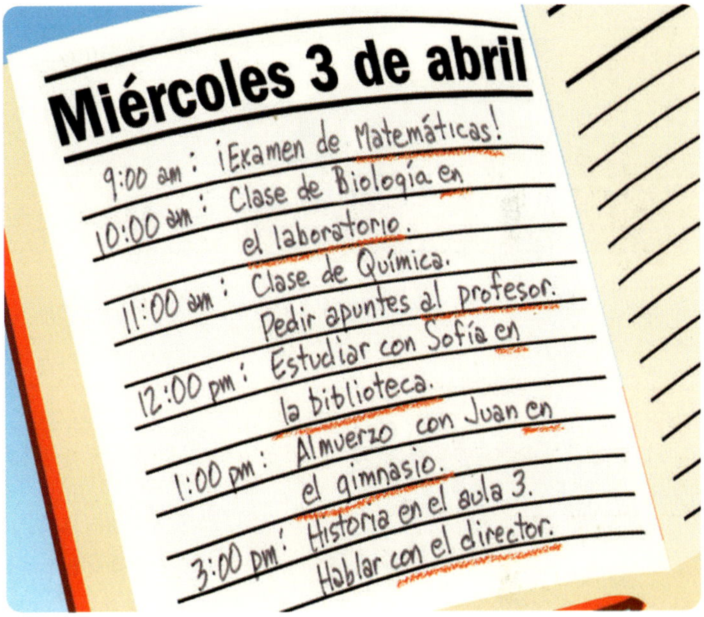


## CULTURA

## La Universidad de Asunción

La Universidad Nacional de Asunción es la más antigua de Paraguay. En ella se pueden estudiar 74 carreras universitarias (*degree programs*). Actualmente hay unos 40.000 alumnos matriculados (*registered*) y se imparten cursos de Lengua y Literatura guaraní.

**14. Investiga.** ¿Cuáles son las universidades más grandes de tu estado? ¿Cuántos estudiantes tienen?

**TU DESAFÍO** Busca en Internet otras universidades o escuelas que impartan cursos de guaraní. ¿Dónde están?

**I CAN** discuss classes and places in a school.

## Gramática

### Expresar existencia. Los indefinidos

- Remember: We use indefinites (**ninguno**, **alguno**, **poco**, **mucho**, **todo**, **demasiado**) to refer to nouns using nonspecific terms of number.

  Tengo **algunos** libros en la mochila.

- You can use these indefinite pronouns to refer to an identifiable but not specified person or thing.

  **1.** To refer to people:

  ALGUIEN

  Hay **alguien** en el aula.

  NADIE

  No hay **nadie** en el aula.

  **2.** To refer to things:

  ALGO

  En la mesa hay **algo** para escribir.

  NADA

  En la mesa no hay **nada**.

#### Uso de los indefinidos

- Affirmative indefinites usually go with verbs in the affirmative form. Negative indefinites usually go after verbs in the negative form.

  –¿Ayer vino algún estudiante a clase?
  –No. Y no vino tampoco ningún profesor.

**15. Piensa.** ¿Cuáles son los equivalentes a **alguien**, **nadie**, **algo** y **nada** en inglés?

### 16. Las fotos de Andy

**▶ Escucha y decide.** ¿A qué fotografía se refiere cada oración?

A

B

C

## 17. ¿Alguien puede ayudarnos?

▶ **Completa** esta conversación entre Andy y Janet.

ANDY: ¡Qué mensaje tan extraño! ¿Tú entiendes ___1___ (algo / nada)?
JANET: No, yo tampoco entiendo ___2___ (nada / alguno). Vamos a buscar ayuda.
ANDY: ¿Vamos al comedor? Seguramente allí hay ___3___ (alguien / algunos) estudiantes.
JANET: Es muy temprano para el almuerzo. ¿Por qué no vamos a la biblioteca?
ANDY: Sí, tienes razón. Vamos. Oh, no hay ___4___ (nadie / alguien) en la biblioteca, Janet. ¿Qué hacemos?
JANET: Vamos a preguntar a ___5___ (algún / alguien) dónde está el departamento de Lengua guaraní.
ANDY: Sí, quizás podamos encontrar a ___6___ (alguien / algún) profesor de guaraní.

## 18. Preguntas sobre la escuela

▶ **Entrevista** a dos compañeros(as) y toma notas de sus respuestas.

Modelo A. *¿Tienes algún cuaderno en tu mochila?*
B. *No, no tengo ningún cuaderno en mi mochila.*

1. ¿Tienes alguna tarea de Matemáticas para mañana?
2. ¿Hay algún diccionario en el aula?
3. ¿Piensas que hay alguien en la cafetería ahora?
4. ¿Conoces a algunos(as) profesores(as) simpáticos(as)?
5. ¿Alguna vez reprobaste algún examen o siempre los apruebas?

▶ **Presenta** las respuestas de tus compañeros(as) a la clase.

Modelo *Paco no tiene nada en su mochila, pero Lola tiene algunas carpetas.*

## CULTURA

# Requisitos: hablar guaraní

Hablar guaraní puede ser un requisito (*requirement*) o una ventaja para encontrar trabajo en Paraguay. Algunas ofertas de empleo incluyen como requisito hablar perfectamente español y guaraní.

**19. Explica.** ¿Es una ventaja hablar español u otras lenguas en tu comunidad? ¿En qué profesiones?

**I CAN** express nonspecific quantities in affirmative and negative statements.

## Comunicación

### 20. Una conversación telefónica

▶ **Escucha.** Todas las oraciones a continuación son falsas. Escucha la conversación y corrígelas.

**1.** Andy y Janet fueron a un aula, pero no había nadie.
**2.** Después fueron a la biblioteca y miraron algunos periódicos en guaraní.
**3.** Encontraron información útil en un diccionario.
**4.** A continuación, pidieron ayuda a una administradora.
**5.** Ella entendió algunas palabras del mensaje.
**6.** Andy y Janet hablaron con algunos profesores.

### 21. Un mensaje desde Atlanta

▶ **Lee** y completa el mensaje de Teresa, una amiga de Andy.

algo | alguien | algunos | nada | nadie | algún

Mensaje nuevo

Para:

Asunto:

¡Hola, Andy! ¿Qué tal estás?

Aquí, en Atlanta, todo está igual. No hay ____1____ nuevo. Esta semana tenemos ____2____ exámenes: de Física, de Geografía, de Matemáticas… En Física tengo ____3____ problema: ¡necesito ayuda de ____4____! A la hora del almuerzo fui a la biblioteca para estudiar, pero no había ____5____ para ayudarme. ¿Tú sabes ____6____ de física?

¡Escríbeme pronto!

Teresa

▶ **Escribe.** Imagina que eres Andy y escribe una respuesta a tu amiga Teresa. Contesta todas sus preguntas y usa los indefinidos.

# Final del desafío

## 22. ¿No hay ninguna solución?

▶ **Completa** la conversación entre Andy, Janet y el profesor colocando cada frase en su lugar.

a. Así pueden descifrar el mensaje.

b. ¡Creo que lo resolví!

c. ¿Puede ayudarnos?

d. Esto no es guaraní.

AGURANGE
LINAU

▶ **Crea** un "mensaje misterioso" utilizando el vocabulario, la gramática y la información cultural de este Desafío. Intercambia tu mensaje con un(a) compañero(a) e intenta resolver el suyo.

▶ **Escribe** un artículo breve con el título "En mi primaria". Describe tu escuela primaria y compárala con lo que hay y lo que hacen los niños en las primarias ahora.

**I CAN** identify people, places, and objects at a school in my own and other cultures.

**Goal:** to express wishes

# ¡Ojalá encontremos a Bruno!

## Punto de partida

▶ **Observa.** Tess and Patricia are in Montevideo, the capital of Uruguay. Fortunately, both are animal lovers, because they must walk several dogs through the streets of the city. Will they be able to handle the task?

Continuará...

### 23. Identificar

▶ **Completa** estas oraciones.

1. ______________ trabaje con perros algún día.
2. ______________ pueda trabajar como veterinaria.
3. ______________ Bruno esté cerca.
4. ¿______________ miremos por la plaza?
5. ______________ preguntes a la gente.
6. ______________ alguien nos ayude.

### 24. Reconocer

▶ **Relaciona** estas profesiones con la fotografía correspondiente.

policía
veterinario(a)
biólogo(a)

1 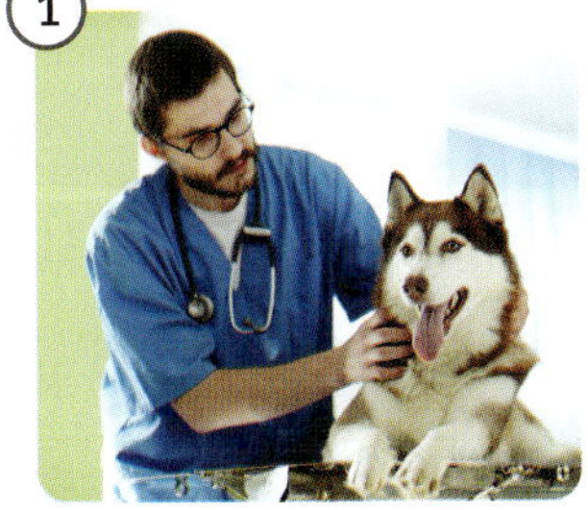

2 

3 

▶ **Explica.** ¿Qué hacen esas personas en su trabajo?

### 25. Aplicar

▶ **Escucha** y une las dos columnas.

| A | B |
|---|---|
| **1.** Espero que | **a.** veamos pronto a Bruno. |
| **2.** Prefiero que | **b.** alguien nos ayude. |
| **3.** Quiero que | **c.** un día Tess trabaje como veterinaria. |
| **4.** Ojalá | **d.** tú preguntes a la gente. |

## CULTURA

## La Ciudad Vieja de Montevideo

El barrio histórico de Montevideo, también conocido como Ciudad Vieja, es una de las zonas más visitadas de la ciudad y un punto de encuentro habitual para los habitantes de la ciudad y los turistas. En el centro del barrio histórico está la Plaza Matriz, donde se pueden ver importantes edificios, como la Catedral Metropolitana. En los alrededores de la Plaza Matriz hay numerosos comercios y restaurantes.

Catedral de Montevideo

**26. Compara.** ¿Cómo se compara la Ciudad Vieja de Montevideo con otras ciudades del mundo hispano que has estudiado (*have studied*)? ¿Hay algún lugar similar en tu región?

**TU DESAFÍO** Trae a clase tres datos interesantes sobre Montevideo.

**I CAN** demonstrate understanding of a dialogue about professions set in Montevideo, Uruguay.

## Vocabulario

### Profesiones

el agricultor

la mecánica

la empresaria

el cocinero

### 27. La familia de Patricia

▶ **Escucha** y escribe las profesiones de la familia de Patricia.

**1.** su papá **2.** su mamá **3.** su tío

**4.** su hermana **5.** su hermano

**Nombres de profesiones. Terminaciones frecuentes:**

| | |
|---|---|
| -tor(a) | pintor(a) |
| -dor(a) | entrenador(a) |
| -sor(a) | profesor(a) |
| -ero(a) | bombero(a) |
| -ario(a) | empresario(a) |
| -ante | el / la cantante |
| -ista | el / la dentista |

## 28. ¿Qué tengo que estudiar?

▶ **Une** las dos columnas y escribe oraciones.

Modelo *Para ser arquitecto, estudia arquitectura.*

| (A) | (B) |
|---|---|
| **1.** arquitecto | **a.** medicina |
| **2.** pintor | **b.** interpretación |
| **3.** cirujano | **c.** leyes |
| **4.** actor | **d.** arquitectura |
| **5.** técnico informático | **e.** informática |
| **6.** abogado | **f.** arte |

## 29. ¿Qué pueden ser?

▶ **Escribe** una profesión adecuada para cada personaje según sus cualidades.

Modelo A Mack le encanta manejar. → *Mack puede ser conductor.*

1. Tim es muy atlético. Sabe nadar y jugar al tenis muy bien.
2. A Tess le encantan los animales.
3. A Andy le gustan mucho los coches y las motos.
4. Patricia tiene una voz muy bonita.
5. El hermano de Tess dibuja muy bien.

▶ **Habla** con dos compañeros(as) sobre sus cualidades. Da recomendaciones profesionales para cada uno(a).

Modelo A. *A mí me gusta ayudar a la gente. Y soy muy atrevida.*
B. *Pues puedes ser policía.*
C. *O bombera.*

## CONEXIONES: MÚSICA

# Jorge Drexler

Jorge Drexler es un famoso cantante uruguayo nacido en Montevideo en 1964. En el año 2005 ganó un Oscar con su canción *Al otro lado del río*, incluida en la película *Diarios de motocicleta*. Jorge Drexler estudió medicina y trabajó como médico, pero pronto decidió cambiar su profesión para dedicarse a la música.

**30. Explica.** ¿Piensas escoger una profesión relacionada con la música? ¿Qué necesitas hacer para tener éxito en esa profesión?

**I CAN** give and receive advice regarding professions.

## Gramática

### Expresar deseo. El modo subjuntivo

- To express wishes in a straightforward way, use **ojalá** (optionally followed by **que**) followed by a verb in the subjunctive mood.

  Me encantan los perros. Ojalá **pueda** trabajar como veterinaria.

**PRESENTE DE SUBJUNTIVO. VERBOS REGULARES**

| | Cantar | Comer | Vivir |
|---|---|---|---|
| yo | cante | coma | viva |
| tú | cantes | comas | vivas |
| usted, él, ella | cante | coma | viva |
| nosotros, nosotras | cantemos | comamos | vivamos |
| vosotros, vosotras | cantéis | comáis | viváis |
| ustedes, ellos, ellas | canten | coman | vivan |

- To express wishes, you can also use verbs like **querer**, **esperar**, **desear**, and **preferir** followed by a dependent clause with the verb in the infinitive or in the subjunctive:
  - Use the infinitive when the main clause verb and the dependent clause verb have the same subject.

    Querer / Esperar / Desear / Preferir + infinitivo

    Quiero **estudiar** medicina.
    (yo) (yo)

  - Use the subjunctive when the main clause verb and the dependent clause verb have different subjects.

    Querer / Esperar / Desear / Preferir + que + subjuntivo

    Quiero que **estudies** medicina.
    (yo) (tú)

**31. Piensa.** ¿Cómo expresas deseo en inglés? ¿Existe en inglés el modo subjuntivo?

### 32. Actividades para Tess y Patricia

▶ **Escribe** oraciones expresando tus deseos para Tess y Patricia.

Modelo 1. *Espero que Tess y Patricia visiten sitios interesantes en Uruguay.*

**1.** visitar sitios interesantes
**2.** aprender mucho
**3.** hablar con gente simpática
**4.** tomar muchas fotografías
**5.** divertirse mucho
**6.** completar su desafío

### 33. Deseos para el futuro

▶ **Escucha** los deseos de varias personas para el futuro y resume lo que dice cada uno.

Modelo 1. *Ella espera trabajar como dentista.*

1 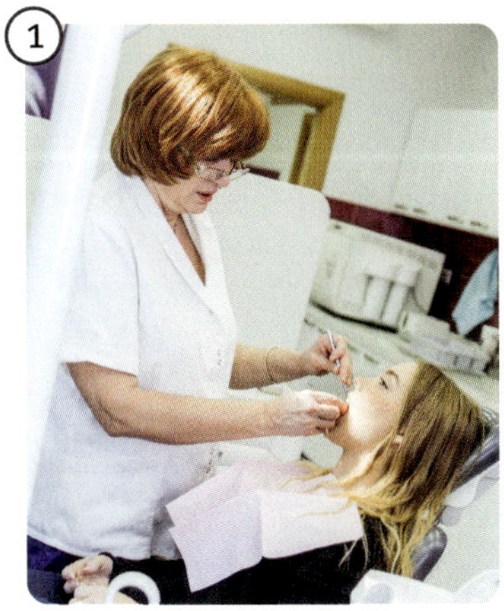

2 

3 

4 

### 34. Un viaje a Uruguay

▶ **Imagina** que vas de viaje a Uruguay con tu familia. Habla con tu compañero(a) sobre lo que tú y tu familia esperan que pase en el viaje. Usa estos verbos.

Modelo *Mi mamá quiere que mi hermana aprenda español.*

| | | | |
|---|---|---|---|
| aprender | visitar | hablar | estudiar |
| vivir | leer | comprar | ver |
| trabajar | cantar | bailar | tomar |

## CULTURA

## La moneda de Uruguay

La moneda de Uruguay es el peso uruguayo. Hay monedas de 1, 2, 5 y 10 pesos, y billetes con valor entre 20 y 2.000 pesos. En la fotografía puedes ver un billete de 1.000 pesos. El billete lleva la cara de Juana de Ibarbourou, una poeta uruguaya del siglo XX muy famosa.

**35. Compara.** ¿Qué personajes aparecen en las monedas y los billetes estadounidenses? ¿Hay alguna mujer? ¿A qué personaje femenino escogerías (*would you choose*)? ¿Por qué?

**I CAN** express preferences and wishes regarding a trip to Uruguay.

## Comunicación

### 36. ¿Qué profesión?

▶ **Decide.** ¿Qué profesión o profesiones describe cada oración?

1. Tienes que saber dibujar y tener una gran imaginación.
2. Para esta profesión, vas a tener que lavarte las manos muchas veces por día.
3. En esta profesión puedes ser el / la dueño(a) de varios comercios.
4. Las personas que trabajan en esta profesión son servidores públicos.
5. Hay que estudiar en la universidad por muchos años para desempeñar (*carry out*) esta profesión.
6. En esta profesión puedes trabajar al aire libre.
7. Para esta profesión es muy útil ser bilingüe.

### 37. Tu futuro profesional

▶ **Clasifica** estas profesiones. ¿En cuáles te gustaría (*would you like*) trabajar en el futuro? ¿Y en cuáles no? ¿Por qué?

| | |
|---|---|
| cantante | cirujano(a) |
| policía | actor / actriz |
| diseñador(a) | agricultor(a) |
| cocinero(a) | arquitecto(a) |
| dentista | socorrista |

| ☺ | ☹ |
|---|---|
| | |

▶ **Escribe** una entrada de diario resumiendo tus deseos y dando razones.

**Modelo** *Ojalá no trabaje como cantante porque soy muy tímido y no me gusta cantar.*

### 38. Un mundo ideal

▶ **Habla** con tu compañero(a). Combina elementos de las tres columnas para expresar deseos y completa las oraciones.

**Modelo** *Deseo que el director de la escuela prohíba los exámenes.*

| A | B | C |
|---|---|---|
| Ojalá (que) | el / la director(a) de la escuela | prohibir |
| Espero que | el / la profesor(a) de... | estudiar |
| Deseo que | mis compañeros(as) de clase | trabajar |
| Prefiero que | mis amigos(as) | decidir |
| | mis padres | levantarse |

# Final del desafío

## 39. ¿Qué dicen las paseadoras de perros?

▶ **Escoge** la forma correcta del verbo para completar el diálogo.

| | | | |
|---|---|---|---|
| 1. deja<br>deje | 2. encontramos<br>encontremos | 3. llaman<br>llamen | 4. buscamos<br>busquemos |

▶ **Escribe.** Con dos compañeros(as) elige un final y escribe un diálogo de por lo menos (*at least*) ocho líneas entre Tess, Patricia y la señora.

1. Prefiero que Tess y Patricia hablen con la mujer sobre lo que pasó. Deben ser honestas.
2. Espero que no hablen con la señora de que Bruno se escapó. No fue culpa suya.

▶ **Presenta.** Tess tuvo la oportunidad de trabajar en algo relacionado con la profesión que quiere ejercer. ¿En qué quieres trabajar en el futuro? ¿Qué eventos o experiencias pueden ayudarte a prepararte para esa profesión? Prepara una presentación oral de dos minutos.

**I CAN** express wants and preferences about jobs and professions in my own and other cultures.

DESAFÍO 3

**Goal:** to express feelings and emotions

# Estrellas de telenovela

## Punto de partida

▶ **Observa.** Diana and Rita are at a television studio in Buenos Aires. Their task is to re-create a brief scene from an Argentinean *telenovela*.

Continuará...

### 40. Identificar

▶ **Une** las dos columnas.

| Ⓐ | Ⓑ |
|---|---|
| **1.** Me preocupa | **a.** que cuente chistes. |
| **2.** ¿Te molesta | **b.** que nos visites. |
| **3.** No soporto | **c.** que vuelvas. |
| **4.** Me encanta | **d.** que no quiera a Arturo? |
| **5.** No quiero | **e.** que no pienses tu decisión. |

▶ **Escribe.** ¿En qué tiempo verbal están los verbos de la columna A? ¿Y los de la columna B?

## 41. Comprender

▶ **Decide** si estas oraciones son ciertas o falsas. Si son falsas, corrígelas.

1. En la telenovela, Diana es la hija de Rita.
2. Marcela quiere marcharse a vivir en la ciudad.
3. La mamá de Marcela no se lleva bien con Arturo.
4. Marcela piensa que Arturo es muy divertido.
5. Arturo ama a Marcela.
6. Marcela ama a Arturo.

## 42. Aplicar

▶ **Habla** con tu compañero(a). ¿Qué están haciendo estas personas? Contesta usando las actividades del recuadro.

| |
|---|
| actuar en... |
| bailar tango |
| jugar al ajedrez |
| dar un paseo |
| contar chistes |

Modelo A. *¿Qué está haciendo esa chica?*
B. *Está dando un paseo.*

1 

2 

3 

4 

## CULTURA

# El tango

De todos los productos culturales de Argentina, el tango es posiblemente el más famoso. La UNESCO lo declaró Patrimonio Cultural Inmaterial de la Humanidad en 2009.

El tango nació en los barrios populares de Argentina y Uruguay como resultado de la fusión de distintos estilos musicales y bailes.

**43. Investiga.** Mira en Internet un video del tango y escucha la música que lo acompaña. ¿Puedes comparar el tango con un estilo de baile o música de tu cultura?

**I CAN** demonstrate understanding of a dialogue about an Argentinean soap opera.

## Vocabulario

### Aficiones, actividades y espectáculos

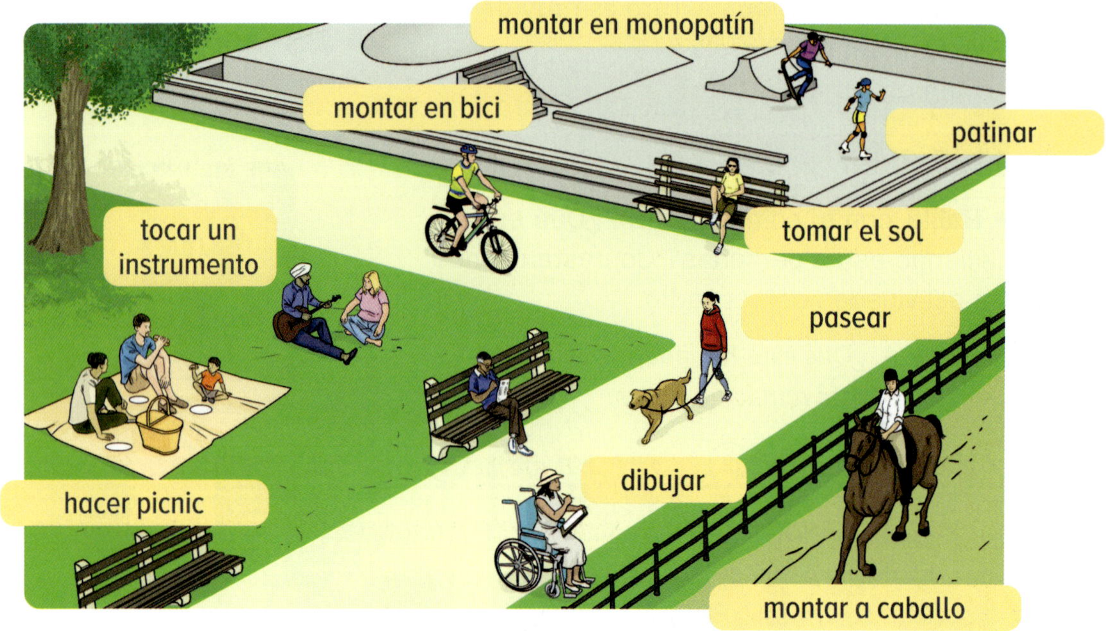


jugar
- al ajedrez 
- a los naipes 
- a los videojuegos 

coleccionar cómics

cocinar

 ir al cine

 ir al teatro

 ir a una exposición

 ir a un concierto

### 44. Mis aficiones

▶ **Escucha** a este joven hablar de sus aficiones y clasifícalas en una tabla como esta.

| Le gusta mucho | Le gusta | No le gusta | No le gusta nada |
|---|---|---|---|
| | | | |

## 45. ¿Qué les gusta?

▶ **Completa** estas oraciones.

1. 
A mí me encanta jugar a ___1___.

2. 

A nosotros lo que más nos gusta es ir al ___2___.

3. 
A mí me gusta mucho ___3___.

4. 
Mi afición preferida es ___4___.

▶ **Habla.** Prepara una entrevista y pregunta a cuatro compañeros(as) por sus aficiones. Después, presenta la información a la clase.

Modelo *A mis compañeros(as) les gusta ir al cine. También...*

## 46. ¿Qué quieres que hagan?

▶ **Escribe** un párrafo sobre las actividades que quieres hacer durante las vacaciones.

Modelo *Yo quiero hacer deporte por las mañanas: patinar o montar en bici.*

▶ **Habla** con tu compañero(a). ¿Qué actividades quieres que hagan tus amigos(as) y familiares en sus vacaciones?

Modelo A *¿Qué quieres que haga tu hermano en sus vacaciones?*
B. *Ojalá monte en bici conmigo todas las mañanas.*

### CULTURA

# Las telenovelas

Las telenovelas (*soap operas*) son programas de televisión que cuentan una historia de tipo sentimental en muchos capítulos (*episodes*).

Las telenovelas tienen gran importancia económica en países como México, Argentina, Venezuela y Colombia. Cuentan con grandes presupuestos (*budgets*) y se exportan a países de todo el mundo.

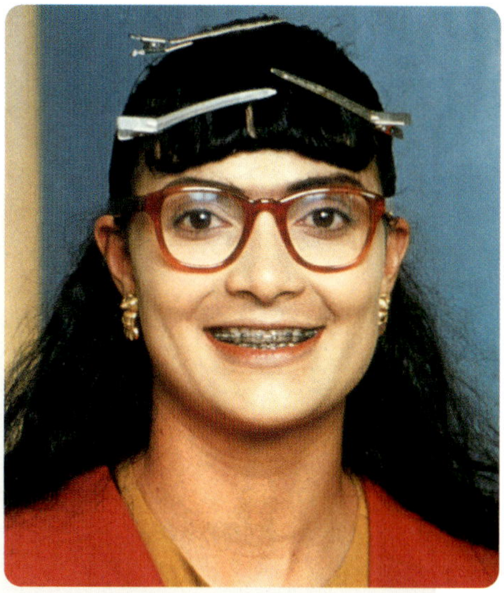

*Yo soy Betty, la fea.*
Telenovela colombiana

**47. Explica.** ¿Te gustan las telenovelas? ¿Por qué crees que tienen tanto éxito en todo el mundo?

**I CAN** talk with a partner about our hobbies and pastimes.

## Gramática

### Expresar sentimientos

- To express feelings, emotions, or opinions, you can use verbs like **alegrar** or **encantar** followed by a dependent clause with the verb in infinitive or in subjunctive.

  Use the infinitive when the main clause and the dependent clause have the same subject.

  Me alegra **volver** a casa.

  Use the subjunctive if they have different subjects.

  Me alegra que Pedro **vuelva** a casa.

**Verbos útiles**

| | |
|---|---|
| alegrar | *to be glad* |
| encantar | *to love* |
| molestar | *to dislike* |
| preocupar | *to worry* |
| sentir | *to be sorry* |
| sorprender | *to be surprised* |
| dar pena | *to be sorry* |
| dar miedo | *to fear* |

Note: With the exception of sentir, these verbs are used with indirect object pronouns, like gustar.

- In general, the present subjunctive is formed from the **yo** form of the present indicative. Therefore, irregular verbs in the indicative **yo** form are also irregular in the subjunctive.

  yo hago (verbo *hacer*) → haga, hagas, haga, hagamos, hagáis, hagan

  yo tengo (verbo *tener*) → tenga, tengas, tenga, tengamos, tengáis, tengan

- Stem-changing **-ar** and **-er** verbs follow the same pattern as they do in the present indicative. Stem-changing **-ir** verbs have an additional change in the **nosotros(as)** and **vosotros(as)** forms.

**Verbos con raíz irregular en el presente de subjuntivo**

| | Pensar | Jugar | Volver | Pedir | Dormir |
|---|---|---|---|---|---|
| yo | piense | juegue | vuelva | pida | duerma |
| tú | pienses | juegues | vuelvas | pidas | duermas |
| usted, él, ella | piense | juegue | vuelva | pida | duerma |
| nosotros, nosotras | pensemos | juguemos | volvamos | pidamos | durmamos |
| vosotros, vosotras | penséis | juguéis | volváis | pidáis | durmáis |
| ustedes, ellos, ellas | piensen | jueguen | vuelvan | pidan | duerman |

**48. Piensa.** ¿Puedes poner otros ejemplos de verbos con la raíz irregular?

### 49. Emociones

▶ **Escribe** estas oraciones con la forma correcta del presente de subjuntivo.

1. Me alegra que Rosa ______ (hacer) deporte.
2. Siento mucho que tú no ______ (querer) ir al teatro conmigo.
3. Me encanta que los niños ______ (jugar) en el parque.

## 50. Las impresiones de Rita

▶ **Escucha** las impresiones de Rita sobre su viaje a Buenos Aires. ¿A qué fotografía se refiere cada oración?

(A)
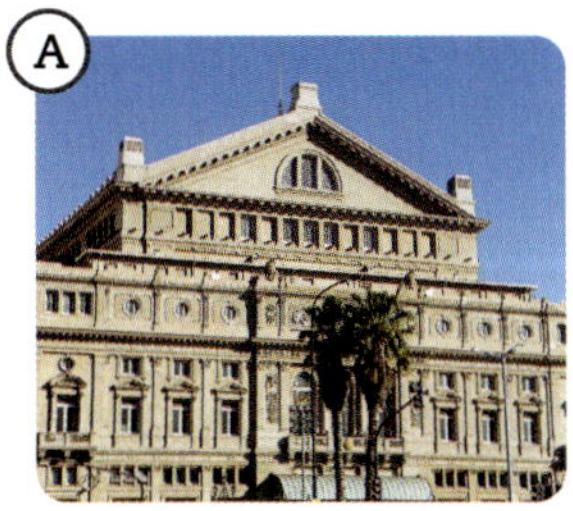

(B)

(C)

(D)

## 51. ¿Qué sientes?

▶ **Escribe** las respuestas a estas preguntas.

Modelo ¿Qué te gusta que hagan tus profesores(as)?
→ *Me gusta que hagan clases interesantes.*

**1.** ¿Qué te sorprende que digan tus compañeros(as)?
**2.** ¿Qué te preocupa que piensen tus amigos(as)?
**3.** ¿Qué te encanta que haga tu comunidad?
**4.** ¿Qué te molesta que haga tu comunidad?
**5.** ¿Qué te gusta que hagan tus amigos(as)?

▶ **Habla** con tus compañeros(as). ¿Tienen respuestas similares?

## COMPARACIONES

# El barrio de La Boca

Calle Caminito

La Boca es un barrio muy turístico de Buenos Aires. En este barrio vivían los inmigrantes europeos –sobre todo, italianos– a finales del siglo XIX y principios del XX. Ellos pintaban sus casas con los restos de pintura que les daban los marineros del puerto, por lo que el barrio adquirió un aspecto muy colorido.

En la actualidad hay muchos artistas callejeros, pintores y artesanos que venden sus productos a los visitantes. También es habitual ver a músicos y bailarines de tango.

**52. Compara.** ¿Hay en tu ciudad algún barrio similar a La Boca? Descríbelo.

**TU DESAFÍO** ¿Cuáles son otros barrios interesantes que forman parte de la ciudad de Buenos Aires? Busca información para compartir con tus compañeros(as).

**I CAN** express my feelings about what other people do and say.

## Comunicación

### 53. Las aficiones de Roberto

▶ **Escucha** a Roberto y escribe. ¿Qué actividades hace cada día?

| lunes | martes | miércoles | jueves | viernes | sábado | domingo |
|---|---|---|---|---|---|---|
| | | | | | | |

### 54. Diana y Andrea

▶ **Escucha** a Diana y elige la opción correcta.

1. **a.** A Diana le gusta que Andrea quiera ir a conciertos con ella.
   **b.** A Diana le molesta que Andrea no quiera ir a conciertos con ella.
2. **a.** A Diana le da pena que Andrea no pueda montar a caballo.
   **b.** A Diana le preocupa que Andrea monte a caballo.
3. **a.** A Diana no le gusta que Andrea quiera ir a ver exposiciones.
   **b.** A Diana no le sorprende que Andrea quiera ir a ver exposiciones.
4. **a.** A Diana le da miedo que Andrea estudie en una universidad diferente de la suya.
   **b.** A Diana le alegra que Andrea piense ir a la misma universidad que ella.

### 55. ¿Qué piensa Rita?

▶ **Lee** el mensaje de correo de Rita y escribe. Resume lo que dice Rita usando los siguientes verbos. ¡Ojo! Algunos de los verbos son sinónimos de los verbos que empleó Rita.

**Modelo** *A Rita le gusta que Diana se divierta.*

molestar sorprender
gustar sentir encantar

Mensaje nuevo
Para:
Asunto:

Querida Sonia:

¡Me encanta Buenos Aires! Me gusta que Diana se divierta y me alegra que conozca gente nueva. Además está aprendiendo a bailar el tango. ¿Qué te parece? A mí me sorprende que prefiera ir a clases de tango a ir a bailar en un club. ¿A ti no?

La comida aquí es muy buena, especialmente la carne. A mi sobrina le encanta la carne, pero me preocupa que no coma más frutas y verduras. Eso no me gusta. Me da pena que Diana pase tanto tiempo lejos de casa, pero esta es una buena experiencia. ¿Qué tal te parece?

¡Hasta pronto!

Un abrazo, Rita

▶ **Habla** con tu compañero(a). Imagina que Diana le escribe un correo similar a su amiga Lupe. ¿Qué le gusta / molesta / alegra / etc. a Diana que haga su tía?

**Modelo** *No soporto que mi tía me recomiende comer más verduras. ¡Prefiero comer carne argentina!*

# Final del desafío

## 56. La nueva promesa de la televisión

▶ **Completa.** Al director de la telenovela le gustó mucho trabajar con Diana y Rita. Lee su nota y complétala con la forma correcta de los verbos.

- poder
- pasar
- participar

*Queridas amigas:*

*¡Felicidades! Estoy muy contento con su trabajo. Tienen mucho talento. Me encanta que ___1___ en este proyecto.*

*Me da pena que no ___2___ más tiempo en nuestro país y que no ___3___ actuar de verdad en el próximo capítulo de nuestra telenovela, pero no hay ningún papel disponible.*

*Un saludo.*

*Claudio*

▶ **Escribe.** Los personajes Marcela y Arturo no tenían nada en común. Escribe un final alternativo en el cual descubren una pasión por el mismo pasatiempo. Usa verbos de sentimientos para darle más drama a la escena.

▶ **Habla.** ¿Qué piensan tus familiares y amigos sobre tus pasatiempos? Habla con tu compañero(a).

**Modelo** A. *¿A tu mamá le gusta que montes en monopatín?*
B. *No, no mucho. Le alegra que yo esté al aire libre, pero le preocupa que me caiga…*

**I CAN** express feelings and opinions about hobbies and pastimes in my own and other cultures.

DESAFÍO 4

**Goal:** to express doubt and to make value statements

# El clásico y el Aconcagua

## Punto de partida

▶ **Observa.** Tim and Mack have to walk up to the *Mirador del Aconcagua* in the Andes. Unfortunately, the climb coincides with the day of the biggest soccer match of the season, and their guide wants to be back in time to watch it live with his friends.

Continuará...

### 57. Analizar

▶ **Completa** estas oraciones.

**1.** ________________ que empecemos pronto.

**2.** ¿________________ que subamos tan deprisa?

**3.** ________________ lleguemos a tiempo.

**4.** ________________ que lleguemos.

▶ **Escribe.** ¿Qué oraciones expresan duda? ¿Y cuáles expresan una opinión?

### 58. Comprender

▶ **Responde** a estas preguntas.

1. ¿Qué deportes le gustan a Miguel?
2. ¿Qué es el Boca Juniors?
3. ¿Por qué Miguel quiere subir deprisa al mirador?
4. ¿A qué hora empieza el partido? ¿Qué quiere hacer Miguel?

### 59. Aplicar

▶ **Escribe** el nombre de estos deportes. Busca información en *Punto de partida*.

1

2

3

### 60. ¡Hay que ser lógico!

▶ **Habla** con tu compañero(a). ¿Qué palabra no pertenece a cada grupo?

1. El Aconcagua
   - **a.** los Andes
   - **b.** el Boca Juniors
   - **c.** la montaña
2. El mirador del Aconcagua
   - **a.** el esquí
   - **b.** el senderismo
   - **c.** el fútbol
3. El Boca Juniors
   - **a.** el senderismo
   - **b.** el fútbol
   - **c.** el equipo
4. El clásico
   - **a.** el equipo
   - **b.** el partido
   - **c.** el esquí

## CONEXIONES: GEOGRAFÍA

# El Aconcagua

El Aconcagua es una montaña de 6.962 metros situada en la cordillera de los Andes. Es el pico más alto del hemisferio sur y también del hemisferio occidental.

Miles de senderistas y alpinistas de todo el mundo van a esta montaña cada año. Entre diciembre y marzo la visitan miles de montañeros.

**61. Piensa y explica.** ¿Por qué crees que los alpinistas eligen los meses de diciembre a marzo para subir al Aconcagua?

**I CAN** demonstrate understanding of a dialogue related to sports.

## Vocabulario

### Deportes

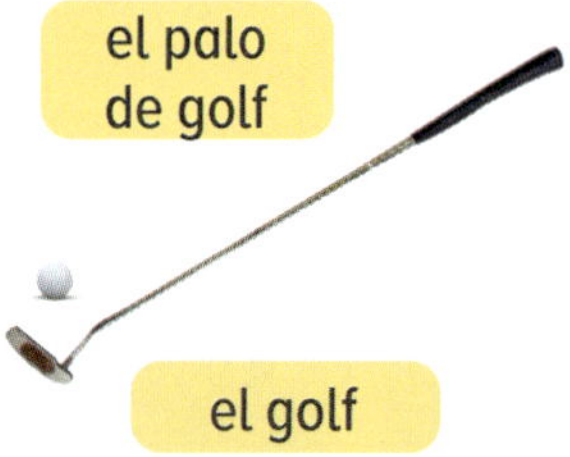

**Acciones**

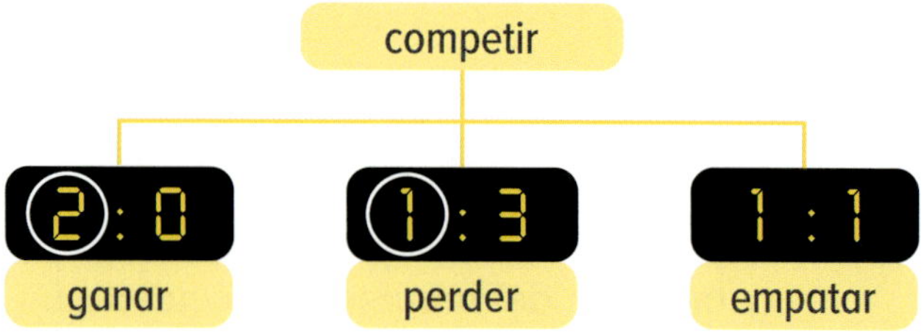


### 62. Tus preferencias

▶ **Clasifica** los deportes anteriores según tus preferencias.

| Deportes que practico | Deportes que veo en la televisión | Deportes que no me gustan |
|---|---|---|
| | | |

### 63. ¡Estoy confundido!

▶ **Decide** si lo que dicen estos atletas es cierto (C) o falso (F). Después, corrige las oraciones falsas.

1

2

3

4

5

### 64. Deportistas

▶ **Escucha** a varias personas. ¿Qué deporte practica cada una?

**a.** alpinismo **b.** fútbol **c.** béisbol **d.** esquí **e.** gimnasia **f.** golf

### 65. Nuestro deporte favorito

▶ **Habla** con cuatro compañeros(as). ¿Qué deportes practican?

## CULTURA

# El fútbol argentino

El fútbol es el deporte más popular en Argentina. Algunos de los jugadores más famosos de todos los tiempos son argentinos: Di Stefano, Maradona, Messi...

Boca Juniors y River Plate son los equipos más populares. Hay una rivalidad intensa entre ellos y sus fans son famosos por su pasión durante los partidos.

Lionel Messi

**66. Compara.** ¿Cuál es el deporte más popular en tu comunidad? ¿Existe una rivalidad similar a la del Boca y el River entre dos equipos?

**TU DESAFÍO** Busca información sobre los equipos de fútbol más populares en Uruguay y en Paraguay.

**I CAN** talk with a partner about the sports that we play.

## Gramática

### Expresar duda y hacer valoraciones

#### El subjuntivo para expresar duda

- There are many expressions to show doubt, and they are normally paired with clauses that have the verb in the subjunctive. There are also expressions that indicate certainty and are therefore followed by the verb in the indicative.

| Expresiones con subjuntivo | Expresiones con indicativo |
|---|---|
| Es posible / probable / imposible que | Es verdad / cierto / evidente que |
| Quizás | Estoy seguro(a) de que / Sé que |
| Dudo que | No dudo que |

**Dudo** que Pedro **esté** en casa.

**Sé** que Pedro **está** en casa.

#### El subjuntivo para hacer valoraciones

- The subjunctive is used in expressions that show value judgments.

  Es + adjective + que + subjunctive

  Es importante que ustedes **practiquen** deporte.

- The following verbs are irregular in the present subjunctive forms:

**Adjetivos útiles**
- bueno
- malo
- importante
- increíble
- horrible
- necesario

VERBOS IRREGULARES EN EL PRESENTE DE SUBJUNTIVO

| | Dar | Estar | Saber | Ser | Ir |
|---|---|---|---|---|---|
| yo | dé | esté | sepa | sea | vaya |
| tú | des | estés | sepas | seas | vayas |
| usted, él, ella | dé | esté | sepa | sea | vaya |
| nosotros, nosotras | demos | estemos | sepamos | seamos | vayamos |
| vosotros, vosotras | deis | estéis | sepáis | seáis | vayáis |
| ustedes, ellos, ellas | den | estén | sepan | sean | vayan |

- Verbs ending in **-car**, **-gar**, **-zar**, **-ger**, **-gir**, and **-guir** have spelling changes.

-car sacar → sa**qu**e, sa**qu**es…

-gar llegar → lle**gu**e, lle**gu**es…

-zar abrazar → abra**c**e, abra**c**es…

-ger, -gir dirigir → diri**j**a, diri**j**as…

-guir seguir → si**g**a, si**g**as…

**67. Piensa.** ¿Cómo se expresa una valoración o una duda en inglés?

## 68. Todos tienen una opinión diferente

▶ **Escribe** si estas oraciones expresan duda, certeza o una valoración. Después, complétalas poniendo el verbo en la forma correcta.

**Modelo** Es necesario que nosotros ______ (estar) en el gimnasio a las nueve.
→ *Valoración. Es necesario que nosotros estemos en el gimnasio a las nueve.*

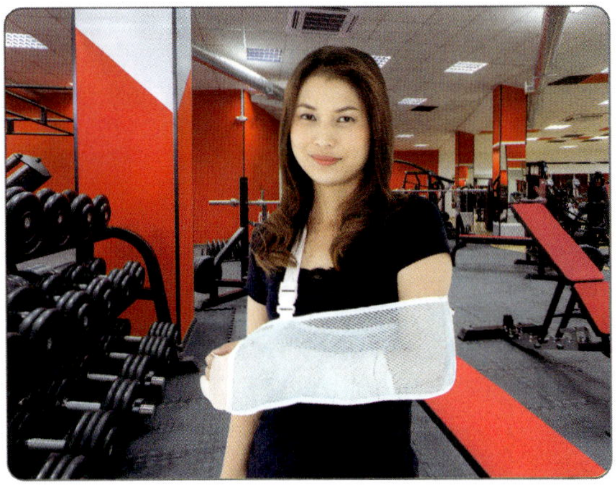

1. Es imposible que ella ______ (seguir) levantando pesas con el brazo roto.
2. Estoy segura de que Miguel ______ (saber) esquiar.
3. No dudo que mi equipo ______ (ser) el mejor.
4. Quizás yo ______ (ir) mañana a nadar a la piscina.
5. Dudo que ella ______ (practicar) alpinismo, es un deporte muy duro.

▶ **Escribe** tres oraciones que expresen duda y tres oraciones que expresen una valoración. Después, intercámbialas con tu compañero(a). ¿Son correctas?

## 69. ¡Qué emocionante!

▶ **Escucha** la conversación entre Tim y Miguel y responde a estas preguntas.

1. Para ver el clásico, ¿qué es necesario que hagan los tres?
2. ¿Qué duda Tim?
3. Según Miguel, ¿qué es cierto?
4. ¿De qué está seguro Miguel?
5. Según Miguel, ¿qué es imposible?
6. ¿Qué espera ver Miguel algún día?

## 70. ¡Te toca a ti!

▶ **Habla** con tu compañero(a). Expresa tu opinión.

1. ¿El guía es un buen profesional?
2. ¿Tim y Mack están en forma?
3. ¿Mack puede caminar más rápido?
4. ¿ Tim, Mack y el guía van a subir hasta el mirador?
5. ¿Al final, llegan todos a tiempo para ver el partido?

**I CAN** express uncertainty and make value statements about what others are doing.

## Comunicación

### 71. Sobre el clásico

▶ **Lee** este artículo de prensa y complétalo.

# El River Plate vence al ___1___ Juniors

**El encuentro supone la séptima derrota en catorce jornadas del equipo del ___2___ Claudio Borghi**

EFE - Buenos Aires - 17-Nov

El River Plate ___3___ este martes al Boca Juniors por 1-0 en el ___4___ clásico del ___5___ argentino y le dejó sin objetivos en las cinco jornadas del torneo Apertura que quedan por delante. Un ___6___ del defensa Jonathan Maidana, exjugador boquense, con un remate de cabeza a los 53 minutos, provocó la primera gran alegría de la temporada a los ___7___ del River Plate y aportó tres puntos vitales al ___8___ que lucha por mantenerse en la categoría.

aficionados
entrenador
equipo
fútbol
gol
Boca
partido
ganó

Fuente: Diario *El País* (España)

### 72. ¿Estás seguro(a)?

▶ **Habla** con tu compañero(a) y expresa tus opiniones sobre estas afirmaciones. Usa expresiones de certeza si estás seguro(a) o expresiones de duda si no lo estás.

**1.** Un(a) estudiante de tu clase juega muy bien al tenis.
**2.** Ningún / Ninguna estudiante de tu clase sabe esquiar.
**3.** Tim y Mack van a regresar a tiempo para ver el partido.
**4.** El golf no es un deporte sino un juego.

### 73. Las opiniones de una experta

▶ **Escucha** y completa las opiniones de una entrenadora.

**1.** Es importante que estas chicas...
**2.** Es necesario que estos jóvenes...
**3.** Es bueno que este chico...

# Final del desafío

## 74. ¿Misión cumplida?

▶ **Completa** la entrada (*post*) de Tim con la forma correcta de estos verbos.

querer | beber | visitar | llevar | entrenar

¡Al final subimos al mirador! Y vimos el Aconcagua. ¡Es espectacular! Quizás tú ___1___ venir un día. Para subir al Aconcagua es importante que ___2___ porque el camino es largo. También es necesario que ___3___ ropa adecuada. Es bueno que ___4___ mucha agua. Y es mejor que lo ___5___ en verano porque no hace tanto frío.

Comentar

▶ **Escribe.** ¿Qué otras sugerencias tienes para Tim y Mack para su desafío en el Aconcagua? Escribe un mensaje de texto con tres recomendaciones.

▶ **Habla y presenta.** Imagina que tu escuela va a cambiar radicalmente los deportes extracurriculares que ofrece. Con tu compañero(a), escribe una lista de recomendaciones para el comité escolar y preséntenlas a la clase. Incluye:

- Los deportes que la escuela debe ofrecer.
- Los deportes que la escuela no debe ofrecer.
- Por qué recomiendas estos cambios.

**I CAN** express doubt and uncertainty and make value statements about sports in my own and other cultures.

## 75. Una educación integral

▶ **Lee** el texto breve y mira el gráfico. Luego, decide si las oraciones son ciertas o falsas.

La educación secundaria en Uruguay comprende seis años de estudios obligatorios divididos en dos ciclos de tres años. Los años 1–3 (edad 12–14) forman el Ciclo básico, y los años 4–6 (edad 15–17) forman el Ciclo superior o Bachillerato.

1. En Uruguay no enseñan idiomas.
2. Hay muchos cursos de ciencias.
3. Un(a) estudiante puede tomar cursos de arte.
4. No se practican deportes en las escuelas uruguayas.
5. No hay que asistir a la secundaria en Uruguay, es opcional.
6. Una estudiante de 12 años puede tomar todos estos cursos.

Fuente: Uruguay Educa

▶ **Habla** con compañero(a) sobre estas preguntas.

1. Compara los cursos de un(a) estudiante de Uruguay con tus propios cursos académicos.
2. ¿Para qué profesiones le prepararían estos cursos a un(a) estudiante uruguayo(a)? Explica tu respuesta.

## 76. Pasatiempos en Argentina

▶ **Escucha** a unos(as) amigos(as) de Diana en Argentina hablando de sus pasatiempos favoritos. Decide si estas oraciones son lógicas o no.

1. Es probable que Ángela tenga unas monedas (*coins*) de madera.
2. Ojalá Ernesto aprenda a tocar un instrumento.
3. Es evidente que Adán va mucho al teatro.
4. Espero que Catalina juegue bien al ajedrez.

### 77. ¿A qué te dedicas?

▶ **Lee** la carta de Tess y responde a estas preguntas.

1. ¿A qué se dedica Lilián Pérez?
2. ¿Dónde trabaja Lilián?
3. ¿En qué trabaja Armando?
4. ¿Tess conoció a algún arquitecto?

▶ **Escribe** una carta a Tess sobre personas con profesiones interesantes. Usa estructuras para hacer valoraciones.

| | |
|---|---|
| Es bueno<br>Es malo<br>Es importante<br>Es necesario<br>Es increíble<br>Es horrible | que... |

Querido papá:

¿Qué tal estás? Hoy conocí a varias personas interesantes en Uruguay. Primero conocí a Lilián Pérez. Es socorrista en una piscina municipal de Montevideo. Es joven y atlética, y entrena todos los días. Es importante que nade mucho para estar en forma.

Luego conocí a Armando. Es veterinario. Cuida a los animales enfermos. Normalmente trabaja con mascotas, pero a veces cuida a los animales del zoológico. Es bueno que sepa cuidar a todo tipo de animales, ¿no crees? Mucha gente sabe cuidar a los perros y a los gatos... ¡pero quizás sean más interesantes los leones!

Un abrazo.

Tess

## UN CHIN DE...

### 78. Un chin de periodismo

▶ **Escucha y decide.** ¿Cuál de las siguientes actividades NO se menciona en el video?

**a.** ir a exposiciones
**b.** tocar la guitarra
**c.** montar en monopatín
**d.** jugar al ajedrez
**e.** dibujar
**f.** ir al cine

▶ **Contesta** estas preguntas de Adriana.

1. El niño no se decide qué quiere ser cuando sea grande. ¿Qué profesiones menciona?
2. Y además de *youtuber*, ¿qué quiere ser Jaime?
3. Y tú, ¿para qué carrera o profesión quieres estudiar?

# En la Manzana Jesuítica de Córdoba

In Córdoba, the participants gather in front of the Manzana Jesuítica, an architectural landmark of Argentina. Did all the teams succeed in their assignments?

### 79. El paso final: la presentación

▶ **Crea y presenta.** Cada equipo tuvo que hacer una presentación acerca de su desafío: unas diapositivas (*slides*) con una descripción breve de su tarea y unas imágenes bonitas. Tú vas a ayudar a tu equipo favorito preparando cinco diapositivas:

- Primero, resume su desafío y lo que pasó en cinco oraciones, una oración por cada diapositiva.
- Luego, escoge y coloca una imagen con cada oración.
- Al final, presenta tus diapositivas a la clase.

# Estudiá en Argentina

## 80. Antes de ver

▶ **Relaciona** las siguientes palabras del *Vocabulario útil* con su definición.

**1.** la carrera
**2.** extranjero
**3.** el conocimiento
**4.** el comportamiento
**5.** encontrarse

**a.** lo que sabes o lo que puedes hacer
**b.** la manera de actuar
**c.** estar
**d.** las materias que uno toma
**e.** de otro país

## Universidades argentinas

Argentina tiene casi 130 universidades públicas y privadas. La calidad de las universidades argentinas es muy alta: 7 de ellas se encuentran entre las 50 mejores de Latinoamérica.

La Universidad de Buenos Aires (la UBA) fue fundada hace 200 años. Hoy en día hay 300.000 estudiantes y 30.000 profesores. Muchos estudiantes extranjeros —de Brasil, Perú, Bolivia, Chile, Colombia y otros países— asisten a la UBA.

### Vocabulario útil

| | |
|---|---|
| la carrera | *career, course of study* |
| el conocimiento | *knowledge* |
| el comportamiento | *behavior* |
| encontrarse | *to find oneself* |
| extranjero(a) | *foreign* |
| interesar | *to be of interest* |
| el paisaje | *landscape* |
| valer la pena | *to be worth it* |

## 81. Comprender

▶ **Completa** las afirmaciones con la palabra apropiada según el video.

**1.** Los estudiantes están en Argentina para hacer una ______.
**2.** Un estudiante piensa que el ambiente (*atmosphere*) de la UBA es muy ______.
**3.** Los estudiantes vienen de diferentes países de ________.
**4.** Estudiar en Argentina ofrece, según una estudiante, la oportunidad para aprender ______.
**5.** Un estudiante dice que Argentina tiene amor por el ______.

## 82. Interacciones

▶ **Habla.** Con un(a) compañero(a), improvisa una conversación entre dos estudiantes de la UBA: un(a) argentino(a) y otro(a) extranjero(a). Hagan preguntas sobre la vida en Argentina y en la universidad.

# Río de la Plata

El Río de la Plata, formado por la unión del río Paraná y el río Uruguay, está situado en Suramérica, sobre la costa atlántica. En esa región hay dos países: Uruguay y Argentina. Al norte de Argentina, en el corazón de Suramérica, está Paraguay.

– Argentina es el segundo país más extenso de Suramérica. Su capital, Buenos Aires, está situada junto al Río de la Plata.
– Uruguay es, en cambio, el segundo país más pequeño de Suramérica. Su capital, Montevideo, está también situada junto al Río de la Plata.
– Paraguay está situado en el interior, pero tiene salida al Río de la Plata y al océano Atlántico por los ríos Paraguay y Paraná. Su capital es Asunción. La mayor parte de la población paraguaya es de origen guaraní.

## 83. Frontera

▶ **Une** las dos columnas. ¿A qué país corresponde cada descripción?

| | |
|---|---|
| **1.** Limita con dos países. | **a.** Argentina |
| **2.** Limita con cinco países. | **b.** Uruguay |
| **3.** Limita con tres países. | **c.** Paraguay |

▶ **Responde** a estas preguntas.

**1.** ¿Qué río pasa entre Paraguay y Argentina?
**2.** ¿Qué países divide el río Uruguay?
**3.** ¿Qué cordillera separa Chile y Argentina?

## 1. Influencia italiana

Muchos argentinos descienden de emigrantes italianos. Por eso en Argentina son muy frecuentes los apellidos italianos. Los emigrantes italianos dejaron huella en la cultura argentina, por ejemplo, en la cocina: entre las comidas típicas de Buenos Aires están la pizza y la pasta.

(1) Pizzería de Buenos Aires

(2) Cartel de una película argentina

## 2. Cultura rioplatense

La sociedad uruguaya comparte muchas tradiciones con la argentina. Igual que los argentinos, los uruguayos beben mate, bailan tango y son fans del fútbol, y los gauchos son también un símbolo de su identidad. Además, uruguayos y argentinos comparten la misma variedad del español: usan el pronombre *vos* en lugar de *tú* y dicen *¿Vos querés cantar?* en lugar de *¿Tú quieres cantar?*

## 3. El chipá

El chipá es un pequeño pan de maíz y queso. Es típico de Paraguay, pero también se hace en Argentina. En otros países hay panes parecidos, por ejemplo, el *cuñapé* de Bolivia o el *pan de yuca* de Colombia.

(3) Chipá paraguayo

## 84. Queremos saber más

▶ **Investiga** sobre una de las siguientes cuestiones.

- Otras comidas típicas argentinas.
- Las particularidades del español de Argentina y Uruguay.
- La receta del chipá paraguayo.

**I CAN** describe cultural influences, products, and practices in Argentina, Paraguay, and Uruguay.

**READING STRATEGY**

### Read narrative texts

Narrative texts tell events that happen to characters in a certain time and place. Narrative texts have three common components:

- **Setting** (*marco*)—the time and place in which the events of the story occur (*where and when*).
- **Characters** (*personajes*)—the people or sometimes the animals in the story (*who*).
- **Plot** (*argumento*)—the sequence of events (*what*).

# Espiral

## por Enrique Anderson Imbert

Regresé a casa en la madrugada, cayéndome de sueño. Al entrar, todo obscuro. Para no despertar a nadie avancé de puntillas[1] y llegué a la escalera de caracol que conducía a mi cuarto. Apenas puse el pie en el primer escalón dudé de si ésa era mi casa o una casa idéntica a la mía. Y mientras subía temí que otro muchacho, igual a mí, estuviera durmiendo en mi cuarto y acaso soñándome en el acto mismo de subir por la escalera de caracol. Di la última vuelta, abrí la puerta y allí estaba él, o yo, todo iluminado de Luna, sentado en la cama, con los ojos bien abiertos. Nos quedamos un instante mirándonos de hito en hito[2]. Nos sonreímos. Sentí que la sonrisa de él era la que también me pesaba en la boca: como en un espejo, uno de los dos era falaz[3]. «¿Quién sueña con quién?», exclamó uno de nosotros, o quizá ambos simultáneamente. En ese momento oímos ruidos de pasos en la escalera de caracol: de un salto nos metimos uno en otro y así fundidos[4] nos pusimos a soñar al que venía subiendo, que era yo otra vez.

1. *on tiptoe* 2. *intensely, closely* 3. *false, fake* 4. *merged*

### COMPRENSIÓN

## 85. Palabras clave

▶ **Escribe** la palabra del relato que se define.

1. las horas muy tempranas del día
2. sin luz
3. falso, no verdadero
4. imaginar cosas que se perciben como reales mientras duermes

## 86. ¿Qué pasó?

▶ **Contesta** las preguntas sobre el relato con tu compañero(a).

1. Al llegar a casa, ¿cómo estaba el narrador?
2. ¿Cómo es la escalera de la casa del narrador?
3. Cuando entró en su cuarto, ¿quién estaba allí? Describe la escena.
4. Al final los dos personajes oyeron pasos en la escalera. ¿Quién era?
5. ¿Conoces el refrán "Ver es creer"? En tu opinión, ¿el hombre creyó lo que vio?

### ESTRATEGIA Leer textos narrativos

## 87. ¿Un cuento de sueños?

▶ **Identifica** los elementos narrativos del cuento.

**Marco**
Lugar:
Tiempo:

**Personaje(s)**
Cuántos protagonistas:
Quién es / quiénes son:
Cómo es / son:

## 88. El argumento

▶ **Relaciona** las dos columnas para ordenar los eventos del relato.

| (A) | (B) |
|---|---|
| Evento 1 | **a.** Soñó que otro él venía subiendo la escalera. |
| Evento 2 | **b.** Subió la escalera. |
| Evento 3 | **c.** El protagonista y su doble escucharon pasos en la escalera. |
| Evento 4 | **d.** Entró en la casa. |
| Evento 5 | **e.** Encontró a alguien en su habitación que era él mismo. |

## 89. Tu experiencia

▶ **Escribe.** ¿Alguna vez has soñado (*have you dreamed*) algo que sentiste muy real? Describe tu sueño en un párrafo usando los elementos narrativos de marco, personajes y argumento.

**I CAN** use features of a narrative text to help me interpret the main events and ideas in a short literary text from Argentina.

## La escuela

| | |
|---|---|
| el aula | *classroom* |
| los baños | *bathrooms* |
| la biblioteca | *library* |
| la cafetería | *cafeteria* |
| el comedor | *cafeteria* |
| el gimnasio | *gym* |
| el laboratorio | *lab* |
| la oficina del director | *principal's office* |
| el pasillo | *hallway* |
| la sala de computación | *computer lab* |
| Biología | *biology* |
| Física | *physics* |
| Geografía | *geography* |
| Historia | *history* |
| Literatura | *literature* |
| Matemáticas | *math* |
| Química | *chemistry* |
| aprobar un examen | *to pass a test* |
| hacer un examen | *to take an exam* |
| levantar la mano | *to raise your hand* |
| prestar atención | *to pay attention* |
| reprobar un examen | *to fail a test* |
| tomar apuntes | *to take notes* |

## Aficiones, actividades y espectáculos

| | |
|---|---|
| cocinar | *to cook* |
| coleccionar cómics | *to collect comic books* |
| dibujar | *to draw* |
| hacer senderismo | *to go hiking* |
| ir al cine | *to go to the movies* |
| ir al teatro | *to go to the theater* |
| ir a un concierto | *to go to a concert* |
| ir a una exposición | *to go to an exhibit* |
| jugar al ajedrez | *to play chess* |
| jugar a los naipes | *to play cards* |
| jugar a los videojuegos | *to play video games* |
| montar a caballo | *to ride a horse* |
| montar en bici | *to ride a bicycle* |
| montar en monopatín | *to ride a skateboard* |
| pasear | *to go for a walk* |
| patinar | *to skate* |
| tocar un instrumento | *to play an instrument* |
| tomar el sol | *to sunbathe* |

## Profesiones

| | |
|---|---|
| el actor, la actriz | *actor, actress* |
| el / la agricultor(a) | *agriculturalist* |
| el / la arquitecto(a) | *architect* |
| el / la artista | *artist* |
| el / la bombero(a) | *firefighter* |
| el / la cantante | *singer* |
| el / la cirujano(a) | *surgeon* |
| el / la cocinero(a) | *cook* |
| el / la dentista | *dentist* |
| el / la diseñador(a) | *designer* |
| el / la empresario(a) | *entrepreneur, business owner* |
| el / la mecánico(a) | *mechanic* |
| el / la pintor(a) | *painter* |
| el / la policía | *police officer* |
| el / la socorrista | *lifeguard* |
| el / la técnico informático | *computer technician* |

## Deportes

| | |
|---|---|
| el / la entrenador(a) | *coach, trainer* |
| el gimnasio | *gym* |
| el alpinismo | *mountain climbing* |
| el baloncesto | *basketball* |
| el béisbol | *baseball* |
| el esquí | *ski* |
| el fútbol | *soccer* |
| el fútbol americano | *football* |
| el golf | *golf* |
| el senderismo | *hiking* |
| el tenis | *tennis* |
| el voleibol | *volleyball* |
| el balón | *ball* |
| la canasta | *basket* |
| los esquís | *skis* |
| el guante | *glove* |
| el palo de golf | *golf club* |
| la pelota | *ball* |
| la raqueta | *racket* |
| la red | *net* |
| competir | *to compete* |
| empatar | *to tie* |
| ganar | *to win* |
| hacer gimnasia | *to work out* |
| levantar pesas | *to lift weights* |
| perder | *to lose* |

## DESAFÍO 1

**1. ¿Qué puedo hacer?** Escribe qué puedes hacer en estos lugares de la escuela.

el laboratorio | el gimnasio | el comedor | la sala de computación

Modelo *En el laboratorio puedo aprender química.*

## DESAFÍO 2

**2. Profesiones.** ¿A qué se dedican estas personas? Escríbelo.

1

2

3

4

## DESAFÍO 3

**3. Yo prefiero...** Completa las palabras de Alfonso.

Mis hermanos y yo tenemos distintas aficiones. A mi hermana le gusta ___1___ la guitarra y ___2___ al ajedrez. A mi hermano le encanta coleccionar cosas. Tiene una colección de ___3___ que siempre lee. Yo prefiero hacer deporte. Me gusta mucho ___4___ a caballo. Y también me encanta la música. Hoy voy a un ___5___ de mi grupo favorito. Y a ti, ¿qué te gusta?

## DESAFÍO 4

**4. ¿Qué necesito?** Relaciona las dos columnas.

| A | B |
|---|---|
| **1.** Voleibol | **a.** Una raqueta y unas pelotas. |
| **2.** Baloncesto | **b.** Unas pelotas pequeñas y los palos. |
| **3.** Tenis | **c.** Una pelota y una red. |
| **4.** Golf | **d.** Un balón y una canasta. |

## Expresar existencia. Los indefinidos (pág. 350)

▶ Alguien and nadie refer to people.
Hay alguien en el aula.
No hay nadie en el aula.

▶ Algo and nada refer to things.
En la mesa hay algo para escribir.
En la mesa no hay nada.

## Expresar deseo. El modo subjuntivo (pág. 358)

Ojalá pueda ser veterinaria.
Quiero que estudies medicina.

**Verbos regulares**

| Cantar | Comer | Vivir |
|---|---|---|
| cante | coma | viva |
| cantes | comas | vivas |
| cante | coma | viva |
| cantemos | comamos | vivamos |
| cantéis | comáis | viváis |
| canten | coman | vivan |

## Expresar sentimientos (pág. 366)

Me molesta llegar tarde al cine.
Me molesta que la gente llegue tarde al cine.

**Verbos con raíz irregular en el presente de subjuntivo**

| Pensar | Jugar | Volver | Pedir | Dormir |
|---|---|---|---|---|
| piense | juegue | vuelva | pida | duerma |
| pienses | juegues | vuelvas | pidas | duermas |
| piense | juegue | vuelva | pida | duerma |
| pensemos | juguemos | volvamos | pidamos | durmamos |
| penséis | juguéis | volváis | pidáis | durmáis |
| piensen | jueguen | vuelvan | pidan | duerman |

## Expresar duda y hacer valoraciones (pág. 374)

Dudo que Pedro esté en casa.
Es necesario que hagas deporte.

**Verbos irregulares en el presente de subjuntivo**

| Dar | Estar | Saber | Ser | Ir |
|---|---|---|---|---|
| dé | esté | sepa | sea | vaya |
| des | estés | sepas | seas | vayas |
| dé | esté | sepa | sea | vaya |
| demos | estemos | sepamos | seamos | vayamos |
| deis | estéis | sepáis | seáis | vayáis |
| den | estén | sepan | sean | vayan |

## DESAFÍO 1

**5. Mi cumpleaños.** Completa este texto.

| |
|---|
| todos |
| nadie |
| algo |
| nada |
| alguien |

Hoy es mi cumpleaños; pero no hay ___1___ en casa. Tampoco hay ___2___ preparado para cenar. Veo ___3___ en la mesa; pero no sé qué es. Qué raro, ___4___ me llama por teléfono. ¡Ya sé! Es una fiesta sorpresa, ¡están ___5___ en el jardín!

## DESAFÍO 2

**6. ¡Ojalá!** Relaciona las dos columnas.

**1.** Quiero que mis padres
**2.** Deseo que Álvaro
**3.** Espero que tú
**4.** Prefiero que nosotros

**a.** trabajes como abogado.
**b.** vayan de vacaciones a la playa.
**c.** aprobemos los exámenes.
**d.** pueda ser actor.

## DESAFÍO 3

**7. Cuéntame de ti.** Responde a estas preguntas. Usa el subjuntivo.

**1.** ¿Qué te gusta de tus profesores(as)?
**2.** ¿Qué te molesta de tus compañeros(as)?
**3.** ¿Qué te encanta de tu familia?
**4.** ¿Qué te sorprende de tus amigos(as)?

## DESAFÍO 4

**8. ¿Qué opinas?** Elige la opción correcta.

**1.** Dudo que Amelia ______ el concierto de piano esta noche.
**a.** dé **b.** demos **c.** da

**2.** Es posible que Julio y Gloria ______ a la playa a tomar el sol.
**a.** vayamos **b.** van **c.** vayan

**3.** No dudo que tú ______ cuál es la respuesta correcta.
**a.** sepamos **b.** sepa **c.** sabes

**4.** Es importante que tú y yo ______ buenos jugadores de baloncesto.
**a.** sea **b.** seamos **c.** somos

## CULTURA

**9. En Suramérica.** Responde a las siguientes preguntas.

**1.** ¿Cuáles son las dos lenguas oficiales de Paraguay?
**2.** ¿En qué ciudad argentina está el barrio de La Boca?
**3.** ¿Cuál es la montaña más alta de la cordillera de los Andes?

Un guion para

# una telenovela

Acting is a skill. Each actor or actress in a scene must know his or her lines and often do research to become more like the character. In this project you will write the script for a *telenovela* and act out a scene with your classmates.

## PASO 1 Elige a los personajes

- Choose three characters. Here are some suggestions:

un(a) secretario(a) | un(a) profesor(a) | un actor / una actriz | un(a) cantante | un(a) estudiante | un(a) agricultor(a) | un(a) médico(a) | un(a) policía

- Decide the relationships between the characters.
  - ¿Son familiares?
  - ¿Son amigos(as)?
  - ¿Trabajan juntos(as)?
  - ¿Se llevan bien?

## PASO 2 Decide el argumento

- Decide where and when the action takes place.
  - ¿En qué país se desarrolla la historia?
  - ¿La telenovela transcurre en el campo o en la ciudad?
  - ¿En qué época ocurre: en el siglo XXI o antes?
- Write an outline for two scenes:
  - ¿Dónde están los personajes?
  - ¿Qué sucede en las escenas?
  - ¿Qué sienten los personajes?

### PASO 3 **Escribe el guion**

- Write the script for each scene:
  - Each scene should have at least 10 lines of dialogue and a captivating storyline.
  - This being a *telenovela*, there should be emotion and drama in each scene.
  - Include notes about each character's movements. Props and wardrobe are also encouraged.

> *En el interior de la hacienda. Rodrigo y su hija Teresa están discutiendo en el salón. Rodrigo está sentado en el sofá y su hija Teresa está de pie, bastante enfadada. Él lleva un traje oscuro y una corbata. Teresa lleva un vestido blanco.*
>
> - **TERESA:** Papá, mañana por la noche es la fiesta. Puedo ir, ¿verdad?
> - **RODRIGO:** No, Teresa, prefiero que no asistas a esa fiesta.
> - **TERESA:** ¿Por qué?
> - **RODRIGO:** Porque eres demasiado joven, hija.
> - **TERESA:** Pero papá, yo quiero ir. Todas mis amigas van a estar allí y...

### PASO 4 **Elige una escena y ensaya**

- In a group, choose a scene and assign the roles for each actor or actress. One of you will introduce the characters and the scene. Each person in the group will be responsible for memorizing his or her lines.
- Rehearse the scene.

### PASO 5 **Representa la telenovela**

- Act out the scene of your *telenovela*.
- While you are watching the other groups, take notes to make value statements. Give constructive criticism on the group's performance.

# Unidad 7
## Autoevaluación

Do the following activities to reflect on your progress toward this unit's goals.

### Communication

**a.** I can identify people, places, and objects at a school in my own and other cultures.

▶ Describe what you see happening in your classroom. Use words like *alguien*, *nada*, etc.

**b.** I can express wants and preferences regarding professions in my own and other cultures.

▶ Describe what you hope will happen in your professional life in the future.

**c.** I can express feelings and opinions about hobbies and pastimes in my own and other cultures.

▶ Describe three hobbies that interest you and three things that bother you related to free-time activities.

**d.** I can make value statements regarding sports in my own and other cultures.

▶ Express three opinions about sports.

### Intercultural Communication

**a.** I can identify and compare aspects of schools, professions, pastimes, and sports in my own and other cultures.

**b.** I can interact with others in settings related to everyday life (school, professions, pastimes, and sports) in my own and other cultures.

**I CAN** work with a group to write a script for a *telenovela*, a television genre that is popular in Latin America.

**I CAN** participate in the presentation of a *telenovela*-style skit.

UNIDAD 8

# La Panamericana

## La naturaleza y la geografía

**Essential Question:** What will the future of our planet be like?

**AP* Themes & Contexts:**
**Global Challenges:** Environmental Issues
**Science and Technology:** Natural Phenomena

## IPA Goal

By the end of this unit, you will be able to gather information about an endangered species, make a presentation about it, and talk about how to protect the environment and endangered species.

**DESAFÍO 1:** I can identify, describe, and compare places in my own and other cultures.

**Vocabulario**
Geografía

**Gramática**
El superlativo relativo

**DESAFÍO 2:** I can talk about future plans related to my own geographical area and countries around the world.

**Vocabulario**
Países

**Gramática**
Expresar planes e intenciones

**DESAFÍO 3:** I can talk about future weather conditions and other events in my own and other cultures.

**Vocabulario**
El tiempo meteorológico

**Gramática**
El futuro

**DESAFÍO 4:** I can talk about actions that can be done to protect animals and the environment in my own and other cultures.

**Vocabulario**
La naturaleza y el medio ambiente

**Gramática**
Ocultar el agente. El pronombre se

# En Santiago de Chile

Our friends gather in front of the *Mercado Central*, in Santiago de Chile. This will be their final mission before reuniting in Denver, CO. But how will they get there? Would they consider driving several thousand miles up the Pan-American Highway?

**Estrategia:** Try to summarize the conversation in one or two sentences. Which words or phrases from the dialogue will help?

## 1. ¿Comprendes?

▶ **Responde** a estas preguntas.

1. ¿Cómo van a volver los participantes a Denver?
2. ¿Qué distancia hay entre Santiago de Chile y Denver?
3. ¿Qué venden en el Mercado Central?
4. ¿Quién es Augusto?
5. ¿Qué les desea el mesero?

## EXPRESIONES ÚTILES

To express cause:

Podemos alquilar un coche **porque** es barato.

**Como** es barato, podemos alquilar un coche.

To express consequence:

El viaje terminó, **así que** volvemos a casa.

Los participantes quieren ver el paisaje y **por eso** van en autobús.

To express contrast or restriction:

El camino es largo, **pero** vamos a ir en coche.

### 2. Diálogos

▶ **Completa** estas oraciones con una de las expresiones útiles.

1. ________ está lloviendo, no vamos al parque.
2. Quiero ir a Quito ________ ahora hace buen tiempo allí.
3. No hice mi tarea anoche, ________ hoy no puedo salir con mis amigos.
4. No puedo manejar ________ no tengo licencia.
5. Hoy estoy muy cansada y ________ me voy a acostar pronto.
6. Me da miedo volar, ________ voy a viajar en avión.

### 3. Usa las expresiones

▶ **Escribe** un diálogo utilizando las expresiones útiles. Después, represéntalo con tu compañero(a).

# PRONUNCIACIÓN Y ORTOGRAFÍA

## Cambios ortográficos en verbos en pretérito y en subjuntivo

Spanish verbs whose infinitives end in -car, -gar, -zar, -ger, and -gir undergo a spelling change to maintain the sound of the original consonant in the infinitive. They affect the yo form of the preterite and all forms of the present subjunctive.

- Spanish c makes a "hard" /k/ sound before the vowels a, o, and u, but a "soft" /s/ sound before e or i. Therefore, with verbs that end in -car, the c changes to qu before e to preserve the original pronunciation of the c.

  *infinitive:* indicar *present:* yo indico BUT *preterite:* yo indiqué

  *present subjunctive:* yo indique, tú indiques, nosotros indiquemos, etc.

- Spanish g makes a "hard" /g/ sound before the vowels a, o, and u, but a "soft" /h/ sound before e or i. Therefore, with verbs that end in -gar, the g changes to gu before e to preserve the original pronunciation of the g.

  *infinitive:* llegar *present:* yo llego BUT *preterite:* yo llegué

  *present subjunctive:* yo llegue, tú llegues, nosotros lleguemos, etc.

- Verbs that end in -ger and -gir change g to j before verb endings that begin with o or a. This does not affect the preterite yo form, which ends in -í and therefore does not change the "soft" pronunciation of g.

  *infinitive:* proteger *present:* yo protejo BUT *preterite:* yo protegí

  *present subjunctive:* yo proteja, corrija; tú protejas, corrijas; etc.

- In Spanish, the combination ze is found only in words borrowed from other languages, such as Nueva Zelanda. The preferred letter combination is ce, as in cero. Thus, Spanish verbs that end in -zar change the z to c before verb endings that begin with e.

  *infinitive:* alcanzar *present:* yo alcanzo BUT *preterite:* yo alcancé

  *present subjunctive:* yo alcance, tú alcances, nosotros alcancemos, etc.

### 4. Practica

▶ **Completa** la oración con la forma apropiada del verbo entre paréntesis.

1. Quiero que tú ________ las clases que piensas tomar. (elegir)
2. Me molesta que la gente no ________ el medio ambiente. (proteger)
3. Ayer yo ________ al fútbol con mis compañeros. (jugar)
4. Está nublado. Espero que no ________ a llover. (empezar)

### 5. Refranes

▶ **Pronuncia y escribe.** Lee cada refrán en voz alta. Luego, con tu compañero(a) escribe un diálogo breve incorporando uno de los refranes.

1. El que quiere bailar, que **pague** el músico.
2. Al que le duela el diente, que **busque** el dentista.
3. No importa lo lento que **avances**, lo importante es no detenerse.

*1. Let he who wants to dance pay the musician. 2. The one with a toothache should look for a dentist. 3. It doesn't matter how slowly you advance; what matters is that you don't stop.*

# Una obra de gigantes

## Punto de partida

▶ **Observa.** The Panama Canal is one of the largest engineering projects ever achieved. It connects the Atlantic and Pacific Oceans. Andy and Janet must paddle a 20-mile stretch of the canal, from Lake Gatún out to the Pacific Ocean.

Continuará...

### 6. Identificar

▶ **Relaciona.** ¿Qué palabra del diálogo corresponde a cada fotografía?

1 

2 

3 

▶ **Escribe** una oración con cada una de esas palabras.

## 7. Recordar

**Responde** a estas preguntas.

1. ¿Dónde están Andy y Janet?
2. ¿Cuántas millas tienen que remar (*row*)?
3. ¿De dónde viene el barco que ve Janet?
4. ¿De qué nacionalidad es la bandera del barco?

## 8. Comprender

**Escucha** la conversación entre Janet y Andy, y elige la opción correcta.

1. Andy y Janet están en el ____________.
   a. lago Alajuela   b. lago Miraflores   c. lago Gatún
2. Andy y Janet tienen que remar aproximadamente ____________.
   a. diez kilómetros   b. dieciséis kilómetros   c. treinta kilómetros
3. Barro Colorado es una ____________.
   a. selva   b. isla   c. montaña
4. A Janet le encanta ____________.
   a. el paisaje   b. el canal   c. el lago
5. Andy opina que Panamá es el país más ____________ de Centroamérica.
   a. interesante   b. importante   c. bonito

## CONEXIONES: CIENCIAS SOCIALES

# El canal de Panamá

El canal de Panamá es una de las obras civiles más importantes de todos los tiempos. Mide 50 millas y une el océano Atlántico y el océano Pacífico a través del istmo (*isthmus*) de Panamá.

Francia empezó el proyecto, pero lo terminaron los Estados Unidos. El canal se inauguró en 1914.

**9. Piensa.** ¿Conoces otro proyecto civil que facilite (*makes easier*) el transporte de carga a larga distancia? ¿Cuáles son los efectos económicos y ecológicos de estas rutas?

**TU DESAFÍO** ¿En qué otro país de Centroamérica se propuso la construcción de un canal que una los océanos Atlántico y Pacífico?

**I CAN** demonstrate understanding of a dialogue about the Panama Canal.

## Vocabulario

# Geografía

### Océanos y continentes

### El paisaje

### 10. Lugares famosos

▶ **Decide.** ¿Qué palabra(s) del Vocabulario asocias con estos lugares famosos?

1. los Apalaches, por ejemplo
2. La de San Francisco es muy grande.
3. Las del Niágara son muy famosas.
4. Hay uno muy grande en Arizona.
5. el Misisipí o el Missouri
6. *Diamond Head*, en Hawái
7. el territorio de Puerto Rico
8. *Sequoia* y *Redwood*, en California

### 11. Un poco de geografía panameña

▶ **Investiga y escribe.** Janet y Andy quieren visitar en Panamá algunos lugares destacados. ¿Qué son esos lugares? ¿Qué características tienen?

Modelo Barú → *Es un volcán. Es el volcán más alto de Panamá.*

A

Sambú

B

Pelícano

C

San Ramón

### 12. ¿Cuánto sabes?

▶ **Responde** a estas preguntas con tu compañero(a).

1. ¿Cuál es el continente más grande?
2. ¿Qué desierto está en el sur de los Estados Unidos?
3. ¿Cómo se llama el océano que está entre América y Asia?
4. ¿Cuál es el río más largo de América del Sur?
5. ¿Cuál es el lago más grande de África?

▶ **Escucha** y corrige tus respuestas. ¿Sabes mucho sobre la geografía mundial?

**CULTURA**

## El casco viejo de Panamá

El casco viejo de la ciudad de Panamá es la segunda atracción turística después del canal de Panamá. En esta zona predomina el estilo colonial, pero se aprecia una mezcla de estilos arquitectónicos: caribeño, francés, modernista…

Algunos de los monumentos más famosos del casco viejo son la Catedral Metropolitana y el Teatro Nacional de Panamá.

Catedral Metropolitana de Panamá

**13. Explica.** ¿Vives cerca de una ciudad con mezcla de distintos estilos artísticos o has visitado (*have you visited*) alguna? ¿Cuáles son los monumentos más visitados? ¿Cómo son?

**TU DESAFÍO** ¿Cuáles son otros lugares de interés turístico en Panamá?

**I CAN** identify and describe geographical features.

## Gramática

### El superlativo relativo

- Remember that superlatives are used to express an extreme degree of an adjective.

  Asia es un continente **grandísimo**.

- The relative superlative is used to describe a noun in comparison with a larger group.

  El Everest es **la montaña más alta** del mundo.

- To form the relative superlative in Spanish, use the following structures:

| | | | | |
|---|---|---|---|---|
| el / la / los / las + nombre + | más<br>menos | + adjetivo + | de… *(larger group)*<br>que… *(additional information)* |

  El Nilo en África es **el río más largo** del mundo.

  Este es **el país más bonito** que conozco.

  Note: de is generally used before a noun or pronoun, while que is generally used before a verb or clause.

  El río menos ancho **de todos**. El río menos ancho **que cruzamos**.

- Remember to use the irregular forms **mejor(es)**, **peor(es)** when talking about the *best*, or *worst*.

  **Los mejores monumentos** de Ciudad de Panamá están en el casco viejo.

  Hoy es **el peor día** para viajar porque llueve mucho.

**14. Compara.** ¿Qué palabras se usan en inglés para formar el superlativo relativo?

### 15. Los lugares que conozco

▶ **Escucha** a Andy y une cada lugar con la característica correspondiente.

| A | B |
|---|---|
| **1.** Nueva York | **a.** fascinante |
| **2.** España | **b.** alto |
| **3.** El Salto Ángel | **c.** misterioso |
| **4.** El lago de Atitlán | **d.** extraño |
| **5.** Suramérica | **e.** turístico |
| **6.** La bahía de Vieques | **f.** famoso |

▶ **Escribe** tres oraciones similares. Después, léeselas a tu compañero(a). ¿Está de acuerdo contigo?

Modelo A. *Hawái tiene las mejores playas del mundo.*
B. *Sí, tienes razón. Son espectaculares.*

## 16. ¿Qué sabes de...?

▶ **Escribe** la respuesta a estas preguntas.

1. ¿Quién es el jugador más alto de la NBA?
2. ¿Cuál es la ciudad más poblada de los Estados Unidos?
3. ¿Dónde está el edificio más alto del mundo?

▶ **Escribe** tres preguntas similares y házselas a tu compañero(a). Usa el superlativo relativo.

## 17. ¡Tienes razón!

▶ **Habla** con tu compañero(a) para dar tu opinión sobre estos lugares famosos. ¿Está de acuerdo contigo?

**Modelo** Nueva York → A. *Yo pienso que Nueva York es la ciudad más importante del mundo.*
B. *Sí, puede ser. Todo el mundo la conoce.*

1

Río Amazonas

2

Monte Everest

3

Ciudad de México

4

Cataratas del Niágara

## CULTURA

# Mi Pueblito

Mi Pueblito es un complejo turístico situado en la ciudad de Panamá. Allí se pueden ver réplicas de construcciones de tres culturas distintas:

- Mi Pueblito Afroantillano muestra la cultura de la población de las Antillas que llegó a este país cuando se construyó el canal de Panamá.
- Mi Pueblito Campesino es una réplica de un pueblo del interior del país, con casas, un museo, un aula escolar, una plaza....
- Mi Pueblito Indígena representa una aldea (*village*) típica.

**18. Piensa y explica.** ¿Conoces alguna atracción turística de los Estados Unidos que represente formas de vida del pasado? En tu opinión, ¿son interesantes este tipo de atracciones? ¿Por qué?

**I CAN** express comparisons as they relate to a larger group.

## Comunicación

### 19. La geografía de Panamá

▶ **Lee y completa.** Janet escribió esta entrada de blog porque muchos de sus amigos no conocen bien este país. Completa su texto con una palabra o una frase de la lista.

| | | | |
|---|---|---|---|
| más estrecho | colinas | continentes | playas |
| océano Pacífico | selva | geografía | más famoso |

## ¡Un país fascinante!

▸ *6 de mayo*

Panamá es el istmo ___1___ del mundo. Está situada entre el mar Caribe y el ___2___. En su punto ___3___, Panamá tiene solo 30 millas de ancho (*wide*). Este trozo de tierra une los dos ___4___ del hemisferio occidental.

Panamá tiene una ___5___ muy variada, con ___6___ hermosas en la costa y una cordillera de montañas y ___7___ muy altas que dividen el país. Cerca de la frontera con Colombia hay una ___8___ tropical que impide la construcción continua de la Panamericana...

### 20. Opiniones

▶ **Escucha** y completa estas oraciones con las opiniones de los personajes sobre sus viajes y desafíos.

1. Mack cree que Buenos Aires es...
2. A Janet le parece que Venezuela tiene...
3. Para Tim, Costa Rica tiene...
4. Andy piensa que el desierto de Atacama es...
5. Patricia opina que el glaciar Perito Moreno es...

▶ **Habla** con tu compañero(a). ¿Están de acuerdo con las opiniones de los personajes?

**Modelo** A. *No estoy de acuerdo con Mack porque...*
B. *Yo creo que... es más grande.*

# Final del desafío

## 21. La experiencia más memorable

▶ **Ordena** estas palabras para formar oraciones y completa el diálogo.

1. especial - el viaje - Este - de nuestras vidas. - es - más
2. del mejor - Es - equipo - la gorra - del mundo.
3. de la capital. - tenemos - más - Desde aquí - la vista - espectacular
4. extenso - el océano - más - del mundo. - Es

▶ **Imagina y escribe.** El Final del desafío resume lo que pasó sin poner muchos detalles. ¿El esclusero (*lock operator*) aceptó la gorra? ¿La aceptó de buena gana (*willingly*) o tuvieron Andy y Janet que persuadirlo? Escribe una versión más amplia del diálogo en el que cada personaje tenga al menos (*at least*) cuatro líneas.

Modelo **JANET:** *¡45.000 dólares! ¡Qué va! No tenemos tanto dinero.*
**ESCLUSERO:** *Lo siento, pero así son las reglas.*
**ANDY:** *Señor, somos dos jóvenes en un kayak, no una empresa multinacional...*

▶ **Colabora** con dos compañeros(as) de clase para representar un diálogo.

**I CAN** identify, describe, and compare places along the Pan-American Highway and in my own culture.

## DESAFÍO 2

**Goal:** to talk about future plans

# La mitad del mundo

## Punto de partida

▶ **Observa.** Patricia and Tess have just arrived in Quito. Their task is to find the Earth's equator and step simultaneously on the Northern and Southern hemispheres at noon.

Continuará...

### 22. Identificar

▶ **Completa** estas oraciones.

1. Voy a ______ la ciudad.
2. Les voy a ______ un precio especial.
3. Cuando ______ por allí, las aviso.
4. Vamos a comer cuando ______.
5. No sé si vamos a ______ a tiempo.

▶ **Responde.** ¿Las oraciones anteriores se refieren al presente, al pasado o al futuro?

### 23. Comprender

▶ **Escribe** la respuesta a las siguientes preguntas.

1. ¿En qué ciudad están Tess y Patricia? ¿Y en qué país?
2. ¿Dónde tienen que estar antes de las doce?
3. ¿Qué es Mitad del Mundo?
4. ¿Cómo van a llegar allí?

### 24. Aplicar

▶ **Escucha** la conversación entre Tess y un viajero en el aeropuerto. ¿Qué planes tiene él? Une las dos columnas.

| A | B |
|---|---|
| 1. Hoy | a. ir a la Torre Eiffel en París. |
| 2. Mañana | b. comer pescado en Lisboa. |
| 3. Pasado mañana | c. aprender a bailar samba en Brasilia. |
| 4. La semana que viene | d. sacar fotos en Berlín. |
| 5. En dos semanas | e. comer una pizza en Roma. |
| 6. El próximo mes | f. ver un musical en Broadway. |

▶ **Habla** con tu compañero(a) sobre sus planes. Usa las expresiones de tiempo de la columna A.

**Modelo** A. *¿Qué vas a hacer hoy?*
B. *Primero voy a hacer la tarea y luego voy a ver una película con mi hermana.*

## CONEXIONES: GEOGRAFÍA

# La línea del ecuador

Monumento de Mitad del Mundo

El ecuador es una línea imaginaria que divide la superficie de la Tierra en dos hemisferios: el hemisferio norte y el hemisferio sur.

Durante muchos años se pensó que el ecuador pasaba por San Antonio de Pichincha, al norte de Quito. Allí se construyó un monumento y una línea para marcar el ecuador en un terreno conocido como Mitad del Mundo. Pero hoy sabemos que el ecuador pasa unos metros más al sur. Esta nueva «mitad del mundo» está representada por un gran reloj de sol situado en el centro turístico-cultural Quitsato.

**25. Investiga.** ¿Cuántos países están situados en el ecuador? ¿Cuáles son? ¿Hay otros monumentos dedicados al ecuador en estos países?

**I CAN** demonstrate understanding of a dialogue about geography set in Ecuador.

## Vocabulario

### Países

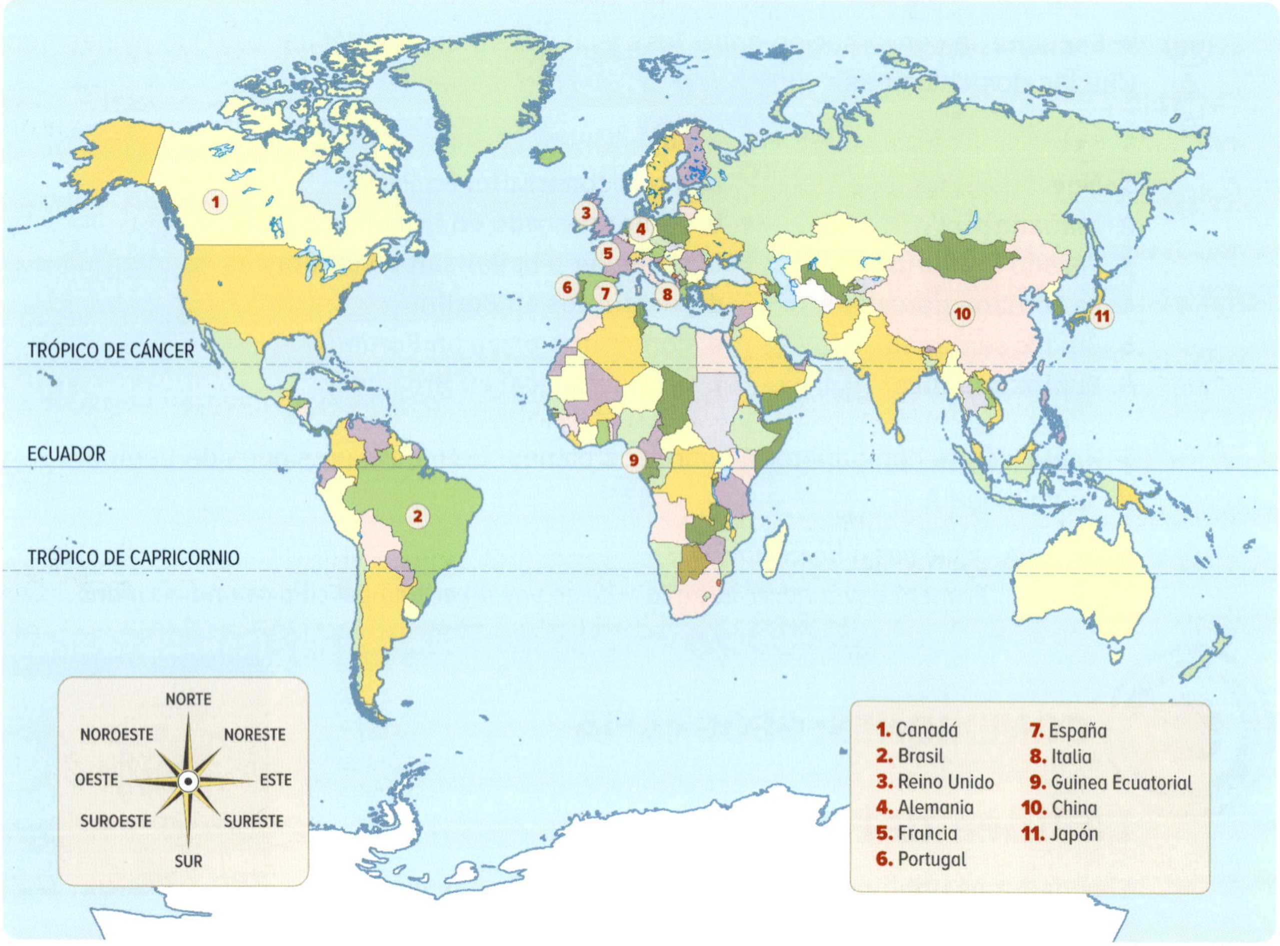


### 26. Países y capitales

▶ **Habla** con tu compañero(a). ¿A qué países corresponden estas capitales?

**Modelo** A. *Berlín es la capital de Alemania, ¿no?*
B. *Sí.*

| | | | | |
|---|---|---|---|---|
| Berlín | Londres | París | Roma | Malabo |
| Lisboa | Brasilia | Ottawa | Tokio | Beijing |

▶ **Escribe** con tu compañero(a) el nombre de otras ciudades famosas de esos países.

### 27. Recomendaciones

**Escucha** y escribe las preferencias de cada personaje.

Modelo 1. *A Diana le gusta bailar samba.*

**1.** Diana **2.** Andy **3.** Janet **4.** Rita **5.** Tim **6.** Patricia

**Escribe.** ¿Qué ciudad del mundo le recomiendas visitar a cada persona?

Modelo *Diana puede ir a Brasilia o a Río de Janeiro para bailar samba.*

### 28. ¿Dónde está Guayaquil?

**Escribe.** Patricia quiere ir a Guayaquil, pero no sabe dónde está. Escríbele un correo electrónico explicando su ubicación (*location*).

Modelo *¿Qué tal, Patricia? Guayaquil está al suroeste de Quito…*

**Habla.** Describe la ubicación de otra ciudad en Ecuador a tu compañero(a) sin decir el nombre. Él / Ella tiene que adivinar la ciudad.

Modelo A. *Está al sureste de Manta.*
B. *¡Portoviejo!*

CULTURA

## La capital de Ecuador

Quito es la capital de Ecuador desde 1563. Está en el norte del país y es una ciudad de gran riqueza histórica y cultural.

En Quito se puede ver la influencia indígena mezclada con el mundo moderno en el arte y la cultura.

**29. Piensa y explica.** ¿Conoces otras ciudades donde se puede ver el contacto entre culturas?

**TU DESAFÍO** ¿En qué se parece Quito a la capital de tu estado? ¿En qué se diferencia?

**I CAN** identify major place names and terms in world geography.

## Gramática

### Expresar planes e intenciones

- You can use the present tense to talk about the future when you refer to timetables, pre-arranged events, and when you want to present the information as a fact.

| presente | La semana que viene **viajamos** a Nueva York. |
|---|---|

- You can use **ir a** + *infinitive* to express intention or future plans.

| ir a + infinitivo | El próximo año **vamos a ir** a Canadá. |
|---|---|

### Expresiones temporales de futuro

- You can use adverbs and other expressions to refer to the future.

ahora

luego / después

en un rato
en media hora

| | | |
|---|---|---|
| | lunes | |
| el | mes | que viene |
| | año | |

hoy

mañana

pasado mañana

esta mañana
esta tarde
esta noche

por la mañana
por la tarde
por la noche

| | |
|---|---|
| | lunes |
| el próximo | mes |
| | año |

### *Cuando* + presente de subjuntivo

- Use **cuando** + *present subjunctive* to refer to events that have not yet occurred.

  **Cuando estemos** en Ecuador, vamos a conocer Mitad del Mundo.

**30. Piensa.** ¿Estas oraciones se refieren al presente, al pasado o al futuro?

**Cuando estuve** de vacaciones, hice muchas fotos.

**Cuando estoy** de vacaciones, hago muchas fotos.

**Cuando esté** de vacaciones, voy a hacer muchas fotos.

### 31. Los planes de José

▶ **Escucha** el mensaje que José le dejó a Tess y responde a estas preguntas.

1. ¿Cuándo empieza José su trabajo?
2. ¿Cuándo va a viajar a Asia?
3. ¿Qué va a hacer cuando esté en Asia?
4. ¿Cuándo va a ir a Nueva York?
5. ¿Qué quiere hacer José en Nueva York?
6. ¿Qué lugares quiere visitar en Europa?

## 32. Vacaciones en Europa

▶ **Escribe** oraciones. ¿Qué va a hacer cada persona en sus vacaciones? Usa las palabras y expresiones de las columnas.

**Modelo** *Cuando Patricia y yo vayamos a Barcelona, vamos a visitar un museo.*

| | | | |
|---|---|---|---|
| **1.** Patricia y yo | ir a | Londres | comprar recuerdos |
| **2.** Mack | viajar a | Lisboa | probar la comida típica |
| **3.** Diana | estar en | París | visitar un museo |
| **4.** Tim | | Barcelona | visitar un palacio |
| **5.** Rita | | Río de Janeiro | ir a la playa |
| **6.** Andy y Janet | | Venecia | ver un partido de fútbol |

▶ **Escribe** cuatro oraciones sobre tus planes para las próximas vacaciones.

## 33. La semana que viene

▶ **Habla** con tu compañero(a) sobre los planes de Patricia para la semana que viene. Pregunta y responde sobre su agenda. Imagina que hoy es domingo 7.

**Modelo** A. *¿Cuándo va a ir de compras al mercado de Otavalo?*
B. *El próximo miércoles.*

## CONEXIONES: CIENCIAS

# Las islas Galápagos

El archipiélago de las Galápagos está situado al oeste de Ecuador, en el océano Pacífico. Es un lugar de gran interés científico por la flora y la fauna autóctonas (*native*). El 97 % de la superficie total de las islas es parte del Parque Nacional Galápagos.

Galápago gigante

**34. Piensa y habla.** ¿Crees que el turismo en las islas Galápagos afecta a la flora y la fauna? ¿Qué hay que hacer para preservar las especies únicas?

**TU DESAFÍO** Investiga las especies galapagueñas que están en peligro de extinción.

**I CAN** express plans and intentions with practiced structures.

## Comunicación

### 35. Preguntas sobre la geografía

▶ **Responde** a cada pregunta.

1. ¿Cuáles son tres países de habla hispana que se sitúan al sur del ecuador?
2. ¿Sabes en qué país la gente habla el español, el fang y otros idiomas africanos?
3. Cuando te gradúes de la secundaria, ¿qué país te gustaría visitar? ¿Por qué?
4. ¿En qué países se come mucho pescado? ¿Por qué?
5. Si un tren sale de Brasil y se dirige al oeste, ¿adónde podría (*could*) llegar?
6. ¿Cuál es el país más poblado del mundo? ¿En qué continente está?
7. Describe dónde está tu estado utilizando al menos cuatro direcciones cardinales.

### 36. Un viaje alrededor del mundo

▶ **Escribe.** Tus padres van a hacer un viaje alrededor del mundo. Escribe un itinerario por diez ciudades y algo para hacer en cada lugar.

**Modelo** *Primero van a ir en avión a Londres. Allí van a visitar...*

### 37. Vamos de vacaciones

▶ **Escucha** los planes de Patricia y su esposo y decide si estas oraciones son ciertas o falsas. Si son falsas, corrígelas.

1. El esposo de Patricia quiere ir a Nueva York.
2. Patricia prefiere ir a Asia.
3. Patricia y su esposo van a conocer el norte de Francia y la capital.
4. Cuando estén allí, van a visitar museos y monumentos famosos.
5. Después van a viajar al Reino Unido.
6. El esposo de Patricia va a pedir precios para ir a Asia.

▶ **Habla** con tu compañero(a). Imagina que van a hacer el mismo viaje que Patricia y su esposo. ¿Qué planes tienen?

**Modelo** A. *¿Qué vamos a hacer en París?*
B. *Vamos a cenar en un restaurante elegante.*

# Final del desafío

## 38. ¡Otro día, otro desafío!

▶ **Organiza.** Antes de salir para Ecuador, Tess les mandó un mensaje a sus amigas. Pon las oraciones en orden.

1. ________
2. ________
3. ________
4. ________
5. ________
6. ________

**a.** Cuando volvamos a San Antonio, voy a subir (*upload*) las mejores fotos de nuestro desafío.
**b.** Cuando encontremos la línea del ecuador, nos vamos a hacer una foto con un pie en cada hemisferio. Al día siguiente, vamos a descansar.
**c.** ¡Voy a comprarles recuerdos a mis amigas!
**d.** Ahora hago la maleta porque mañana mamá y yo vamos a viajar a Ecuador. ¡Qué emocionada estoy!
**e.** Para el 8 de junio, que es nuestro último día en Ecuador, mi mamá quiere visitar museos, pero yo prefiero ir a un mercado tradicional.
**f.** Cuando lleguemos a Quito, vamos a tomar un taxi hacia el norte para ir a Mitad del Mundo.

▶ **Lee** otra vez el mensaje de Tess y haz una lista de las expresiones temporales que indican una acción o una intención futura.

▶ **Escribe** un mensaje parecido con tus planes e intenciones para una de estas opciones.

El fin de semana que viene | Mis próximas vacaciones | Este verano

**I CAN** discuss plans and intentions related to my own geographical area and countries around the world.

**Goal:** to talk about future events

# Aire frío y agua caliente

## Punto de partida

▶ **Observa.** Tim and Mack are back in the Andes. They are in the Isluga Volcano National Park, in Chile. Tim and his grandpa must don their swimsuits in sub-zero temperatures and swim in a hot spring at 12,000 feet above sea level!

Continuará...

### 39. Reconocer

▶ **Completa** estas oraciones.

**1.** ¿Se sabe cuándo ___1___ en erupción?
**2.** Tranquilo, Tim. Eso no ___2___ ni hoy ni mañana.
**3.** Si nos bañamos hoy, mañana ___3___ enfermos.
**4.** Mañana no ___4___ sol y ___5___ las temperaturas.
**5.** ¿Se ___6___ Tim?

▶ **Escribe.** ¿A qué infinitivos corresponden esos verbos?

### 40. Comprender

▶ **Decide** si estas oraciones son ciertas o falsas. Si son falsas, corrígelas.

1. Tim y Mack están en un parque nacional.
2. El volcán Isluga no está activo.
3. Mack quiere bañarse porque hace mucho calor.
4. Tim no quiere bañarse porque hace frío.
5. Es imposible que Tim se bañe.

### 41. Identificar

▶ **Escucha** y relaciona cada oración con la imagen correspondiente.

A

B

C

D

## CONEXIONES: CIENCIAS

# El Parque Nacional Volcán Isluga

El Parque Nacional Volcán Isluga está en Chile. Se llama así por el volcán Isluga, la montaña más alta del parque. La altitud de este parque nacional va desde los 2.100 metros hasta más de 5.000 metros sobre el nivel del mar. La temperatura media anual está entre los –5 °C y los 10 °C (23-50 °F).

Uno de los principales atractivos del parque son las termas naturales de Enquelga. Están a 3.700 metros de altitud, pero el agua alcanza una temperatura de unos 30 °C (86 °F).

**42. Compara.** ¿Conoces algún parque nacional que tenga termas naturales? ¿Dónde hay volcanes en los Estados Unidos? ¿Son activos?

**TU DESAFÍO** ¿Cuándo entró en erupción un volcán en América del Norte?

**I CAN** demonstrate understanding of a dialogue about climate and weather in Chile.

## Vocabulario

### El tiempo meteorológico

#### Los desastres naturales

### 43. La madre naturaleza

▶ **Completa** estas oraciones.

1. El termómetro marca –4 °C, hace mucho __________.
2. Hoy hace muy mal tiempo: llueve y hace __________.
3. En los estados de Texas y Kansas hay muchos __________.
4. En el verano se forman los __________ en el Atlántico.
5. Maneja con cuidado, hay __________ en la carretera.
6. En mi país __________ mucho en invierno.

tornados
viento
hielo
frío
nieva
huracanes

## 44. Asociaciones

▶ **Habla** con tu compañero(a). ¿Qué palabra no corresponde a cada grupo?

| 1 | 2 | 3 | 4 |
|---|---|---|---|
| frío<br>nieve<br>calor<br>invierno | erupción<br>tornado<br>terremoto<br>temperatura | temperatura<br>viento<br>grados<br>termómetro | sol<br>lluvia<br>tormenta<br>relámpago |

▶ **Escribe** otras series similares con tu compañero(a) e intercámbienlas con las de otra pareja. Ellos(as) tienen que adivinar qué palabra no corresponde.

## 45. El tiempo nos influye mucho

▶ **Escucha** el diálogo. ¿A cuál de estas fotografías corresponde?

1

2

3

4

## 46. Lo bueno y lo malo

▶ **Escribe** qué cosas te gustan más y menos de estos lugares.

**Modelo** *En Hawái hace sol y hace calor, pero hay volcanes que pueden entrar en erupción.*

**1.** Los Ángeles, CA
**2.** Chicago, IL
**3.** Phoenix, AZ
**4.** Omaha, NE
**5.** Miami, FL
**6.** Nueva York, NY

▶ **Habla** con tu compañero(a). ¿Cómo es el tiempo en tu ciudad o en tu pueblo en cada estación? ¿Qué cosas te gustan más y menos?

**Modelo** A. *Lo que más me gusta del tiempo de esta ciudad es que en verano no hace demasiado calor.*
B. *Sí, a mí también. Y lo que menos me gusta es que nunca nieva porque me encanta esquiar.*

**I CAN** talk with a partner about the climate and weather of my own and other regions.

## Gramática

### El futuro

- To talk about the future, you can use **ir a** + *infinitive* or the future tense.

  La semana que viene **voy a ir** de excursión a la montaña.

  La semana que viene **iré** de excursión a la montaña.

### Futuro. Verbos regulares

- Add the following endings to the infinitive to form the future tense. Note that all **-ar**, **-er**, and **-ir** verbs use the same endings.

FUTURO. VERBOS REGULARES

| | Entrar | Comer | Seguir |
|---|---|---|---|
| yo | entrar**é** | comer**é** | seguir**é** |
| tú | entrar**ás** | comer**ás** | seguir**ás** |
| usted, él, ella | entrar**á** | comer**á** | seguir**á** |
| nosotros, nosotras | entrar**emos** | comer**emos** | seguir**emos** |
| vosotros, vosotras | entrar**éis** | comer**éis** | seguir**éis** |
| ustedes, ellos, ellas | entrar**án** | comer**án** | seguir**án** |

### Verbos irregulares en el futuro

- These verbs have stem changes:

VERBOS IRREGULARES EN EL FUTURO

| | |
|---|---|
| poder → podr- | decir → dir- |
| poner → pondr- | haber → habr- |
| salir → saldr- | hacer → har- |
| tener → tendr- | querer → querr- |
| venir → vendr- | saber → sabr- |

Mañana no **podré** salir.
**Saldré** el domingo.

El domingo **hará** calor.
**Podremos** ir de excursión.

**47. Compara.** ¿Cómo se expresa el futuro en inglés?

### 48. ¿En el pasado o en el futuro?

▶ **Escucha** a Mack y decide si Tim hizo estas actividades en el pasado o si las hará en el futuro.

1. ponerse el impermeable
2. bañarse
3. ir a Denver
4. sacar una fotografía
5. ponerse el abrigo y la bufanda
6. ir a esquiar a Bariloche
7. volver al hotel
8. llamar a sus amigos

## 49. Hay que prepararse

▶ **Escribe** lo que harán estas personas si ocurren estos fenómenos naturales. Usa el futuro.

1. Si hay un tornado, nosotros ____________ (bajar) al sótano.
2. Mack ____________ (manejar) con mucho cuidado si hay hielo en la carretera.
3. Ellos no ____________ (poder) subir a la montaña si hay una tormenta.
4. Si hay relámpagos, Tim y Mack no ____________ (salir) a la calle por ningún motivo.
5. Ana no ____________ (querer) ir a la playa si está nublado porque le encanta tomar el sol.
6. Si bajan las temperaturas, ustedes se ____________ (poner) ropa de abrigo.

## 50. ¿Qué tiempo hará?

▶ **Escucha** la previsión meteorológica para Santiago de Chile y completa una tabla como esta.

| Lunes | Martes | Miércoles | Jueves | Viernes |
|---|---|---|---|---|
| Estará nublado. | | | | |

▶ **Escribe** con tu compañero(a) un pronóstico del tiempo para la próxima semana en tu ciudad o en tu pueblo.

## CONEXIONES: CIENCIAS

# El Cinturón de Fuego del Pacífico

Aproximadamente el 75 % de los volcanes del mundo se sitúan alrededor de la cuenca del océano Pacífico. Por eso, a esta zona se la llama el Cinturón de Fuego del Pacífico.

El Cinturón de Fuego del Pacífico es también una zona de gran actividad sísmica. El 90 % de los terremotos del mundo se produce en esta área, que incluye países de Suramérica, Centroamérica, Norteamérica, Asia y Oceanía.

Volcán en Chile

**51. Piensa y explica.** ¿Cómo piensas que afecta la actividad sísmica al estilo de vida de los habitantes de esta zona?

**TU DESAFÍO** ¿Cuáles son algunos de los países ubicados en el Cinturón de Fuego? Haz una lista.

**I CAN** demonstrate comprehension of a forecast and discuss future events with a partner.

## Comunicación

### 52. ¿Qué tiempo hará mañana?

▶ **Escribe** la predicción del tiempo para mañana en tu país. Haz un mapa y coloca símbolos para ilustrarlo.

▶ **Lee** tu predicción a tu compañero(a). Él / Ella debe colocar los símbolos correctos en un mapa en blanco.

Modelo A. *Mañana lloverá en la costa este.*
B. *¿En toda la costa?*

### 53. ¿Qué pasará?

▶ **Escribe.** ¿Qué harás mañana si hace este tiempo?

1

Si hay una tormenta...

2

Si hace calor...

3

Si nieva...

4

Si hace mucho viento...

### 54. Un viaje, dos ciudades

▶ **Escucha** la conversación y responde a estas preguntas.

**1.** ¿Qué hará la mujer en Valparaíso?
**2.** ¿Por qué no lleva mucha ropa?
**3.** ¿Qué tiempo hará en Valparaíso?
**4.** ¿Para qué irá de viaje a Santiago?

▶ **Escribe** tres cosas que tú y tus compañeros(as) podrán hacer para una escuela afectada por un desastre natural.

▶ **Compara** tu lista con tres compañeros(as). Entre todos(as), elijan las cinco mejores cosas y hagan un cartel.

# Final del desafío

## 55. ¿Qué hará Tim?

▶ **Habla** con tus compañeros(as) sobre lo que hará Tim. ¿Se bañará o no? Saca apuntes de tus ideas.

▶ **Imagina** que vas de viaje a una montaña en Chile o en tu propio país, pero necesitas hacer planes para tus actividades dependiendo del tiempo que hace. Escribe lo que harás en caso de varios tipos de tiempo meteorológico.

Modelo *Si nieva, asistiremos a una clase de* snowboard.

▶ **Comparte** tus planes con tus compañeros(as) y recopilen una lista de los favoritos de la clase.

**I CAN** talk about future weather conditions and other events in my own and other cultures.

**Goal:** to express an action without naming the subject

# El paraíso de las tortugas

## Punto de partida

▶ **Observa.** Diana and Rita are in Tortuguero, one of the largest sea turtle sanctuaries in the world. After the baby turtles hatch, they run to sea, but some get lost. Diana and Rita's task is to rescue as many baby sea turtles as possible and take them to the ocean.

Continuará...

### 56. Completar

▶ **Une** las dos columnas.

| A | B |
|---|---|
| **1.** Se calcula | **a.** llevar repelente de mosquitos a todas horas. |
| **2.** ¿No se puede | **b.** en llegar a la playa? |
| **3.** Según se dice, | **c.** hacer nada para evitarlo? |
| **4.** Se nota | **d.** es posible que en cien años no existan tortugas marinas. |
| **5.** Se recomienda | **e.** que te gusta la naturaleza. |
| **6.** ¿Cuánto se tarda | **f.** que cada año mueren cerca de un millón de tortugas. |

## 57. Comprender

▶ **Completa** el mensaje que le manda Diana a su familia desde Tortuguero.

parque
playa
cocodrilos
plantas
tortugas

Mensaje nuevo

Para:

Asunto:

Hola a todos. ¿Qué tal están? La tía Rita y yo estamos en el Parque Nacional Tortuguero, en Costa Rica. Este lugar es famoso porque de julio a octubre las ____1____ van a la ____2____ a dejar sus huevos. Esta noche vamos a hacer una excursión para verlas. La mejor forma de ver este ____3____ es en lancha (*boat*). Así se puede disfrutar del paisaje y ver todas las ____4____ y los animales. ¿Saben que hay ____5____ ? ¡Qué miedo!

Diana

## 58. Aplicar

▶ **Describe** las fotografías que tomó Diana en Tortuguero con tu compañero(a).

1

2

3

## CONEXIONES: CIENCIAS

# El Parque Nacional Tortuguero

El Parque Nacional Tortuguero está situado en la costa norte de Costa Rica. Allí podemos encontrar más de 400 tipos de árboles y más de 2.000 especies de plantas. También hay una gran diversidad de fauna: aves, reptiles, insectos, peces, anfibios y animales en peligro de extinción, como el jaguar.

Dentro del parque se encuentra el pueblo de Tortuguero. Miles de tortugas verdes van a sus playas cada año para dejar sus huevos.

**59. Explica.** ¿Conoces alguna reserva natural de animales? ¿Por qué son importantes las reservas naturales?

**TU DESAFÍO** Busca tres datos sobre las tortugas marinas para compartir con tus compañeros.

**I CAN** demonstrate understanding of a dialogue regarding conservation efforts in Costa Rica.

## Vocabulario

### La naturaleza y el medio ambiente

#### Animales domésticos

el caballo

la vaca

el cerdo

la oveja

el gallo

la gallina

#### Animales salvajes

el lobo

el águila

el mono

el cocodrilo

el oso

el elefante

#### Problemas medioambientales

la contaminación

la sequía

los incendios forestales

### 60. Mascotas

▶ **Escucha** y escribe. ¿Qué animal tiene cada persona como mascota (*pet*)?

**1.** Margarita  2. Ángel  3. Eva  4. Julio  5. Mercedes

## 61. Los animales que me gustan

▶ **Escucha** y relaciona cada diálogo con la foto correspondiente.

(A)

(B)

(C)

(D)

▶ **Escucha** de nuevo y escribe. ¿Qué animales le gustan a cada uno?

Modelo *A Mario le gustan…*

**1.** Mario **2.** Sofía **3.** Rodrigo **4.** Irene

▶ **Habla.** Entrevista a cuatro compañeros(as) sobre sus animales favoritos.

**1.** ¿Tienen alguna mascota en casa? ¿Cuál?
**2.** ¿Cuáles son sus animales favoritos? ¿Por qué?
**3.** ¿Pueden contar alguna anécdota relacionada con un animal?

## 62. Cuidar el medio ambiente

▶ **Escribe.** Haz una lista de tres cosas que puedes hacer para cuidar el medio ambiente.

Modelo *Para proteger el medio ambiente se puede usar el transporte público.*

## COMUNIDADES

# ¡Pura vida!

En Costa Rica se oye mucho la expresión ¡*Pura vida*!: para saludar, para despedirse, para dar las gracias, para decir que algo está bien, etc. Al saludo «¿Cómo estás?» se responde casi siempre con la expresión «¡Pura vida!».

Esta expresión refleja la esencia de la cultura y la vida cotidiana de los habitantes de Costa Rica: tranquilidad (*peace*), respeto por la naturaleza y amabilidad (*kindness*).

**63. Compara.** ¿Tu cultura tiene un lema similar? ¿Cuál sería (*would be*) el lema para tu cultura o para describir la actitud de tu comunidad frente a la vida diaria?

**I CAN** identify actions related to caring for animals and the environment.

## Gramática

### Ocultar el agente. El pronombre *se*

- In English, we use indefinite subjects, such as *they*, *you*, *one*, and *people*, or the passive voice when we want to present the information without telling who does the action. In Spanish, use this formula:

**se** + verbo en tercera persona

**Se prohíbe** dar de comer a los animales.

**Se permite** hacer fotos.

**Se habla** español.

**Se dice** que las tortugas están en peligro de extinción.

**Se cuenta** que en Costa Rica cuidan mucho a los animales.

**Se vive** muy bien en este país.

**Se trabaja** mucho en este parque natural.

**64. Compara.** ¿Cómo se dice en inglés **Se prohíbe hacer fotos**?

### 65. Rita quiere saber más...

▶ **Escucha** la conversación de Rita y el guía. Responde a estas preguntas con ayuda de las fotos.

1. ¿Por qué se llama así el Parque Nacional Tortuguero?
2. ¿Qué más se puede ver en el parque?
3. ¿Qué se puede hacer para proteger la naturaleza?

1

2

3

## 66. Carteles

▶ **Completa** estos carteles que vieron Diana y Rita en el parque. Utiliza formas verbales con se.

1. ________ INGLÉS (hablar)
2. NO ________ TOMAR FOTOS (permitir)
3. ________ CORTAR LAS PLANTAS (prohibir)
4. NO ________ DAR COMIDA A LOS ANIMALES (poder)

## 67. Las notas de Rita

▶ **Transforma** estas oraciones. Usa formas verbales con *se*.

**Modelo** Los turistas no pueden tomar fotos de las tortugas.
→ *Se prohíbe tomar fotos de las tortugas.*

1. Los turistas pueden hacer fotos de las plantas.
2. Los turistas pueden contratar a un guía.
3. Los turistas pueden visitar el parque en lancha.
4. Los turistas no pueden cortar flores en el parque.
5. Los encargados del parque prohíben bañarse en los canales.
6. Los encargados del parque no permiten tocar a los animales.

## 68. Una guía turística

▶ **Habla** con tu compañero(a). ¿Qué lugares famosos hay en tu ciudad? Escribe una lista de cosas que se puede o no se puede hacer en esos lugares.

**Modelo** A. *En nuestra ciudad se puede visitar el zoológico. Allí se permite tomar fotos.*
B. *Sí, pero no se puede dar comida a los animales.*

## CONEXIONES: LENGUA

# Las onomatopeyas

Las onomatopeyas son palabras que imitan el sonido de algo. Por ejemplo, los sonidos de los animales. Estas son algunas onomatopeyas del español:

Perro: *guau*
Gato: *miau*
Pájaro: *pío*
Gallo: *quiquiriquí*

**69. Investiga.** Busca las onomatopeyas en español de tres animales. ¿Son similares en inglés?

**I CAN** express actions that are done without emphasizing who does them.

## Comunicación

### 70. Un viaje a Costa Rica

▶ **Lee** esta información sobre Costa Rica y complétala.

| | | | |
|---|---|---|---|
| playas | parques | senderismo | medio ambiente |
| fauna | costa | capital | geografía |

Costa Rica es un país de ___1___ única. Posee una gran superficie de ___2___ nacionales y áreas protegidas con una rica variedad de flora y ___3___.
En este país cuidan mucho la naturaleza y protegen el ___4___.
Costa Rica tiene numerosas ___5___ tanto en la ___6___ este (mar Caribe) como en la oeste (océano Pacífico).

Por eso es el destino perfecto para los amantes del ___7___, el buceo o el surf.
San José, la ___8___, es una ciudad muy animada. En esta ciudad se encuentran los monumentos y sitios históricos más importantes del país. También hay museos y galerías de arte, como el Museo de Arte Costarricense o el Museo del Jade.

[ leer más ]

▶ **Escucha** la conversación entre Diana y una amiga. ¿Qué cosas se pueden hacer en Costa Rica? Escríbelo.

**Modelo** *En Costa Rica se puede subir a un volcán.*

▶ **Habla** con tu compañero(a). ¿Qué más cosas piensas que se pueden hacer en Costa Rica?

**Modelo** *Se dice que Costa Rica es un buen destino para hacer surf.*

# Final del desafío

## 71. Conciencia medioambiental

▶ **Completa** el artículo de Diana. Utiliza formas verbales con *se*.

**¡Salvemos a las tortugas!**

___1___ (calcular) que cada año mueren más de un millón de tortugas marinas. En Costa Rica ___2___ (proteger) a las tortugas, pero muchas caen en las redes (*nets*) de los pescadores. También ___3___ (saber) que muchas tortuguitas mueren porque confunden las luces artificiales con el reflejo de la luna. Si no ___4___ (hacer) algo, las tortugas se extinguirán en pocos años.

▶ **Investiga y escribe.** Investiga sobre uno de estos animales y prepara un informe breve, contestando las preguntas.

1 
La mariposa monarca

2 
El cóndor

3 
El caimán

**1.** ¿Dónde vive este animal?
**2.** ¿Cómo es?
**3.** ¿Por qué está en peligro?
**4.** ¿Qué se puede hacer para protegerlo?

**I CAN** describe actions that can be done to protect animals and the environment in my own and other cultures.

## 72. El turismo chileno

▶ **Lee** el anuncio y contesta: Para hacer lo siguiente, ¿a cual(es) de estos destinos irás?

# Chile encantador

### Puerto Varas

**Precios desde 800 dólares**

Para salidas el 30 de septiembre

**Incluye:**

- Visita y recorrido en la Ciudad de Puerto Varas y Puerto Montt (duración: 1 día)
- Visita al Lago de Todos los Santos (duración: medio día)
- Entradas y refrigerios

* *Precios por persona en acomodación doble*

### Patagonia encantadora

**Precios desde 1000 dólares**

Para salidas el 30 de septiembre

**Incluye:**

- Visitas y recorridos guiados al Parque Nacional del Paine y Cueva del Milodón
- Visita a los Glaciares de Balmaceda y Serrano
- Traslados entre terminales de buses y aeropuertos
- Entradas y refrigerios

### Santiago y Valle Nevado

**Precios desde 900 dólares**

Para salidas desde el 30 de noviembre

**Incluye:**

- Tour Viña del Mar y Valparaíso
- Tour urbano al Cerro Santa Lucía
- Clase de esquí en Valle Nevado
- No incluye entradas ni refrigerios

¿Qué esperas?
Contáctanos ahora al:
511 959 000000

**Todos nuestros tours incluyen:** Boleto aéreo • Transporte terrestre • 5 noches de alojamiento • Seguro

**1.** ver arquitectura típica europea
**2.** hacer senderismo y alpinismo
**3.** ver una montaña desde tu habitación
**4.** aprender a esquiar
**5.** dar paseos cerca del puerto

▶ **Escribe.** Elige uno de los destinos y escribe una descripción del paquete: lo que incluye, lo que vas a ver y hacer allá, etc. Usa el futuro.

## 73. El tiempo en Latinoamérica

▶ **Escucha y completa** las oraciones.

**1.** El tiempo en el continente será ________.
**2.** Lloverá en ________.
**3.** En Centroamérica ________.
**4.** En los Andes habrá bastante ________.
**5.** En la ciudad de Concepción ________.

## 74. Pronósticos

▶ **Lee** estas opiniones sobre el futuro del planeta. Habla con tu compañero(a): ¿con qué opinión estás de acuerdo? ¿Por qué?

Yo creo que habrá un calentamiento global y los glaciares desaparecerán.

Yo opino que encontraremos una solución al calentamiento global.

## 75. El blog de Tim

▶ **Lee** el blog de Tim y decide si estas afirmaciones son ciertas o falsas.

**Una visita al Parque Nacional Volcán Isluga**

Mi abuelo y yo visitamos ayer el Parque Nacional Volcán Isluga. Hacía sol, pero las temperaturas eran muy bajas. Llevábamos gorras de lana y anoraks. Cuando vi el volcán, me asusté. ¿Y si entra en erupción? Pero el abuelo me dijo que no era peligroso. Cuando llegamos a los baños termales, mi abuelo se quitó el anorak y se metió en el agua. El guía nos dijo que la temperatura de los baños podía alcanzar treinta grados centígrados, pero fuera el termómetro marcaba tres grados bajo cero. ¡Creo que mi abuelo está loco!

1. Cuando Tim y Mack llegaron al parque nacional, hacía bastante calor.
2. Tim y Mack llevaban ropa de invierno.
3. Tim no tenía miedo del volcán porque no es activo.
4. Mack se bañó en las aguas termales.
5. Tim no se bañó porque la temperatura era muy baja.

▶ **Imagina** que vas a visitar el Parque Nacional Volcán Isluga. ¿Cuándo irás? ¿Qué ropa llevarás? ¿Te bañarás? Escribe tu propio blog.

Modelo *Yo visitaré el Parque Nacional Volcán Isluga con mis amigos. Iremos en verano porque...*

# UN CHIN DE...

## 76. Un chin de exploración

▶ **Ve** el video y completa cada oración con la palabra que falta.

1. Las Dunas de Baní se ven como un desierto en ____________.
2. En bosque es el lugar más ____________ de la isla.
3. Varias ____________ en peligro de extinción viven en la zona protegida.
4. Es importante conservar los ____________ que se encuentran en la isla.
5. Adriana no quiere cruzar la ____________ porque tiene miedo a los botes.

▶ **Ve y describe.** Ve el video otra vez prestando atención a los lugares que visitan Jaime y Adriana. Escoge uno de los lugares y escribe cuatro oraciones que lo describan.

# En Denver, Colorado

The teams gather in a park near the Colorado State Capitol Building. Each team brings along the advertisements they wrote about the place they visited.

### 77. Los anuncios

▶ **Elige** uno de los destinos de esta unidad (Panamá, Ecuador, Chile, Costa Rica). Prepara un anuncio breve de turismo para el destino. ¿Qué verán los turistas? ¿Qué podrán hacer? Incluye imágenes del lugar y un eslogan.

# Iker pelos tiesos

### 78. Pensar en el tema

▶ **Habla** con tu compañero(a) sobre estas preguntas.

1. ¿Tu pelo y tu peinado (*hairstyle*) son muy importantes para ti? ¿Por qué?
2. ¿Con qué animal te identificas? Explica.

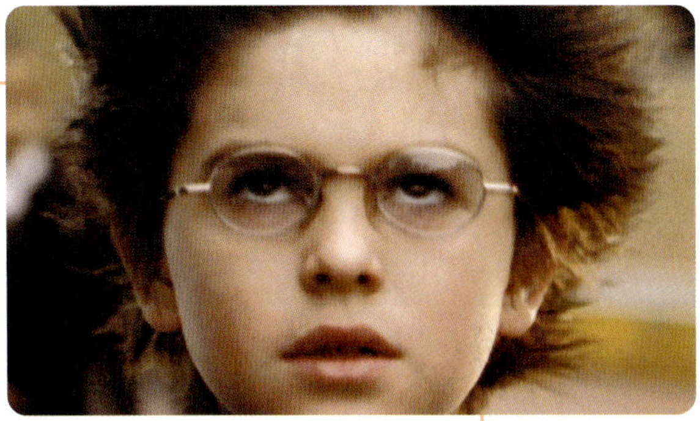

## La jerga mexicana

La palabra **jerga** (*slang*) se refiere al lenguaje coloquial utilizado entre un grupo de personas, a menudo entre los adolescentes. En este video, Iker y sus amigos emplean unas expresiones muy coloquiales, por ejemplo: **¡Qué chido!** (*How cool!*) y **¡Está padrísimo!** (*That's really great!*). ¿Cuáles son algunas expresiones que usas con tus amigos(as) que tus padres y la gente mayor no usen?

## Vocabulario útil

| | |
|---|---|
| disimular | *to hide, conceal* |
| parecerse a | *to look like, resemble* |
| el perico | *parakeet* |
| el puercoespín | *porcupine* |
| se le eriza el pelo | *his hair stands on end* |
| tieso(a) | *stiff, rigid* |

### 79. Animales y familiares

▶ **Relaciona.** Iker dice que cada persona en su familia se parece a un animal diferente. ¿Con qué animal compara Iker a cada persona?

oso | puercoespín | mosquito | perico | caballo

1. su mamá
2. su papá
3. su hermana
4. su hermano Tito
5. su abuelo y sí mismo (*himself*)

### 80. Opinar y explorar

▶ **Habla** con tu compañero(a) sobre estas preguntas.

¿Qué características tenemos las personas que afectan la forma en que otros nos perciben? ¿Sabes si en otras culturas estas características se perciben igual?

# La ruta Panamericana

América está atravesada por una gran carretera que va desde Alaska hasta el extremo sur de Argentina: la Panamericana. En total son 26.000 kilómetros que cruzan catorce países, con extensiones a varios países más.

La parte de la Panamericana comprendida entre Laredo (Texas) y la ciudad de Panamá se conoce también como carretera Interamericana.

La carretera Panamericana permite conocer la diversidad geográfica, cultural y humana de las Américas utilizando como lengua el español.

### 81. Los países de la ruta Panamericana

▶ **Juega.** Mira el mapa de la Panamericana durante un minuto. Después, tápalo y contesta:

**1.** ¿Cuáles son los países por los que pasa la ruta?
**2.** ¿Cuáles son las capitales de esos países?

▶ **Lee y escribe.** Mira el mapa, lee la información y contesta las preguntas.

**1.** ¿Por qué tipos de terreno pasa la ruta Panamericana?
**2.** ¿Cuáles son las ventajas de la ruta Panamericana para los países de las Américas?
**3.** ¿Cuáles son las dificultades con la construcción y mantenimiento de una obra así?

(1) Carretera Panamericana a su paso por el desierto de Atacama (Chile)

## 1. Variedad geográfica

Un viaje en coche por la Panamericana nos permite pasar en unos días de los climas cálidos y húmedos de Centroamérica a los fríos y secos de la Patagonia.

De la misma manera, la Panamericana nos permite ver todo tipo de paisajes: los desiertos de México o de Chile, las selvas tropicales de Centroamérica, las grandes montañas de los Andes, las extensas llanuras de la Pampa o las tierras heladas de la Patagonia. Y cada paisaje tiene su flora y su fauna características.

## 2. El mundo hispano: unidad y diversidad

La carretera Panamericana une la mayor parte de los países hispanohablantes. Viajando por ella se puede observar la unidad y la diversidad cultural del mundo hispano.

- La herencia española actúa como un factor de unidad presente en la lengua, la religión, la arquitectura, las costumbres...
- La herencia indígena actúa como un factor de diversidad presente en la ropa, las tradiciones y las formas de vida fuera de las ciudades.

(2) Mercado tradicional (Perú)

### 82. Visión global

▶ **Completa** una tabla como esta con la información más importante de los textos.

| Variedad de paisajes | Unidad y diversidad cultural |
|---|---|
| | |

### 83. Lugares emblemáticos

▶ **Investiga.** Busca información acerca de los lugares emblemáticos que pueden visitarse a través de la ruta Panamericana.

**I CAN** identify cultural influences on practices and products in regions traversed by the Pan-American Highway.

READING STRATEGY

## Read argumentative texts

Argumentative texts are written in order to defend an idea or an opinion with supporting reasons.

Argumentative texts have two fundamental parts: the thesis and the arguments.

- The **thesis** is the idea that is going to be defended.
- The **arguments** are the reasons that support the thesis.

Argumentative texts use cause-and-effect transition words and phrases, especially the conjunction *porque*.

# El Tapón de Darién: un corte en la ruta Panamericana

La carretera Panamericana se planeó entre 1923 y 1939 como un sistema para unir los diferentes países de las Américas. Hoy solo faltan por construir 87 kilómetros en una zona conocida como el Tapón de Darién, entre Colombia y Panamá.

El Tapón de Darién es un obstáculo geográfico natural formado por cordilleras, manglares[1] y selvas tropicales. Y es una zona de extraordinario valor ecológico habitada por indígenas y declarada Reserva de la Biosfera y Patrimonio de la Humanidad por la UNESCO.

La construcción de la carretera en la zona de Darién tiene partidarios[2] y detractores:

- Los partidarios de la construcción defienden que la carretera es un impulso[3] económico para la zona y beneficia a toda América porque facilita el paso de personas y mercancías.
- Los detractores de la construcción piensan que la carretera pone en peligro el equilibrio ecológico de la zona y a las comunidades de indígenas que allí viven. Y argumentan que Darién es una barrera natural para evitar el paso de las enfermedades entre Centroamérica y Suramérica.

Hoy hay un proyecto para construir en Colombia un tramo hasta la frontera con Panamá, pero la polémica[4] sigue abierta.

1. *mangrove swamps* 2. *supporters* 3. *boost* 4. *controversy*

## COMPRENSIÓN

### 84. El Tapón de Darién

▶ **Responde** a estas preguntas.

1. ¿Cuántos kilómetros faltan para completar la Panamericana?
2. ¿Dónde está el Tapón de Darién?
3. ¿Qué accidentes geográficos (*geographical features*) forman el Tapón de Darién?
4. ¿Por qué hay gente que piensa que la construcción de la carretera en Darién es buena para toda América?
5. ¿Por qué otros piensan que la construcción de la carretera es perjudicial (*damaging*) para la zona?

### ESTRATEGIA Leer textos argumentativos

### 85. Opiniones y razones

▶ **Copia** este esquema del texto y complétalo.

| Tema | |
|---|---|
| **Tesis 1** | **Tesis 2** |
| PARTIDARIOS | DETRACTORES |
| La construcción de la carretera es buena. | |
| **Argumentos** | **Argumentos** |
| A FAVOR | EN CONTRA |
| | |

▶ **Habla.** ¿Qué opinas tú? Da argumentos y contrasta tu opinión con la de tus compañeros(as).

### 86. Tus argumentos

▶ **Escribe** un texto argumentativo sobre el tema «¿Naturaleza o progreso?». Primero haz un esquema con tu tesis y dos argumentos.

**I CAN** use features of an argumentative text to interpret an essay about the Darien Gap.

## Geografía

| | |
|---|---|
| África | *Africa* |
| América del Norte / Norteamérica | *North America* |
| América del Sur / Suramérica | *South America* |
| Antártida | *Antarctica* |
| Asia | *Asia* |
| Europa | *Europe* |
| Oceanía | *Oceania* |
| Océano Atlántico | *Atlantic Ocean* |
| Océano Glacial Ártico | *Arctic Ocean* |
| Océano Glacial Antártico | *Southern Ocean* |
| Océano Índico | *Indian Ocean* |
| Océano Pacífico | *Pacific Ocean* |
| la bahía | *bay* |
| el bosque | *forest* |
| el cañón | *canyon* |
| la cascada / la catarata | *waterfall* |
| la colina | *hill* |
| el mar | *sea* |
| la montaña | *mountain* |
| la pradera | *prairie, grasslands* |
| el puerto | *port* |
| el río | *river* |
| la selva | *jungle* |
| el valle | *valley* |

## Países

| | |
|---|---|
| Alemania | *Germany* |
| Brasil | *Brazil* |
| Canadá | *Canada* |
| China | *China* |
| España | *Spain* |
| Francia | *France* |
| Guinea Ecuatorial | *Equatorial Guinea* |
| Italia | *Italy* |
| Japón | *Japan* |
| Portugal | *Portugal* |
| Reino Unido | *United Kingdom* |
| ecuador | *equator* |
| Trópico de Cáncer | *Tropic of Cancer* |
| Trópico de Capricornio | *Tropic of Capricorn* |
| norte | *north* |
| sur | *south* |
| este | *east* |
| oeste | *west* |
| noreste | *northeast* |
| noroeste | *northwest* |
| sureste | *southeast* |
| suroeste | *southwest* |

## El tiempo meteorológico

| | |
|---|---|
| Está nublado. | *It's cloudy.* |
| Hace calor. | *It's hot.* |
| Hace frío. | *It's cold.* |
| Hace sol. | *It's sunny.* |
| Hace viento. | *It's windy.* |
| bajo cero | *below zero* |
| los grados | *degrees* |
| la temperatura | *temperature* |
| el termómetro | *thermometer* |
| la erupción | *eruption* |
| el huracán | *hurricane* |
| la lluvia / llover | *rain / to rain* |
| la nieve / nevar | *snow / to snow* |
| el relámpago | *lightning* |
| el terremoto | *earthquake* |
| la tormenta | *storm* |
| el tornado | *tornado* |

## La naturaleza y el medio ambiente

| | |
|---|---|
| el caballo | *horse* |
| el cerdo | *pig* |
| la gallina | *hen* |
| el gallo | *rooster* |
| la oveja | *sheep* |
| la vaca | *cow* |
| el águila | *eagle* |
| el cocodrilo | *crocodile* |
| el elefante | *elephant* |
| el lobo | *wolf* |
| el mono | *monkey* |
| el oso | *bear* |
| ahorrar energía | *to save energy* |
| conservar | *to conserve* |
| la contaminación | *pollution* |
| cuidar | *to take care of* |
| las especies en peligro de extinción | *endangered species* |
| los incendios forestales | *forest fires* |
| el medio ambiente | *environment* |
| plantar un árbol | *to plant a tree* |
| proteger | *to protect* |
| los recursos naturales | *natural resources* |
| la sequía | *drought* |

## DESAFÍO 1

**1. Geografía.** Une las dos columnas.

| A | B |
|---|---|
| **1.** África | **a.** un río |
| **2.** El Everest | **b.** un bosque tropical |
| **3.** El Yunque | **c.** un continente |
| **4.** El Misisipi | **d.** un océano |
| **5.** El Atlántico | **e.** una montaña |

## DESAFÍO 2

**2. ¿Cierto o falso?** Decide si estas afirmaciones son ciertas o falsas.

**1.** Beijing es la capital de Guatemala.
**2.** Arizona está al suroeste de Colorado.
**3.** España está en el continente europeo.
**4.** Maine está al sureste de los Estados Unidos.

## DESAFÍO 3

**3. ¿Qué tiempo hace?** Mira las fotografías y escribe qué tiempo hace. También escribe una oración que describa lo que te gusta hacer cuando hace ese tipo de tiempo.

Modelo *Está nevando y hace frío. Me gusta ver la televisión y jugar videojuegos todo el día.*

1 

2 

3 

4 

## DESAFÍO 4

**4. ¡Cuántas cosas!** Responde a estas preguntas.

**1.** ¿Cómo protegen el medio ambiente en tu escuela?
**2.** ¿Qué hace tu familia para ahorrar energía?
**3.** ¿Qué puedes hacer tú para proteger a los animales en peligro de extinción?

## El superlativo relativo (pág. 402)

| | | | | | |
|---|---|---|---|---|---|
| el<br>la<br>los<br>las | + nombre + | más<br>menos | + adjetivo + | de...<br>que... |

El Amazonas es el río más largo del mundo.
Este es el país más bonito que conozco.

## El futuro (pág. 418)

VERBOS REGULARES

| ENTRAR | COMER | SEGUIR |
|---|---|---|
| entraré | comeré | seguiré |
| entrarás | comerás | seguirás |
| entrará | comerá | seguirá |
| entraremos | comeremos | seguiremos |
| entraréis | comeréis | seguiréis |
| entrarán | comerán | seguirán |

VERBOS IRREGULARES

| | |
|---|---|
| poder → podr- | decir → dir- |
| poner → pondr- | haber → habr- |
| salir → saldr- | hacer → har- |
| tener → tendr- | querer → querr- |
| venir → vendr- | saber → sabr- |

## Expresar planes e intenciones (pág. 410)

**presente**

La semana que viene viajamos a Chile.

**ir a + infinitivo**

El próximo año vamos a ir a Canadá.

**cuando + presente de subjuntivo**

Cuando estemos en Ecuador, vamos a ir a Mitad del Mundo.

EXPRESIONES TEMPORALES DE FUTURO

| | |
|---|---|
| ahora | *now* |
| luego / después | *later* |
| en un rato | *in a while* |
| en media hora | *in half an hour* |
| hoy | *today* |
| esta mañana | *this morning* |
| esta tarde | *this afternoon* |
| esta noche | *tonight* |
| mañana | *tomorrow* |
| pasado mañana | *the day after tomorrow* |
| el lunes que viene / el próximo lunes | *next Monday* |
| el mes que viene / el próximo mes | *next month* |
| el año que viene / el próximo año | *next year* |

## Ocultar el agente. El pronombre *se* (pág. 426)

Se prohíbe dar de comer a los animales.
Se permite hacer fotos.
Se habla español.
Se dice que las tortugas están en peligro de extinción.
Se cuenta que en Costa Rica cuidan mucho a los animales.
Se vive muy bien en este país.
Se trabaja mucho en este parque natural.

## DESAFÍO 1

**5. Tus conocimientos.** Une los elementos de las tres columnas y escribe oraciones.

| | | |
|---|---|---|
| **1.** Asia | es el continente | más pequeño del mundo. |
| **2.** El Everest | es la montaña | más largo de América. |
| **3.** El Amazonas | es el río | más poblado del mundo. |
| **4.** China | es el país | más alta del mundo. |
| **5.** Oceanía | es el continente | más grande del mundo. |

## DESAFÍO 2

**6. ¿Hacemos planes?** Decide cuáles de estas oraciones se refieren a planes futuros.

**1.** El próximo verano vamos de vacaciones a Japón.
**2.** Pasado mañana voy a ir a una fiesta.
**3.** Estoy buscando a mi gato hace una semana.
**4.** Cuando visite a mi abuela, voy a escribirte un correo.

## DESAFÍO 3

**7. En el futuro.** Completa estas oraciones. Usa el futuro.

**1.** El próximo verano mi hermano ______ (ir) a la universidad.
**2.** Mis padres ______ (salir) de compras pasado mañana.
**3.** Alejandro y yo ______ (tener) un examen el viernes que viene.
**4.** Tú ______ (hacer) la tarea de Biología mañana.

## DESAFÍO 4

**8. ¿Se puede saber...?** Responde a estas preguntas con oraciones completas.

**1.** ¿Cómo se llama tu mejor amigo(a)?
**2.** ¿Qué se dice cuando llega un(a) chico(a) nuevo(a) al aula?
**3.** ¿Qué se puede hacer en tu clase de Español?
**4.** ¿Qué idiomas se hablan en tu escuela?

## CULTURA

**9. Por la Panamericana.** Responde a las siguientes preguntas.

**1.** ¿Qué océanos une el canal de Panamá?
**2.** ¿Dónde están las islas Galápagos?
**3.** ¿Qué es el Cinturón de Fuego del Pacífico?
**4.** ¿Qué significa la expresión «¡Pura vida!»?

Un boletín sobre

# la predicción meteorológica

Today you are an honorary weather reporter for the local news. They have asked you to do a seven-day forecast for South America.

## PASO 1 Busca información sobre las zonas climáticas

- Find information about climatic zones in South America and take notes. Is the climate arid, tropical, temperate...?

## PASO 2 Investiga sobre qué tiempo hace actualmente

- Find information about the current weather conditions in each place and take notes. You can use the Internet, newspapers, etc.

## PASO 3 Decide qué tiempo hará los próximos días

- Take notes about the weather conditions in each place for the next week. You can use these questions:

  –¿Subirán o bajarán las temperaturas?
  –¿Lloverá?
  –¿Nevará?
  –¿Hará viento?
  –¿Hará sol o estará nublado?

## PASO 4 Prepara el material gráfico

- Since you are presenting the weather, you will need a map as your background.
- Clearly mark your map with the places and weather conditions you selected in previous steps. Design symbols to illustrate your map.

### PASO 5 **Escribe el boletín**

- Write the script for your weather report.
  - Organize your weather report from west to east or north to south, so look at your map as you write the script.
  - Keep in mind you will be doing a seven–day report, so be as clear and concise as possible.
  - Remember to focus on clear communication, but you can add humor and props to your weather report.

### PASO 6 **Ensaya**

- Ask a classmate to look over your script to check for grammatical and spelling errors.
- Practice your weather report before presenting it to the class.

### PASO 7 **Haz tu presentación**

- Present your weather report to the class.
- Allow your classmates to ask you questions about your weather report.

# Unidad 8
## Autoevaluación

Do the following activities to reflect on your progress toward this unit's goals.

### Communication

**a.** I can identify, describe, and compare places in my own and other cultures.

▶ Describe three geographical features in the world and compare them to each other.

**b.** I can talk about future plans and intentions related to my own geographical area and countries around the world.

▶ Ask three classmates about their future travel plans.

**c.** I can talk about future weather conditions and other events in my own and other cultures.

▶ Tell three things you will do next month on a sunny, rainy, and windy day.

**d.** I can talk about actions that can be done to protect animals and the environment in my own and other cultures.

▶ Say three things people (in general) can do to help the environment.

### Intercultural Communication

**a.** I can identify and compare features of the natural world and environment in my own and other cultures.

**b.** I can interact with others in settings related to the natural world and environment in my own and other cultures.

**I CAN** research climate and weather patterns in South America.
**I CAN** present a basic weather forecast for South America.

## Nouns

Nouns are words for people, animals, places, and things. Spanish nouns have a masculine and a feminine form. Most nouns that end in **-o** are masculine, and most nouns that end in **-a** are feminine. Nouns that end in **-e** or in a **consonant** can be either masculine or feminine.

| Masculine form | Feminine form | Examples |
|---|---|---|
| Ends in **-o**. | Changes **-o** to **-a**. | **el** niño → **la** niña |
| Ends in a consonant. | Adds **-a**. | **el** profesor → **la** profesor**a** |

Nouns can be singular (one person or thing) or plural (more than one person or thing).

| Singular form | Plural form | Examples |
|---|---|---|
| Ends in a vowel. | Adds **-s**. | **el** edificio → **los** edificio**s** |
| Ends in a consonant. | Adds **-es**. | **el** ascensor → **los** ascensor**es** |

## Articles

Articles agree in gender and number with the noun they accompany. That is, they show the same gender and number as the noun.

Definite articles refer to a specific noun. In English, the definite article has only one form: *the*. In Spanish, there are four forms: **el**, **la**, **los**, and **las**.

Indefinite articles refer to a nonspecific noun. In Spanish, the indefinite article has four forms: **un**, **una** (*a* or *an*) and **unos**, **unas** (*some* or *a few*).

DEFINITE ARTICLES

| | Masculine | Feminine |
|---|---|---|
| Singular | el | la |
| Plural | los | las |

INDEFINITE ARTICLES

| | Masculine | Feminine |
|---|---|---|
| Singular | un | una |
| Plural | unos | unas |

### Contractions

The combination of the preposition **a** and **de** with the definite article **el** results in a contraction.

a + el → **al** | de + el → **del**

# Adjectives

Adjectives describe nouns and in Spanish usually follow the noun:
**el músico calvo**, **la cantante morena**.

Spanish adjectives can be masculine or feminine, singular or plural. They must agree with the noun both in gender and in number.

| | | |
|---|---|---|
| End in **-o**: 4 forms | el chico simpátic**o**<br>la chica simpátic**a** | los chicos simpátic**os**<br>las chicas simpátic**as** |
| End in **-e**: 2 forms | el niño inteligent**e**<br>la niña inteligent**e** | los niños inteligent**es**<br>las niñas inteligent**es** |
| End in a consonant: usually, 2 forms | el señor débi**l**<br>la señora débi**l** | los señores débil**es**<br>las señoras débil**es** |

## Adjectives of nationality

Adjectives that express nationality also have variation of gender and number.

| | | |
|---|---|---|
| End in **-o** or in a consonant: 4 forms | el niño españo**l**<br>la niña españo**la** | los niños español**es**<br>las niñas español**as** |
| End in **-e**: 2 forms | el señor canadiens**e**<br>la señora canadiens**e** | los señores canadiens**es**<br>las señoras canadiens**es** |

# Demonstrative adjectives and pronouns

To indicate where something or someone is located in relation to the person speaking, use demonstratives. Demonstrative adjectives and pronouns show gender and number.

Demonstrative pronouns can be used to point or to avoid repetition. They mean *this one/that one* or *these/those.*

| | Singular | | Plural | |
|---|---|---|---|---|
| Distance from speaker | Masculine | Feminine | Masculine | Feminine |
| Near | **este** | **esta** | **estos** | **estas** |
| At a distance | **ese** | **esa** | **esos** | **esas** |
| Far away | **aquel** | **aquella** | **aquellos** | **aquellas** |

Neutral forms **esto**, **eso**, and **aquello** are always pronouns. They are used to refer to situations or facts, and to present or to refer to unknown objects.

## Possessive adjectives and pronouns

Possessive adjectives and pronouns express ownership. Possessive adjectives agree with the noun they accompany. They agree with the thing (or person) possessed, not with the owner. They can be placed before or after the noun they accompany.

Possessive pronouns are used instead of a noun. The forms are the same as those of the possessive adjectives after the noun. When the possessive pronoun is used to identify, it is preceded by an article.

| | Before the noun *(mi tío)* | | | | After the noun *(un tío mío)* | | | |
|---|---|---|---|---|---|---|---|---|
| | Singular | | Plural | | Singular | | Plural | |
| | Masculine | Feminine | Masculine | Feminine | Masculine | Feminine | Masculine | Feminine |
| *my* | mi | | mis | | mío | mía | míos | mías |
| *your (inf.)* | tu | | tus | | tuyo | tuya | tuyos | tuyas |
| *his, her, your* | su | | sus | | suyo | suya | suyos | suyas |
| *our* | nuestro | nuestra | nuestros | nuestras | nuestro | nuestra | nuestros | nuestras |
| *your (inf.)* | vuestro | vuestra | vuestros | vuestras | vuestro | vuestra | vuestros | vuestras |
| *their, your* | su | | sus | | suyo | suya | suyos | suyas |

## Indefinites

To indicate existence or quantity in an imprecise way or to indicate absence, use indefinites.

| | |
|---|---|
| ningún, ninguno(a) | *no, (not) any, none* |
| algún, alguno(a)(os)(as) | *a few, any, one, some* |
| poco(a)(os)(as) | *some, few* |
| mucho(a)(os)(as) | *many, a lot of* |
| todo(a)(os)(as) | *all, every, throughout* |
| demasiado(a)(os)(as) | *too much, too many* |

| | |
|---|---|
| alguien | *someone* |
| algo | *something* |
| nadie | *nobody* |
| nada | *nothing* |

Before a masculine singular noun, use algún or ningún instead of alguno and ninguno.

Alguien and nadie refer to people.

Algo and nada refer to things.

# Comparatives and superlatives

## Comparisons of equality and inequality

To express equality, use:

| | |
|---|---|
| **tan** + adjective + **como** | *as … as* |
| verb + **tanto como** | *… as much as …* |

To express inequality, use:

| | |
|---|---|
| **más / menos** + adjective + **que** | *more / less … than* |
| verb + **más / menos que** | *… more / less than* |

## Comparative adjectives

**Mejor** and **peor** are used just like the English words *better* and *worse*.

| | | | | | |
|---|---|---|---|---|---|
| **bueno** | → | **mejor, mejores** | **malo** | → | **peor, peores** |
| *good* | | *better* | *bad* | | *worse* |

## Superlatives

The superlative is used to express an extreme degree of an adjective. You can also use adverbs like **muy** before the adjective to express the same idea.

| | |
|---|---|
| Adjectives ending in a consonant | Add **-ísimo**, **-ísima**, **-ísimos**, **-ísimas**.<br>popular + ísimo → popular**ísimo** |
| Adjectives ending in a vowel | Drop the vowel and add the superlative ending.<br>triste + ísimo → trist**ísimo** |

The relative superlative is used to describe a noun in comparison to a larger group.

**el / la / los / las** + noun + **más / menos** + adjective + **de… / que…**

Remember to use the irregular forms **mejor(es)** and **peor(es)** when talking about *the best* or *the worst*.

# Pronouns

## Subject pronouns

Subject pronouns identify the person who is performing an action.

| Singular | | Plural | |
|---|---|---|---|
| **yo** | *I* | **nosotros**<br>**nosotras** | *we* |
| **tú** | *you* (informal) | **vosotros**<br>**vosotras** | *you* (informal) |
| **usted**<br>**él**<br>**ella** | *you* (formal)<br>*he*<br>*she* | **ustedes**<br>**ellos**<br>**ellas** | *you*<br>*they*<br>*they* |

## Direct object pronouns

To avoid repeating words that have already been mentioned, you can replace the direct object with a pronoun.

| Singular | | Plural | |
|---|---|---|---|
| **me** | *me* | **nos** | *us* |
| **te** | *you* (informal) | **os** | *you* (informal) |
| **lo**<br>**la** | *you* (formal), *him, it*<br>*you* (formal), *her, it* | **los**<br>**las** | *you, them*<br>*you, them* |

## Indirect object pronouns

To avoid repeating words that have already been mentioned, you can replace the indirect object with a pronoun.

| Singular | | Plural | |
|---|---|---|---|
| **me** | *to / for me* | **nos** | *to / for us* |
| **te** | *to / for you* (informal) | **os** | *to / for you* (informal) |
| **le** | *to / for you* (formal), *him, her* | **les** | *to / for you, them* |

## Position of pronouns

Direct and indirect object pronouns are placed before the conjugated verb, or attached to the infinitive, the present participle, or the command.

Direct and indirect object pronouns may be used in the same sentence. In this case, the indirect object pronoun goes before the direct object pronoun. **Le** and **les** become **se** when placed in front of a direct object pronoun.

### The pronoun *se*

To present the information without telling who does the action, use this formula:

**se** + verb in the third person

## Adverbs

### Adverbs of frequency

These adverbs and adverbial phrases express how often something is done.

| | | | |
|---|---|---|---|
| **nunca** | *never* | **muchas veces** | *many times, often* |
| **casi nunca** | *almost never* | **casi siempre** | *usually, normally* |
| **rara vez** | *seldom, rarely* | **siempre** | *always* |
| **a veces** | *sometimes* | **todos los días** | *every day* |

### Adverbs of quantity

Some verbs and adjectives can be modified by a word that expresses quantity.

| **nada** | **poco** | **bastante** | **mucho** | **demasiado** |
|---|---|---|---|---|
| *not at all* | *little, not much* | *quite, enough* | *a lot, much* | *too, too much* |

### Adverbs and phrases about the future

When you express intention or future plans you can use these adverbs or expressions.

| | | | |
|---|---|---|---|
| **ahora** | *now* | **mañana** | *tomorrow* |
| **luego, después** | *later* | **pasado mañana** | *the day after tomorrow* |
| **en un rato** | *in a while* | **mañana por la mañana** | *tomorrow morning* |
| **en media hora** | *in half an hour* | **mañana por la tarde** | *tomorrow afternoon / evening* |
| | | **mañana por la noche** | *tomorrow night* |
| **hoy** | *today* | **el lunes que viene / el próximo lunes** | *next Monday* |
| **esta mañana** | *this morning* | **el mes que viene / el próximo mes** | *next month* |
| **esta tarde** | *this afternoon* | **el año que viene / el próximo año** | *next year* |
| **esta noche** | *tonight* | | |

### Adverbs and phrases about the past

These adverbs and time expressions refer to the past tense.

| | | | |
|---|---|---|---|
| **antes** | *before* | **la semana pasada** | *last week* |
| **anoche** | *last night* | **el mes pasado** | *last month* |
| **ayer** | *yesterday* | **el año pasado** | *last year* |
| **anteayer** | *the day before yesterday* | | |

Use the word **hace** to express the amount of time elapsed since an action was completed.

**hace** + time expression + **que** + verb in the preterite tense

verb in the preterite tense + **hace** + time expression

### Adverbs and phrases of location

Many words and phrases are used to show location.

| | | | |
|---|---|---|---|
| **aquí** | *here* | **encima de** | *on, on top of* |
| **ahí** | *there* | **debajo de** | *under* |
| **allí** | *over there* | **delante de** | *in front of* |
| **al lado de** | *next to* | **detrás de** | *behind* |
| **a la derecha de** | *to the right of* | **cerca de** | *near, close to* |
| **a la izquierda de** | *to the left of* | **lejos de** | *far from* |

### Adverbs ending in *-mente*

Many adverbs are formed from adjectives by adding the suffix **-mente** to the feminine singular form.

| | | |
|---|---|---|
| Adjectives ending in **-o** | Change **-o** to **-a** and add **-mente** | lent**o** → lent**amente** |
| Adjectives ending in **-e** or in a consonant | Add **-mente** | frecuent**e** → frecuente**mente**<br>habitua**l** → habitual**mente** |

## Prepositions

### Prepositions of place

| | | | |
|---|---|---|---|
| **en** | *at, in, on, inside* (to express location) | **de** | *from* (to express origin) |
| **a** | to (after the verb *ir* indicating destination) | **desde... hasta**<br>**de... a** | *from* ... to (to express direction or destination) |

### Prepositions *por* and *para*

**Por** and **para** can usually be translated as *for* in English.

| **Por** may be used to express: | **Para** may be used to express: |
|---|---|
| approximate time | deadline |
| approximate place | purpose |
| time periods during the day | opinion |
| cause or reason | movement toward a place |
| movement within an area | recipient of an action |

## Interrogatives

### Interrogative words

Interrogatives are words that are used to ask questions. Normally, interrogatives go at the beginning of a sentence.

| | | |
|---|---|---|
| **¿Qué?**<br>*What?* | **¿Cuál(es)?**<br>*Which?* | **¿Quién(es)?**<br>*Who?* |
| **¿Cuándo?**<br>*When?* | **¿Cómo?**<br>*How?* | **¿Por qué?**<br>*Why?* |
| **¿Cuánto(a)?**<br>*How much?* | **¿Cuántos(as)?**<br>*How many?* | **¿Para qué?**<br>*What for?* |
| **¿Dónde?**<br>*Where?* | **¿Adónde?**<br>*Where to?* | **¿De dónde?**<br>*Where from?* |

## Verbs

Verbs are words that express actions and events, and place them in time (past, present, and future). Spanish verbs fall into three conjugations: **-ar** (*hablar, estudiar…*), **-er** (*aprender, comer…*), and **-ir** (*vivir, subir…*).

## The infinitive

| | |
|---|---|
| 1st conjugation: **-ar** | compr**ar**, habl**ar**, estudi**ar**… |
| 2nd conjugation: **-er** | com**er**, ten**er**, vend**er**… |
| 3rd conjugation: **-ir** | abr**ir**, ped**ir**, escrib**ir**… |

# The present participle

## Regular present participle forms

The present participle (**gerundio**) is formed by adding the following endings to the verb stem.

| | |
|---|---|
| **-ando** for **-ar** verbs | lav**ar** → lav**ando** |
| **-iendo** for **-er**, **-ir** verbs | hac**er** → hac**iendo**<br>escrib**ir** → escrib**iendo** |

## Irregular present participle forms

| e > i | | o > u |
|---|---|---|
| decir → d**i**ciendo<br>medir → m**i**diendo<br>pedir → p**i**diendo | servir → s**i**rviendo<br>vestir → v**i**stiendo | dormir → d**u**rmiendo<br>morir → m**u**riendo<br>poder → p**u**diendo |

# The past participle

The past participle (**participio**) of a verb can be used as an adjective to describe a noun.

## Regular past participle forms

The past participle is formed by adding the following endings to the verb stem.

| | | |
|---|---|---|
| **-ar** verbs | Add the ending **-ado**. | pint**ar** → pint**ado** |
| **-er** and **-ir** verbs | Add the ending **-ido**. | vest**ir** → vest**ido** |

## Irregular past participle forms

| | |
|---|---|
| abrir → **abierto** | morir → **muerto** |
| decir → **dicho** | poner → **puesto** |
| descubrir → **descubierto** | romper → **roto** |
| escribir → **escrito** | ver → **visto** |
| hacer → **hecho** | volver → **vuelto** |

# The present tense

Use the present tense to speak about the present and to talk about the future when you refer to timetables, pre-arranged events, and when you want to present the information as a fact.

## Regular verbs (*-ar*, *-er*, *-ir*)

| | | Comprar (*to buy*) | Vender (*to sell*) | Abrir (*to open*) |
|---|---|---|---|---|
| Singular | yo | compro | vendo | abro |
| | tú | compras | vendes | abres |
| | usted<br>él, ella | compra | vende | abre |
| Plural | nosotros(as) | compramos | vendemos | abrimos |
| | vosotros(as) | compráis | vendéis | abrís |
| | ustedes<br>ellos(as) | compran | venden | abren |

## Stem-changing verbs

| | | Cerrar (e > ie) (*to close*) | Poder (o > ue) (*be able to*) | Pedir (e > i) (*to ask*) |
|---|---|---|---|---|
| Singular | yo | cierro | puedo | pido |
| | tú | cierras | puedes | pides |
| | usted<br>él, ella | cierra | puede | pide |
| Plural | nosotros(as) | cerramos | podemos | pedimos |
| | vosotros(as) | cerráis | podéis | pedís |
| | ustedes<br>ellos(as) | cierran | pueden | piden |

## Verbs with irregular *yo* forms

| | | Hacer (*to make, to do*) | Poner (*to put*) | Traer (*to bring*) | Salir (*to leave*) |
|---|---|---|---|---|---|
| Singular | yo | hago | pongo | traigo | salgo |
| | tú | haces | pones | traes | sales |
| | usted<br>él, ella | hace | pone | trae | sale |
| Plural | nosotros(as) | hacemos | ponemos | traemos | salimos |
| | vosotros(as) | hacéis | ponéis | traéis | salís |
| | ustedes<br>ellos(as) | hacen | ponen | traen | salen |

## Verbs *ser* and *estar*

| **Ser** (*to be*) | | | |
|---|---|---|---|
| **Singular** | | **Plural** | |
| yo | **soy** | nosotros(as) | **somos** |
| tú | **eres** | vosotros(as) | **sois** |
| usted<br>él, ella | **es** | ustedes<br>ellos(as) | **son** |

| **Estar** (*to be*) | | | |
|---|---|---|---|
| **Singular** | | **Plural** | |
| yo | **estoy** | nosotros(as) | **estamos** |
| tú | **estás** | vosotros(as) | **estáis** |
| usted<br>él, ella | **está** | ustedes<br>ellos(as) | **están** |

The verb **ser** is used mainly to identify people, places, and things, and to describe physical characteristics and personality traits: **La señora Flores es mi profesora de Español. Ella es joven y muy inteligente.**

The verb **estar** is used to express feelings and conditions: **Ellos están tristes porque están enfermos.**

## The verb *ir*

| **Ir** (*to go*) | | | |
|---|---|---|---|
| **Singular** | | **Plural** | |
| yo | **voy** | nosotros(as) | **vamos** |
| tú | **vas** | vosotros(as) | **vais** |
| usted<br>él, ella | **va** | ustedes<br>ellos(as) | **van** |

- To say where someone is going, use this structure: **ir a** + place.
- To express intention or future plans, use this structure: **ir a** + infinitive.

## The verb *haber*

To say that someone or something exists or to ask about the existence of something, use the form **hay** (*there is, there are*).

## *Hay que* and *tener que*

To make recommendations and to express obligation, you can use these structures:

**hay que** + infinitive (is used in impersonal expressions and does not change form)
**tener que** + infinitive

### The verb *gustar*

To express likes or dislikes, use the verb *gustar*.

| | Gustar (*to like*) | |
|---|---|---|
| | Singular | Plural |
| (A mí) | me gusta | me gustan |
| (A ti) | te gusta | te gustan |
| (A usted)<br>(A él/a ella) | le gusta | le gustan |
| (A nosotros/as) | nos gusta | nos gustan |
| (A vosotros/as) | os gusta | os gustan |
| (A ustedes)<br>(A ellos/a ellas) | les gusta | les gustan |

### Reflexive verbs

| Peinarse (*to comb one's hair*) | | | |
|---|---|---|---|
| Singular | | Plural | |
| yo | me peino | nosotros(as) | nos peinamos |
| tú | te peinas | vosotros(as) | os peináis |
| usted<br>él, ella | se peina | ustedes<br>ellos(as) | se peinan |

Other reflexive verbs are: acostarse (ue) (*to go to bed*), despertarse (ie) (*to wake up*), dormirse (ue) (*to fall asleep*), levantarse (*to get up*)...

## The present progressive

In Spanish we use the present progressive (**presente continuo**) to talk about actions that are happening at the moment of speaking. The present progressive is formed with **estar** + **gerundio** (present participle).

| Lavar (*to wash*) | | | |
|---|---|---|---|
| Singular | | Plural | |
| yo | estoy lavando | nosotros(as) | estamos lavando |
| tú | estás lavando | vosotros(as) | estáis lavando |
| usted<br>él, ella | está lavando | ustedes<br>ellos(as) | están lavando |

# The preterite tense

We use the preterite tense to talk about actions completed in the past, without mentioning the duration.

## Regular verbs (*-ar*, *-er*, *-ir*)

| | | Comprar (*to buy*) | Comer (*to eat*) | Escribir (*to write*) |
|---|---|---|---|---|
| Singular | yo | **compré** | **comí** | **escribí** |
| | tú | **compraste** | **comiste** | **escribiste** |
| | usted<br>él, ella | **compró** | **comió** | **escribió** |
| Plural | nosotros(as) | **compramos** | **comimos** | **escribimos** |
| | vosotros(as) | **comprasteis** | **comisteis** | **escribisteis** |
| | ustedes<br>ellos(as) | **compraron** | **comieron** | **escribieron** |

Verbs ending in **-car**, **-gar**, and **-zar** require a spelling change in the **yo** form of the preterite tense.

-car → -qué: bus**car** → yo bus**qué**
-gar → -gué: lle**gar** → yo lle**gué**
-zar → -cé: empe**zar** → yo empe**cé**

## Irregular verbs: *ser, ir, decir, tener, estar,* and *hacer*

| | | Ser (*to be*), ir (*to go*) | Decir (*to say*) | Tener (*to have*) | Estar (*to be*) | Hacer (*to make, to do*) |
|---|---|---|---|---|---|---|
| Singular | yo | **fui** | **dije** | **tuve** | **estuve** | **hice** |
| | tú | **fuiste** | **dijiste** | **tuviste** | **estuviste** | **hiciste** |
| | usted<br>él, ella | **fue** | **dijo** | **tuvo** | **estuvo** | **hizo** |
| Plural | nosotros(as) | **fuimos** | **dijimos** | **tuvimos** | **estuvimos** | **hicimos** |
| | vosotros(as) | **fuisteis** | **dijisteis** | **tuvisteis** | **estuvisteis** | **hicisteis** |
| | ustedes<br>ellos(as) | **fueron** | **dijeron** | **tuvieron** | **estuvieron** | **hicieron** |

## Irregular verbs: *pedir* and *dormir*

In Spanish, **-ir** verbs that are **e** > **i** stem-changing in the present tense (**pedir** > **pido**) have the same change in the third person of the preterite tense.

The verbs **dormir** and **morir** are also irregular in the third person (**o** > **u**).

| | | Pedir (to ask) | Dormir (to sleep) |
|---|---|---|---|
| Singular | yo | pedí | dormí |
| | tú | pediste | dormiste |
| | usted él, ella | pidió | durmió |
| Plural | nosotros(as) | pedimos | dormimos |
| | vosotros(as) | pedisteis | dormisteis |
| | ustedes ellos(as) | pidieron | durmieron |

### Irregular verbs: *dar, poder, poner, querer, saber,* and *venir*

| | | Dar (to give) | Poder (to be able) | Poner (to put) | Querer (to want) | Saber (to know) | Venir (to come) |
|---|---|---|---|---|---|---|---|
| Singular | yo | di | pude | puse | quise | supe | vine |
| | tú | diste | pudiste | pusiste | quisiste | supiste | viniste |
| | usted él, ella | dio | pudo | puso | quiso | supo | vino |
| Plural | nosotros(as) | dimos | pudimos | pusimos | quisimos | supimos | vinimos |
| | vosotros(as) | disteis | pudisteis | pusisteis | quisisteis | supisteis | vinisteis |
| | ustedes ellos(as) | dieron | pudieron | pusieron | quisieron | supieron | vinieron |

## The imperfect tense

Use the imperfect tense to talk about habitual actions or actions that happened repeatedly in the past.

### Regular verbs (*-ar, -er, -ir*)

| | | Viajar (to travel) | Volver (to return) | Salir (to leave) |
|---|---|---|---|---|
| Singular | yo | viajaba | volvía | salía |
| | tú | viajabas | volvías | salías |
| | usted él, ella | viajaba | volvía | salía |
| Plural | nosotros(as) | viajábamos | volvíamos | salíamos |
| | vosotros(as) | viajabais | volvíais | salíais |
| | ustedes ellos(as) | viajaban | volvían | salían |

### Irregular verbs

| | | Ser (*to be*) | Ir (*to go*) | Ver (*to see*) |
|---|---|---|---|---|
| Singular | yo | **era** | **iba** | **veía** |
| | tú | **eras** | **ibas** | **veías** |
| | usted<br>él, ella | **era** | **iba** | **veía** |
| Plural | nosotros(as) | **éramos** | **íbamos** | **veíamos** |
| | vosotros(as) | **erais** | **ibais** | **veíais** |
| | ustedes<br>ellos(as) | **eran** | **iban** | **veían** |

## Differences between the past tenses

### The imperfect and the preterite

- The preterite and the imperfect are used frequently in the same sentence to talk about past actions that coincide in time.
- When telling a story in the past, we use both the preterite and the imperfect tenses:
  - Use the preterite to talk about past actions or events that happened in the story.
  - Use the imperfect to describe characters and environment, and, in general, to explain the circumstances surrounding an event.

## The future

You can use the future tense to talk about things that will happen in the future.

### Regular verbs (*-ar, -er, -ir*)

| | | *Entrar (to come in)* | *Comer (to eat)* | *Seguir (to follow)* |
|---|---|---|---|---|
| Singular | yo | **entraré** | **comeré** | **seguiré** |
| | tú | **entrarás** | **comerás** | **seguirás** |
| | usted<br>él, ella | **entrará** | **comerá** | **seguirá** |
| Plural | nosotros(as) | **entraremos** | **comeremos** | **seguiremos** |
| | vosotros(as) | **entraréis** | **comeréis** | **seguiréis** |
| | ustedes<br>ellos(as) | **entrarán** | **comerán** | **seguirán** |

### Irregular verbs

| | |
|---|---|
| poder → podr- | decir → dir- |
| poner → pondr- | hacer → har- |
| salir → saldr- | querer → querr- |
| tener → tendr- | saber → sabr- |
| venir → vendr- | |

## The present subjunctive

We use the subjunctive to express wishes, feelings, emotions, or opinions, to express doubt or uncertainty, and to express value judgments.

### Regular verbs (*-ar, -er, -ir*)

| | | Cantar (*to sing*) | Comer (*to eat*) | Vivir (*to live*) |
|---|---|---|---|---|
| Singular | yo | cante | coma | viva |
| | tú | cantes | comas | vivas |
| | usted<br>él, ella | cante | coma | viva |
| Plural | nosotros(as) | cantemos | comamos | vivamos |
| | vosotros(as) | cantéis | comáis | viváis |
| | ustedes<br>ellos(as) | canten | coman | vivan |

Verbs ending in **-car**, **-gar**, **-zar**, **-ger**, **-gir**, and **-guir** have spelling changes.

-car → -que: sacar → saque, saques…
-gar → -gue: llegar → llegue, llegues…
-zar → -ce: abrazar → abrace, abraces…
-ger, -gir → -ja: dirigir → dirija, dirijas…
-guir → -ga: seguir → siga, sigas…

### Irregular verbs

In general, the present subjunctive is formed from the **yo** form of the present indicative. Therefore, irregular verbs in the **yo** form of the indicative are also irregular in the subjunctive.

yo hago → haga, hagas, haga, hagamos, hagáis, hagan
yo tengo → tenga, tengas, tenga, tengamos, tengáis, tengan

### Stem-changing verbs

| | | Pensar (to think) | Jugar (to play) | Volver (to return) | Pedir (to ask) | Dormir (to sleep) |
|---|---|---|---|---|---|---|
| Singular | yo | piense | juegue | vuelva | pida | duerma |
| | tú | pienses | juegues | vuelvas | pidas | duermas |
| | usted él, ella | piense | juegue | vuelva | pida | duerma |
| Plural | nosotros(as) | pensemos | juguemos | volvamos | pidamos | durmamos |
| | vosotros(as) | penséis | juguéis | volváis | pidáis | durmáis |
| | ustedes ellos(as) | piensen | jueguen | vuelvan | pidan | duerman |

### Irregular verbs: *dar, estar, saber, ser,* and *ir*

| | | Dar (to give) | Estar (to be) | Saber (to know) | Ser (to be) | Ir (to go) |
|---|---|---|---|---|---|---|
| Singular | yo | dé | esté | sepa | sea | vaya |
| | tú | des | estés | sepas | seas | vayas |
| | usted él, ella | dé | esté | sepa | sea | vaya |
| Plural | nosotros(as) | demos | estemos | sepamos | seamos | vayamos |
| | vosotros(as) | deis | estéis | sepáis | seáis | vayáis |
| | ustedes ellos(as) | den | estén | sepan | sean | vayan |

## Affirmative commands

To tell one person or more than one person to do something, you can use an informal or a formal command.

### Regular verbs (*-ar, -er, -ir*)

| | Caminar (to walk) | Comer (to eat) | Escribir (to write) |
|---|---|---|---|
| Singular | camina (tú) | come (tú) | escribe (tú) |
| | camine (usted) | coma (usted) | escriba (usted) |
| Plural | caminad (vosotros(as)) | comed (vosotros(as)) | escribid (vosotros(as)) |
| | caminen (ustedes) | coman (ustedes) | escriban (ustedes) |

### Irregular verbs: *tener, hacer, poner, venir,* and *salir*

| | Tener (*to have*) | Hacer (*to do, to make*) | Poner (*to put*) | Venir (*to come*) | Salir (*to leave*) | |
|---|---|---|---|---|---|---|
| Singular | ten | haz | pon | ven | sal | tú |
| | tenga | haga | ponga | venga | salga | usted |
| Plural | tened | haced | poned | venid | salid | vosotros(as) |
| | tengan | hagan | pongan | vengan | salgan | ustedes |

### Irregular verbs: *ser, decir, ir,* and *dar*

| | Ser (*to be*) | Decir (*to say*) | Ir (*to go*) | Dar (*to give*) | |
|---|---|---|---|---|---|
| Singular | sé | di | ve | da | tú |
| | sea | diga | vaya | dé | usted |
| Plural | sed | decid | id | dad | vosotros(as) |
| | sean | digan | vayan | den | ustedes |

## Negative commands

Use negative commands when telling someone what not to do.

### Regular verbs (*-ar, -er, -ir*)

| | Caminar (*to walk*) | Comer (*to eat*) | Escribir (*to write*) |
|---|---|---|---|
| Singular | no camines (tú) | no comas (tú) | no escribas (tú) |
| | no camine (usted) | no coma (usted) | no escriba (usted) |
| Plural | no caminéis (vosotros(as)) | no comáis (vosotros(as)) | no escribáis (vosotros(as)) |
| | no caminen (ustedes) | no coman (ustedes) | no escriban (ustedes) |

### Irregular verbs: *dar, estar, ir,* and *ser*

| | Dar (*to give*) | Estar (*to be*) | Ir (*to go*) | Ser (*to be*) | |
|---|---|---|---|---|---|
| Singular | no des | no estés | no vayas | no seas | tú |
| | no dé | no esté | no vaya | no sea | usted |
| Plural | no déis | no estéis | no vayáis | no seáis | vosotros(as) |
| | no den | no estén | no vayan | no sean | ustedes |

# GLOSARIO ESPAÑOL-INGLÉS

## A

**a** *to* 21
**a causa de** *because of* 71
**a continuación** *next* 206
**a cuadros** *plaid, checkered* 154
**a la derecha** *to the right* 22
**a la izquierda** *to the left* 22
**a la plancha** *grilled* 216
**a menudo** *often* 301
**a partir de** *from* 95 *based on* 219
**¿A qué te dedicas?** *What do you do for a living?* 378
**a través de** *through* 280
**abierto** *opened* 246
el/la **abogado(a)** *attorney, lawyer* 357
**abrazar** *to hug* 374
el **abrigo** *coat* 140
**abril** *April* 307
**abrir** (irreg.) *to open* 12
el/la **abuelo(a)** *grandfather/grandmother* 36
los **abuelos** *grandparents* 37
**abundante** *abundant* 124
**abundar** *to abound* 71
**aburrido(a)** *boring* 13 *bored* 52
**aburrirse** *to be/to get bored* 14
**acabar** *to end up* 258
los **accesorios** *accessories* 96
el **accidente** *accident* 259
la **acción** *action* 1
el **aceite** *oil* 208
el **aceite de oliva** *olive oil* 267
el **acelerador** *gas pedal* 312
**acelerar** *to accelerate* 312
**aceptar** *to accept* 164
la **acera** *sidewalk* 112
**acerca de** *about* 435
**acercarse** *to move closer* 302
**acompañar** *to go with* 51 *to be served with* 193
el **acontecimiento** *event* 385
el **acordeón** *accordion* 71
**acostarse** (irreg. **ue**) *to go to bed* 16
**acostumbrarse a** *to get used to* 159
la **actitud** *attitude* 425
la **actividad** *activity* 1
**activo(a)** *active* 15
el **actor** *actor* 357
la **actriz** *actress* 356
la **actuación** *performance* 111
**actual** *present* 60
**actualmente** *nowadays* 171
**actuar** *to act* 37 *to appear (in a TV show)* 380
**acudir** *to go* 261
**adecuado(a)** *correct* 83
**¡Adelante!** *Let's go!* 377
**además** *also* 47
**adicto(a)** *addicted* 343
la **adivinanza** *riddle* 209
**adivinar** *to guess* 49
el **adjetivo** *adjective* 1
**administrativo(a)** *administrative* 113
**admirar** *to admire* 59
**adónde** *where* 20
**adornar** *to decorate* 191
el **adorno** *ornament* 95
**adquirir** (irreg. **ie**) *to gain* 367
la **aduana** *customs* 323
**adulto(a)** *adult* 269
el **adverbio** *adverb* 1
la **advertencia** *warning* 263
**aéreo(a)** *air (adjective)* 291
el **aeropuerto** *airport* 20
**afectado(a)** *affected* 421
**afectar** *to affect* 55
**afeitarse** *to shave* 252
la **afición** *hobby* 364
el/la **aficionado(a)** *fan, supporter* 376
la **afirmación** *statement* 67
**afirmativo(a)** *affirmative* 64
**africano(a)** *African* 43
**afroantillano(a)** *Afro-Caribbean* 403
las **afueras** *outskirts* 112
la **agencia de viajes** *travel agency* 296
la **agenda** *appointment book* 349
el/la **agente de viajes** *travel agent* 296
el/la **agente inmobiliario(a)** *realtor* 92
**agosto** *August* 77
**agrícola** *agricultural* 321
el/la **agricultor(a)** *farmer* 356
**agrio(a)** *sour* 216
el **agua** *water* 14
el **agua mineral** *mineral water* 188
el **aguacate** *avocado* 222
las **aguas termales** *hot springs* 59
el **aguayo** *traditional multicolored blanket from Peru and Bolivia* 157
el **águila** *eagle* 424
**ahí** *there* 22
**ahora** *now* 60
**ahorrar energía** *to save energy* 424
el **aire** *air* 20
el **aire acondicionado** *air conditioning* 104
el **aire puro** *fresh air* 20
el **ajo** *garlic* 192
**al** *to the* 8
**al aire libre** *open-air* 165
**al final** *in the end* 136
**al lado de** *beside, next to* 22
**al menos** *at least* 269
**al principio** *at first* 147
el **álamo** *poplar* 206
la **alarma** *alarm* 315
el **álbum** *album* 119
el **alcalde** *mayor* 382
**alcanzar** *to reach* 415
el **alcázar** *fortress* 82
la **aldea** *small village* 403
**alegrar** *to be glad* 366
**alegre** *lively* 42
**alegremente** *happily* 254
la **alegría** *joy* 124
**alejado(a)** *distant* 175
el **alemán** *German (language)* 246
el/la **alemán(a)** *German (nationality)* 46
la **alergia** *allergy* 260
la **alfombra** *rug* 96
**algo** *something* 8
el **algodón** *cotton* 148
**alguien** *someone* 321
**algún, alguno(a)(os)(as)** *a few, any, one, some* 194
la **alimentación** *diet* 271
**alimenticio(a)** *food* 227
el **alimento** *food* 192
**aliviar** *to relieve* 263
**allí** *there* 20
el **alma** *soul* 382
la **almendra** *almond* 195
la **almohada** *pillow* 320
**almorzar** (irreg. **ue**) *to have lunch* 142
el **almuerzo** *lunch* 8
el **alojamiento** *lodging* 319
**alojarse** *to stay (at a hotel, etc.)* 253
la **alpaca** *alpaca* 141
el **alpinismo** *mountain climbing* 372

el/la **alpinista** *mountain climber* 371
**alquilar** *to rent* 394
**alrededor** *around* 23
el **altar** *altar* 191
la **altitud** *altitude* 139
**alto(a)** *tall* 44
la **altura** *height* 45
el/la **alumno(a)** *student* 212
la **amabilidad** *kindness* 425
**amable** *kind* 72
**amado(a)** *loved* 103
el/la **amante** *lover* 428
**amar** *to love* 102
**amargo(a)** *bitter* 216
**amarillo(a)** *yellow* 148
**amazónico(a)** *Amazonian* 295
el **ámbar** *amber* 94
**ambos(as)** *both* 330
**americano(a)** *American* 161
el/la **amigo(a)** *friend* 3
el **amor** *love* 55
**ampliar** *to extend* 227
**analizar** *to analyze* 286
**anaranjado(a)** *orange (in color)* 148
**ancho(a)** *wide* 112 *loose-fitting* 149
**andaluz(a)** *Andalusian* 267
**andar** (irreg.) *to walk* 175
el **andén** *train platform* 304
**andino(a)** *Andean* 141
la **anécdota** *anecdote* 173
el **anfibio** *amphibian* 423
el **anillo** *ring* 140
**animado(a)** *lively* 428
el **animal** *animal* 59
**¡Anímate!** *Go on!* 274
el **anís** *anise* 190
**anoche** *last night* 150
el **anorak** *parka, anorak* 431
**antártico(a)** *Antarctic* 400
**anteayer** *the day before yesterday* 150
**anterior** *previous* 107
**antes de** *before* 38
**antiguamente** *in the past* 176
**antiguo(a)** *old* 35
**antipático(a)** *unpleasant* 4
**anual** *annual* 50
**anunciar** *to advertise* 144
el **anuncio** *advertisement* 92
**añadir** *to add* 206
el **año** *year* 3
el **año que viene** *next year* 410
**años de antigüedad** *years old* 95
el **aparato** *machine* 27
**aparecer** (irreg.) *to appear* 275
el **apartado** *paragraph* 333
el **apartamento** *apartment* 100
el **apellido** *last name, surname* 60
la **apertura** *opening* 376
**aplastado(a)** *flat, crushed* 193
**aplastar** *to crush* 228
**aplicar** *to apply* 195
**aportar** *to contribute* 376
**apoyado(a)** *leaning* 242
**apreciado(a)** *valued* 171
**apreciar** *to see, to notice* 401
**aprender** *to learn* 35
**aprobar** (irreg. **ue**) *to pass* 389
**apropiado(a)** *appropriate* 32
**aproximadamente** *approximately* 347
**aquel, aquella** *that* 2 *that one* 114
**aquello** *that* 114
**aquellos, aquellas** *those* 38
**aquí** *here* 9
**árabe** *Arab* 278
la **araña** *spider* 422
el **árbol** *tree* 20
**arbóreo(a)** *arboreal* 33
el **archipiélago** *archipelago* 175
el **área** *area* 139
la **arepa** *pancake made of corn flour* 331
el **arete** *earring* 140
**argentino(a)** *Argentinean* 373
**argumentar** *to argue* 436
**argumentativo(a)** *discursive* 437
el **argumento** *plot* 385 *argument* 437
el **armario** *wardrobe, closet* 8
el **arpa** *harp* 331
**arqueológico(a)** *archaeological* 147
el/la **arquitecto(a)** *architect* 356
**arquitectónico(a)** *architectural* 401
la **arquitectura** *architecture* 119
**arraigado(a)** *deeply rooted* 176
**arrancar** *to start (a car)* 312
**arreglar** *to fix* 109
**arreglarse** *to get ready* 252
**arriba** *up* 214 *upstairs* 391
**arrojar** *to throw* 295
el **arroz** *rice* 192
**arrugado(a)** *wrinkled* 89
el **arte** *art* 116
la **artesanía** *handicrafts* 154
el/la **artesano(a)** *craftsman/craftswoman* 176
**ártico(a)** *Arctic* 400
el **artículo** *article* 1
**artificial** *artificial* 429
el/la **artista** *artist* 356
**artístico(a)** *artistic* 177
**asado(a)** *roasted* 216
**asar** *to roast* 208
el **ascensor** *elevator* 156
**así** *this way* 89
**así que** *so* 20
el **asiento** *seat* 304
la **asignatura** *(school) subject* 348
**asistir** *to attend* 159
la **asociación** *association* 159
**asociado(a)** *associated* 122
el **aspecto** *(physical) appearance* 74
el **aspecto físico** *appearance* 69
la **aspiradora** *vacuum (cleaner)* 91
la **aspirina** *aspirin* 260
**asustado(a)** *frightened* 391
**asustarse** *to be frightened* 309
**atacar** *to attack* 87
**atareado(a)** *busy* 90
la **atención sanitaria** *health care* 261
**Atentamente.** *Sincerely/Truly yours.* 19
**aterrizar** *to land* 304
el **Atlántico** *Atlantic* 70
**atlético(a)** *athletic* 5
la **atmósfera** *atmosphere* 431
la **atracción** *attraction* 111
**atractivo(a)** *attractive* 381
el **atractivo(a)** *attraction* 119
**atravesado(a)** *crossed* 71
**atravesar** (irreg. **ie**) *to go through* 139
**atrevido(a)** *daring* 68
el **atún** *tuna* 192
el **aula** *classroom* 348
**aullar** *to howl* 277
**aumentar** *to increase* 303
**aunque** *although* 382
**ausente por enfermedad** *out sick* 14
**auténtico(a)** *genuine* 145
el **autobús** *bus* 21
**autóctono(a)** *indigenous* 411
la **autoescuela** *driving school* 312
la **autoevaluación** *self-assessment* 79

el **automóvil** *automobile* 316
**autónomo(a)** *independent* 253
la **autopista** *expressway* 305
**auxiliar** *auxiliary* 62
el/la **auxiliar de vuelo** *flight attendant* 304
**avanzar** *to move forward* 131
el **AVE** *high-speed train* 266
el **ave** *bird* 423
la **avellana** *hazelnut* 195
la **avenida** *avenue* 112
la **aventura** *adventure* 83
el/la **aventurero(a)** *adventurer* 332
el **avión** *airplane* 20
**ayer** *yesterday* 41
**ayer por la noche** *last night* 327
**aymara** *Aymara* 175
la **ayuda** *help* 97
**ayudar** *to help* 69
el **azahar** *orange blossom* 190
**azteca** *Aztec* 201
el **azúcar** *sugar* 208
**azul** *blue* 148
el **azulejo** *tile* 91

## B

la **bachata** *bachata (lively Caribbean dance)* 123
la **bahía** *bay* 400
el/la **bailador(a)** *dancer* 154
**bailar** *to dance* 15
el/la **bailarín(a)** *dancer* 123
el **baile** *dance* 43
**bajar** *to go/come down* 127 *to get off* 311
**bajo(a)** *short* 5
**bajo cero** *below zero* 416
la **balada** *ballad* 103
la **balanza** *scales* 85
el **balcón** *balcony* 88
el **balneario** *spa* 274
el **balón** *ball* 372
el **baloncesto** *basketball* 372
la **balsa** *raft* 294
el **banco** *bench* 112 *bank* 112
la **banda** *band* 160
la **bandeja** *tray* 208
la **bandera** *flag* 2
la **bandurria** *small 12-stringed guitar* 105
**bañarse** *to take a bath* 252 *to go for a swim* 308
la **bañera** *bathtub* 96
el **baño** *bathroom* 8 *restroom* 348
los **baños termales** *hot springs* 431
**barato(a)** *cheap* 164
la **barba** *beard* 44
la **barbilla** *chin* 244
la **barca** *dinghy* 295
el **barco** *ship, boat* 20
el **bardo** *bard* 105
**barrer** *to sweep* 13
la **barrera** *barrier* 436
el **barrio** *neighborhood* 112
el **barro** *mud* 53
**basado(a) en** *based on* 171
**basarse en** *to be based on* 271
la **base** *base* 71
**básico(a)** *basic* 121
**bastante** *quite, enough* 10
la **basura** *garbage* 93
la **bata** *robe* 140
**batir** *to beat* 208
el **bautizo** *baptism, christening* 37
el/la **bebé** *baby* 36
**beber** *to drink* 14
la **bebida** *drink* 1
el **béisbol** *baseball* 372
**beliceño(a)** *Belizean* 70
la **belleza** *beauty* 176
**bello(a)** *beautiful* 433
**beneficiar** *to benefit* 436
el **beso** *kiss* 57
la **biblioteca** *library* 112
el/la **bibliotecario(a)** *librarian* 356
la **bicicleta** *bicycle* 15
**bien** *well* 8
**bienvenido(a)** *welcome* 2
el **bigote** *moustache* 42
el **billete** *bill* 164
la **Biología** *biology (subject)* 348
el/la **biólogo(a)** *biologist* 175
la **biosfera** *biosphere* 71
**blanco(a)** *white* 148
la **blusa** *blouse* 89
la **boca** *mouth* 244
el **bocadillo** *speech bubble* 41
la **boda** *wedding* 179
el **bol** *bowl* 208
el **boletín** *report* 442
el **boleto** *ticket* 20
el **boleto de ida y vuelta** *round-trip ticket* 304
el **boleto sencillo** *one-way ticket* 304
el **bolígrafo** *ballpoint pen* 26
**boliviano(a)** *Bolivian* 160
la **bolsa** *bag* 20
el **bolso** *purse* 140
el/la **bombero(a)** *firefighter* 356
**bonito(a)** *pretty* 4 *nice* 84
**boquense** *from Boca Juniors (a Buenos Aires soccer team)* 376
el **borrador** *draft* 6
el **bosque** *forest* 400
la **bota** *boot* 138
**botánico(a)** *botanic* 411
el **bote** *can* 200
la **botella** *bottle* 200
la **brasa** *ember* 279
el **brazo** *arm* 244
**breve** *brief* 277
**brillante** *bright* 171
la **brisa** *breeze* 280
**británico(a)** *British* 70
la **broma** *joke* 384
**bucear** *to dive* 404
el **buceo** *diving* 428
**buen** *good* 48
**¡Buen provecho!** *Enjoy your meal!* 234
**¡Buena suerte!** *Good luck!* 136
**bueno(a)** *good* 216
**buenos días** *good morning* 2
la **bufanda** *scarf* 140
**buscar** *to look for* 31
la **buseta** *bus* 315

## C

el **caballo** *horse* 424
la **cabeza** *head* 14
**cabezón(a)** *giant-headed* 51
el **cacao** *cacao* 198
el **cacaotero** *cacao tree* 203
**cacaotero(a)** *cacao-growing* 199
el **cacique** *chief* 295
**cada** *each* 32
**caer** (irreg.) *to fall* 246
el **café** *coffee* 10 *café* 112
el **cafetal** *coffee plantation* 329
la **cafetera** *coffee maker/pot* 325
la **cafetería** *cafeteria* 348
**cafetero(a)** *coffee-producing* 318
el **caimán** *alligator* 429
la **caja** *cash register* 164 *box* 200
el/la **cajero(a)** *cashier* 164
el **cajero automático** *ATM* 320
el **calcetín** *sock* 138
**calcular** *to estimate* 429

la **caldera de calefacción** *furnace* 104
el **caldo (de pollo)** *chicken stock* 225
el **calentamiento global** *global warming* 139
**calentar** (irreg. **ie**) *to heat* 108
**cálido(a)** *warm* 149
**caliente** *hot* 216
**calificativo(a)** *qualifying* 281
la **calle** *street, road* 20
**callejero(a)** *street* 51
**calvo(a)** *bald* 44
el **calzado** *footwear* 138
la **cama** *bed* 8
la **cámara** *camera* 34
el **camarón** *shrimp* 192
**cambiar** *to change* 320
**cambiar dinero** *to change money* 320
el **cambio** *change* 142
el **camélido** *camelid* 149
**caminar** *to walk* 21
el **camino** *path, way* 227
el **camión** *bus* 315
la **camisa** *shirt* 98
la **camiseta** *T-shirt* 140
la **campaña** *campaign* 271
el/la **campeón(a)** *champion* 153
**campesino(a)** *peasant* 403
el **camping** *campground* 179
el **campo** *country* 20
**canadiense** *Canadian* 46
el **canal** *canal* 70
la **canasta** *basket* 372
la **canción** *song* 51
el/la **candidato(a)** *candidate* 19
**cansado(a)** *tired* 2
el/la **cantante** *singer* 356
**cantar** *to sing* 15
la **cantidad** *quantity* 10 *amount* 163
la **caña** *cane* 71
el **cañón** *canyon* 400
la **capa** *cape* 105
la **capital** *capital city* 20
el **capítulo** *chapter, episode* 381
**captar la atención** *to attract attention* 433
la **cara** *face* 244
el **carácter** *character (personality)* 124
la **característica** *feature* 124
**característico(a)** *characteristic* 123
el **carbón** *coal* 300
**cargar el lavaplatos** *to load the dishwasher* 88
**caribeño(a)** *Caribbean* 124
el **carnaval** *carnival* 154
la **carne** *meat* 192
la **carne de res** *beef* 192
**carnoso(a)** *fleshy* 195
**caro(a)** *expensive* 164
la **carpeta** *folder* 129
la **carrera** *race* 146
la **carretera** *road, highway* 305
el **carro** *car* 13
la **carta** *menu* 9 *letter* 45
el **cartel** *sign* 12 *poster* 249
la **casa** *home* 8 *house* 88
**casado(a)** *married* 36
**casarse** *to get married* 61
la **cascada** *waterfall* 400
la **cáscara** *peel, rind* 190
el **casco viejo** *old part of town* 401
**casi** *almost* 16
la **casilla** *square* 131
el **caso** *case* 32
el **castellano** *Spanish (language)* 247
el **castillo** *castle* 119
el **catalán** *Catalan (language)* 247
la **catarata** *waterfall* 302
el **catarro** *cold* 260
la **catedral** *cathedral* 115
la **categoría** *category* 274
la **causa** *cause* 332
la **cazuela** *casserole dish* 208
la **cebolla** *onion* 192
la **ceja** *eyebrow* 244
la **celebración** *celebration* 155
**celebrar** *to hold* 83 *to celebrate* 84
**celoso(a)** *jealous* 52
el **celular** *cell phone* 135
el **cementerio** *cemetery* 191
la **cena** *dinner* 129
**cenar** *to have dinner* 159
el **censo** *census* 226
**centígrado(a)** *centigrade* 431
**central** *central* 147
el **centro comercial** *shopping mall* 8
el **centro educativo** *school* 271
**centroamericano(a)** *Central American* 70
**cepillarse** *to brush* 252
el **cepillo** *hairbrush* 252
la **cerámica** *ceramics* 243
**cerca de** *near* 22 *nearly* 422
**cercano(a)** *nearby* 139
el **cerdo** *pork* 192 *pig* 424
los **cereales** *cereals, grains* 192
la **ceremonia** *ceremony* 37
**cerrado(a)** *closed* 115
**cerrar** (irreg. **ie**) *to close* 18
el **cerro** *hill* 162
la **certeza** *certainty* 375
el **césped** *lawn* 91
el **chaleco salvavidas** *life jacket* 304
el **champú** *shampoo* 252
la **chaqueta** *jacket* 99
el **cheque** *check* 320
la **chica** *girl* 36
**chicano** *Chicano* 227
el **chico** *boy* 2
el **chile** *chili* 206
**chileno(a)** *Chilean* 435
la **chimenea** *chimney* 88 *fireplace* 127
el **chino** *Chinese (language)* 285
el **chipá** *type of corn bread containing cheese* 383
el **chiste** *joke* 362
**chocar** *to crash* 316 *to clash* 399
el **chocolate** *chocolate* 198
el **chullo** *Andean woolen cap* 141
el **cielo** *sky* 55
las **Ciencias** *science (subject)* 14
**científico(a)** *scientific* 203
la **cifra** *figure* 269
el **cine** *movie theater* 364
la **cinta** *ribbon* 105
la **cintura** *waist* 244
el **cinturón** *belt* 315
el **cinturón de seguridad** *seat belt* 312
**circular** *circular* 338
las **circunstancias** *circumstances* 323
el/la **cirujano(a)** *surgeon* 356
la **cita** *appointment* 262
la **ciudad** *city* 20
el/la **ciudadano(a)** *citizen* 87
**cívico(a)** *civic* 313
**civil** *civil* 399
la **civilización** *civilization* 174
**claro** *of course* 41
la **clase** *class* 2
la **clase turista** *tourist class* 304
el **clásico** *big game* 345
**clásico(a)** *classical* 280
**clasificar** *classify* 191
**clave** *key* 399
la **clave** *key* 277

el/la **cliente(a)** *client* 12 *customer* 164
el **clima** *climate* 71
la **clínica** *clinic* 260
el **cobre** *copper* 300
**cocer** (irreg. **ue**) *to boil* 208
el **coche** *car* 21
**cocido(a)** *boiled* 216
la **cocina** *kitchen* 8
**cocinar** *to cook* 10
el/la **cocinero(a)** *cook* 356
el **cocodrilo** *crocodile* 424
el **codo** *elbow* 244
la **coincidencia** *coincidence* 159
**coincidir** *to coincide* 279
**colaborar** *to collaborate* 153
la **colección** *collection* 182
**coleccionar cómics** *to collect comic books* 364
el/la **coleccionista** *collector* 101
el **colectivo** *bus* 315
el **colegio mayor** *dorm, dormitory* 253
el **colgante** *pendant* 148
**colgar** (irreg. **ue**) *to hang* 99
el **colibrí** *hummingbird* 324
la **colina** *hill* 400
el **collar** *necklace* 140
el **colmado** *grocery store* 124
**colocar** *to put* 88
**colombiano(a)** *Colombian* 330
la **colonia** *colony* 70
**colonial** *colonial* 80
el **color** *color* 1
los **colores claros** *light colors* 148
los **colores oscuros** *dark colors* 148
el **colorido** *colors, coloring* 124
**colorido(a)** *colorful* 367
la **columna** *column* 40
**combinar** *to combine* 360
**combinar con** *to match* 138
el **comedor** *dining room* 8 *cafeteria* 348
**comentar** *to discuss* 33
el **comentario** *comment* 40
**comenzar** (irreg. **ie**) *to begin* 323
**comer** *to have lunch* 8 *to eat* 14
el **comer** *eating* 271
el **comercio** *trade* 70 *store* 355
**comestible** *edible* 195
la **comida** *food* 1 *meal* 192
**como** *as* 37 *such as* 40 *like* 47
**cómo** *how* 2
**¿Cómo es?** *What's he/she like?* 2
**¿Cómo está(s)?** *How are you?* 2
**¿Cómo te llamas?** *What's your name?* 2
**¿Cómo te sientes/se siente?** *How do you feel?* 240
**cómodo(a)** *comfortable* 8
el/la **compañero(a)** *classmate* 17
la **comparación** *comparison* 29
**comparar** *to compare* 9
la **competición** *competition* 373
**competir** (irreg. **i, i**) *to compete* 372
el **complejo turístico** *tourist development* 403
los **complementos** *accessories* 140
**completar** *to complete* 64
**componer** (irreg.) *to make up* 286
**comprar** *to buy* 12
las **compras** *shopping* 164
**comprender** *to understand* 435
la **comprensión** *comprehension* 73
**comprobar** (irreg. **ue**) *to check* 107
la **computadora** *computer* 6
**común** *common* 71
**comunicarse** *to communicate* 214
la **comunidad** *community* 111
**con** *with* 2 *to* 7
**con claridad** *clearly* 248
**concentrarse** *to concentrate* 262
la **conciencia** *awareness* 429
la **conclusión** *conclusion* 333
la **concordancia** *agreement (in grammar)* 46
el **concurso** *contest* 50
los **condimentos** *seasoning* 208
el **cóndor** *condor* 429
el/la **conductor(a)** *driver* 312
**conectar** *to connect* 70
**confundido(a)** *confused* 52
**confundir** *to confuse* 147
el **congelador** *freezer* 104
la **conjunción** *conjunction* 315
**conmigo** *with me* 168
**conocer** (irreg.) *to know, to be acquainted with* 24
**conocido(a)** *known* 111 *well-known* 123
los **conocimientos** *knowledge* 441
el **conquistador** *conquistador* 201
**conseguir** (irreg. **i, i**) *to get* 166
el **consejo** *advice* 14
**conservado(a)** *preserved* 91
**conservar** *to preserve* 105 *to conserve* 424
**considerar** *to consider* 163
**consistir en** *to involve* 103
la **consonante** *consonant* 46
la **constitución** *constitution* 347
la **construcción** *construction (in grammar)* 22 *building* 91 *construction* 207
**construir** (irreg.) *to build* 403
**consultar** *to look up* 296
**consumir** *to consume* 215
el **consumo** *consumption* 271
el **contacto** *contact* 217
la **contaminación** *pollution* 424
**contaminar** *to pollute* 431
**contar** (irreg. **ue**) *to count* 18 *to tell* 64
**contener** (irreg.) *to contain* 94
el **contenido** *content* 277
**contento(a)** *happy* 56
el **contestador** *answering machine* 168
**contestar** *to answer* 337
**contigo** *with you* 347
**continental** *continental* 288
el **continente** *continent* 400
**continuar** *to continue* 332
**contra** *against* 87
**contrastar** *to compare* 53
el **contraste** *contrast* 433
**contratar** *to hire* 427
la **contribución** *contribution* 278
**controlar** *to control* 112
**convencerse** *to accept it* 384
la **conversación** *conversation* 32
la **conversación telefónica** *telephone conversation* 352
**conversar** *to talk* 124
la **conversión** *conversion* 45
**convertir** (irreg. **ie, i**) *to turn into* 166
el **corazón** *heart* 120
la **corbata** *tie* 140
la **cordillera** *mountain range* 71
el **cordón** *cord* 86
la **corona** *crown* 226
**correctamente** *correctly* 79
**correcto(a)** *correct* 31
**corregir** (irreg. **i, i**) *to correct* 166
**correr** *to run* 146
**corresponder** *to correspond* 64
**correspondiente** *corresponding* 48
**cortar** *to cut* 208
**cortarse las uñas** *to cut one's nails* 252
la **cortina** *curtain* 96

**corto(a)** *short* 42
la **cosa** *thing* 6
la **cosecha** *harvest* 199
la **costa** *coast* 20
**costar** (irreg. **ue**) *to cost* 200
**costarricense** *Costa Rican* 70
la **costumbre** *custom* 97 *habit* 298
**cotidiano(a)** *daily* 425
el **cráneo** *skull* 251
la **creación** *creation* 123
**crear** *to create* 67
**creativo(a)** *creative* 44
la **creencia** *belief* 279
**creer** (irreg.) *to believe* 90
la **crema** *cream* 212 *moisturizing cream* 252
**Creo que...** *I think ...* 344
**cristiano(a)** *Christian* 37
**criticar** *to criticize* 51
el **crucero** *cruise* 20
**crudo(a)** *raw* 209
la **cruz** *cross* 263
**cruzar** *to cross* 20
el **cuaderno** *notebook* 2
la **cuadra** *block* 112
el **cuadrado** *square* 157
**cuadrado(a)** *square* 176
el **cuadro** *box* 73 *painting* 96
**cuál(es)** *which* 33
la **cualidad** *quality* 357
**cuando** *when* 19
**cuando era niño(a)** *when I was a kid* 299
**cuando era pequeño(a)** *when I was little* 298
**cuándo** *when* 47
**cuánto(a)** *how much* 45
**¿Cuánto cuesta?** *How much is it?* 8
**cuántos(as)** *how many* 37
el **cuarto** *room* 92
el **cuarto de baño** *bathroom* 84
el **cuarto de hora** *quarter of an hour* 102
el **cuarto de lavar** *laundry room* 104
**cubano(a)** *Cuban* 122
**cubierto(a)** *covered* 333
el **cubismo** *cubism* 243
**cubista** *cubist* 241
el **cubo** *cube, piece (of diced meat, cheese, etc.)* 228
**cubrir** *to cover* 234
la **cuchara** *spoon* 216
la **cucharada** *spoonful* 190
el **cuchillo** *knife* 216
el **cuello** *neck* 244
la **cuenca** *basin* 419
el **cuento** *story* 35
el **cuerpo** *body* 14
**cuestión de gustos** *a matter of taste* 11
el **cuestionario** *questionnaire* 170
la **cueva** *cave* 221
**¡Cuidado!** *Be careful!* 94
**cuidadosamente** *carefully* 250
**cuidadoso(a)** *careful* 254
**cuidar** *to look after* 274 *to take care of* 424
**cuidarse** *to take care of oneself* 14
la **culpa** *fault* 361
**cultivar** *to grow* 195
el **culto** *cult* 382
la **cultura** *culture* 43
**cultural** *cultural* 70
la **cumbia** *cumbia* 331
el **cumpleaños** *birthday* 60
**cumplir** *to accomplish* 266
la **cuna** *cradle* 174
el **cuñapé** *typical Bolivian bread* 383
**curar** *to cure* 262
**curioso(a)** *odd, peculiar* 201

## D

**Dame..., por favor.** *Would you pass me ..., please?* 188
la **danza** *dance* 71
**dar** (irreg.) *to give* 83
**dar pena** *to be sorry* 366
**darse prisa** *to hurry* 42
**darse un baño** *to go for a swim* 414
el **dato** *piece of information* 48
**de** *of* 1 *in* 16 *about* 33 *from* 36
**de acuerdo** *all right* 292
**de acuerdo con** *according to* 111
**de algodón** *cotton (adjective)* 148
**de color café** *brown* 148
**de compras** *shopping* 8
**de cuadros** *plaid, checkered* 148
**de cuero** *leather (adjective)* 148
**de ladrillo** *brick (adjective)* 88
**de lana** *woolen* 148
**de lunares** *polka dot* 148
**de madera** *wooden* 88
**de niño(a)** *as a child* 298
**de nuevo** *again* 39
**de pequeño(a)** *as a child* 298
**de piedra** *stone (adjective)* 88
**de postre** *for dessert* 8
**de primero** *as an appetizer* 216
**de pronto** *suddenly* 316
**de rayas** *striped* 148
**de repente** *suddenly* 315
**de segundo** *as an entrée* 216
**¿De verdad?** *Really?* 84
**de visita** *on a visit* 203
**debajo de** *under* 22
**deber** *must* 270
**deberse a** *to be due to, to be the result of* 113
**débil** *weak* 14
la **década** *decade* 175
**decidir** *to decide* 153
**decir** (irreg.) *to say* 90
la **decisión** *decision* 362
**declarado(a)** *declared* 91
**declarar** *to declare* 155
la **decoración** *decoration* 118
la **decoración de interiores** *interior design* 9
**decorar** *to decorate* 91
**dedicarse** *to work* 357
el **dedo** *finger, toe* 244
**defender** (irreg. **ie**) *to argue* 436
el/la **defensa** *defender* 376
**defensivo(a)** *defensive* 123
la **definición** *definition* 209
**dejar** *to leave* 337 *to lay* 423
**dejar de** *to stop* 431
**dejar huella en** *to influence* 383
**del** *of the* 1
**delante de** *in front of* 22
**delgado(a)** *thin* 2
**delicioso(a)** *delicious* 216
los/las **demás** *rest* 385
**demasiado** *too (before an adjective)* 194 *too much* 195
**demasiado(a)** *too much* 194
**demasiados(as)** *too many* 194
el **demostrativo** *demonstrative* 114
el/la **dentista** *dentist* 261
**dentro** *inside* 222
**dentro de** *in, inside* 88
el **departamento** *department* 351
**depender** *to depend* 193
el/la **dependiente(a)** *salesclerk* 164
el **deporte** *sport* 1
el/la **deportista** *sportsman/sportswoman* 254
**deprisa** *fast* 337
**derivado(a)** *derived* 199

la **derrota** *defeat* 376
el **desacuerdo** *disagreement* 344
el **desafío** *challenge* 28
**desafortunadamente** *unfortunately* 163
**desaparecer** (irreg.) *to disappear* 431
**desarrollarse** *to develop* 174 *to be set* 390
el **desarrollo** *development* 86
el **desastre** *disaster* 138
**desayunar** *to have breakfast* 10
el **desayuno** *breakfast* 250
**descansar** *to rest* 14
el **descanso** *rest* 255
**descargar el lavaplatos** *to unload the dishwasher* 88
**descender de** (irreg. **ie**) *to be descended from* 43
**descendiente** *descendant* 47
**descifrar** *to decipher* 342
**desconocido(a)** *unknown* 332
**describir** (irreg.) *to describe* 1
la **descripción** *description* 65
**descriptivo(a)** *descriptive* 281
el **descubrimiento** *discovery* 295
**descubrir** (irreg.) *to find out* 246
el **descuento** *discount* 164
**desde** *since* 47 *from* 65
**Desde luego.** *Of course.* 344
**desear** *to wish* 358
el **desenlace** *ending* 385
el **deseo** *wish* 279
el **desfile** *parade* 149
**desgraciadamente** *unfortunately* 404
el **deshielo** *melting* 139
el **desierto** *desert* 401
**designar** *to designate* 382
la **desilusión** *disappointment* 301
**desordenado(a)** *untidy* 89
**despacio** *slowly* 254
la **despedida** *goodbye, farewell* 2
**despedirse** (irreg. **i, i**) *to say goodbye* 166
**despegar** *to take off* 304
la **despensa** *pantry* 88
el **despertador** *alarm clock* 104
**despertarse** (irreg. **ie**) *to wake up* 16
**después** *after* 14 *then* 14 *later* 53
**después de** *after* 8
**destacado(a)** *prominent* 271
**destinar a** *to use for* 305
el **destino** *destination* 21
la **destrucción** *destruction* 332
el **desván** *attic* 88
la **desventaja** *disadvantage* 59
**detallado(a)** *detailed* 275
el **detalle** *detail* 59
el/la **detective** *detective* 34
**determinado(a)** *specific* 165
el/la **detractor(a)** *detractor* 436
**detrás de** *behind* 22
el **día** *day* 14
la **diablada** *Bolivian carnival dance* 155
el **diagrama** *diagram* 45
el **diálogo** *dialogue* 41
la **diapositiva** *slide* 381
**diariamente** *every day* 257
el **diario** *diary* 135 *newspaper* 376
**diario(a)** *daily* 16
**dibujar** *to draw* 283
el **dibujo** *drawing* 91
el **diccionario** *dictionary* 108
**diciembre** *December* 197
el **diente** *tooth* 244
la **dieta** *diet* 193
la **diferencia** *difference* 38
**diferencial** *distinguishing* 287
**diferenciarse** *to be different* 353
**diferente** *different* 5
**difícil** *hard* 5 *difficult* 64
la **dificultad** *problem, difficulty* 300
**difunto(a)** *deceased* 191
el **dinero** *money* 164
el/la **dios(a)** *god/goddess* 53
la **dirección** *address* 67 *direction* 412
**directamente** *directly* 263
**directo(a)** *direct* 98
el/la **director(a)** *principal* 2 *manager* 324 *director* 369
**dirigir** *to lead* 87 *to run* 318
**dirigirse** *to go* 87 *to address* 219
la **discoteca** *nightclub, disco* 368
**Disculpa./Disculpe.** *Excuse me.* 240
**discutir** *to argue* 36
el **diseño** *design* 148
el **disfraz** *costume* 153
**disfrazarse** *to dress up* 154
**disfrutar (de)** *to enjoy* 121
la **distancia** *distance* 65
**distinguir** *to distinguish* 270
**distinto(a)** *different* 10
la **diversidad** *diversity* 47
**diverso(a)** *diverse* 124
**diversos(as)** *several* 243
**divertido(a)** *funny, fun* 32
**divertirse** (irreg. **ie, i**) *to enjoy oneself* 358
**dividir** *to divide* 382
**dividirse en** *to be made up of* 113
**doblar a la derecha/a la izquierda** *to turn right/left* 20
el/la **doctor(a)** *doctor* 261
el **dólar** *dollar* 169
**doler** (irreg. **ue**) *to hurt* 260
el **dolor** *pain, ache* 260
**doméstico(a)** *domestic* 89
el **domicilio** *address* 59
el **domicilio actual** *current address* 60
el **domingo** *Sunday* 13
**dominicano(a)** *Dominican* 80
el **dominó** *dominoes* 124
**don** *title of respect before a man's first name* 82
**donde** *where* 35
**dónde** *where* 20
**dorado(a)** *gold, golden* 148
**dormido(a)** *asleep* 285
**dormir** (irreg. **ue, u**) *to sleep* 25
**dormirse** (irreg. **ue, u**) *to fall asleep* 16
el **dormitorio** *bedroom* 8
la **dosis** *dose* 263
**ducharse** *to take a shower* 252
la **duda** *doubt* 370
**dudar** *to doubt* 370
el/la **dueño(a)** *owner* 121
**dulce** *sweet* 216
los **dulces** *candy* 127
**durante** *during* 111 *for* 119
**durar** *to last* 155
el **durazno** *peach* 195
**duro(a)** *hard* 175

## E

**echar** *to put* 208
**echar gasolina** *to put some gas in* 315
el **eco** *echo* 332
**ecológico(a)** *ecological* 436
la **economía** *economy* 300
**económico(a)** *economic* 201
el **eco-retiro** *eco-retreat* 329
el **ecosistema** *ecosystem* 422
el **ecoturismo** *ecotourism* 59
la **edad** *age* 58

la **Edad Media** *Middle Ages* 105
el **edificio** *building* 89
el **ejemplo** *example* 61
el **ejercicio** *exercise* 270
el **ejercicio físico** *physical exercise* 269
**el** *the* 2
**él** *he* 4
la **elaboración** *manufacture* 176
**elaborar** *to make* 176 *to prepare* 274
**eléctrico(a)** *electrical* 105
los **electrodomésticos** *appliances* 104
el **elefante** *elephant* 424
**elegante** *elegant* 141
**elegir** (irreg. **i, i**) *to choose* 37
el **elemento** *element* 43
**elevado(a)** *high* 159
**ella** *she* 4
**ellos(as)** *they* 4
**embarazada** *pregnant* 263
**emblemático(a)** *emblematic* 435
el **embrague** *clutch* 312
el/la **emigrante** *emigrant* 383
**emocionado(a)** *excited* 52
**emocionante** *exciting* 30
el **emoticono** *emoticon, smiley* 53
**empanado(a)** *breaded* 216
**empatar** *to tie* 372
**empedrado(a)** *stone-paved* 123
el **emperador** *emperor* 201
**empezar** (irreg. **ie**) *to begin* 18
el/la **empleado(a)** *employee* 312
**emplear** *to use* 105 *to employ* 278
la **empresa** *company* 278
**en** *in* 3 *at* 5 *on* 13 *by* 20 *into* 320
**En absoluto.** *Not at all.* 344
**en calma** *calm* 280
**en cambio** *on the other hand* 382
**en contra** *against* 437
**en desarrollo** *on-going* 314
**en el centro** *downtown* 112
**en favor** *in favor* 271
**en general** *in general* 61
**en la actualidad** *currently* 367
**en las afueras** *on the outskirts* 112
**en media hora** *in half an hour* 410
**en mi opinión…** *in my opinion …* 344
**en particular** *in particular* 175
**¿En serio?** *Are you serious?* 84
**en torno a** *around* 91
**en un rato** *in a while* 410
**en venta** *for sale* 100
**enamorado(a)** *in love* 52
**enamorarse de** *to fall in love with* 318
el/la **enano(a)** *dwarf* 51
**Encantado(a).** *How do you do?, Nice to meet you.* 2
**encantar** *to love* 366
el/la **encargado(a)** *person in charge* 427
**encender** (irreg. **ie**) *to light* 279
la **enchilada** *filled tortilla baked in chili sauce* 224
la **enciclopedia** *encyclopedia* 291
el **encierro** *running of the bulls* 241
**encima de** *on, on top of* 22
**encontrar** (irreg. **ue**) *to find* 30
**encontrarse** (irreg. **ue**) *to meet* 43 *to be* 175 *to feel* 240
la **encuesta** *survey* 37
**energético(a)** *energy (adjective)* 201
**enfadado(a)** *angry* 391
**enfermar** *to get sick* 268
la **enfermedad** *illness* 14
la **enfermería** *nurse's office* 14
el/la **enfermero(a)** *nurse* 14
**enfermo(a)** *ill, sick* 14
el **enigma** *enigma* 172
**enmarcar** *to frame* 280
**enojado(a)** *angry* 52
**enojarse** *to get angry* 77
**enorme** *huge* 34
la **ensalada** *salad* 9
la **ensaladilla** *Russian salad* 9
**enseñar** *to show* 97 *to teach* 312
**entender** (irreg. **ie**) *to understand* 18
**entonces** *then* 69
la **entrada** *entry* 429
el **entrante** *appetizer* 231
**entrar** *to go/come in* 114
**entre** *between* 38 *among* 71
la **entrega** *giving* 108
el/la **entrenador(a)** *coach* 372
**entrenar** *to train* 377
**entretenido(a)** *entertaining* 329
la **entrevista** *interview* 63
**entrevistar** *to interview* 63
**envasar** *to pack, to package* 263
el **envase** *container* 200 *pack* 263
**enviar** *to send* 40
**envolver** (irreg.) *to wrap* 332
la **época** *age* 215
el/la **equeco(a)** *traditional aymara doll* 175
**equilibrado(a)** *balanced* 193
el **equilibrio** *balance* 436
el **equipaje** *luggage* 20
el **equipaje de mano** *carry-on luggage* 304
el **equipo** *team* 19
el **equipo de música** *stereo* 104
**equivalente** *equivalent* 350
**equivaler** (irreg.) *to be equivalent* 313
**equivocado(a)** *wrong* 249
**equivocarse de…** *to get the wrong …* 329
**errado(a)** *wrong* 274
el **error** *error, mistake* 196
la **erupción** *eruption* 416
**Es cierto.** *That's true.* 344
**Es cierto que…** *It's true that …* 374
**Es evidente que…** *Obviously …* 374
**Es imposible que…** *He/She/It can't possibly …* 374
**Es posible que…** *Possibly …* 374
**Es probable que…** *Probably …* 374
**Es que…** *I'd love to but …* 292
**Es verdad.** *That's true.* 344
**Es verdad que…** *It's true that …* 374
la **escala** *stopover* 304
la **escalera** *stairs* 13
las **escaleras mecánicas** *escalator* 156
**escapar(se)** *to get away* 43
la **escena** *scene* 117
el **escenario** *stage* 379
el **escepticismo** *skepticism* 399
el/la **esclavo(a)** *slave* 43
**escoger** *to choose* 359
**escolar** *school (adjective)* 403
**escondido(a)** *hidden* 239
**escribir** (irreg.) *to write* 13
**escrito** *written* 246
el/la **escritor(a)** *writer* 384
**escuchar** *to listen* 14
el **escudo** *coat of arms* 162
la **escuela** *school* 112
la **escultura** *sculpture* 280
**ese, esa** *that (one) (at a distance)* 114
la **esencia** *essence* 425
**esencial** *essential* 124

el **eslogan** *slogan* 205
el **esmalte (de uñas)** *nail polish* 252
la **esmeralda** *emerald* 295
**eso** *that* 114
**esos, esas** *those (ones) (at a distance)* 114
los **espaguetis** *spaghetti* 233
la **espalda** *back* 244
el **Español** *Spanish (subject)* 2
el **español** *Spanish (language)* 38
**español(a)** *Spanish (nationality)* 46
la **especia** *spice* 215
**especial** *special* 124
la **especialidad** *specialty* 223
**especialmente** *especially* 245
las **especies en peligro de extinción** *endangered species* 424
**específico(a)** *specific* 125
**espectacular** *spectacular* 118
el **espectáculo** *show* 160 *entertainment* 364
el/la **espectador(a)** *spectator, viewer* 280
el **espejo** *mirror* 96
**esperar** *to wait* 45
el/la **espía** *spy* 385
las **espinacas** *spinach* 192
el **espionaje** *espionage* 384
**espontáneo(a)** *spontaneous* 44
el/la **esposo(a)** *husband/wife* 36
el **esquema** *diagram* 73
el **esquí** *skiing* 372
**esquiar** *to ski* 375
la **esquina** *corner* 112
los **esquís** *skis* 372
**esta mañana** *this morning* 410
**esta noche** *tonight* 410
**Está nublado.** *It's cloudy.* 416
**esta tarde** *this afternoon* 410
**establecido(a)** *fixed* 311
el **establecimiento** *establishment* 156
la **estación de autobuses** *bus station* 296
la **estación de tren** *train station* 304
**estacionar** *to park* 312
la **estadística** *statistics* 269
el **estado** *state* 21
el **estado civil** *marital status* 36
el **estado de ánimo** *emotional state* 52
los **estados de ánimo** *emotions* 52
**estadounidense** *American* 153
la **estancia** *stay* 121
el **estante** *shelf* 96
la **estantería** *bookcase* 9
**estar** (irreg.) *to be* 1
**estar agrupado(a)** *to be grouped* 139
**estar casado(a)** *to be married* 36
**estar de acuerdo con** *to agree with* 144
**estar de moda** *to be in style* 164
**estar en forma** *to be in shape* 268
**estar en oferta** *to be on sale* 164
**estar sano(a)** *to be healthy* 268
**estar soltero(a)** *to be single* 36
el **este** *east* 408
**este, esta** *this (one)* 114
el **estilo** *style* 91
**Estimado(a)...** *Dear ...* 19
**esto** *this* 114
el **estómago** *stomach* 14
**estornudar** *to sneeze* 260
**estos, estas** *these* 114
**Estoy de acuerdo.** *I agree.* 344
**Estoy seguro(a) de que...** *I'm sure ...* 374
la **estrategia** *strategy* 73
**estrechar la mano** *to shake hands* 245
**estrecho(a)** *narrow* 70
la **estrella** *star* 345
la **estructura** *structure* 73
el/la **estudiante** *student* 2
el/la **estudiante universitario(a)** *university student* 105
**estudiantil** *student (adjective)* 251
**estudiar** *to study* 54
los **estudios** *studies* 347
**estudioso(a)** *studious* 44
la **estufa** *stove* 104
**¡Estupendo!** *Great!, Good idea!* 292
**estupendo(a)** *wonderful* 414
la **etapa** *stage* 394
la **etiqueta** *tag, label* 164
**étnico(a)** *ethnic* 43
la **etnografía** *ethnography* 176
**europeo(a)** *European* 47
el **evento** *event* 322
**evitar** *to avoid* 263
**exacto** *precisely* 221
**excelente** *excellent* 199
**excepcional** *exceptional* 175
**exclusivamente** *exclusively* 263
la **excursión** *excursion* 296
la **excusa** *excuse* 264
la **exhibición** *exhibition* 111
la **existencia** *existence* 22
**existir** *to exist* 167
el **éxito** *success* 365
el/la **exjugador(a)** *former player* 376
la **expansión** *expansion* 399
la **expedición** *expedition* 87
la **experiencia** *experience* 135
el **experimento** *experiment* 407
el/la **experto(a)** *expert* 159
la **explicación** *explanation* 322
**explicar** *to explain* 277
el/la **explorador(a)** *explorer* 87
**explorar** *to explore* 308
**explotar** *to exploit, to work* 163
**exportador(a)** *exporting* 319
**exportar** *to export* 321
**expresar** *to express* 1
la **expresión** *expression* 84
**extendido(a)** *spread out* 72 *common* 331
la **extensión** *extension* 434
**extenso(a)** *large* 382
**extinguirse** *to become extinct* 429
el **extracto** *extract* 235
**extraño(a)** *strange* 84
**extraordinario(a)** *extraordinary* 308
el **extremo** *end* 434

## F

**fabricar** *to manufacture* 141
la **fachada** *front* 89
**fácil** *easy* 86
**facilitar** *to make easy* 436
**fácilmente** *easily* 254
el **factor** *factor* 435
la **factura** *bill* 320
**facturar el equipaje** *to check luggage* 20
la **falda** *skirt* 141
**fallar** *to fail, to decrease* 277
**falso(a)** *false* 48
**faltar** *to be missing* 65
la **familia** *family* 36
el/la **familiar** *relative* 37
**familiar** *family (adjective)* 28
**famoso(a)** *famous* 31
**fantástico(a)** *fantastic* 92
la **farmacia** *drugstore* 156
el **faro** *headlight* 312

## G

## H



## I

## J



## K



## L

**ligero(a)** *light* 233 *thin* 280
**limitar con** *to border on* 70
el **limón** *lemon* 145
**limpiar** *to clean* 91
la **limpieza** *cleaning* 253
**limpio(a)** *clean* 89
**lindo(a)** *pretty, lovely* 57
la **línea** *line* 69
la **línea férrea** *railroad track* 305
**lingüístico(a)** *linguistic* 47
**líquido(a)** *liquid* 191
**liso(a)** *plain* 148
la **lista** *list* 48
la **lista de la compra** *shopping list* 200
**listo(a)** *ready* 14
**literario(a)** *literary* 55
la **Literatura** *literature (subject)* 348
la **litografía** *lithograph* 243
el **litro** *liter* 200
la **llama** *llama* 137
**llamar** *to call* 13
**llamarse** *to be called* 315
la **llanura** *plain* 435
la **llave** *key* 320
la **llegada** *arrival* 30
**llegar** *to arrive* 21
**llenar** *to fill* 203
**lleno(a)** *full* 89
**llevar** *to wear* 9 *to carry* 26 *to bring* 87 *to contain* 190 *to take* 208
**llevar gafas** *to wear glasses* 44
**llevar razón** *to be right* 344
**llevarse** *to take away* 301
**llevarse bien/mal** *to get along well/badly* 36
**llover** (irreg. **ue**) *to rain* 416
la **lluvia** *rain* 416
**lo** *it* 21
**lo que** *what* 20
el **lobo** *wolf* 424
**local** *local* 64
la **localización** *location* 338
**localizar** *to locate, to find* 266
**loco(a)** *crazy* 259
**lógico(a)** *logical* 77
la **logística** *logistics* 399
**lograr hacer** *to manage to make* 325
la **longitud** *length* 139
**los, las** *the* 1
la **lucha** *fight, battle* 277
**luchar** *to fight* 207
**luego** *then* 48 *later* 410
el **lugar** *place* 1
el **lugar de nacimiento** *birthplace* 60
la **luna** *moon* 72
el **lunes** *Monday* 253
la **luz** *light* 97

## M

la **madre** *mother* 36
la **madrina** *godmother* 36
**maduro(a)** *ripe* 228
**mágico(a)** *magic* 34
**magnífico(a)** *magnificent* 308
el **maíz** *corn* 53
**mal** *ill* 14 *badly* 37
el **mal de altura** *mountain sickness* 159
la **maleta** *suitcase* 20
**malo(a)** *bad* 216
la **mamá** *mother, mom* 38
el **mambo** *mambo* 124
la **manada** *pack (of wolves)* 277
**mandar** *to send* 118
el **mandato** *order, command* 218
**manejar** *to drive* 312
la **manera** *way* 21
el **manglar** *mangrove swamp* 71
la **manifestación artística** *art form* 177
la **mano** *hand* 244
el **mantel** *tablecloth* 216
**mantenerse** (irreg.) *to keep* 218 *to stay* 376
**mantenerse sano(a)** *to stay healthy* 268
la **mantequilla** *butter* 192
el **manual** *manual* 310
la **manzana** *apple* 8
**mañana** *tomorrow* 67
la **mañana** *morning* 16
**mañana por la noche** *tomorrow night* 391
el **mapa** *map* 296
el **maquillaje** *makeup* 252
**maquillarse** *to put makeup on* 252
la **máquina** *machine* 318
el **mar** *sea* 400
las **maracas** *maracas* 331
el **maratón** *marathon* 181
la **maravilla** *marvel, wonder* 404
**maravilloso(a)** *wonderful, marvelous* 50
el **marcador** *marker* 150
**marcar** *to mark* 407
la **marcha** *gear* 310
la **marcha atrás** *reverse* 310
**marcharse** *to leave* 363
el **marco** *setting* 385
**mareado(a)** *dizzy* 302
**marearse** *to feel dizzy* 303
el **mariachi** *mariachi* 103
la **marimba** *marimba* 71
la **marina** *navy* 87
el/la **marinero(a)** *sailor* 367
**marino(a)** *sea (adjective), marine* 404
la **mariposa monarca** *monarch butterfly* 429
el **marisco** *shellfish* 192
**marrón** *brown* 43
el **martes** *Tuesday* 349
**marzo** *March* 316
**más** *more* 32 *so* 42
**más allá** *further* 280
**más de** *more than* 95
**más tarde** *later* 160
la **máscara** *mask* 155
la **mascota** *pet* 424
**masculino(a)** *masculine* 38
**matar** *to kill* 422
las **Matemáticas** *mathematics (subject)* 348
el **material** *material* 126
**matriculado(a)** *registered* 349
**matrimonial** *wedding (adjective)* 176
**máximo(a)** *top, highest* 55
**maya** *Mayan* 30
**mayo** *May* 60
la **mayonesa** *mayonnaise* 208
**mayor** *old* 2 *older* 67
el/la **mayor** *biggest* 122
la **mayor parte** *most, largest part* 278
la **mayoría** *majority* 47
**me** *myself* 16 *(to) me* 106
**me/le/nos encanta…** *I/he/we love …* 84
**¿Me ayuda(s)?** *Can you help me?* 240
**¿Me da(s)…?** *Can I borrow …?* 188
**Me parece (muy) bien/mal** *I think it's a (very) good/bad idea* 84
**¿Me pasa(s)…?** *Can you pass me …?* 188
el/la **mecánico(a)** *mechanic* 356
el **medicamento** *medicine (drug)* 14
la **Medicina** *medicine (science)* 357

el/la **médico(a)** *doctor* 260
la **medida** *measurement* 45
el **medio ambiente** *environment* 424
el **medio de transporte** *means of transportation* 291
**medioambiental** *environmental* 429
**medir** (irreg. **i, i**) *to measure* 18
**meditar** *to meditate* 268
**mediterráneo** *Mediterranean* 266
la **mejilla** *cheek* 244
**mejor** *better* 8
el/la **mejor** *best* 21
**mejorar** *to improve* 381
**melancólico(a)** *melancholic* 125
**mellizo(a)** *twin* 47
el **melón** *melon* 192
**memorable** *memorable* 405
la **memoria** *memory* 122
**mencionar** *to mention* 116
**menor** *less* 271
**menos** *less* 54
el **mensaje** *message* 66
el **mensaje de correo** *e-mail message* 57
**mentir** (irreg. **ie, i**) *to lie* 90
el **menú del día** *specials (on a menu)* 216
el **mercadillo** *street market* 165
el **mercado** *market* 139
las **mercancías** *merchandise* 157
el **merengue** *merengue* 123
la **mermelada** *jam* 200
el **mes que viene** *next month* 410
la **mesa** *table* 8
el/la **mesero(a)** *waiter/waitress* 216
la **mesita de noche** *nightstand* 96
el **mestizaje** *mixed race group* 71
**mestizo(a)** *of mixed ancestry* 47
la **metáfora** *metaphor* 281
**meteorológico(a)** *weather (adjective)* 416
**meter** *to put in* 203
el **método** *method* 205
**métrico(a)** *metric* 45
el **metro** *subway* 21 *meter* 45
**metropolitano(a)** *metropolitan* 355
**mexicano(a)** *Mexican* 226
la **mezcla** *mixture* 71
**mezclar** *to mix* 208
**mi, mis** *my* 2
**¡miau!** *meow!* 427
el **microondas** *microwave* 104
el **miedo** *fear* 3
**mientras** *while* 223
el **miércoles** *Wednesday* 349
**milenario(a)** *ancient* 176
la **milla** *mile* 45
el **millón** *million* 47
la **mina** *mine* 162
el **mineral** *mineral* 163
**minero(a)** *mining* 163
el **minuto** *minute* 102
**mío(a)(os)(as)** *mine* 38
la **mirada** *gaze* 280
el **mirador** *viewpoint* 370
**mirar** *to look* 135 *to look at* 306
la **misión** *mission* 31
**mismo(a)** *same* 150
los **misquitos** *Miskitos* 71
el **misterio** *mystery* 332
**misterioso(a)** *mysterious* 342
la **mitad** *half* 406
**mítico(a)** *mythical* 295
el **mito** *myth* 332
la **mochila** *backpack* 2
el **modelo** *model (example)* 3
el/la **modelo** *model (person)* 281
**moderado(a)** *moderate* 269
el **Modernismo** *modernism* 55
**modernista** *modernist* 55 *Art Nouveau* 401
**moderno(a)** *modern* 149
el **modo** *way* 175 *mood (in grammar)* 358
el **mole** *typical Mexican chili sauce* 214
**moler** (irreg. **ue**) *to crush* 228 *to grind* 325
**molestar** *to bother, to upset* 362
el **momento** *moment* 255
el **monasterio** *monastery* 276
la **moneda** *coin* 164
el **monje** *monk* 147
el **mono** *monkey* 424
la **montaña** *mountain* 400
el/la **montañero(a)** *mountain climber* 371
**montañoso(a)** *mountainous* 70
**montar** *to ride* 58
**montar a caballo** *to ride a horse* 364
**montar en monopatín** *to ride a skateboard* 364
el **monte** *mount* 403
la **montera** *typical Andean hat* 171
el **monumento** *monument* 91
**morado(a)** *purple* 148
la **morenada** *Bolivian carnival dance* 155
**moreno(a)** *brunet/brunette* 2
**morir** (irreg.) *to die* 90
**morirse** (irreg.) *to die* 166
el **mosquito** *mosquito* 83
la **mostaza** *mustard* 208
el **mostrador de información** *information desk* 20
**mostrar** (irreg. **ue**) *to show* 101
el **motivo** *motif* 157 *reason* 384
la **moto** *bike* 357
la **motocicleta** *motorcycle* 357
el **motor** *engine* 312
el **movimiento** *movement* 24 *transit* 297
la **muchacha** *girl* 280
**muchachos** *guys (form of address)* 198
**muchas veces** *many times* 16
**mucho** *a lot, much* 10
**mucho(a)** *a lot of* 194
**Mucho gusto.** *Pleased to meet you.* 2
**muchos(as)** *many* 194
los **muebles** *furniture* 96
la **muela** *tooth (molar)* 261
**muerto(a)** *dead* 134
la **muestra** *sign* 157
la **mujer** *woman* 2
**multicolor** *multicolored* 176
**múltiple** *multiple* 157
**mundial** *worldwide* 330
el **mundo** *world* 45
**municipal** *municipal, public* 378
la **muñeca** *wrist* 244
el/la **muñeco(a)** *doll* 51
el **museo** *museum* 20
la **música** *music* 14
**musical** *musical* 111
el **musical** *musical* 407
el/la **músico(a)** *musician* 31
**muy** *very* 2

## N

**nacer** (irreg.) *to be born* 135
**nacional** *national* 29
la **nacionalidad** *nationality* 46
**nada** *not at all* 10 *nothing* 34 *anything (in questions)* 422
**nadar** *to swim* 15
**nadie** *nobody* 25
**náhuatl** *Nahuatl* 71
la **naranja** *orange* 190

## O



## P

el **reportaje fotográfico** *illustrated feature* 239
el/la **reportero(a)** *reporter* 316
el/la **representante** *exponent* 55
**representar** *to perform* 41 *to represent* 51
**representativo(a)** *representative* 123
la **reproducción** *reproduction* 247
el **reptil** *reptile* 423
el **requisito** *requirement* 351
el **rescate** *ransom* 87
la **reserva** *reserve* 71 *reservation* 306
**reservar** *to book* 27
el **resfriado** *cold* 14
la **residencia** *residence* 253
la **resina** *resin* 95
**resolver** (irreg.) *to solve* 69
**respecto a** *regarding* 269
**respetar** *to respect* 313
el **respeto** *respect* 219
**respetuoso(a)** *respectful* 313
**respirar** *to breathe* 159
**responder** *to answer* 62
**responsable** *responsible* 351
la **respuesta** *answer* 32
el **restaurante** *restaurant* 216
el **resto** *rest* 212
el **resultado** *result* 93
**resultar** *to seem* 123
el **resumen** *summary* 69
el **reto** *challenge* 381
el **retraso** *delay* 304
el **retrato** *portrait* 87
**reunirse** *to meet* 239
la **revista** *magazine* 156
la **revolución** *revolution* 207
el **rey** *king* 249
**rico(a)** *rich* 43 *delicious* 273
la **rima** *rhyme* 69
el **rincón** *corner* 72
el **río** *river* 400
**rioplatense** *from River Plate* 383
la **riqueza** *richness* 71
la **risa** *laugh* 55
el **ritmo** *rhythm* 71
el **rito** *rite* 279
**ritual** *ritual* 176
la **rivalidad** *rivalry* 373
el **roble** *oak* 20
la **roca** *rock* 120
**rodeado(a)** *surrounded* 433
la **rodilla** *knee* 244
**rojo(a)** *red* 148
los **romanos** *Romans* 279
**romper** (irreg.) *to break* 94
la **ropa** *clothes* 1
la **ropa de caballero** *menswear* 144
la **ropa deportiva** *sportswear* 182
**rosado(a)** *pink* 148
el **rostro** *face* 41
la **rotación** *rotation* 407
**roto(a)** *broken* 246
**rubio(a)** *blond(e)* 44
la **rueda** *wheel* 312
el **ruido** *noise* 315
las **ruinas** *ruins* 72
el **rumano** *Romanian (language)* 279
la **ruta** *route* 199
la **rutina** *routine* 16

## S

el **sábado** *Saturday* 8
**saber** (irreg.) *to know* 24
el **sabor** *taste* 179
**saborear** *to taste* 15
**sacar** *to take out* 93 *to take* 145 *to get* 272
**sacar dinero** *to take out money* 320
**sacudir el polvo** *to dust* 88
**sagrado(a)** *holy* 72
la **sal** *salt* 208
la **sala** *living room* 88 *room* 253
la **sala de computación** *computer lab* 348
**salado(a)** *salty* 216
la **salida** *exit* 65 *access* 174
**salir** (irreg.) *to go out* 121 *to come out* 161 *to leave* 296
el **salmón** *salmon* 192
el **salón** *living room* 391
el **salón de clase** *classroom* 3
la **salsa** *salsa* 123 *sauce* 187
la **salsa de tomate** *tomato sauce* 208
**saltar** *to jump* 279
el **salto de agua** *waterfall* 303
la **salud** *health* 260
**saludable** *healthy* 1
**saludar** *to greet* 245
**saludarse** *to greet each other* 245
el **saludo** *greeting* 1
**salvadoreño(a)** *Salvadoran* 70
**salvaje** *wild* 424
**salvar** *to save* 429
la **samba** *samba* 407
el **sancocho** *soup of beef, vegetables and green bananas* 323
la **sandalia** *sandal* 140
la **sandía** *watermelon* 192
el **sándwich** *sandwich* 9
**sanitario(a)** *health (adjective)* 261
**sano(a)** *healthy* 196
el **saqueo** *looting* 332
la **sartén** *frying pan* 208
**se** *himself, herself, itself, themselves* 16
el **secador** *hair dryer* 252
la **secadora** *clothes dryer* 104
**secar** *to dry* 103
**secarse** *to dry (one's hands, face, hair)* 252
la **sección** *department* 170 *section* 183
**seco(a)** *dry* 435
el/la **secretario(a)** *secretary* 360
el **secreto** *secret* 214
**secreto(a)** *secret* 189
la **secuencia** *sequence* 385
**secundario(a)** *secondary* 66
la **sed** *thirst* 3
la **sede** *seat (venue)* 174
**seguir** (irreg. **i, i**) *to follow* 14 *to keep* 375
**seguir recto** *to keep walking straight ahead* 20
**seguir una dieta equilibrada** *to have a balanced diet* 268
**según** *according to* 53 *depending on* 278
**según se dice…** *apparently …* 422
**segundo(a)** *second* 61
el **segundo plato** *entrée* 222
**seguramente** *probably* 351
**seguro(a)** *sure* 317
**seleccionar** *to select* 59
**sellado(a)** *sealed* 382
la **selva** *jungle* 400
el **semáforo** *stoplight* 112
la **semana** *week* 19
la **semana pasada** *last week* 143
la **semana que viene** *next week* 109
**sembrar** (irreg. **ie**) *to plant* 199
la **semejanza** *similarity* 38
la **semilla** *seed* 195
**sencillamente** *simply* 384
el **senderismo** *hiking* 372
el/la **senderista** *hiker* 371

**sentado(a)** *sitting* 114
**sentarse** (irreg. **ie**) *to sit* 127
el **sentido** *direction* 407
**sentimental** *sentimental* 365
el **sentimiento** *feeling* 50
**sentir** (irreg. **ie, i**) *to feel* 90 *to be sorry* 366
**sentirse** (irreg. **ie, i**) *to feel* 166
la **señal** *sign* 112 *signal* 311 *tone (on phone)* 361
la **señal de pare** *stop sign* 112
el **señor** *gentleman* 9 *Mr.* 37 *man* 46
la **señora** *Mrs.* 4 *lady* 6 *madam* 112
**separado(a)** *apart* 248
**septiembre** *September* 40
**séptimo(a)** *seventh* 70
la **sequía** *drought* 424
**ser** (irreg.) *to be* 1
la **serenata** *serenade* 83
la **serie** *series* 343
**serio(a)** *serious* 44
la **serpiente** *snake* 34
el **servicio** *service* 112
la **servilleta** *napkin* 216
**servir** (irreg. **i, i**) *to serve* 18
**si** *if* 34 *whether* 36
**sí** *yes* 13
**Sí, claro.** *Yes, of course.* 344
**siempre** *always* 5
la **siesta** *siesta, nap* 255
el **siglo** *century* 43
el **significado** *meaning* 322
**significar** *to mean* 71
**siguiente** *following* 14
la **silla** *chair* 8
el **sillón** *armchair* 96
la **silueta** *silhouette, outline* 41
**simbólico(a)** *symbolic* 37
el **símbolo** *symbol* 251
**similar** *similar* 35
**simpático(a)** *nice* 2
**simplemente** *simply* 315
**sin** *without* 70
**sin embargo** *however* 219
**sincero(a)** *sincere* 44
**singular** *singular* 202
**sino** *but* 319
el **síntoma** *symptom* 1
**sísmico(a)** *seismic* 419
el **sistema** *system* 45
el **sitio** *place* 266
la **situación** *situation* 141 *location* 174
**situado(a)** *located* 70
**situar** *to place* 227
**situarse** *to be located* 419
**sobre** *about* 31 *above* 89 *on* 94
**sobre todo** *mainly* 367
el/la **sobrino(a)** *nephew/niece* 36
**sociable** *sociable* 124
**social** *social* 51
la **sociedad** *society* 383
la **sociedad protectora de animales** *society for the prevention of cruelty to animals* 361
el/la **socorrista** *lifeguard* 356
el **sofá** *sofa* 96
**sofisticado(a)** *sophisticated* 171
el **sol** *sun* 25
**solar** *sun (adjective)* 25
**sólido(a)** *solid* 191
**solo** *only* 14
**solo(a)** *alone, on one's own* 19 *single* 245
**soltero(a)** *single* 36
la **solución** *solution* 283
el **sombrero** *hat* 140
el **sombrero hongo** *derby* 175
**sonar** *to sound* 331
la **sonatina** *sonatina* 55
el **sonido** *noise* 316 *sound* 331
la **sonrisa** *smile* 19
la **sopa** *soup* 186
la **sopa de letras** *wordsearch* 279
**soportar** *to stand, to bear* 362
el **sorbete** *sorbet* 137
**sorprendente** *surprising* 153
**sorprender** *to surprise* 366
**sorprenderse** *to be surprised* 311
**sorprendido(a)** *surprised* 52
la **sorpresa** *surprise* 82
el **sorteo** *draw* 274
**soso(a)** *tasteless* 216
el **sótano** *basement* 88
**su, sus** *his, her, its, their* 8
**suave** *soft* 146 *mild* 257 *gentle* 280
**subir** *to go up* 13 *to climb* 159 *to get on* 303 *to get in* 315 *to rise* 442
**subjetivo(a)** *subjective* 281
el **subjuntivo** *subjunctive* 358
las **subvenciones** *subsidies* 277
**sucio(a)** *dirty* 89
la **sudadera** *sweatshirt* 140
**sudar** *to sweat* 252
**suroeste** *southwest* 408
**suelen/sueles...** *they/you usually ...* 13
el **sueño** *sleepiness* 3 *dream* 118
la **suerte** *luck* 228
el **suéter** *sweater* 140
**sufrir** *to suffer* 159
la **sugerencia** *suggestion* 203
**sugerir** (irreg. **ie, i**) *to suggest* 220
la **superficie** *surface* 407 *area* 428
el **superlativo** *superlative* 54
el **supermercado** *supermarket* 156
**suponer** (irreg.) *to constitute* 376
el **sur** *south* 408
el **sureste** *southeast* 408
el **surf** *surfing* 404
el **suroeste** *southwest* 408
el **suspiro** *sigh* 55
**sustentar** *to support* 177
el **susto** *fright* 361
**suyo(a)** *his, her, your, their* 38
el/la **suyo(a)** *his, hers, yours, theirs* 225

## T

el **tabasco** *tabasco* 198
la **tabla** *table* 51
el **tablero** *board* 131
**tacaño(a)** *stingy* 44
el **taco** *taco* 187
el **talento** *talent* 369
la **talla** *size* 148
**tallado(a)** *sculpted* 251
**también** *also* 3
el **tambor** *drum* 71
**tampoco** *neither, not ... either* 99
**tan** *as* 54 *so* 97
el **tango** *tango* 362
el **tanque de gasolina** *gas tank* 312
**tanto(a)** *so much* 322
**tanto como** *as much as* 54
**tantos(as)** *so many* 35
**tapar** *to cover* 122
el **tapón** *plug* 436
**tardar** *to take (time)* 422
**tarde** *late* 17
la **tarde** *afternoon* 160
la **tarea** *task* 33 *chore* 88 *homework* 129
la **tarifa** *price* 296
la **tarjeta de crédito** *credit card* 164
la **tarjeta de embarque** *boarding pass* 304
el **tarro** *jar* 200
el **taxi** *taxi* 110
la **taza** *cup* 190

**te** *yourself* 16 *(to) you (informal)* 106
el **té** *tea* 145
**Te toca a ti.** *It's your turn.* 375
el **teatro** *theater* 116
el/la **técnico(a) informático(a)** *computer technician* 356
el **tejado** *roof* 88
el **tejido** *fabric* 171
**tejido(a)** *knitted* 157
el/la **telefonista** *operator* 356
el **teléfono** *telephone* 13
la **telenovela** *soap opera* 343
la **televisión** *television* 13
el **televisor** *television set* 8
el **tema** *theme* 105 *topic* 274
**temblar** (irreg. **ie**) *to tremble, shake* 277
la **temperatura** *temperature* 416
la **temporada** *season* 271
**temporal** *time (adjective)* 150
**temprano** *early* 17
el **tenedor** *fork* 216
**tener** (irreg.) *to have* 3
**tener barba** *to have a beard* 44
**tener bigote** *to have a moustache* 42
**tener cuidado** *to be careful* 254
**tener hambre** *to be hungry* 211
**tener náuseas** *to feel sick/nauseous* 159
**tener sed** *to be thirsty* 211
**tener sueño** *to be sleepy* 2
el **tenis** *tennis* 372
los **tenis** *tennis shoes* 9
la **teoría** *theory* 53
**tercer(o)(a)** *third* 163
las **termas** *hot springs* 415
la **terminación** *ending* 90
**terminar** *to end, to finish* 46
el **termómetro** *thermometer* 416
la **terraza** *terrace* 324
el **terremoto** *earthquake* 416
el **terreno** *plot of land* 407
**terrestre** *land (adjective)* 174
**terrible** *terrible* 316
el **territorio** *territory* 71
la **tesis** *thesis* 437
el **tesoro** *treasure* 203
**textil** *textile (adjective)* 171
el **textil** *textile* 157
el **texto** *text* 47
la **tía** *aunt* 4
el **tiempo** *time* 47 *tense* 162 *weather* 211
el **tiempo libre** *leisure time* 1
la **tienda** *store* 12
la **tienda de alimentación** *grocery store* 121
la **tienda de artesanía** *handicrafts store* 156
la **tienda de bisutería** *costume jewelry store* 156
la **tienda de comestibles** *grocery store* 112
la **tienda de deportes** *sports store* 156
la **tienda de disfraces** *costume shop* 156
la **tienda de música** *music store* 156
la **tienda de regalos** *gift shop* 156
la **tienda de ropa** *clothing store* 156
**Tienes razón.** *You're right.* 344
la **tierra** *land* 71
la **Tierra** *Earth* 407
**tierra adentro** *inland* 224
las **tijeras** *scissors* 252
**tímido(a)** *shy* 5
el **tío** *uncle* 4
**típico(a)** *typical* 8
el **tipo** *kind, type* 111
la **tira cómica** *comic strip* 315
**tirar** *to throw* 313
la **tirolina** *zip line* 59
**titularse** *to be titled* 281
el **título** *title* 249
la **toalla** *towel* 320
el **tobillo** *ankle* 244
**tocar** *to touch* 15 *to play* 68
**tocar a la puerta** *to knock on the door* 152
**tocar la guitarra** *to play the guitar* 364
**todavía** *yet* 14 *still* 139
**todo** *everything* 25
**todo(a)** *entire, whole* 21 *all* 109
**todos(as)** *every, all* 7 *all of* 12 *everyone* 13
**todos los días** *every day* 16
**tomar** *to take (medicine, photo, drink, taxi)* 14 *to take, to seize* 291
**tomar apuntes** *to take notes* 348
**tomar el sol** *to sunbathe* 364
el **tomate** *tomato* 192
la **tontería** *silly thing* 384
la **tormenta** *storm* 416
el **tornado** *tornado* 416
el **torneo** *tournament* 376
el **toro** *bull* 258
la **torre** *tower* 266
la **torta** *cake* 220 *pancake* 331
la **tortilla** *tortilla* 193 *omelet* 193
la **tortuga marina** *turtle* 422
la **tos** *cough* 15
**toser** *to cough* 260
**tostar** (irreg. **ue**) *to roast* 325
**total** *total* 183
**totalmente** *totally* 43
**trabajador(a)** *hardworking* 44
**trabajar** *to work* 7
la **tradición** *tradition* 72
**tradicional** *traditional* 72
**traducir** (irreg.) *to translate* 384
**traer** (irreg.) *to bring* 24
el **tráfico** *traffic* 112
el **traje** *suit* 140
el **traje de baño** *swimsuit* 140
la **tranquilidad** *calm, peace* 425
**tranquilo(a)** *calm* 52
**Tranquilo(a).** *Don't you worry.* 50
**transcurrir** *to take place* 390
**transformar** *to change* 107
**transformarse en** *to become* 90
**transportar** *to carry* 176
el **transporte** *transportation* 1
el **tratado** *treaty* 70
la **travesía** *journey* 42
el **tren** *train* 304
el **trigo** *wheat* 193
**triple** *triple* 324
**triste** *sad* 52
**triunfar** *to triumph* 174
**tropical** *tropical* 71
el **trozo** *piece* 206
**tú** *you* 2
**tu, tus** *your* 21
la **tuna** *musical group made up of university students* 102
el **túnel** *tunnel* 215
el **tuno** *university student who is a member of a tuna* 102
el **turismo** *tourism* 25
el **turismo a pie** *sightseeing (walking)* 20
el **turismo rural** *rural tourism* 319
el/la **turista** *tourist* 257
**turístico(a)** *tourist (adjective)* 119
**turquesa** *turquoise* 124
**tuyo(a)** *your* 38
el/la **tuyo(a)** *yours* 62

## U

la **ubicación** *location* 409
**último(a)** *last* 150
**un, una** *a, an* 6
**Un abrazo.** *Best wishes, Love, (in letters)* 5
**¡Un momento!** *Just a minute!* 377
**Un saludo.** *Best wishes.* 45
el **uncu** *traditional Andean garment* 176
**único(a)** *only* 77 *unique* 101
la **unidad** *unit* 28
la **unión** *union* 382
**unir** *to unite* 436
la **universidad** *university* 102
**uno(a)** *one* 11
**unos(as)** *some* 6
**urbanístico(a)** *urban* 113
las **urgencias** *emergency* 261
**uruguayo(a)** *Uruguayan* 357
**usar** *to use* 15
el **uso** *use* 194
**usted** *you* 4
**ustedes** *you* 4
el **utensilio** *utensil* 208
**útil** *useful* 32
**utilizar** *to use* 55
la **uva** *grape* 192

## V

la **vaca** *cow* 424
las **vacaciones** *vacation* 25
**vaciar** *to empty* 332
**vacío(a)** *empty* 121
la **vacuna** *vaccine* 339
**vacunarse** *to get vaccinated* 339
**vago(a)** *vague* 55
el **vagón** *car (of a train)* 304
la **vainilla** *vanilla* 212
**valer** (irreg.) *to cost* 167
**valioso(a)** *valuable* 167
el **valle** *valley* 400
el **vallenato** *Colombian popular dance* 331
el **valor** *value* 177
la **valoración** *judgment* 374
el **vals** *waltz* 331
**variado(a)** *varied* 171
la **variedad** *variety* 59
**varios(as)** *several* 7
el **vasco** *Basque (language)* 279
el **vaso** *glass* 216
el/la **vecino(a)** *neighbor* 124
la **vegetación** *vegetation* 71
**vegetal** *vegetable (adjective)* 176
**vegetariano(a)** *vegetarian* 193
la **vela** *candle* 191
la **velocidad** *speed* 335
**vencer** (irreg.) *to win* 153 *to beat* 376
la **venda** *bandage* 260
el/la **vendedor(a)** *seller* 12 *salesperson* 351
**vender** *to sell* 12
**venezolano(a)** *Venezuelan* 303
**venir** (irreg.) *to come* 21
la **ventaja** *advantage* 59
la **ventana** *window* 86
la **ventanilla** *window* 312
**ver** (irreg.) *to see, to watch* 15
el **veraneo** *summer vacation* 280
el **verano** *summer* 9
**verbal** *verbal* 181
el **verbo** *verb* 1
la **verdad** *truth* 45
**... ¿verdad?** *... isn't it?/don't you?/etc.* 84
**verdadero(a)** *true* 153
**verde** *green* 148
la **verdura** *vegetable* 192
la **versión** *version* 247
el **verso** *line (of poetry)* 69
el **vestido** *dress* 8
la **vestimenta** *clothing* 176
**vestir** (irreg. **i, i**) *to dress* 18
**vestirse** (irreg. **i, i**) *to get dressed* 16
el/la **veterinario(a)** *veterinarian* 354
la **vía** *means* 227 *train track* 304
**viajar** *to travel* 20
el **viaje** *trip* 20 *journey* 59
el/la **viajero(a)** *traveler* 296
la **victoria** *win* 153
la **vicuña** *vicuña* 176
la **vida** *life* 37
el **video** *video* 27
el **videojuego** *videogame* 14
**viejo(a)** *old* 49
el **viernes** *Friday* 253
el **vinagre** *vinegar* 208
el **violín** *violin* 71
**virgen** *virgin (adjective)* 433
el **virreinato** *viceroyalty* 227
el **visado** *visa* 339
la **visión global** *overall view* 435
la **visita** *visit* 211
el/la **visitante** *visitor* 111
**visitar** *to visit* 296
la **vista** *view* 319
**vital** *vital* 376
la **vitamina** *vitamin* 266
**vivir** *to live* 8
el **vocabulario** *vocabulary* 1
la **vocal** *vowel* 90
el **volante** *steering wheel* 312
**volar** (irreg. **ue**) *to fly* 18
el **volcán** *volcano* 35
**volcánico(a)** *volcanic* 35
el **voleibol** *volleyball* 372
el **volumen** *volume* 303
el/la **voluntario(a)** *volunteer* 159
**volver** (irreg.) *to return* 18 *to come back* 19
**vosotros(as)** *you* 4
la **votación** *voting* 69
la **voz** *voice* 357
el **vuelo** *flight* 297
el **vuelo directo** *direct flight* 304
la **vuelta** *turn* 302
**vuestro(a)** *your* 38
el/la **vuestro(a)** *yours* 38

## Y

**y** *and* 1
**ya** *now* 129 *already* 146
**ya no** *not any more* 14
el **yacimiento** *deposit* 95
la **yema** *yolk* 190
**yo** *I* 2
el **yogur** *yogurt* 192
la **yuca** *cassava* 331

## Z

la **zanahoria** *carrot* 192
la **zapatería** *shoe store* 156
la **zapatilla** *slipper* 140
el **zapato** *shoe* 8
la **zona** *zone* 35
el **zoológico** *zoo* 112

## A

**a, an** *un, una* 6
**a few** *algún, alguno(a)(os)(as)* 194
**a lot** *mucho* 10 *un montón* 68
**a lot of** *mucho(a)* 194
**a matter of taste** *cuestión de gustos* 11
to **abound** *abundar* 71
**about** *sobre* 31 *de* 33 *acerca de* 435
**above** *sobre* 89
**abundant** *abundante* 124
to **accelerate** *acelerar* 312
to **accept** *aceptar* 164
to **accept it** *convencerse (irreg.)* 384
**access** *la salida* 174
**accessories** *los accesorios* 96 *los complementos* 140
**accident** *el accidente* 259
to **accomplish** *cumplir* 266
**according to** *según* 53 *de acuerdo con* 111
**accordion** *el acordeón* 71
**ache** *el dolor* 260
to **act** *actuar* 37
**acting** *la interpretación* 357
**action** *la acción* 1
**active** *activo(a)* 15
**activity** *la actividad* 1
**actor** *el actor* 357
**actress** *la actriz* 356
to **add** *añadir* 206
**addicted** *adicto(a)* 343
**address** *el domicilio* 59 *la dirección* 67
to **address** *dirigirse* 219
**adjective** *el adjetivo* 1
**administrative** *administrativo(a)* 113
to **admire** *admirar* 59
**adult** *adulto(a)* 269
**advantage** *la ventaja* 59
**adventure** *la aventura* 83
**adventure novel** *la novela de aventuras* 166
**adventurer** *el/la aventurero(a)* 332
**adverb** *el adverbio* 1
to **advertise** *anunciar* 144
**advertisement** *el anuncio* 92
**advice** *el consejo* 14
to **affect** *afectar* 55
**affected** *afectado(a)* 421
**affirmative** *afirmativo(a)* 64
**African** *africano(a)* 43
**Afro-Caribbean** *afroantillano(a)* 403
**after** *después de* 8
**afternoon** *la tarde* 160
**again** *de nuevo* 39
**against** *contra* 87 *en contra* 437
**age** *la edad* 58 *la época* 215
**agency** *el instituto* 269
**... ago** *hace...* 134
to **agree with** *estar de acuerdo con* 144
**agreement** (in grammar) *la concordancia* 46
**agricultural** *agrícola* 321
**air** *el aire* 20
**air** (adjective) *aéreo(a)* 291
**air conditioning** *el aire acondicionado* 104
**airplane** *el avión* 20
**airport** *el aeropuerto* 20
**aisle** *el pasillo* 304
**alarm** *la alarma* 315
**alarm clock** *el despertador* 104
**album** *el álbum* 119
**all** *todos(as)* 7 *todo(a)* 109
**all of** *todos(as)* 12
**all right** *de acuerdo* 292
**allergy** *la alergia* 260
**alligator** *el caimán* 429
to **allow** *permitir* 426
**almond** *la almendra* 195
**almost** *casi* 16
**alone** *solo(a)* 19
**along** *por* 25
**alpaca** *la alpaca* 141
**already** *ya* 146
**also** *también* 3 *además* 47
**altar** *el altar* 191
**although** *aunque* 382
**altitude** *la altitud* 139
**always** *siempre* 5
**Amazonian** *amazónico(a)* 295
**amber** *el ámbar* 94
**American** *americano(a)* 161 *estadounidense* 153
**among** *entre* 71
**amount** *la cantidad* 163
**amphibian** *el anfibio* 423
to **analyze** *analizar* 286
**ancient** *milenario(a)* 176
**and** *y* 1
**Andalusian** *andaluz(a)* 267
**Andean** *andino(a)* 141
**anecdote** *la anécdota* 173
**angry** *enojado(a)* 52 *enfadado(a)* 391
**animal** *el animal* 59
**anise** *el anís* 190
**ankle** *el tobillo* 244
**announcement** *la proclama* 382
**annual** *anual* 50
**anorak** *el anorak* 431
**another** *otro(a)* 51
**answer** *la respuesta* 32
to **answer** *responder* 62 *contestar* 337
**answering machine** *el contestador* 168
**Antarctic** *antártico(a)* 400
**any** *algún, alguno(a)(os)(as)* 194
**anything** (in questions) *nada* 422
**apart** *separado(a)* 248
**apartment** *el apartamento* 100
**apparently ...** *según se dice...* 422
to **appear** *aparecer (irreg.)* 275 *actuar* 380
**appearance** (physical) *el aspecto físico* 69 *el aspecto* 74
**appetizer** *el primer plato* 214 *el entrante* 231
**apple** *la manzana* 8
**appliances** *los electrodomésticos* 104
to **apply** *aplicar* 195
**appointment** *la cita* 262
**appointment book** *la agenda* 349
**appropriate** *apropiado(a)* 32
**approximately** *aproximadamente* 347
**April** *abril* 307
**Arab** *árabe* 278
**arboreal** (adjective) *arbóreo(a)* 33
**archaeological** *arqueológico(a)* 147
**archipelago** *el archipiélago* 175
**architect** *el/la arquitecto(a)* 356
**architectural** *arquitectónico(a)* 401
**architecture** *la arquitectura* 119
**Arctic** *ártico(a)* 400
**(the) Arctic Ocean** *el océano Glacial Ártico* 400
**Are you serious?** *¿En serio?* 84
**area** *el área* 139 *la superficie* 428
**Argentinean** *argentino(a)* 373
to **argue** *discutir* 36 *argumentar, defender (irreg. ie)* 436

**argument** *el argumento* 437
**arm** *el brazo* 244
**armchair** *el sillón* 96
**around** *por* 12 *alrededor* 23 *en torno a* 91
**arrival** *la llegada* 30
to **arrive** *llegar* 21
**art** *el arte* 116
**art form** *la manifestación artística* 177
**art gallery** *la galería de arte* 428
**article** *el artículo* 1
**artificial** *artificial* 429
**artist** *el/la artista* 356
**artistic** *artístico(a)* 177
**as** *como* 37 *tan* 54
**as a child** *de niño(a), de pequeño(a)* 298
**as an appetizer** *de primero* 216
**as an entrée** *de segundo* 216
**as much as** *tanto como* 54
to **ask** *preguntar* 37
to **ask for** *pedir (irreg. i, i)* 18
**asleep** *dormido(a)* 285
**aspirin** *la aspirina* 260
**associated** *asociado(a)* 122
**association** *la asociación* 159
**at** *en* 5
**at first** *al principio* 147
**at least** *al menos* 269
**at night** *por la noche* 160
**athletic** *atlético(a)* 5
**(the) Atlantic** *el Atlántico* 70
**ATM** *el cajero automático* 320
**atmosphere** *la atmósfera* 431
to **attack** *atacar* 93
to **attend** *asistir* 159
**attic** *el desván* 88
**attitude** *la actitud* 425
**attorney** *el/la abogado(a)* 357
to **attract attention** *captar la atención* 433
**attraction** *la atracción* 111 *el atractivo* 119
**attractive** *atractivo(a)* 381
**August** *agosto* 77
**aunt** *la tía* 4
**automobile** *el automóvil* 316
**autumn** *el otoño* 20
**auxiliary** *auxiliar* 62
**avenue** *la avenida* 112
**avocado** *el aguacate* 222
to **avoid** *evitar* 263
**award** *el galardón* 174
to **award** *otorgar* 174
**awareness** *la conciencia* 429
**Aymara** *aymara* 175
**Aztec** *azteca* 201

## B

**baby** *el/la bebé* 36
**back** *la espalda* 244
**backpack** *la mochila* 2
**bad** *malo(a)* 216
**badly** *mal* 37
**bag** *la bolsa* 20
**baker** *el/la panadero(a)* 190
**balance** *el equilibrio* 436
**balanced** *equilibrado(a)* 193
**balcony** *el balcón* 88
**bald** *calvo(a)* 44
**ball** *el balón, la pelota* 372
**ballad** *la balada* 103
**ballpoint pen** *el bolígrafo* 26
**banana** *el plátano* 212
**band** *la banda* 160
**bandage** *la venda* 260
**bank** *el banco* 112
**baptism** *el bautizo* 37
**bard** *el bardo* 105
to **bargain** *regatear* 165
**barrier** *la barrera* 436
**base** *la base* 71
**baseball** *el béisbol* 372
**based on** *basado(a) en* 171 *a partir de* 219
**basement** *el sótano* 88
**basic** *básico(a)* 121 *fundamental* 209
**basin** *la cuenca* 419
**basket** *la canasta* 372
**basketball** *el baloncesto* 372
**basketball game** *el partido de baloncesto* 14
**Basque** (language) *el vasco* 279
**bathroom** *el baño* 8 *el cuarto de baño* 84
**bathtub** *la bañera* 96
**battle** *la lucha* 277
**bay** *la bahía* 400
to **be** *estar (irreg.), ser (irreg.)* 1 *encontrarse (irreg. ue)* 175
to **be able** *poder (irreg. ue, u)* 18
to **be acquainted with** *conocer (irreg.)* 24
to **be based on** *basarse en* 271
to **be bored** *aburrirse* 14
to **be born** *nacer (irreg.)* 135
to **be called** *llamarse* 315
to **be careful** *tener cuidado* 254
**Be careful!** ¡*Cuidado!* 94
to **be descended from** *descender de (irreg. ie)* 43
to **be different** *diferenciarse* 353
to **be due to** *deberse a* 113
to **be equivalent** *equivaler (irreg.)* 313
to **be frightened** *asustarse* 309
to **be glad** *alegrar* 366
to **be grouped** *estar agrupado(a)* 139
to **be healthy** *estar sano(a)* 268
to **be hungry** *tener hambre* 211
to **be in shape** *estar en forma* 268
to **be in style** *estar de moda* 164
to **be left** *quedar* 321
to **be located** *situarse* 419
to **be made up of** *dividirse en* 113
to **be married** *estar casado(a)* 36
to **be missing** *faltar* 65
to **be on sale** *estar en oferta* 164
to **be right** *llevar razón* 344
to **be served with** *acompañar* 193
to **be set** *desarrollarse* 390
to **be single** *estar soltero(a)* 36
to **be sleepy** *tener sueño* 2
to **be sorry** *sentir (irreg. ie, i)* 366
to **be surprised** *sorprenderse* 311
to **be the result of** *deberse a* 113
to **be thirsty** *tener sed* 211
to **be titled** *titularse* 281
to **be too big** *quedar grande* 164
to **be too small** *quedar pequeño(a)* 164
to **be worried** *preocuparse* 58
**beach** *la playa* 25
**bean** *el frijol* 192
**bear** *el oso* 424
to **bear** *soportar* 362
**beard** *la barba* 44
to **beat** *batir* 208 *vencer (irreg.)* 376
**beautiful** *precioso(a)* 67 *hermoso(a)* 123 *bello(a)* 433
**beauty** *la belleza* 176
**because** *porque* 4
**because of** *por* 14 *a causa de* 71
to **become** *transformarse en* 90
to **become extinct** *extinguirse* 429
**bed** *la cama* 8
**bedroom** *el dormitorio* 8
**beef** *la carne de res* 192
**before** *antes de* 38

to **begin** *empezar (irreg. ie)* 18 *comenzar (irreg. ie)* 323
**beginning** *el principio* 367
**behind** *detrás de* 22
**belief** *la creencia* 279
to **believe** *creer (irreg.)* 90
**Belizean** *beliceño(a)* 70
to **belong** *pertenecer (irreg.)* 87
**below zero** *bajo cero* 416
**belt** *el cinturón* 315
**bench** *el banco* 112
to **benefit** *beneficiar* 436
**beside** *al lado de* 22
**best** *el/la mejor* 21
**Best wishes,** *Un abrazo.* 5 *Un saludo.* 45
**better** *mejor* 8
**between** *entre* 38
**bicycle** *la bicicleta* 15
**big** *grande* 7 *gran* 20
**big game** *el clásico* 345
**biggest** *el/la mayor* 122
**bike** *la moto* 357
**bill** *el billete* 164 *la factura* 320
**biologist** *el/la biólogo(a)* 175
**biology** (subject) *la Biología* 348
**biosphere** *la biosfera* 71
**bird** *el pájaro* 22 *el ave* 423
**birthday** *el cumpleaños* 60
**birthplace** *el lugar de nacimiento* 60
**bitter** *amargo(a)* 216
**black** *negro(a)* 148
**block** *la cuadra* 112
**blond(e)** *rubio(a)* 44
**blouse** *la blusa* 89
**blue** *azul* 148
**board** *el tablero* 131
**boarding pass** *la tarjeta de embarque* 304
**boat** *el barco* 20 *la lancha* 423
**body** *el cuerpo* 14
to **boil** *cocer (irreg. ue), hervir (irreg. ie, i)* 208
**boiled** *cocido(a), hervido(a)* 216
**Bolivian** *boliviano(a)* 160
**bonfire** *la hoguera* 279
**book** *el libro* 2
to **book** *reservar* 27
**bookcase** *la estantería* 9
**bookstore** *la librería* 156
**boot** *la bota* 138
**border** *la frontera* 382
to **border on** *limitar con* 70
**bored** *(estar) aburrido(a)* 52
**boring** *(ser) aburrido(a)* 13
**botanic** *botánico(a)* 411
**both** *ambos(as)* 330
to **bother** *molestar* 362
**bottle** *la botella* 200
**bottom** *el fondo* 301
**bowl** *el bol* 208
**box** *el cuadro* 73 *la caja* 200
**boy** *el chico* 2
**boyfriend** *el novio* 57
**bracelet** *la pulsera* 140
**brake** *el freno* 312
to **brake** *frenar* 312
**bread** *el pan* 192
**breaded** *empanado(a)* 216
to **break** *romper (irreg.)* 94
**breakfast** *el desayuno* 250
to **breathe** *respirar* 159
**breeze** *la brisa* 280
**brick** (adjective) *de ladrillo* 88
**brief** *breve* 277
**bright** *brillante* 171
to **bring** *traer (irreg.)* 24 *llevar* 87
**British** *británico(a)* 70
**brochure** *el folleto* 296
**broken** *roto(a)* 246
**brother** *el hermano* 36
**brown** *marrón* 43 *de color café* 148
**brunet/brunette** *moreno(a)* 2
to **brush** *cepillarse* 252
**budget** *el presupuesto* 365
to **build** *construir (irreg.)* 403
**building** *el edificio* 89 *la construcción* 91
**bull** *el toro* 258
**bullring** *la plaza de toros* 259
to **burn** *incendiar* 87
**bus** *el autobús* 21 *la buseta, el camión, el colectivo, la guagua* 315
**bus station** *la estación de autobuses* 296
**bus stop** *la parada de autobús* 296
**busy** *atareado(a)* 90 *ocupado(a)* 109
**but** *pero* 2 *sino* 319
**butter** *la mantequilla* 192
to **buy** *comprar* 12
**by** *en* 20 *por* 40 *junto a* 145
**by turns** *por turnos* 87

## C

**cacao** *el cacao* 198
**cacao tree** *el cacaotero* 203
**cacao-growing** *cacaotero(a)* 199
**café** *el café* 112
**cafeteria** *la cafetería, el comedor* 348
**cake** *el pastel* 211 *la torta* 220
to **call** *llamar* 13
**calm** (adjective) *tranquilo(a)* 52 *en calma* 280
**calm** *la tranquilidad* 425
**camelid** *el camélido* 149
**camera** *la cámara* 34
**campground** *el camping* 179
**can** *la lata, el bote* 200
**can** *poder (irreg. ue, u)* 18
**Can I borrow ...?** *¿Me da(s)...? ¿Puede(s) darme...?* 188
**Can you help me?** *¿Me ayuda(s)?* 240 *¿Puede(s) ayudarme?* 240
**Can you pass me ...?** *¿Me pasas...?* 188 *¿Puedes pasarme...?* 188
**Canadian** *canadiense* 46
**canal** *el canal* 70
**candidate** *el/la candidato(a)* 19
**candle** *la vela* 191
**candy** *los dulces* 127
**cane** *la caña* 71
**canyon** *el cañón* 400
**cap** *la gorra* 140 *el gorro* 141
**cape** *la capa* 105
**capital city** *la capital* 20
**car** *el carro* 13 *el coche* 21
**car** (of a train) *el vagón* 304
**careful** *cuidadoso(a)* 254 *prudente* 313
**carefully** *cuidadosamente* 250
**Caribbean** *caribeño(a)* 124
**carnival** *el carnaval* 154
**carrot** *la zanahoria* 192
to **carry** *llevar* 26 *transportar* 176
**carry-on luggage** *el equipaje de mano* 304
to **carry out** *realizar* 245
**case** *el caso* 32
**cash register** *la caja* 164
**cashier** *el/la cajero(a)* 164
**cassava** *la yuca* 331
**casserole dish** *la cazuela* 208
**castle** *el castillo* 119
**casual** *informal* 182
**cat** *el gato* 52

## D

**decision** *la decisión* 362
to **declare** *declarar* 155
**declared** *declarado(a)* 91
to **decorate** *decorar* 91 *adornar* 191
**decoration** *la decoración* 118
to **decrease** *fallar* 277
**deep** *profundo(a)* 35 *intenso(a)* 124
**deeply rooted** *arraigado(a)* 176
**defeat** *la derrota* 376
**defender** *el/la defensa* 376
**defensive** *defensivo(a)* 123
**definition** *la definición* 209
**degree** *el grado* 416
**delay** *el retraso* 304
**delicious** *delicioso(a)* 216 *rico(a)* 273
**demonstrative** *el demostrativo* 114
**dentist** *el/la dentista* 261
**department** *la sección* 170 *el departamento* 351
**department store** *los grandes almacenes* 144
to **depend** *depender* 193
**depending on** *según* 278
**deposit** *el yacimiento* 95
**derby** *el sombrero hongo* 175
**derived** *derivado(a)* 199
**descendant** *descendiente* 47
to **describe** *describir (irreg.)* 1
**description** *la descripción* 65
**descriptive** *descriptivo(a)* 281
**desert** *el desierto* 401
**design** *el diseño* 148
to **designate** *designar* 382
**dessert** *el postre* 8
**destination** *el destino* 21
**destruction** *la destrucción* 332
**detail** *el detalle* 59
**detailed** *detallado(a)* 275
**detective** *el/la detective* 34
**detractor** *el/la detractor(a)* 436
to **develop** *desarrollarse* 174
**development** *el desarrollo* 86
**diagram** *el diagrama* 45 *el esquema* 73
**dialogue** *el diálogo* 41
**diary** *el diario* 135
**dictionary** *el diccionario* 108
to **die** *morir (irreg.)* 90 *morirse (irreg.)* 166
**diet** *la dieta* 193 *la alimentación* 271
**difference** *la diferencia* 38
**different** *diferente* 5 *distinto(a)* 10
**difficult** *difícil* 64
**difficulty** *la dificultad* 300
**dinghy** *la barca* 295
**dining room** *el comedor* 8
**dinner** *la cena* 129
**direct** *directo(a)* 98
**direct flight** *el vuelo directo* 304
**direction** *el sentido* 407 *la dirección* 412
**directly** *directamente* 263
**director** *el/la director(a)* 369
**dirty** *sucio(a)* 89
**disadvantage** *la desventaja* 59
**disagreement** *el desacuerdo* 344
to **disappear** *desaparecer (irreg.)* 431
**disappointment** *la desilusión* 301
**disaster** *el desastre* 138
**disco** *la discoteca* 368
**discount** *el descuento* 164
**discovery** *el descubrimiento* 295
**discursive** *argumentativo(a)* 437
to **discuss** *comentar* 33
**dish** *el plato* 89 *la fuente* 225
**dishwasher** *el lavaplatos* 104
**distance** *la distancia* 65
**distant** *alejado(a)* 175
to **distinguish** *distinguir* 270
**distinguishing** *diferencial* 287
to **dive** *bucear* 404
**diverse** *diverso(a)* 124
**diversity** *la diversidad* 47
to **divide** *dividir* 382
**diving** *el buceo* 428
**dizzy** *mareado(a)* 302
to **do** *hacer (irreg.)* 14
to **do yoga** *practicar yoga* 268
**doctor** *el/la médico(a)* 260 *el/la doctor(a)* 261
**dog** *el perro* 337
**doll** *el/la muñeco(a)* 51
**dollar** *el dólar* 169
**domestic** *doméstico(a)* 89
**Dominican** *dominicano(a)* 80
**dominoes** *el dominó* 124
**Don't you worry.** *Tranquilo(a).* 50
**door** *la puerta* 8
**dorm, dormitory** *el colegio mayor* 253
**dose** *la dosis* 263
**double room** *la habitación doble* 320
**doubt** *la duda* 370
to **doubt** *dudar* 370
**downtown** *en el centro* 112
**draft** *el borrador* 6
**dragonfly** *la libélula* 55
**draw** *el sorteo* 274
to **draw** *dibujar* 283 *empatar* 372
**drawing** *el dibujo* 91
**dream** *el sueño* 118
**dress** *el vestido* 8
to **dress** *vestir (irreg. i, i)* 18
to **dress up** *disfrazarse* 154
**dressing room** *el probador* 164
**drink** *la bebida* 1
to **drink** *beber* 14
to **drive** *manejar* 312
**driver** *el/la conductor(a)* 312
**driver's license** *la licencia de conducir* 312
**driving school** *la autoescuela* 312
**drought** *la sequía* 424
**drugstore** *la farmacia* 156
**drum** *el tambor* 71
**dry** *seco(a)* 435
to **dry** *secar* 103
to **dry** (one's hands, hair, etc.) *secarse* 252
**during** *durante* 111
to **dust** *sacudir el polvo* 88
**dwarf** *el/la enano(a)* 51

## E

**each** *cada* 32
**eagle** *el águila* 424
**ear** *el oído* 14 *la oreja* 244
**earflaps** *las orejeras* 176
**early** *pronto* 16 *temprano* 17
**earring** *el arete* 140
**Earth** *la Tierra* 407
**earthquake** *el terremoto* 416
**easily** *fácilmente* 254
**east** *el oriente* 55 *el este* 408
**easy** *fácil* 86
to **eat** *comer* 14
**eating habits** *los hábitos de alimentación* 286
**echo** *el eco* 332
**ecological** *ecológico(a)* 436
**economic** *económico(a)* 201
**economic boost** *el impulso económico* 436
**economy** *la economía* 300
**eco-retreat** *el eco-retiro* 329
**ecosystem** *el ecosistema* 422

**ecotourism** *el ecoturismo* 59
**edible** *comestible* 195
**egg** *el huevo* 8
**elbow** *el codo* 244
**electrical** *eléctrico(a)* 105
**elegant** *elegante* 141
**element** *el elemento* 43
**elephant** *el elefante* 424
**elevator** *el ascensor* 156
**e-mail message** *el mensaje de correo* 57
**ember** *la brasa* 279
**emblematic** *emblemático(a)* 435
**emerald** *la esmeralda* 295
**emergency** *las urgencias* 261
**emigrant** *el/la emigrante* 383
**emoticon** *el emoticono* 53
**emotional state** *el estado de ánimo* 52
**emotions** *los estados de ánimo* 52
**emperor** *el emperador* 201
**empire** *el imperio* 167
to **employ** *emplear* 278
**employee** *el/la empleado(a)* 312
**empty** *vacío(a)* 121
to **empty** *vaciar* 332
**encyclopedia** *la enciclopedia* 291
**end** *el final* 33 *el extremo* 434
to **end** *terminar* 46
to **end up** *acabar* 258
**endangered species** *las especies en peligro de extinción* 424
**ending** *la terminación* 90 *el desenlace* 385
**energy** (adjective) *energético(a)* 201
**energy source** *la fuente de energía* 431
**engine** *el motor* 312
**engineer** *el/la ingeniero(a)* 378
**English** *inglés(a)* 87
**English** (language) *el inglés* 38
**enigma** *el enigma* 172
to **enjoy** *disfrutar (de)* 121
to **enjoy oneself** *divertirse (irreg. ie, i)* 358
**Enjoy your meal!** *¡Buen provecho!* 234
**enough** *bastante* 10
to **ensure** *garantizar* 261
to **enter** *inscribirse (irreg.)* 58
**entertaining** *entretenido(a)* 329
**entertainment** *el espectáculo* 364
**entire** *todo(a)* 21
**entrée** *el segundo plato* 222
**entry** *la entrada* 429
**environment** *el medio ambiente* 424
**environmental** *medioambiental* 429
**episode** *el capítulo* 381
**equivalent** *equivalente* 350
**er ...** *pues...* 123
**error** *el error* 196
**eruption** *la erupción* 416
**escalator** *las escaleras mecánicas* 156
**espionage** *el espionaje* 384
**essence** *la esencia* 425
**essential** *esencial* 124
**establishment** *el establecimiento* 156
to **estimate** *calcular* 429
**ethnic** *étnico(a)* 43
**ethnography** *la etnografía* 176
**European** *europeo(a)* 47
**evening** *la noche* 211
**event** *el evento* 322 *el acontecimiento* 385
**every** *todos(as)* 7
**every day** *todos los días* 16 *diariamente* 257
**everyone** *todos(as)* 13
**everything** *todo* 25
**exact** *justo(a)* 263
**exactly** *justamente* 257
**example** *el ejemplo* 61
**excellent** *excelente* 199
**exceptional** *excepcional* 175
**excerpt** *el fragmento* 379
**exchange** *el intercambio* 227
**excited** *emocionado(a)* 52
**exciting** *emocionante* 30
**exclusively** *exclusivamente* 263
**excursion** *la excursión* 296
**excuse** *la excusa* 264
**Excuse me.** *Disculpa./Disculpe., Perdón./Perdona./Perdone.* 240
**exercise** *el ejercicio* 270
to **exercise** *hacer ejercicio* 19
**exhibition** *la exhibición* 111
to **exist** *existir* 167
**existence** *la existencia* 22
**exit** *la salida* 65
**expansion** *la expansión* 399
**expedition** *la expedición* 87
**expensive** *caro(a)* 164
**experience** *la experiencia* 135
**experiment** *el experimento* 407
**expert** *el/la experto(a)* 159
to **explain** *explicar* 277
**explanation** *la explicación* 322
to **exploit** *explotar* 163
to **explore** *explorar* 308
**explorer** *el/la explorador(a)* 87
**exponent** *el/la representante* 55
to **export** *exportar* 321
**exporting** *exportador(a)* 319
to **express** *expresar* 1
**expression** *la expresión* 84
**expressway** *la autopista* 305
to **extend** *ampliar* 227
**extension** *la extensión* 434
**extract** *el extracto* 235
**extraordinary** *extraordinario(a)* 308
**eye** *el ojo* 244
**eyebrows** *las cejas* 244
**eyelash** *la pestaña* 244

## F

**fabric** *el tejido* 171
**face** *el rostro* 41 *la cara* 244
**factor** *el factor* 435
to **fail** *fallar* 277
**fair** *justo(a)* 259
**fall** *el otoño* 20
to **fall** *caer (irreg.)* 246
to **fall asleep** *dormirse (irreg. ue, u)* 16
to **fall in love with** *enamorarse de* 318
**false** *falso(a)* 48
**family** *la familia* 36
**family** (adjective) *familiar* 28
**famous** *famoso(a)* 31
**fan** *el/la aficionado(a)* 376
**fantastic** *fantástico(a)* 92
**far** (from) *lejos (de)* 22
**farewell** *la despedida* 2
**farm** *la finca* 329
**farmer** *el/la agricultor(a)* 356
**fascinating** *fascinante* 264
**fast** (adverb) *rápido* 108 *deprisa* 337
**fast** (adjective) *rápido(a)* 21
**fat** *gordo(a)* 44
**father** *el padre* 36 *el papá* 67
**fault** *la culpa* 361
**fauna** *la fauna* 71
**favorite** *favorito(a)* 37 *preferido(a)* 108
**fear** *el miedo* 3
**feature** *la característica* 124

## G

## H

## I

## J



## K



## L

**later** *después* 53 *más tarde* 160 *luego* 410
**Latino** *latino(a)* 103
**laugh** *la risa* 55
to **laugh** *reír(se) (irreg. i)* 45
**laundry room** *el cuarto de lavar* 104
**law** *la ley* 335
**law** *las Leyes* 357
**lawn** *el césped* 91
**lawyer** *el/la abogado(a)* 357
to **lay** (eggs) *dejar* 423
**lazy** *perezoso(a)* 44
to **lead** *dirigir* 87
**leader** *el/la líder* 135
**leaf** *hoja* 20
**league** *la liga* 370
**leaning** *apoyado(a)* 242
to **learn** *aprender* 35
**leather** (adjective) *de cuero* 148
to **leave** *salir (irreg.)* 296 *marcharse* 363 *dejar* 337
**leg** *la pierna* 244
**legacy** *la herencia* 184
**legend** *la leyenda* 34
**legumes** *las legumbres* 192
**leisure** *el ocio* 1
**leisure time** *el tiempo libre* 1
**lemon** *el limón* 145
**length** *la longitud* 139
**lentil** *la lenteja* 192
**less** *menos* 54 *menor* 271
**lesson** *la lección* 271
**Let's go!** *¡Adelante!* 377
**letter** *la carta* 45 *la letra* 279
**lettuce** *la lechuga* 192
**level** *el nivel* 163
to **liberate** *liberar* 87
**librarian** *el/la bibliotecario(a)* 356
**library** *la biblioteca* 112
to **lie** *mentir (irreg. ie, i)* 90
**life** *la vida* 37
**life jacket** *el chaleco salvavidas* 304
**lifeguard** *el/la socorrista* 356
to **lift weights** *levantar pesas* 372
**light** (adjective) *ligero(a)* 233
**light** *la luz* 97
to **light** *encender (irreg. ie)* 279
**light colors** *los colores claros* 148
**lightning** *el relámpago* 416
**like** *como* 47 *igual que* 106
to **like** *gustar* 1

**likes** *los gustos* 1
**line** *la línea* 69
**line** (of poetry) *el verso* 69
**linguistic** *lingüístico(a)* 47
**lip** *el labio* 244
**liquid** *líquido(a)* 191
**list** *la lista* 48
to **listen** *escuchar* 14
**liter** *el litro* 200
**literary** *literario(a)* 55
**literature** (subject) *la Literatura* 348
**lithograph** *la litografía* 243
**little** *poco* 10 *pequeño(a)* 67 *poco(a)* 194
to **live** *vivir* 8
**lively** *alegre* 42 *animado(a)* 428
**living room** *la sala* 88 *el salón* 391
**llama** *la llama* 137
to **load the dishwasher** *cargar el lavaplatos* 88
**local** *local* 64
to **locate** *localizar* 266
**located** *situado(a)* 70
**location** *la situación* 174 *la localización* 338 *la ubicación* 409
**lodging** *el alojamiento* 319
**logical** *lógico(a)* 77
**logistics** *la logística* 399
**long** *largo(a)* 21
to **look** *mirar* 135
to **look after** *cuidar* 274
to **look at** *mirar* 306
to **look for** *buscar* 31
to **look up** *consultar* 296
**loose-fitting** *ancho(a)* 149
**looting** *el saqueo* 332
to **lose** *perder (irreg. ie)* 152
**love** *el amor* 55
**Love,** (in letters) *Un abrazo.* 5
to **love** *amar* 102 *encantar* 366
**loved** *amado(a)* 103
**lovely** *lindo(a)* 57
**lover** *el/la amante* 428
**luck** *la suerte* 228
**luggage** *el equipaje* 20
**lunch** *el almuerzo* 8
**lute** *el laúd* 105

## M

**machine** *el aparato* 27 *la máquina* 318
**madam** *la señora* 112
**magazine** *la revista* 156
**magic** *mágico(a)* 34
**magnificent** *magnífico(a)* 308
**main** *principal* 53
**main character** *el/la protagonista* 365
**main square** *la plaza de armas* 115
**mainly** *principalmente* 157 *sobre todo* 367
**majority** *la mayoría* 47
to **make** *hacer (irreg.)* 14 *elaborar* 176
to **make easy** *facilitar* 436
to **make up** *componer (irreg.)* 286 *inventar* 385
**makeup** *el maquillaje* 252
**mambo** *el mambo* 124
**man** *el hombre* 7 *el señor* 46
to **manage to make** *lograr hacer* 325
**manager** *el/la director(a)* 324
**mangrove swamp** *el manglar* 71
**manual** *el manual* 310
**manufacture** *la elaboración* 176
to **manufacture** *fabricar* 141
**many** *muchos(as)* 194 *numerosos(as)* 355
**many times** *muchas veces* 16
**map** *el mapa* 296
**maracas** *las maracas* 331
**marathon** *el maratón* 181
**March** *marzo* 316
**mariachi** *el mariachi* 103
**marimba** *la marimba* 71
**marine** (adjective) *marino(a)* 404
**marital status** *el estado civil* 36
to **mark** *marcar* 407
**marker** *el marcador* 150
**market** *el mercado* 139
**married** *casado(a)* 36
**marvel** *la maravilla* 404
**marvelous** *maravilloso(a)* 50
**masculine** *masculino(a)* 38
**mask** *la máscara* 155
**masterpiece** *la obra maestra* 155
**match** *el partido* 75
to **match** *relacionar* 19 *combinar con* 138
**material** *el material* 126
**mathematics** (subject) *las Matemáticas* 348
to **matter** *importar* 168

## N

## O

## P

**pack** *el envase* 263
**pack (of wolves)** *la manada* 277
to **pack** *preparar* 143 *envasar* 263 *hacer el equipaje* 296
**package** *el paquete* 200
to **package** *envasar* 263
**page** *la página* 45
**pain** *el dolor* 260
**paint** *la pintura* 367
to **paint** *pintar* 15
**painter** *el/la pintor(a)* 356
**painting** *el cuadro* 96 *la pintura* 242
**pair** *la pareja* 33
**pajamas** *el pijama* 140
**palace** *el palacio* 68
**palm tree** *la palmera* 279
**(the) pampas** *la pampa* 435
**Panamanian** *panameño(a)* 70
**pancake** *la torta* 331
**pantry** *la despensa* 88
**pants** *los pantalones* 9 *el pantalón* 149
**paper** *el papel* 313
**parade** *el desfile* 149
**paradise** *el paraíso* 397
**paragraph** *el párrafo* 48 *el apartado* 333
**Paraguayan** *paraguayo(a)* 382
**parents** (mother and father) *los padres* 10
**park** *el parque* 112
to **park** *estacionar* 312
**parka** *el anorak* 431
**part** *la parte* 1
**participant** *el/la participante* 121
**participle** *el participio* 246
**party** *la fiesta* 84
to **pass** *pasar* 188 *aprobar (irreg. ue)* 389
**passage** *el paso* 436
**passenger** *el/la pasajero(a)* 304
**passion** *la pasión* 124
**passport** *el pasaporte* 21
**passport number** *el número de pasaporte* 60
**pasta** *la pasta* 192
**path** *el camino* 227
**patient** *el/la paciente* 260
**patient** (adjective) *paciente* 44
**patiently** *pacientemente* 257
to **pay** *pagar* 164
to **pay attention** *prestar atención* 348
to **pay attention to** *fijarse en* 86
to **pay by credit card** *pagar con tarjeta (de crédito)* 164
to **pay in cash** *pagar en efectivo* 164
**peace** *la tranquilidad* 425
**peach** *el durazno* 195
**peak** *el pico* 371
**pear** *la pera* 192
**peas** *los guisantes* 192
**peasant** (adjective) *campesino(a)* 403
**peculiar** *peculiar* 33 *curioso(a)* 201
**peculiarity** *la particularidad* 383
**pedal** *el pedal* 310
**pedestrian** *el peatón* 112
**peel** *la cáscara* 190
to **peel** *pelar* 208
**peep!** *¡pío!* 427
**pencil** *el lápiz* 77
**pendant** *el colgante* 148
**peninsula** *la península* 278
**pensive** *pensativo(a)* 280
**people** *la gente* 25 *el pueblo* 43
**pepper** (spice) *la pimienta* 208
**pepper** (vegetable) *el pimiento* 234
**percentage** *el porcentaje* 347
**perfect** *perfecto(a)* 168
**perfectly** *perfectamente* 351
to **perform** *representar* 41 *interpretar* 105 *realizar* 245
**performance** *la actuación* 111
**perfume** *el perfume* 279
**perfume store** *la perfumería* 156
**period** *el periodo* 215
**person** *la persona* 1
**person in charge** *el/la encargado(a)* 427
**personal** *personal* 36
**personality** *la personalidad* 1
**Peruvian** *peruano(a)* 174
**peso** *el peso* 320
**pessimistic** *pesimista* 44
**pet** *la mascota* 424
**phenomenon** *el fenómeno* 407
**photo** *la foto* 7 *la fotografía* 48
**photographic** *fotográfico(a)* 122
**photography** *la fotografía* 48
**physical exercise** *el ejercicio físico* 269
**physical trait** *el rasgo físico* 48
**physically** *físicamente* 44
**physics** (subject) *la Física* 348
**piano** *el piano* 389
**piece** *la pieza* 95 *el trozo* 206
**piece** (of diced meat, cheese, etc.) *el cubo* 228
**piece of information** *el dato* 48
**piece of paper** *el papel* 313
**pig** *el cerdo* 424
**pill** *la pastilla* 260
**pillow** *la almohada* 320
**pilot** *el/la piloto* 303
**pineapple** *la piña* 192
**pink** *rosado(a)* 148
**pirate** *el/la pirata* 83
**pitcher** *la jarra* 208
**pity** *la lástima* 404
**pizza** *la pizza* 8
**pizzeria** *la pizzería* 383
**place** *el lugar* 1 *el sitio* 266
to **place** *situar* 227
**plaid** *de cuadros* 148 *a cuadros* 154
**plain** (adjective) *liso(a)* 148
**plain** *la llanura* 435
**plan** *el plan* 59
to **plan** *planear* 59 *preparar* 296
**planet** *el planeta* 431
**plant** *la planta* 59
to **plant** *sembrar (irreg. ie)* 199
to **plant a tree** *plantar un árbol* 424
**plantation** *la plantación* 279
**play** *la obra de teatro* 116
to **play** *jugar (irreg. ue)* 14 *tocar* 68
to **play cards** *jugar a los naipes* 364
to **play checkers** *jugar a las damas* 364
to **play chess** *jugar al ajedrez* 364
to **play sports** *hacer deporte* 268
to **play the guitar** *tocar la guitarra* 364
**player** *el/la jugador(a)* 373
**plaza** *la plaza* 112
**please** *por favor* 58
**Pleased to meet you.** *Mucho gusto.* 2
**plot** *el argumento* 385
**plot of land** *el terreno* 407
**plug** *el tapón* 436
**plural** *plural* 4
**poem** *el poema* 31
**poet** *el/la poeta* 55
**point** *el punto* 376
**policeman/policewoman** *el/la policía* 356

**polka dot** (adjective) *de lunares* 148
to **pollute** *contaminar* 431
**pollution** *la contaminación* 424
**poncho** *el poncho* 141
**poplar** *el álamo* 206
**popular** *popular* 46
**populated** *poblado(a)* 403
**population** *la población* 175
**pork** *el cerdo* 192
**port** *el puerto* 400
**portion** *la porción* 286
**portrait** *el retrato* 87
**Portuguese** (language) *el portugués* 279
**position** *la posición* 46
**positive** *positivo(a)* 97
**possessive** *el posesivo* 38
**possibility** *la posibilidad* 255
**possibly** *posiblemente* 363
**Possibly ...** *Es posible que...* 374
**post office** *la oficina de correos* 112
**postcard** *la postal* 67
**posted** (on a blog) *publicado(a)* 40
**poster** *el cartel* 249 *el póster* 430
**potato** *la papa* 9
**pound** *la libra* 45
**power** *el poder* 201
**practical** *práctico(a)* 339
to **practice** *practicar* 27
**prairie** *la pradera* 400
**precisely** *exacto* 221
to **prefer** *preferir (irreg. ie, i)* 18
**preference** *la preferencia* 19
**pregnant** *embarazada* 263
**pre-Hispanic** *prehispánico(a)* 215
**preparations** *los preparativos* 39
to **prepare** *preparar* 8 *elaborar* 274
**preposition** *la preposición* 98
**prescription** *la receta* 263
**prescriptive** *prescriptivo(a)* 229
**present** *el presente* 4 *el regalo* 49
**present** (adjective) *actual* 60
to **present** *presentar* 37
**present participle** *el gerundio* 90
**present progressive** *el presente continuo* 90
**presentation** *la presentación* 65
to **preserve** *conservar* 105
**preserved** *conservado(a)* 91
**press** *la prensa* 376
to **press** *pisar* 310
**pressure cooker** *la olla* 208
**preterite tense** *el pretérito* 142
**pretty** *bonito(a), lindo(a)* 4
to **prevail** *predominar* 401
**prevention** *la prevención* 271
**previous** *anterior* 107
**price** *el precio* 164 *la tarifa* 296
**princess** *la princesa* 55 *la infanta* 275
**principal** *el/la director(a)* 2
**principal's office** *la oficina del director* 348
**private** *privado(a)* 261
**prize** *el premio* 83
**probably** *probablemente* 89 *seguramente* 351
**Probably ...** *Es probable que...* 374
**problem** *el problema* 51 *la dificultad* 300
to **proclaim** *proclamar* 382
to **produce** *producir (irreg.)* 198
**producing** *productor(a)* 319
**product** *el producto* 121
**production** *la producción* 321
**profession** *la profesión* 78 *el oficio* 343
**professional** *profesional* 58
**profile** *el perfil* 67
**program** *el programa* 75
**progress** *el progreso* 437
**project** *el proyecto* 70
**prominent** *destacado(a)* 271
**promising talent** *la promesa* 369
to **promote** *promover (irreg. ue)* 271
**pronoun** *el pronombre* 38
**proportion** *la proporción* 286
to **protect** *preservar* 411 *proteger* 424
to **protect oneself** *protegerse* 141
**protection** *la protección* 116
**protein** *la proteína* 193
**province** *la provincia* 347
**prudent** *prudente* 313
**public** *público(a)* 261
**Puerto Rican** *puertorriqueño(a)* 122
**punctuation** *la puntuación* 79
**purple** *morado(a)* 148
**purse** *el bolso* 140
to **pursue** *perseguir (irreg. i, i)* 55
to **put** *poner (irreg.)* 24 *colocar* 88 *echar* 208
to **put away** *guardar* 97
to **put deodorant on** *ponerse desodorante* 252
to **put in** *meter* 203
to **put in order** *ordenar* 17
to **put lipstick on** *pintarse los labios* 252
to **put on** *ponerse (irreg.)* 418
to **put makeup on** *maquillarse, pintarse* 252
to **put some gas in** *echar gasolina* 315
**pyramid** *la pirámide* 214

## Q

**qualifying** *calificativo(a)* 281
**quality** *la cualidad* 357
**quantity** *la cantidad* 10
**quarter of an hour** *el cuarto de hora* 102
**queen** *la reina* 243
**question** *la pregunta* 35 *la interrogación* 63
**questionnaire** *el cuestionario* 170
**Quick!** *¡Rápido!* 102
**quickly** *rápido* 108 *rápidamente* 254
**quite** *bastante* 10

## R

**race** *la raza* 71 *la carrera* 146
**racket** *la raqueta* 372
**raft** *la balsa* 294
**railroad track** *la línea férrea* 305
**rain** *la lluvia* 416
to **rain** *llover (irreg. ue)* 416
**raincoat** *el impermeable* 140
to **raise one's hand** *levantar la mano* 348
**ransom** *el rescate* 87
**raw** *crudo(a)* 209
to **reach** *alcanzar* 415
to **read** *leer (irreg.)* 14
**reading** *la lectura* 72
**ready** *listo(a)* 14
**real** *real* 64
**realist** *realista* 280
**Really?** *¿De verdad?* 84
**realtor** *el/la agente inmobiliario(a)* 92
**reason** *el motivo* 384
to **receive** *recibir* 12
**reception** *la recepción* 320
**receptionist** *el/la recepcionista* 320

## S

**sea** (adjective) *marino(a)* 404
**sealed** *sellado(a)* 382
**season** *la temporada* 271
**seasoning** *los condimentos* 208
**seat** *la sede* 174 *el asiento* 304
**seat belt** *el cinturón de seguridad* 312
**second** *segundo(a)* 61
**secondary** *secundario(a)* 66
**secret** *el secreto* 214
**secret** (adjective) *secreto(a)* 189
**secretary** *el/la secretario(a)* 360
**section** *la sección* 183
to **see** *ver (irreg.)* 15 *apreciar* 401
**See you.** *Hasta la vista.* 2
**See you later.** *Hasta luego.* 2
**See you soon.** *Hasta pronto.* 2
**See you tomorrow.** *Hasta mañana.* 2
**seed** *la semilla* 195 *el grano* 198
to **seem** *resultar* 123
**seismic** *sísmico(a)* 419
to **seize** *tomar* 291
**seldom** *rara vez* 16
to **select** *seleccionar* 59
**self-assessment** *la autoevaluación* 79
to **sell** *vender* 12
**seller** *el/la vendedor(a)* 12
to **send** *enviar* 40 *mandar* 118
**sentence** *la oración* 43 *la frase* 79
**sentimental** *sentimental* 365
**September** *septiembre* 40
**sequence** *la secuencia* 385
**serenade** *la serenata* 83
**series** *la serie* 343
**serious** *serio(a)* 44
to **serve** *servir (irreg. i, i)* 18
**service** *el servicio* 112
to **set up** *instalar* 165
**setting** *el marco* 385
**seventh** *séptimo(a)* 70
**several** *varios(as)* 7 *diversos(as)* 243
to **shake** *temblar (irreg. ie)* 277
to **shake hands** *estrechar la mano* 245
**shampoo** *el champú* 252
**shape** *la figura* 157
to **shave** *afeitarse* 252
**she** *ella* 4
**sheep** *la oveja* 424
**shelf** *el estante* 96
**shellfish** *el marisco* 192
**ship** *el barco* 20
**shirt** *la camisa* 98
**shoe** *el zapato* 8
**shoe store** *la zapatería* 156
to **shop** *hacer la compra* 200
**shopping** *las compras* 164
**shopping** *de compras* 8
**shopping list** *la lista de la compra* 200
**shopping mall** *el centro comercial* 8
**short** *bajo(a)* 5 *corto(a)* 42
**shorts** *los pantalones cortos* 135 *el pantalón corto* 140
**shot** *la inyección* 260
**shoulder** *el hombro* 244
to **shout** *gritar* 314
**show** *el espectáculo* 160
to **show** *enseñar* 97 *mostrar (irreg. ue)* 101 *reflejar* 425
**shrimp** *el camarón* 192
**shy** *tímido(a)* 5
**siblings** *los hermanos* 36
**sick** *enfermo(a)* 14
**sidewalk** *la acera* 112
**siesta** *la siesta* 255
**sigh** *el suspiro* 55
**sightseeing** (walking) *el turismo a pie* 20
**sign** *el cartel* 12 *señal* 112 *muestra* 157
to **sign** *firmar* 70
**signal** *la señal* 311
**silhouette** *la silueta* 41
**silly thing** *la tontería* 384
**silver** *la plata* 137
**silver** (adjective) *plateado(a)* 148
**silversmithing** *la orfebrería* 299
**similar** *similar* 35 *parecido(a)* 47
**similarity** *la semejanza* 38
**simply** *simplemente* 315 *sencillamente* 384
**since** *desde* 47
**sincere** *sincero(a)* 44
**Sincerely yours.** *Atentamente.* 19
to **sing** *cantar* 15
**singer** *el/la cantante* 356
**single** *soltero(a)* 36 *solo(a)* 245
**single room** *la habitación sencilla* 320
**singular** *singular* 202
**sink** *el lavabo* 8
**sister** *la hermana* 36
to **sit** *sentarse (irreg. ie)* 127
**sitting** *sentado(a)* 114
**situation** *la situación* 141
**size** *la talla* 148
to **skate** *patinar* 268
**skepticism** *el escepticismo* 399
to **ski** *esquiar* 375
**skiing** *el esquí* 372
**skin** *la piel* 25
**skirt** *la falda* 141 *la pollera* 171
**skis** *los esquís* 372
**skull** *el cráneo* 251
**sky** *el cielo* 55
**slave** *el/la esclavo(a)* 43
to **sleep** *dormir (irreg. ue, u)* 25
**sleepiness** *el sueño* 3
**slide** *la diapositiva* 381
**slipper** *la zapatilla* 140
**slogan** *el eslogan* 205
**slow** *lento(a)* 254
**slowly** *despacio, lentamente* 254
**small** *pequeño(a)* 40
**small village** *la aldea* 403
**smell** *el olor* 325
to **smell** *oler (irreg.)* 15
**smile** *la sonrisa* 19
**smiley** *el emoticono* 53
**snake** *la serpiente* 34
to **sneeze** *estornudar* 260
**snow** *la nieve* 416
to **snow** *nevar (irreg. ie)* 416
**so** *así que* 20 *más* 42 *tan* 97
**so many** *tantos(as)* 35
**so much** *tanto(a)* 322
**soap** *el jabón* 252
**soap opera** *la telenovela* 343
**soccer** *el fútbol* 372
**soccer player** *el/la futbolista* 45
**sociable** *sociable* 124
**social** *social* 51
**society** *la sociedad* 383
**sock** *el calcetín* 138
**soda** *el refresco* 10
**sofa** *el sofá* 96
**soft** *suave* 146
**solid** *sólido(a)* 191
**solution** *la solución* 283
to **solve** *resolver (irreg.)* 69
**some** *unos(as)* 6 *algún, alguno(a)(os)(as)* 194
**someone** *alguien* 321
**something** *algo* 8
**son** *el hijo* 36
**song** *la canción* 51

**soon** *pronto* 107
**sophisticated** *sofisticado(a)* 171
**sorbet** *el sorbete* 137
**soul** *el alma* 382
**sound** *el sonido* 331
to **sound** *sonar* 331
to **sound like** *imitar* 243
**soup** *la sopa* 186
**sour** *agrio(a)* 216
**south** *el sur* 408
**southeast** *el sureste* 408
**Southern Ocean** *el océano Glacial Antártico* 400
**southwest** *el suroeste* 408
**souvenir** *el recuerdo* 21
**spa** *el balneario* 274
**spaghetti** *los espaguetis* 233
**Spanish** (subject) *el Español* 2
**Spanish** (language) *el español* 38 *el castellano* 247
**Spanish** (nationality) *español(a)* 46
**Spanish American** *hispanoamericano(a)* 105
**Spanish-speaking** *hispanohablante* 219
to **speak** *hablar* 13
**speaker** *el/la hablante* 226
**special** *especial* 124
**specially** *especialmente* 245
**specials** (on a menu) *el menú del día* 216
**specialty** *la especialidad* 223
**specific** *específico(a)* 125 *determinado(a)* 165
**spectacular** *espectacular* 118
**spectator** *el/la espectador(a)* 280
**speech bubble** *el bocadillo* 41
**speed** *la velocidad* 335
**spelling** *la ortografía* 79
to **spend** (time) *pasar* 47
**spice** *la especia* 215
**spider** *la araña* 422
**spinach** *las espinacas* 192
**spontaneous** *espontáneo(a)* 44
**spoon** *la cuchara* 216
**spoonful** *la cucharada* 190
**sport** *el deporte* 1
**sports store** *la tienda de deportes* 156
**sportsman** *el deportista* 254
**sportswear** *la ropa deportiva* 182
**sportswoman** *la deportista* 254
**spread out** *extendido(a)* 72
**spring** *la primavera* 211
**spy** *el/la espía* 385
**square** *la plaza* 112 *la casilla* 131 *el cuadrado* 157
**square** (adjective) *cuadrado(a)* 176
**stage** *el escenario* 379 *la etapa* 394
**stairs** *la escalera* 13
**stall** *el puesto* 165
to **stand** *soportar* 362
to **stand in line** *hacer cola/fila* 200
**star** *la estrella* 345
to **start** (a car) *arrancar* 312
**state** *el estado* 21
**statement** *la afirmación* 67
**stationery store** *la papelería* 156
**statistics** *la estadística* 269
**stay** *la estancia* 121
to **stay** *quedarse* 121 *alojarse* 253 *mantenerse (irreg.)* 376
to **stay healthy** *mantenerse sano(a)* 268
**steering wheel** *el volante* 312
**stem** *la raíz* 1
**step** *el paso* 78
**stereo** *el equipo de música* 104
**still** *todavía* 139
**stingy** *tacaño(a)* 44
**stomach** *el estómago* 14
**stone** (adjective) *de piedra* 88
**stone-paved** *empedrado(a)* 123
to **stop** *parar(se)* 317 *dejar de* 431
**stop sign** *la señal de pare* 112
**stoplight** *el semáforo* 112
**stopover** *la escala* 304
**store** *la tienda* 12 *el comercio* 355
**storm** *la tormenta* 416
**story** *la planta* 8 *el cuento, la historia* 35 *el piso* 87 *la narración* 322
**stove** *la estufa* 104
**strange** *extraño(a)* 84 *raro(a)* 147
**strategy** *la estrategia* 73
**strawberry** *la fresa* 192
**street** *la calle* 20
**street** (adjective) *callejero(a)* 51
**street map** *el plano* 130
**street market** *el mercadillo* 165
**striped** *de rayas* 148
**strong** *fuerte* 44
**structure** *la estructura* 73
**student** *el/la estudiante* 2 *el/la alumno(a)* 212
**student** (adjective) *estudiantil* 251
**studies** *los estudios* 347
**studious** *estudioso(a)* 44
to **study** *estudiar* 54
**style** *el estilo* 91
**subject** (school) *la asignatura* 348
**subjective** *subjetivo(a)* 281
**subjunctive** *el subjuntivo* 358
**subsidies** *las subvenciones* 277
**subway** *el metro* 21
**success** *el éxito* 365
**such as** *como* 40
**suddenly** *de repente* 315 *de pronto* 316
to **suffer** *sufrir* 159
**sugar** *el azúcar* 208
to **suggest** *sugerir (irreg. ie, i)* 220
**suggestion** *la sugerencia* 203
**suit** *el traje* 140
**suitcase** *la maleta* 20
**summary** *el resumen* 69
**summer** *el verano* 9
**summer vacation** *el veraneo* 280
**sun** *el sol* 25
**sun** (adjective) *solar* 25
to **sunbathe** *tomar el sol* 364
**sunblock** *el filtro solar* 25
**Sunday** *el domingo* 13
**sunglasses** *las gafas de sol* 140
**superlative** *el superlativo* 54
**supermarket** *el supermercado* 156
to **support** *sustentar* 177
**supporter** *el/la aficionado(a)* 376 *el/la partidario(a)* 436
**sure** *seguro(a)* 317
**surface** *la superficie* 407
**surfing** *el surf* 404
**surgeon** *el/la cirujano(a)* 356
**surname** *el apellido* 60
**surprise** *la sorpresa* 82
to **surprise** *sorprender* 366
**surprised** *sorprendido(a)* 52
**surprising** *sorprendente* 153
**surrounded** *rodeado(a)* 433
**survey** *la encuesta* 37
to **sweat** *sudar* 252
**sweater** *el suéter* 140
**sweatshirt** *la sudadera* 140
to **sweep** *barrer* 13
**sweet** (adjective) *dulce* 216
to **swim** *nadar* 15
**swimming pool** *la piscina* 15
**swimsuit** *el traje de baño* 140
**symbol** *el símbolo* 251
**symbolic** *simbólico(a)* 37
**symptom** *el síntoma* 1

**system** *el sistema* 45

## T

**tabasco** *el tabasco* 198
**table** *la mesa* 8 *la tabla* 51
**tablecloth** *el mantel* 216
**tablet** *la pastilla* 261
**taco** *el taco* 187
**tag** *la etiqueta* 164
to **take** *tomar* 14 *sacar* 145 *llevar* 208 tardar 422
to **take a bath** *bañarse* 252
to **take a photo of** *fotografiar* 35
to **take a shower** *ducharse* 252
to **take an exam** *hacer un examen* 348
to **take away** *quitar* 187 *llevarse* 301
to **take care of** *cuidar* 14
to **take notes** *tomar apuntes* 348
to **take off** *despegar* 304 *quitarse* 431
to **take out** *sacar* 93
to **take out money** *sacar dinero* 320
to **take part** *intervenir (irreg.)* 51 *participar* 64
to **take place** *transcurrir* 390
to **take up** *ocupar* 122
**talent** *el talento* 369
to **talk** *conversar* 124
**tall** *alto(a)* 44
**tambourine** *la pandereta* 105
**tango** *el tango* 362
**task** *la tarea* 33
**taste** *el sabor* 179
to **taste** *saborear* 15 *probar (irreg. ue)* 198
**tasteless** *soso(a)* 216
**taxi** *el taxi* 110
**tea** *el té* 145
**teacher** *el/la profesor(a)* 2
**team** *el equipo* 19
**telephone** *el teléfono* 13
**telephone conversation** *la conversación telefónica* 352
**television** *la televisión* 13
**television set** *el televisor* 8
to **tell** *contar (irreg. ue)* 64 *narrar* 314 *enseñar* 312
**temperature** *la temperatura* 416
**tennis** *el tenis* 372
**tennis shoes** *los tenis* 9
**tense** (of verb) *el tiempo* 162
**terrace** *la terraza* 324
**terrible** *terrible* 316
**terrific** *fenomenal* 292
**territory** *el territorio* 71
**text** *el texto* 47
**textile** *el textil* 157
**textile** (adjective) *textil* 171
**than** *que* 54
**thank you** *gracias* 39
**that** *que* 19
**that** (at a distance) *ese, esa, eso* 114
**that** (far away) *aquel, aquella, aquello* 114
**that one** (at a distance) *ese, esa* 114
**that one** (far away) *aquel, aquella* 114
**That's not true.** *No es cierto/verdad.* 344
**That's true.** *Es cierto/verdad.* 344
**that's why** *por eso* 428
**the** (singular) *el, la* 2
**the** (plural) *los, las* 1
**the day after tomorrow** *pasado mañana* 410
**the day before yesterday** *anteayer* 150
**theater** *el teatro* 116
**their** *su, sus* 8 *suyo(a)(os)(as)* 38
**theirs** *el/la/los/las suyo(a)(os)(as)* 38
**(to) them** *les* 106
**theme** *el tema* 105
**themselves** *se* 16
**then** *después* 14 *luego* 48 *entonces* 69 *pues* 357
**theory** *la teoría* 53
**there** *allí* 20 *ahí* 22
**there is/there are** *hay* 22
**thermometer** *el termómetro* 416
**these** *estos, estas* 114
**thesis** *la tesis* 437
**they** *ellos(as)* 4
**they/you usually ...** *suelen/sueles...* 13
**thick** *grueso(a)* 176
**thin** *delgado(a)* 2 *ligero(a)* 280
**thing** *la cosa* 6
to **think** *pensar (irreg. ie)* 18 *opinar* 84
**third** *tercer(o)(a)* 163
**thirst** *la sed* 3
**this** *este, esta, esto* 114
**this afternoon** *esta tarde* 410
**this morning** *esta mañana* 410
**this one** *este, esta* 114
**this way** *así* 89
**those** (at a distance) *esos, esas* 114
**those** (far away) *aquellos, aquellas* 38
**throat** *la garganta* 260
**through** *a través de* 280
to **throw** *arrojar* 295 *tirar* 313
**Thursday** *el jueves* 349
**ticket** *el boleto* 20
**tidy** *ordenado(a)* 357
to **tidy up** *ordenar* 13
**tie** *la corbata* 140
to **tie** *empatar* 372
**tied back** *recogido(a)* 280
**tile** *el azulejo* 91
**time** *la hora* 15 *el tiempo* 47
**time** (adjective) *temporal* 150
**tip** *la propina* 216
**tired** *cansado(a)* 2
**title** *el título* 249
**to** *para* 8 *a* 21
**to the left** *a la izquierda* 22
**to the right** *a la derecha* 22
**today** *hoy* 5
**toe** *el dedo (del pie)* 244
**together** *juntos(as)* 40
**together with** *junto con* 347
**toilet** *el inodoro* 9
**toiletries bag** *el neceser* 256
**tomato** *el tomate* 192
**tomato sauce** *la salsa de tomate* 208
**tomorrow** *mañana* 67
**tomorrow night** *mañana por la noche* 391
**tone** (on phone) *la señal* 361
**tonight** *esta noche* 410
**too** (before adjective) *demasiado* 194
**too many** *demasiados(as)* 194
**too much** *demasiado(a)* 194 *demasiado* 195
**tooth** (in general) *el diente* 244
**tooth** (molar) *la muela* 261
**toothpaste** *la pasta de dientes* 252
**top** *máximo(a)* 55
**topic** *el tema* 274
**tornado** *el tornado* 416
**tortilla** *tortilla* 193 omelet 193
**total** *total* 183
**totally** *totalmente* 43
to **touch** *tocar* 15
**tourism** *el turismo* 25

to **wake up** *despertarse (irreg. ie)* 16
**walk** *el paseo* 123
to **walk** *caminar* 21 *andar (irreg.)* 175
**wall** *la pared* 86
**walnut** *la nuez* 195
**waltz** *el vals* 331
to **want** *querer (irreg.)* 18
**wardrobe** *el armario* 8
**warm** *cálido(a)* 149
**warning** *la advertencia* 263
to **wash** *lavar* 13
to **wash up** *lavarse* 252
**washing machine** *la lavadora* 104
**watch** *el reloj* 140
to **watch** *ver (irreg.)* 15 *observar* 407
**water** *el agua* 14
**waterfall** *la catarata* 302 *el salto de agua* 303 *la cascada* 400
**watermelon** *la sandía* 192
**wavy** *ondulado(a)* 280
**wax palm (tree)** *la palma de cera* 329
**way** *la forma, la manera* 21 *el modo* 175 *el camino* 227
**we** *nosotros(as)* 4
**weak** *débil* 14
to **wear** *llevar* 9
to **wear glasses** *llevar gafas* 44
**weather** *el tiempo* 211
**weather** (adjective) *meteorológico(a)* 419
**web** *la red* 41
**website** *la página web* 35
**wedding** *la boda* 179
**wedding** (adjective) *matrimonial* 176
**Wednesday** *el miércoles* 349
**week** *la semana* 19
**weekend** *el fin de semana* 17
to **weigh** *pesar* 44
**weight** *el peso* 45
**welcome** *bienvenido(a)* 2
**well** *bien* 8 *pues* 138
**well-known** *conocido(a)* 123
**werewolf** *el hombre lobo* 277
**west** *el oeste* 408
**what** *qué* 3 *lo que* 20
**what a coincidence!** *¡qué casualidad!* 324
**What do you do for a living?** *¿A qué te dedicas?* 378
**What do you think?** *¿Qué opinas?/¿Qué te parece?* 84
**what for** *para qué* 62
**What's he/she like?** *¿Cómo es?* 2
**What's your name?** *¿Cómo te llamas?* 2
**wheat** *el trigo* 193
**wheel** *la rueda* 312
**when** *cuando* 19 *cuándo* 47
**when I was a kid** *cuando era niño(a)* 299
**when I was little** *cuando era pequeño(a)* 298
**where** *adónde* 20
**where** *dónde* 20 *donde* 35
**whether** *si* 36
**which** *cuál(es)* 62
**while** *mientras* 223
**white** *blanco(a)* 148
**who** *quién(es)* 2 *que* 25
**whole** *todo(a)* 21
**whom** *quien* 37
**why** *por qué* 35
**Why don't we/you...?** *¿Qué tal si...?* 292
**Why not ...?** *¿Por qué no...?* 292
**wide** *ancho(a)* 112
**widespread** *generalizado(a)* 255
**wife** *la esposa* 36
**wild** *salvaje* 424
**win** *la victoria* 153
to **win** *ganar* 372 *vencer (irreg.)* 153
**window** *la ventana* 86 *la ventanilla* 312
**winning** *ganador(a)* 117
**winter** *el invierno* 127
**wish** *el deseo* 279
to **wish** *desear* 358
**with** *con* 2
**with me** *conmigo* 168
**with you** *contigo* 347
**without** *sin* 70
**wolf** *el lobo* 424
**woman** *la mujer* 2
**wonder** *la maravilla* 404
**wonderful** *maravilloso(a)* 50 *estupendo(a)* 414
**wooden** *de madera* 88
**woof!** *¡guau!* 427
**woolen** *de lana* 148
**word** *la palabra* 31
**wordsearch** *la sopa de letras* 279
**work** *la obra* 243
to **work** *trabajar* 7 *explotar* 163 *funcionar* 261 *dedicarse* 357
to **work out** *hacer gimnasia* 372
**world** *el mundo* 45
**World Heritage** *el Patrimonio de la Humanidad* 91
**worldwide** *mundial* 330
**worried** *preocupado(a)* 265
to **worry** *preocupar* 362
**worse** *peor* 54
**worst** *el/la peor* 402
**Would you pass me..., please?** *Dame..., por favor.* 188
to **wrap** *envolver (irreg.)* 332
**wrinkled** *arrugado(a)* 89
**wrist** *la muñeca* 244
to **write** *escribir (irreg.)* 13
**writer** *el/la escritor(a)* 384
**written** *escrito* 246
**wrong** *equivocado(a)* 249 *errado(a)* 274

## Y

**year** *el año* 3
**yeast** *la levadura* 190
**yellow** *amarillo(a)* 148
**yes** *sí* 13
**Yes, of course.** *Sí, claro.* 344
**yesterday** *ayer* 41
**yet** *todavía* 14
**yogurt** *el yogur* 192
**yolk** *la yema* 190
**you** *tú* 2 *vosotros(as), usted(es)* 4
**(to) you** *te, le, os, les* 106
**young** *joven* 4
**young man/woman** *el/la joven* 280
**your** *tu, tus* 21 *tuyo(a), suyo(a), vuestro(a)* 38
**You're right.** *Tienes razón.* 344
**You're wrong.** *No llevas razón.* 344
**yours** *el/la vuestro(a), el/la tuyo(a), el/la suyo(a)* 38
**yourself** *te* 16
**yourselves** *os (informal)* 16 *se* 16
**yourself** *te* 16
**youth** *la juventud* 295

## Z

**zip line** *la tirolina* 59
**zone** *la zona* 35
**zoo** *el zoológico* 112

# ÍNDICE GRAMATICAL

# CREDITS



## Photography and Art Credits

All images © by Vista Higher Learning unless otherwise noted.

**Cover:** Pierre Maheux/500px Prime/Getty Images.

**Front Matter (SE): iv:** (all) Iñaki Preysler; **v:** (all) Iñaki Preysler.

**Front Matter (TE): T4:** Rainer Lesniewski/123RF; **T24:** Wavebreakmedia/iStockphoto/Getty Images; **T25:** Cathy Yeulet/123RF; **T26:** (t) Kajakiki/E+/Getty Images; (b) VHL; **T27:** (t) Ian Allenden/123RF; (b) Artem Kovalenco/Shutterstock; **T28:** Frederic Cirou/PhotoAlto Agency/Getty Images.

**Preliminary Unit: XVA:** Iñaki Preysler; **0:** Iñaki Preysler; **2:** (tl, tr, b) Iñaki Preysler; (tl, Sara) Ljupco Smokovski/Shutterstock; (tl, background) Olesya Shelomova/123RF; (tr, Sara) Ljupco Smokovski/Shutterstock; (ml) Comstock/Stockbyte/Getty Images; (mr, backpack) BillionPhotos/Fotolia; (mr, book) Igor Tarasov/Fotolia; (mr, notebook) Ray Levesque; (b, Sara) Ljupco Smokovski/Shutterstock; (b, background) Cfarmer/Deposit Photos; **3:** (l) F9photos/Shutterstock; (ml) Vnstudio/Deposit Photos; (mm) Zentilia/Fotolia; (mr) Happyroman/Deposit Photos; (r) Inbj/123RF; **5:** (tl) Sunghee Kang/123RF; (tm) Martín Bernetti; (tr) Sergey Novikov/Fotolia; (bl) Fancy Photography/Veer; (br) Tony Garcia/Media Bakery; **7:** (l) Russell Duncan/Compassionate Eye Foundation/DigitalVision/Getty Images; (m) KidStock/Blend Images LLC/Media Bakery; (r) Jack Frog/Shutterstock; **8:** (tl, m, bl, br) Iñaki Preysler; (tl, Dani) Paula Díez; (tl, background) Zveiger/Deposit Photos; (tm) Tashka2000/Deposit Photos; (tr) Harry Neave/Fotolia; (m, Dani) Paula Díez; (m, background) Pixel-Shot/Shutterstock; (bl, Dani) Paula Díez; (bl, background) Sorbis/Shutterstock; (br, Dani) Paula Díez; (br, background) Radub85/123RF; **9:** (t) Dmitry Pistrov/Shutterstock; (m) Jorgensen Fernandez; (bl) Dotshock/Shutterstock; (br) Rido/Fotolia; **11:** (tl) Dave & Les Jacobs/Blend Images/Alamy; (tml) TatyanaGl/Deposit Photos; (tmr) Dmitry Lobanov/Shutterstock; (tr) Paula Díez; (bl) Sergii Koval/123RF; (bml) Africa Studio/Shutterstock; (bmm) Funwithfood/iStockphoto; (bmr) Mikhail Kokhanchikov/iStockphoto; (br) Gbh007/iStockphoto; **12:** Syda Productions/Shutterstock; **13:** (l) Antonio Guillem/Shutterstock; (ml) Kzenon/123RF; (mr) New Africa/Shutterstock; (r) Rawpixel/123RF; **14:** (tl, tr, m, b) Iñaki Preysler; (tl, doctor) Michaeljung/Shutterstock; (m, background) Katarzyna Białasiewicz/123RF; (b, background) Jose Luis Carrascosa/Shutterstock; **15:** Monkey Business Images/Shutterstock; **16:** Anton Starikov/123RF; **17:** Nenad Aksic/Shutterstock; **19:** (tl) Image Source/Alamy; (tm) Dmytro Zinkevych/Shutterstock; (tr) Ariwasabi/Shutterstock; (bl) Phovoir/Shutterstock; (br) Monkey Business Images/Shutterstock; **20:** (t, mt, mb, b) Iñaki Preysler; (mt, background) Evgenii Bakhchev/Alamy; (mb, background) Eddie Toro/123RF; **21:** Nerthuz/123RF; **25:** (t) Lynne Warren/Snapwire; (bl) Andres Rodriguez/Alamy; (br) Fancy Photography/Veer; **26:** (t) Sturti/iStockphoto; (ml) Somsak Sudthangtum/123RF; (mm) Vladimir Volodin/123RF; (mr) Tushchakorn Rushchatrabuntchasuk/123RF; (bl) Margouillat/123RF; (bm) Baiba Opule/123RF; (br) Adlife Marketing/iStockphoto; **27:** (tl) Vladimir Tarasov/123RF; (tml) Brian Jackson/123RF; (tmm) Annie Pickert Fuller; (tmr) Evaletova/123RF; (tr) Stocksnapper/123RF; (ml) Georgerudy/123RF; (mml) Andy Dean/Fotolia; (mmm) Fotomircea/123RF; (mmr) ImageBroker/Alamy; (mr) Rob Byron/123RF; (b) Galyna Andrushko/Shutterstock.

**Unit 1: 28–29:** Laura Grier/RobertHarding/Alamy; **31:** (globe) Oleksandr Drypsiak/Alamy; **32:** (br) YAY Media AS/Alamy; (bm) Et4net/Deposit Photos; (bl) Michaeljung/Deposit Photos; (t) Iñaki Preysler; **35:** (tl) Atic12/123RF; (tml, tmr) Iñaki Preysler; (tr) Wavebreak Media Ltd/123RF; (b) Pablo Hidalgo/123RF; **36:** (t, all) Iñaki Preysler; (m, all) Iñaki Preysler; (bl) Digital Vision/Media Bakery; (br, couple) Iñaki Preysler; (br, Andy) Iñaki Preysler; **37:** (t) Iñaki Preysler; (b) Digital Vision/Media Bakery; **39:** (tr) Ivan Gulei/123RF; (tmr) Tatiana Popova/123RF; (tmm) David N Madden/Shutterstock; (tml) Nataliia Kravchuk/123RF; (tl) Maksym Yemelyanov/123RF; (bl) Ariel Skelley/Media Bakery; (br) Cathy Yeulet/123RF; **40:** Iñaki Preysler; **43:** (tl) Yelo34/123RF; (tr) Ion Chiosea/123RF; (tm) Iñaki Preysler; (b) Visual&Written/Newscom; **44:** (tl) Shutterstock; (ml) Eugenio Marongiu/123RF; (tml) Erik Isakson/Media Bakery; (tmr) Maxim Lupascu/123RF; (tr) Nikitabuida/Deposit Photos; (mm) Milkos/123RF; (mr) Media Bakery; (b, all) Iñaki Preysler; **45:** Mearicon/123RF; **47:** (b) William Gray/LatitudeStock Images/AGE Fotostock; (t) Jose Luis Pelaez Inc/DigitalVision/Getty Images; **48:** (r) Photography33/Deposit Photos; (ml) Corbis/Veer; (mr) Vadym Drobot/Alamy; (l) Gunter Menzl/123RF; **51:** (t) Iñaki Preysler; (b) Riderfoot/123RF; **53:** (tmb) Lev Dolgachov/AGE Fotostock; (tmt) Dolgachov/123RF; (tl) Racorn/123RF; (tr) Hafiz Johari/Shutterstock; (m) Didem Hizar/Fotolia; (b) Tolo Balaguer/AGE Fotostock/Alamy; **54:** Iñaki Preysler; **55:** (tr) Avemario/123RF; (tm) Kim/Fotolia; (tl) Corbis/Veer; (b) Bruce Rolff/123RF; **56:** Iñaki Preysler; **58:** Iñaki Preysler; **59:** (b) Guillermo Carvajal/123RF; (t) Iñaki Preysler; **60:** Olena Yakobchuk/Shutterstock; **61:** (t) Monkey Business/Fotolia; (b) Juan Esteban Mora; **62:** Ferli/123RF; **63:** (all) Iñaki Preysler; **64:** (r) Image Source/MaXx Images; (l) Jeff Cleveland/Shutterstock; **66:** Kakigori/123RF; **67:** (t) Cathy Yeulet/123RF; (b) VHL; **71:** (t) Barna Tanko/Shutterstock; (b) Matyas Rehak/123RF; **72:** Shutterstock; **73:** Robert Belbin/Art Directors & TRIP/Alamy; **75:** (r) Monkey Business Images/Shutterstock; (l) Maskot; **77:** (b) Danita Delimont/Alamy; (t) Konstantin Pelikh/123RF; **78:** *Vendedoras de fruta*, Juan Sisay (1921-1989). Private Collection/SuperStock/Juan Manuel Sisay.

**Unit 2: 80–81:** T. Deschamps/Blickwinkel/AGE Fotostock; **83:** (globe) Oleksandr Drypsiak/Alamy; **84:** (t) Iñaki Preysler; (mr) Katarzyna Białasiewicz/123RF; (br) Mladen Mitrinovic/123RF; (bl) Ferli/123RF; (ml) Georgerudy/123RF; **87:** (b) Morphart/Deposit Photos; (t) Iñaki Preysler; **88:** (br) Elnur Amikishiyev/123RF; (bl) Stuart Pearce/AGE Fotostock/Alamy; (bm) Iñaki Preysler; (t, de piedra) Elcabron/123RF; (t, de madera) Iulia Brovchenko/123RF; (t, de ladrillo) PaylessImages/123RF; **89:** (b) Alvaro Leiva/AGE Fotostock/Alamy; (t) Mariakraynova/123RF; **91:** Heeb Christian/Prisma by Dukas Presseagentur GmbH/Alamy; **92:** Iñaki Preysler; **95:** (tl) Gita Kulinica/123RF; (tml) Pix11/Shutterstock; (tmr) Nat Bowornphatnon/123RF; (tr) Serezniy/123RF; (b) Roman Popov/123RF; **97:** (b) Marctran/123RF; (tml) Maksym Yemelyanov/123RF; (tmr) Galyna Tymonko/123RF; (tr) Liligraphie/123RF; (tl) A41cats/123RF; (m) Iñaki Preysler; **98:** (bml) Koosen/123RF; (bmm) Nirut123rf/123RF; (bmr) Offscreen/123RF; (t) Elena Duvernay/123RF; (br) Tithi Luadthong/123RF; (bl) Gita Kulinica/123RF; **99:** (t, bl, bml, bmr, br) Iñaki Preysler; (bl, background) Katarzyna Białasiewicz/123RF; (bml, background) Alhovik/123RF; (bmr, background) Tanisorn Supunyarak/123RF; (br, background) Ronstik/123RF; **102:** (ml) Maksym Yemelyanov/123RF; (mr) Phasin Sudjai/123RF; (r) Luisa Leal/123RF; (l) George Dolgikh/Shutterstock; **103:** (tml) Lekstuntkite/123RF; (tmr) Aleksanderdn/123RF; (tr) Mearicon/123RF; (tl) Alexlmx/123RF; (b) Blaine Harrington III/Alamy; **104:** (tl) Iriana88w/123RF; (tr) Elenathewise/Deposit Photos; (br) Eutoch/123RF; (bml) Bombaert/123RF; (bl) Maksym Yemelyanov/123RF; (bmr) Erserg/123RF; **105:** Hughes Hervé/Hemis/Alamy; **107:** (tml) Eduardo Huelin/123RF; (tmr) Phovoir/Alamy; (tr) Patti McConville/Alamy; (tl) Myrleen Pearson/Alamy; (b) Iñaki Preysler; **108:** (ml) Nerthuz/123RF; (mr) Mearicon/123RF; (bl) Attila Barabas/123RF; (br) Bombaert/123RF; (bm) David Carillet/123RF; (t) Alexander Raths/123RF: (mm) Olegdudko/123RF; **111:** (b) Juan Angel Alicea Mercado/El Nuevo Día de Puerto Rico/Newscom; (t) Iñaki Preysler; **112:** Iñaki Preysler; **113:** (b) Dennis van de Water/123RF; (mr) ImageBroker/Alamy; (ml) Olgalngs/iStockphoto/Getty Images; (tr) KathrynHatashitaLee/iStockphoto/Getty Images; (tl) Filippo Carlot/123RF; **115:** Felix Lipov/123RF; **116:** (b) Russell Kord/Alamy; (tr) George Oze/Alamy; (tl) Christazy/Deposit Photos; **119:** (t) Cliff Estes/123RF; (b) VHL; **123:** (l) 1001nights/E+/Getty Images; (r) Robert Lerich/123RF; **124:** (tl) Smilo 5/Deposit Photos; **125:** (br) Dogstock/123RF; (tr) Mikolaj64/123RF; (bl) Sam74100/123RF; (tl) Doncon402/Deposit Photos; **127:** (br) Alessandrophoto/123RF; (bmr) Maksym Yemelyanov/123RF; (bmm) Ozaiachinn/Deposit Photos; (bml) Aleksanderdn/123RF; (bl) Pogotskyihk/Deposit Photos; (t) Monika Mlynek/123RF; **129:** Philippe Halle/123RF; **130:** Gerold Grotelueschen/123RF; **131:** Alexlmx/123RF.

**Unit 3: 132–133:** Tirc83/iStockphoto/Getty Images; **135:** (globe) Oleksandr Drypsiak/Alamy; **136:** (all) Iñaki Preysler; **138:** (l) Kanstantsin Prymachuk/123RF; (ml) Şafak Cakır/123RF; (mr) Elnur Amikishiyev/123RF; (r) Siraphol/123RF; **139:** Patricio Hidalgo/123RF; **140:** (t, all) Iñaki Preysler; (ml) Nadezda Ledyaeva/123RF; (mml) Siraphol/123RF; (mmr) Denis Beyeler/123RF; (mr) Elena Kharichkina/123RF; (bl) Vitalii Tiahunov/123RF; (bml) Chelsie Bakken/123RF; (bmr) Anastasy Yarmolovich/123RF; (br) Wang Song/123RF; **141:** (tl) Maridav/123RF; (tml) Alena Ozerova/123RF; (tmr) Hongqi Zhang/123RF; (tr) Michael Simons/123RF; (b) Msnobody/123RF; **142:** (all) Iñaki Preysler; **143:** (t) Iñaki Preysler;

(b) Ferli/123RF; **144:** (t) Iñaki Preysler; (bl) Oleksandr Moroz/123RF; (bm) Tarzhanova/123RF; (br) Serezniy/123RF; **147:** BirgerNiss/iStockphoto/Getty Images; **148:** (t, bl, br) Iñaki Preysler; (t, background) Fla/123RF; (bl, background) Nobilior/Deposit Photos; (br, background) Chaoss/Deposit Photos; (swatches, tl) Natthawut Panyosaeng/123RF; (swatches, tm) Iaroslav Danylchenko/123RF; (swatches, tr) Josep Curto/123RF; (swatches, bl) Severija/123RF; (swatches, bml) Mike/123RF; (swatches, bmr) Belchonock/123RF; (swatches, br) Orgasm4n/123RF; **149:** (t) Anton Oparin/Alamy; (m) Cathy Yeulet/123RF; (b) Galyna Andrushko/123RF; **151:** (t, ml, mr, bl, br) Iñaki Preysler; (ml, background) Kuki Goy/Deposit Photos; (mr, background) Jason Langley/Alamy; (bl, background) Only Live Once/Shutterstock; (br, background) SL-Photography/Shutterstock; **153:** Alexander Raths/123RF; **155:** (tl) Iakov Filimonov/123RF; (tm) Dolgachov/123RF; (tr) Ymgerman/123RF; (b) Mariusz Prusaczyk/Alamy; **156:** (tl, mr) Iñaki Preysler; (tr) Natika/123RF; (ml, earrings) Renee Barlow/123RF; (ml, scissors) Amylv/123RF; (ml, book) Stillfx/123RF; (bl) Tombaky/123RF; (bml) Kenishirotie/123RF; (bmm) Ampcool/Shutterstock; (bmr) Oksana Tkachuk/123RF; (br) Fernando Gregory Milan/123RF; **157:** (tl) Believeinme33/123RF; (tm) Olegdudko/123RF; (tr) Tatiana Popova/123RF; (ml) Verbaska/Deposit Photos; (mm) Evaletova/123RF; (mr) Sergiy Kuzmin/123RF; (b) Diego Grandi/123RF; **159:** (tl, tm, tr) Iñaki Preysler; (tl, background) Curioso Photography/123RF; (tr, background) Saiko3p/123RF; (b) Kalypsoworldphotography/123RF; **160:** (tl) Dolgachov/123RF; (tm) Leonard Zhukovsky/123RF; (tr) Antonio Diaz/123RF; (bl) Oliver Förstner/123RF; (bm) Jeremy Richards/123RF; (br) Kamil Macniak/123RF; **163:** (tl) Rafal Cichawa/123RF; (tm) Ferenc Kósa/123RF; (tr) Llucky78/Deposit Photos; (b) Saiko3p/123RF; **164:** (el billete) Piotr Pawinski/123RF; (la moneda) Elnavegante/123RF; (la tarjeta de crédito) Ganna Zubkova/123RF; (es barato, es caro) Luminis/123RF; (el dependiente) Momentimages/Getty Images; (el cliente) Iñaki Preysler; **165:** (tl) Ferli/123RF; (tr) Kim Willems/Alamy; (ml) Bogdan Ionescu/123RF; (mr) AllaSerebrina/Deposit Photos; (b) Inna Felker/123RF; **166:** Hongqi Zhang/123RF; **167:** (t, all) Iñaki Preysler; (m, all) Iñaki Preysler; (b) Petrut Calinescu/Alamy; **170:** (tl) Bouvier Sandrine/123RF; (tml) Andrey Simonenko/123RF; (tmr) Denis Beyeler/123RF; (tr) Chelsie Bakken/123RF; (bl) Vladyslav Starozhylov/Shutterstock; (bm) Paula Díez; (br) Elnur/Shutterstock; **171:** (tl) Melba/AGE Fotostock; (tr) Dani3315/123RF; (m) Goran Bogicevic/123RF; (b) VHL; **175:** (t) Diego Grandi/123RF; (m) Marco Alhelm/123RF; (b) Maridav/123RF; **176:** (t) Jeremy Richards/123RF; (bl) Album/Oronoz/Newscom; (bm) Bouvier Sandrine/123RF; (br) Dni3315/123RF; **177:** (l) Picsperfect/123RF; (r) Diego Grandi/123RF; **179:** (t) Voy/Alamy; (bl) David Pereiras Villagrá/123RF; (bm) Michele Jackson/123RF; (br) Oliver Förstner/123RF; **181:** Patricio Hidalgo/123RF; **182:** (t) Helmut Meyer zur Capellen/ImageBroker/Alamy; (mr) Fotofabrika/Deposit Photos; (ml) Serezniy/Deposit Photos; (br) Dean Drobot/123RF; (bl) Eurobanks/Shutterstock; **183:** (tl) Kadroff/Deposit Photos; (tr) Artjazz/Deposit Photos; (b) Katrin Timoff/Deposit Photos.

**Unit 4: 184–185:** Cultura Exclusive/Norma Cordova/Publisher Mix/Getty Images; **187:** (globe) Oleksandr Drypsiak/Alamy; **188:** (t) Iñaki Preysler; (m) Dionisvera/123RF; (bl) Iakov Filimonov/123RF; (bm) Daniel Ernst/123RF; (br) Katarzyna Białasiewicz/123RF; **191:** (tl) Belchonock/123RF; (tml) Anmbph/123RF; (tmr) Valerii Zan/123RF; (tr) Tomas Mina/iStockphoto; (b) Fotointeractiva/123RF; **192:** (el salmón) Alexander Raths/123RF; (los camarones) Mykola Davydenko/123RF; (el atún) Anton Gorbachev/123RF; (el pan) Antonio Gravante/123RF; (la pasta) Ekaterina Lin/123RF; (el arroz) Iamsumang/123RF; (de cerdo) Phloen/Alamy; (de res) Jon Helgason/Alamy; (de pollo) Roman Shyshak/Alamy; (los frijoles) Seksak Kerdkanno/123RF; (las lentejas) Digifuture/123RF; (los guisantes) Cokemomo/123RF; (el queso) Jirkaejc/123RF; (la leche) Iryna Prachenko/123RF; (el yogur) Magone/123RF; (la mantequilla) Tomas Mina/iStockphoto; (las fresas) Dionisvera/123RF; (las uvas) Utima/123RF; (la sandía) Katerina Kovaleva/123RF; (el melón) Homy Design/123RF; (la piña) Maksym Narodenko/123RF; (la pera) Mariusz Blach/123RF; (la lechuga) Sommai Larkjit/123RF; (el tomate) Karandaev/Fotolia; (la zanahoria) Dionisvera/123RF; (las espinacas) PaylessImages/123RF; (la cebolla) Sergii Telesh/123RF; (el ajo) Maksym Narodenko/123RF; **193:** (t) Luca Bertolli/123RF; (b) Funandrejss/123RF; **195:** (t) Mariusz Blach/123RF; (mt) Gavran333/123RF; (mm) Robert Marmion/Alamy; (mb) Alexander Raths/123RF; (b) Monticello/123RF; **196:** (tl) Fotoaloja/123RF; (tr) Fotoaloja/123RF; (bl) Maksym Narodenko/123RF; (bml) Andrii Kovalenko/123RF; (bmr) Rafalstachura/123RF; (br) Foodandmore/123RF; **199:** (t) Iñaki Preysler; (t, background) Ienlighten/123RF; (b, all) Iñaki Preysler; **200:** (t, un tarro de mermelada) Akiyoko/123RF; (t, un bote de tomate) George Tsartsianidis/123RF; (t, una bolsa de papas fritas) Yalçn Sonat/123RF; (t, un paquete de cereales George Tsartsianidis/123RF; (t, una lata de atún) Asier Romero Carballo/123RF; (t, una caja de galletas) George Tsartsianidis/123RF; (t, una botella de agua mineral) Tofino/AGE Fotostock/Alamy; (m) Iñaki Preysler; (m, background) George Tsartsianidis/123RF; (b) Roland Magnusson/123RF; **201:** (tl) Gulyash/Shutterstock; (tml) Manolito Cortese/123RF; (tmr) Karandaev/123RF; (tr) Kornienko/123RF; (ml) George Tsartsianidis/123RF; (mm) Studiomode/Alamy; (mr) Pogonici/123RF; (b) Bridgeman Images; **203:** (t) Iñaki Preysler; (b) Ammit/123RF; **204:** (b) Daniel Ernst/123RF; (tl) Belchonock/123RF; (tm) Steve Cukrov/Alamy; (tr) Alena Haurylik/123RF; **207:** (t, all) Iñaki Preysler; (b) Brandon Seidel/123RF; **208:** (la sartén) Sashkin7/123RF; (la olla) YAY Media AS/Alamy; (la cazuela) Alexey Kolotvin/123RF; (el bol) Kirill Kirsanov/123RF; (la bandeja) Olga Popova/123RF; (la jarra) Maksym Bondarchuk/Alamy; (el aceite, el vinagre) Karandaev/123RF; (la sal, la pimienta) Desislava Vasileva/123RF; (el azúcar) Monchai Tudsamalee/123RF; (la salsa de tomate) Grafner/123RF; (la mayonesa) Grafner/123RF; (la mostaza) Grafner/123RF; (pelar) Schan/123RF; (cortar) Thomas Lukassek/123RF; (mezclar) Daria Minaeva/123RF; (echar) Luckybusiness/123RF; (batir) Chumpon Pornnaum/123RF; (cocer/hervir) Nataliia Anisimova/123RF; (freír) M. R. Fakhrurrozi/123RF; (asar) Ronstik/123RF; **209:** (tl) Bedolaga/123RF; (tml) Baiba Opule/123RF; (tmr) Olga Popova/123RF; (tr) Tobi/123RF; (b) Witsanu Keephimai/123RF; **211:** (t) Zechal/123RF; (b) Cathy Yeulet/123RF; **212:** (b) Mattanin Nonchang/123RF; (t) Dean Drobot/123RF; **215:** (t) Iñaki Preysler; (b) Marcos Castillo/123RF; **216:** (t, couple ordering food) FrameStockFootages/Shutterstock; (t, el mantel) Sannie32/Deposit Photos; (t, la servilleta) Sergii Moskaliuk/123RF; (t, el vaso) Dmitriy Moroz/123RF; (t, el cuchillo) Surat Boonkhong/123RF; (t, el tenedor) Kornienko/123RF; (t, la cuchara) PaylessImages/123RF; (m) Dmytro Zinkevych/Shutterstock; (bl) Foodandmore/123RF; (bml) Adlife Marketing/iStockphoto; (bmm) Jakub Gojda/123RF; (bmr) Pilotl39/123RF; (br) Antonio Truzzi/123RF; **217:** (tl, tr, ml, mr) Paula Díez; (b) Katerina Solovyeva/123RF; **219:** (t) Gstockstudio/123RF; (b) Fstop123/iStockphoto/Getty Images; **220:** Iñaki Preysler; **223:** (t) Epine/123RF; (b) VHL; **227:** (r) Album/Alamy; (l) Peggy Peattie/San Diego Union-Tribune/ZUMA Press/Alamy; **228:** Karol Czinege/Alamy; **229:** (l, ml, r) Joshua Resnick/123RF; (mr) Nebari/123RF; **231:** (t) Lukas Gojda/123RF; (mt) Foodandmore/123RF; (mb) Unal Ozmen/123RF; (bl) Wichien Tepsuttinun/123RF; (bml) Melica/Shutterstock; (bmr) George Tsartsianidis/123RF; (br) Wichien Tepsuttinun/123RF; **233:** Fotointeractiva/123RF; **234:** Serezniy/123RF; **235:** Cokemomo/123RF.

**Unit 5: 236–237:** Maridav/Alamy; **239:** (globe) Oleksandr Drypsiak/Alamy; **240:** (t) Iñaki Preysler; (bl) Juan Esteban Mora; (bm) Zoriana Zaitseva/Shutterstock; (br) Monkey Business Images/Shutterstock; **242:** *Las Meninas (Infanta Margarita María)* (1957), Pablo Picasso. Oil on canvas, 100 x 81 cm. Museo Picasso, Barcelona, Spain/Bridgeman Images/© 2020 Estate of Pablo Picasso/Artists Rights Society (ARS), New York; **243:** (tl) Acidgrey/Deposit Photos; (tr) Look Studio/Alamy; (tm) Jonathan Larsen/Diadem Images/Alamy; (b) George Stroud/Hulton Archive/Getty Images; **244:** (t) Aleksandr Davydov/123RF; (b) JoeSAPhotos/Shutterstock; **245:** (tl) Racorn/123RF; (tm) Michael Simons/123RF; (tr) Maridav/123RF; (ml) Amazingmikael/Deposit Photos; (mm) Mykola Kravchenko/123RF; (mr) Shannon Fagan/123RF; (b) Kadettmann/Deposit Photos; **246:** Oleksandr Grybanov/123RF; **247:** (tl) Michael Simons/123RF; (tml) Glenda/Shutterstock; (tmr) Enzo Paiola/123RF; (tr) Anurak Ponapatimet/123RF; (b) Ian Gibson/Alamy; **248:** (t) *Queen Margaret of Spain* (c. 1610), Andrés López Polanco. Oil on canvas, 210.6 × 109.3 cm. The Art Institute of Chicago; (ml) Mimagephotography/Shutterstock; (mm) Georgii Dolgykh/123RF; (mr) Belchonock/123RF; (bl) Serezniy/123RF; (br) Dmitrii Kiselev/123RF; **249:** *Las Meninas (Infanta Margarita María)* (1957), Pablo Picasso. Oil on canvas, 100 x 81 cm. Museo Picasso, Barcelona, Spain/Bridgeman Images/© 2020 Estate of Pablo Picasso/Artists Rights Society (ARS), New York; **251:** (tl) Hill Street Studios/AGE Fotostock; (tml) Media Photos/iStockphoto; (tmr) Ana Blazic Pavlovic/123RF; (tr) Cathy Yeulet/123RF; (m, b) Jakobradlgruber/123RF; **252:** (tr, woman) Michael Simons/123RF; (tl) Lightfieldstudios/123RF; (b, lavarse) Pavel Lipskiy/123RF; (b, bañarse) Karandaev/123RF; (b, cortarse las uñas) Stable/123RF; (b, peinarse) Anmbph/123RF; (b, pintarse los labios) Arina Zaiachin/123RF; (b, afeitarse) Kornienko/123RF; (ml) Kornienko/123RF; (tr, la crema) Maksim Shebeko/123RF; (mr) AnikaSalsera/123RF; (mm) Helena0105/123RF; (tr, las tijeras) Colors06/123RF; **253:** (t) Black-photography/123RF; (b) Kzenon/123RF; **255:** *La Siesta* (c. 1884), Ramon Martí i Alsina. Oil on canvas, 53 x 56 cm. Museu Nacional d'Art de Catalunya, MNAC, Barcelona, Spain/Javier Larrea/AGE Fotostock/Alamy; **256:** (t) Olegdudko/123RF; (b) Siamphotos/123RF; **259:** (t) Iñaki Preysler; (b) Mikhail Mandrygin/123RF: **260:** (l) Siavramova/123RF; (ml) Steven Heap/123RF; (mm) Sherry Yates Young/123RF; (mr) Dvarg/123RF; (r) Costasz/123RF; **261:** David Vilaplana/Alamy; **262:** Arcady31/123RF; **263:** (t) Dzmitry Marhun/123RF; (b) Arenaphotouk/123RF; **267:** (tl) Brian Kinney/123RF; (tm) Madrabothair/Deposit Photos; (tr) Lunamarina/Deposit Photos; (b) Seqoya/Deposit Photos; **268:** (tl)

Tonodiaz/Deposit Photos; (tr) Sumetee Theesungnern/123RF; (bl) Jacek Chabraszewski/123RF; (br) Antonio Diaz/123RF; **269:** Serg V/123RF; **270:** Mark Adams/123RF; **271:** (tl) Kittaya Mangruan/123RF; (tml) Viacheslav Iakobchuk/123RF; (tmr) KM-Photography/Deposit Photos; (tr) Luismolinero/Deposit Photos; (b) David Cabrera Navarro/Alamy; **272:** Iñaki Preysler; **274:** (l) Kari Haraldsdatter Haglund/123RF; (m) Sam741002/Deposit Photos; (r) Photography33/Deposit Photos; **275:** VHL; **279:** (r) Sofia Pereira/StockPhotosArt - Nature/Alamy; (l) Barbara Boensch/Zoonar GmbH/Alamy; **280:** *Figura en una ventana* (1925), Salvador Dalí. Oil on papier-mâché, 105 x 74,5 cm. Museo Nacional Centro de Arte Reina Sofía, Madrid, Spain/M.C. Esteban/Iberfoto/Bridgeman Images/© Salvador Dalí, Fundació Gala-Salvador Dalí, Artists Rights Society (ARS), New York 2020; **281:** (t) Jack Mitchell/Archive Photos/Getty Images; (b) Francesco Garlaschelli/Alamy; **283:** (l) Ronnachai Palas/123RF; (m) Aleksandr Davydov/123RF; (r) Michael Simons/123RF; **285:** (t) Jan Mika/123RF; (b) Ewastudio/123RF.

**Unit 6: 288–289:** John Seagle/Alamy; **291:** (globe) Oleksandr Drypsiak/Alamy; **292:** (t) Iñaki Preysler; (bl) Piyawat Nandeenopparit/123RF; (bml) Urfingus/Deposit Photos; (bmr) Dikobrazik/Deposit Photos; (br) Viacheslav Khmelnytskyi/123RF; **295:** (t) Johner Images/Alamy; (b) Mark Green/123RF; **296:** (tl) Pixel-Shot/Shutterstock; (tr) AzmanL/E+/Getty Images; (ml) Felipe Caparros Cruz/Alamy; (mm) Iñaki Preysler; (mr) Viteethumb/123RF; (b) Gavran333/123RF; **297:** (t) Cathy Yeulet/123RF; (b) Alejandro Miranda/Alamy; **299:** (t) Kitz Corner/123RF; (mt, Diana) Ljupco/123RF; (mt, Tim) Sorapong Chaipanya/123RF; (mt, Andy) Vladyslav Starozhylov/123RF; (mt, Tess) Lekstuntkite/123RF; (mt, Rita) Serdar Basak/123RF; (mb) Nadezhda Prokudina/123RF; (b) Mark Green/123RF: **300:** Vadim Guzhva/123RF; **301:** Mark Green/123RF: **303:** (t) Iñaki Preysler; (b) Vladimir Melnik/Shutterstock; **304:** (tl) Pablo Hidalgo/123RF; (tr) FernandoMadeira/Shutterstock; (bl) Thamkc/123RF; (br) Orelphoto2/Deposit Photos; **305:** (tl) Tatchai/123RF; (tm) AztecBlue/Alamy; (tr) Lightfieldstudios/123RF; (ml) Lightpoet/Shutterstock; (mr) Iakovenko/123RF; (b) Cristóbal Alvarado Minic/Moment Open/Getty Images; **306:** Iñaki Preysler; **307:** (t) Iñaki Preysler; (b) Andrei Kuzmik/123RF; **308:** (bl) Naiyana Boonyakiat/123RF; (bml) Alexander Podshivalov/123RF; (bmr) Inspirestock International/123RF; (br) SkyNext/Shutterstock; (t) Ferli/123RF; **311:** (tl) Pavel Devin/123RF; (tml) Weerapat Kiatdumrong/123RF; (tmr) Pixelrobot/123RF; (tr) Ensup/123RF; (b) Rayner Pena/EPA-EFE/Shutterstock; **312:** (t) Kzenon/Shutterstock; (ml) Vadim Guzhva/123RF; (mr) Lightfieldstudios/123RF; (bl) Matej Kastelic/Alamy; (bml) Andriy Popov/123RF; (bmr) Ginasanders/123RF; (br) Sergiy Tryapitsyn/123RF; **313:** (tl) Karen Roach/123RF; (tml) Aleksey Korchemkin/123RF; (tmr) Martin Bakos/123RF; (tr) Dolgachov/123RF; (b) Ilene MacDonald/Alamy; **315:** Yuri Bizgajmer/123RF; **319:** (t) Natika/123RF; (b) Matyas Rehak/123RF; **320:** (tl) Kamil Macniak/123RF; (tr, la llave) Vadim Yerofeyev/123RF; (tr, la percha) Gresei/123RF; (tr, la toalla) Nelik/123RF; (tr, la almohada) Belchonock/123RF; (bl, el banco) Imagesbavaria/123RF; (bl, el cheque) Alexmillos/Deposit Photos; (br) Bowie15/123RF; **321:** Oscarhdez/123RF; **322:** (l) Michael Simons/123RF; (m) Cathy Yeulet/123RF; (r) Lenetstan/123RF; **323:** (tl) Matyas Rehak/123RF; (tm) Ostill/123RF; (tr) Ulf Hübner/123RF; (bl) Marcelo Rodriguez/123RF; (bm) Luisa Leal/123RF; (br) Alexmillos/123RF; **324:** (tl) Matyas Rehak/123RF; (b) Ilyshev/Deposit Photos; (tr) Jkraft5/Deposit Photos; **326:** (t) DPA Picture Alliance/Alamy; (bl) Kasto/123RF; (bm) Hxdbzxy/123RF; (br) Patcharaporn Fuwiroj/123RF; **327:** (t) Ngaga35/Alamy; (b) VHL; **331:** (tr) C. Stenner/Blickwinkel/Alamy; (tl) Daniel Romero/VWPics/AGE Fotostock; (b) Nehomar Efren Hernandez Navas/123RF; **332:** Jarakiri88/Panther Media GmbH/Alamy; **333:** (l) Look and Learn/Bridgeman Images; (m) Michael Gottschalk/DDP/AFP/Getty Images; (r) Dreamworks/Album/Alamy; **335:** (l) Charles Wollertz/123RF; (ml) Drmakkoy/DigitalVision Vectors/Getty Images; (mr) Annie Pickert Fuller; (r) Jeffrey Isaac Greenberg 6/Alamy; **337:** (t) Dean Drobot/123RF; (b) Alicenerr/123RF; **338:** Jkraft5/Deposit Photos.

**Unit 7: 340–341:** Julio Etchart/Majority World/Universal Images Group/Getty Images; **343:** (globe) Oleksandr Drypsiak/Alamy; **344:** (all) Iñaki Preysler; **347:** (tl) Asiseeit/iStockphoto; (tml) Gstockstudio/123RF; (tmr) Antonio Diaz/123RF; (tr) Dean Drobot/123RF; (b) Andrés Cristaldo/EFE/Newscom; **348:** (t, la biblioteca) Greyjj/123RF; (t, el laboratorio) Nikolai Titov/123RF; (t, la sala de computación) Vladislav Markin/123RF; (t, el gimnasio) Ibrandify/123RF; (t, la cafetería/el comedor) Tul Chalothonrangsee/123RF; (t, los baños) Yayha/123RF; (bl) Cathy Yeulet/123RF; (br, prestar atención) Cathy Yeulet/123RF; (br, levantar la mano) Aleksandr Davydov/123RF; (br, tomar apuntes) Cathy Yeulet/123RF; (br, hacer un examen) Wavebreakmedia/Shutterstock; **350:** (tl) Hongqi Zhang/123RF; (tr) Hxdbzxy/123RF; (ml) Igterex/Deposit Photos; (mr) Mnstankov/Desposit Photos; (bl) ArturVerkhovetskiy/Deposit Photos; (bm) Wavebreak Media Ltd/123RF; (br) Elenathewise/Deposit Photos; **351:** Vitaly Korovin/123RF; **352:** Sergii Moskaliuk/123RF; **354:** Margarita Borodina/123RF; **355:** (tl) Dmitrii Shironosov/123RF; (tm) Aijohn784/Deposit Photos; (tr) Wavebreakmedia/Deposit Photos; (b) Toniflap/Deposit Photos; **356:** (tl, background) Kritchanut/123RF; (tl, actriz) Vadim Ivanov/123RF; (tl, pintor) Serezniy/123RF; (tl, cantante) Belchonock/123RF; (tr, background) Xie Fei/123RF; (tr, cirujano) Roman Samborskyi/123RF; (tr, dentista) Dinis Tolipov/123RF; (ml, background) Zhudifeng/123RF; (ml, arquitecta) Yuriy Shevtsov/123RF; (ml, diseñadora) Gstockstudio/123RF; (ml, técnico informático) Dean Drobot/123RF; (mr, background) ArenaCreative/Deposit Photos; (mr, policía) Lightfieldstudios/123RF; (mr, bombera) Hartphotography/Shutterstock; (mr, socorrista) Voyagerix/Deposit Photos; (bl) Ferli/123RF; (bml) Wavebreak Media Ltd/123RF; (bmr) Dzianis Apolka/123RF; (br) Anderson Ross/Media Bakery; **357:** (t) Dimitar Sotirov/123RF; (b) SGranitz/WireImage/Getty Images; **359:** (tl) Zeljkodan/Shutterstock; (tm) Cathy Yeulet/123RF; (m) Londondeposit/Deposit Photos; (tr) GaudiLab/Shutterstock; (b) Schaefer Elvira/Shutterstock; **360:** Tyler Olson/Shutterstock; **363:** (t) Andersonrise/123RF; (mmr) Spectral/Deposit Photos; (mml) Creatista/Shutterstock; (mr) Cathy Yeulet/123RF; (ml) Kozlik/Shutterstock; (b) Focusarg/Deposit Photos; **364:** (al ajedrez) Martín Bernetti; (a los naipes) Aaron Amat/123RF; (a los videojuegos) Aleksandr Belugin/123RF; (coleccionar cómics) MicroOne/Shutterstock; (cocinar) Jakub Gojda/123RF; (ir al cine) Tashatuvango/123RF; (ir al teatro) Wukasa/Deposit Photos; (ir a una exposición) Vi0222/Deposit Photos; (ir a un concierto) Kamil Cwiklewski/123RF; **365:** (tl) Dolgachov/123RF; (tml) Tktktk/123RF; (tmr) Olena Kachmar/123RF; (tr) Sergey Novikov/123RF; (b) Hulton Archive/Getty Images; **367:** (tl) Jens Ickler/123RF; (tml) Olga Miltsova/123RF; (tmr) Alexander Raths/123RF; (tr) Spectral/Deposit Photos; (b) Laurent Davoust/123RF; **371:** (tl) Cathy Yeulet/123RF; (tm) A. Rochau/Fotolia; (tr) Thamkc/123RF; (b) Pawopa3336/Deposit Photos; **372:** (t, el tenis) Martin Damen/123RF; (t, el golf) Sarawut Polsamart/123RF; (t, el béisbol) Andriy Popov/123RF; (t, el baloncesto) Andrea Crisante/123RF; (t, el fútbol) Monticello/123RF; (t, el fútbol americano) Mtsaride/123RF; (t, el voleibol) Dmitry Fedorov/123RF; (t, el esquí) Denys Kurylow/123RF; (bl) Fuse/Corbis/Getty Images; (br) Wavebreak Media Ltd/123RF; **373:** (tl) Vladislav Zhukov/123RF; (tm) Konstantin Pelikh/123RF; (tr) Cathy Yeulet/123RF; (ml) Aleksandr Davydov/123RF; (mr) Thitarees/123RF; (b) DPA Picture Alliance/Alamy; **375:** (t, background) Fabrikacrimea/123RF; (t) Bangkok Click Studio/123RF; (b) Dolgachov/123RF; **376:** Alexmillos/123RF; **379:** VHL; **383:** (tr) Maximiliano Amena/GDA/AP Images; (tl) Rizoma Films/Album/Newscom; (b) Maria Eugenia Corbo; **384:** Roksana Bashyrova/123RF; **387:** (tl) Llondondeposit/Deposit Photos; (tml) Diana Lundin/iStockphoto; (tmr) Lammeyer/123RF; (tr) Jim Filim/Deposit Photos; (b) Rawpixel/123RF; **389:** Pawopa3336/Deposit Photos; **390:** (b) Andrew Eccles/Walt Disney Television/Getty Images; (t) Alain Jocard/AFP/Getty Images.

**Unit 8: 392–393:** Chad Riley/Photodisc/Getty Images; **395:** (globe) Oleksandr Drypsiak/Alamy; **396:** (t) Iñaki Preysler; (b) Goodluz/Deposit Photos; **398:** (l) Matyas Rehak/123RF; (m) Simon Dannhauer/123RF; (r) Niradj/123RF; **399:** (t) Iñaki Preysler; (b) Diego Grandi/123RF; **401:** (tl) Wolfgang Kaehler/LightRocket/Getty Images; (tm) Jane Sweeney/AGE Fotostock; (tr) Carol Behan/Alamy; (b) Milosk/123RF; **402:** Tomas1111/123RF; **403:** (tl) Gustavo Frazao/123RF; (tml) Alexander Sadkov/123RF; (tmr) William Perry/123RF; (tr) Vlad G/Fotolia; (b) Jane Sweeney/AGE Fotostock; **404:** Simon Dannhauer/123RF; **407:** Karol Kozlowski/123RF; **409:** Pablo Hidalgo/123RF; **411:** Mirco1/123RF; **412:** (t) Sebastien Decoret/123RF; (b) Iñaki Preysler; **414:** Gardel Bertrand/Hemis/Alamy; **415:** (tl) Păcter/123RF; (tm) Salvatore Virz/123RF; (tr) Marisha5/123RF; (m) Goran Bogicevic/123RF; (b) Martin Schneiter/123RF; **416:** (tr) Wayhome Studio/Shutterstock; (tr, background) Nelson Antoine/Shutterstock; (m) Slawomir Kruz/123RF; (bl) Richard Valdez/123RF; (bml) Sergey Nivens/123RF; (bmr) Baloncici/123RF; (br) Lavizzara/Shutterstock; **417:** (tl) AlexNazaruk/Deposit Photos; (tm) Levrani/Deposit Photos; (tr) Christian Mueller/123RF; (b) DesignPicsInc/Deposit Photos; **419:** Mihtiander/123RF; **420:** (tl) Anna Om/123RF; (tr) Ekachai Wongsakul/123RF; (bl) Deymos/123RF; (br) Lightfieldstudios/123RF; **421:** Vera/123RF; **423:** (tl) Kevin Wells/123RF; (tm) Matyas Rehak/123RF; (tr) Lakowatz/123RF; (b) Jarno Gonzalez/123RF; **424:** (horse, cow, sheep) Eric Isselee/123RF; (pig) Anatolii Tsekhmister/123RF; (rooster) Panda3800/123RF; (hen) Hunaspix/123RF; (wolf) Anagram1/123RF; (eagle) Sergey Breev/123RF; (monkey) Olegdudko/123RF; (crocodile) Roman Samokhin/123RF; (bear) Wrangel/123RF; (elephant) Burmakin Andrey/123RF; (pollution) Ginasanders/123RF; (drought) Sergii Sverdielov/123RF; (forest fire) Mironovfoto/Deposit Photos; (group planting a tree) Rawpixel/123RF; **425:** (tl) Olena Brodetska/123RF; (tml) Satit Srihin/123RF; (tmr) Jaroslav Machacek/123RF; (tr) Jonathan Pledger/123RF; (b) Marcus Grip/Shutterstock; **426:** (l) Jarno Gonzalez/123RF; (m) Oscar Artavia Solano; (r) Watchtheworld/Alamy; **427:** Alain Deriot/123RF; **428:**

(t) Simon Dannhauer/123RF; (b) Epicstockmedia/123RF; **429:** (bl) Thammanoon Sahadistdamrong/123RF; (bm) Iakov Filimonov/123RF; (br) Ruslan Olinchuk/123RF; (t) Kjersti Jorgensen/123RF; **430:** (l) Mihtiander/123RF; (m) Sorincolac/123RF; (r) Jose Luis Stephens/123RF; **431:** VHL; **435:** (r) Ymgerman/123RF; (l) Laura Facchini/123RF; **436:** Rafal Cichawa/123RF; (inset) Anton Ivanov/123RF; **437:** (l) Eric Leroux/123RF; (r) NataliGlado/Deposit Photos; **439:** (t) Canit Kaewtubnil/123RF; (bl) Ysign/123RF; (bml) Sergey Zaikov/123RF; (bmr) Robert Hoetink/123RF; (br) Volare2004/Deposit Photos; (m) Nataliia Melnychuk/123RF; **441:** (t) Robert Wilson/123RF; (b) Lakowatz/123RF; **442:** (t) Alexstar/Deposit Photos; (m) Inbj/123RF; (bl) EHStockphoto/Shutterstock; (br, sun) Axsimen/123RF; (br, snow) Axsimen/123RF: **443:** (class) Syda Productions/ Shutterstock; (map background) Peter Hermes Furian/123RF.

## Text Credits

**T29:** From Two-Page Summary, *World-Readiness Standards for Learning Languages* (4th ed), © ACTFL, 2015; **55:** "Sonatina" by Rubén Darío from *Poesías profanas* (1896); **118:** El País; **222:** "La pobre viejecita" by Rafael Pombo from *Cuentos morales para niños formales* (1869); **286:** (t) US Department of Agriculture; (b) Agencia Española de Seguridad Alimentaria y Nutrición (AESAN); **326:** Yimmy Tours; **378:** Imagen descriptiva: "Banner de módulos de cuarto año. Uruguay Educa-CES". Autor: Prof. Marolyn Regueiro. Licencia: Creative Commons Atribución 4.0 Internacional; **376:** Agencia EFE; **384:** © Anderson Imbert, Enrique, "Espiral", *El gato de Cheshire.* Buenos Aires, Corregidor, 1999.

## Video Credits

**69:** Ogilvy & Mathers Honduras; **121:** Telesistema; **173:** VICE; **225:** ©NOTIMEX, Agencia de Noticias del Estado Mexicano; **277:** © Getting Better Creative Studio; **329:** Ruben y El Mundo, rubenyelmundo.com; **381:** Government of Argentina; **433:** IMCINE.